"广西师范大学21世纪马克思主义研究中心"系列学术丛书

《中国特色社会主义文化哲学新论》　孟宪平　著

《中国道路与文明价值研究》　谭培文　著

《〈淮南子〉中的儒学思想研究》　王学伟　著

《当代青少年精神世界的文化建构研究》　彭红艳　著

广西师范大学马克思主义学院资助出版

国家社科基金后期资助重点项目

"中国特色社会主义文化哲学新论"（21FKSA003）

研究成果

中国特色社会主义文化哲学新论

Zhongguo Tese Shehui Zhuyi
Wenhua Zhexue Xinlun

孟宪平 著

人民出版社

责任编辑:赵圣涛
封面设计:毛 淳 胡欣欣
版式设计:姚 菲

图书在版编目(CIP)数据

中国特色社会主义文化哲学新论/孟宪平 著. —北京:人民出版社,2023.12
(国家社科基金后期资助项目)
ISBN 978－7－01－026275－8

Ⅰ.①中… Ⅱ.①孟… Ⅲ.①中国特色社会主义-文化哲学-研究
  Ⅳ.①D616-02

中国国家版本馆 CIP 数据核字(2023)第 253028 号

中国特色社会主义文化哲学新论
ZHONGGUO TESE SHEHUIZHUYI WENHUA ZHEXUE XINLUN

孟宪平　著

人民出版社 出版发行
(100706　北京市东城区隆福寺街 99 号)

北京中科印刷有限公司印刷　新华书店经销

2023 年 12 月第 1 版　2023 年 12 月北京第 1 次印刷
开本:710 毫米×1000 毫米 1/16　印张:21.25
字数:370 千字

ISBN 978－7－01－026275－8　定价:109.00 元

邮购地址 100706　北京市东城区隆福寺街 99 号
人民东方图书销售中心　电话 (010)65250042　65289539

国家社科基金后期资助项目
出版说明

　　后期资助项目是国家社科基金设立的一类重要项目，旨在鼓励广大社科研究者潜心治学，支持基础研究多出优秀成果。它是经过严格评审，从接近完成的科研成果中遴选立项的。为扩大后期资助项目的影响，更好地推动学术发展，促进成果转化，全国哲学社会科学工作办公室按照"统一设计、统一标识、统一版式、形成系列"的总体要求，组织出版国家社科基金后期资助项目成果。

全国哲学社会科学工作办公室

目　　录

序言　文化哲学的使命与担当

"学术思想,是一个民族的灵魂。看似虚悬无薄,实则前进方向是受其指导。"①昉自伏羲画卦,迨及周公制礼,文化之兴起与文意之舒展,实由于洞彻自然之愿望、张扬人性之灵动。表意中的文化景象,与现实中的文化内容,有时如出一辙,有时大相悬绝。面对文化矛盾,以逍遥洒脱之态趋避,不是文化哲学之使命,以无可奈何之状消极应对,不合文化进取之精神。挂着儒学的招牌,抱着道家的心态,依着佛家的规范,嘴上喊着志于道、依于仁,心里想着求超脱、务虚名,亦殊无半点效力。兼收并蓄地接纳他者,五体投地地跪拜外来,无以成文化哲学之博大。儒释之争、汉宋之异、道学心学之别、义理考据之殊,似是意气用事,实则价值各异。盖文化一途,不能唯文字说解,文意多在深处,其迁流有"橘枳"变体,其方法有"体用"之别,其思想有东西之霄壤。以深刻哲理明文化变迁,并于文化交汇中有以自强,乃日新又日新之象,疑古、析古、师古、释古之争,文化革命、思想革命、伦理革命之说,"师俄""师日""师西"之调,都是社会问题的应激结果。历史之绵延,思想之接续,理论之分流,乃为常态;褒贬之异同,毁誉之不一,在所难免。如不能于沙里淘金、众里寻芳,纵有激情,亦难学而自发、行而能超,更遑论越绳墨而中绳墨、经尘染而不沾尘染。文化哲学离不开对理性和题材的关注,题材提供启示,理性影响思路。专讲经验,则有过于主观之嫌,专讲义理,则又过于抽象之偏,细辨之,深思之,明察之,而后会有所得。

文化哲学是一种深层思辨,经纬于时空之中,回荡于思想之巅,它以静态持本端,以动态蕴多彩,领略过往以成思想景观,查察现实以追人事奥秘。经略政治,不能无文化;运筹经济,不能无文化;俯仰人生,不能无文化。人类由古而今,所赖者不惟体力,更须思想支撑,至于改弦更张、焚书愚智、坑儒残民,又常自食其果。"坑灰未冷山东乱,刘项原来不读书",瓮牖绳枢之家,起而揭竿,似不因文化之端绪,其文化背景不能一概否定。古代文字狱,实思想禁锢之恶例,使天下不敢有异言,使民众不能有异动。如此,则本性日乖,禀赋日漓,何以成百世万世之功? 文化哲学研究不能忘却历史,也不能耽于旧制,要谋新局、开新篇。依自然规律而言,宇宙是人的寄庐,天地是

---

① 吕思勉:《中国文化史》,北京大学出版社 2010 年版,第 149 页。

人的工场,技术如天工开物,生于斯长于斯的空间里,星体流行,各有定程,万汇同峙,咸有规则,借助科技而"无远弗届,无微不至",算数可无差于毫厘,推测可无离于分寸,人类精进如斯,岂能视而不见。文化哲学当识星海旋转、自然之变,当明物之所存、心之所依,当识宇宙攸归及人生干系。

文化是人生的格调,实践的结晶,思想的蕴蓄。不明此理,无以识自然之奥妙,无以察人事之深哲,无以知今日日落、明天日升之道,无以明人生有涯、学海无边之理。卢梭曾说:人生而自由,却无往不在枷锁之中。枷锁何来,迷茫何起,皆因真理之光未能明澈于心。"我思故我在""我信故我在"的独断,鬼神上帝之想,丹药延命之说,皆是一端之辞、一家之言。似此看来,觉宇宙之无穷,识盈虚之有数,不独是古人之愿景,亦为今日之未竟事。人有自由选择之愿,此可行彼亦可行,于是有边界之忧思,站在善恶的分水岭上,一失足便有千古之恨。意志冲突、情欲纷争、权利攘夺,得陇而望蜀,合纵而连横,于生活中屡见不鲜。薄责于人、反求诸己,变成了苛责于人、只顾自己,只见他人眼中木屑,不见自己眼中栋梁,似乎文明到了极点,野蛮也至极点,讲理到了极处,悖理也至极处。人征服了自然,很快遭到自然的反噬;人解放了自己,旋踵之间又被束缚。对此,文化哲学该作何解释? 吾人读杜甫诗句,颇思独立苍茫自有诗,不是乾坤一腐儒。"生岁不满百,常怀千岁忧",被视为庸人之态,然细想之,也有未来之忧思;井蛙言海、夏虫语冰,焉知不是鸿鹄之志,夜郎有自大之心,又焉知不是一种追求。

文化哲学致力于描绘理想的社会画图和未来美景,当于淆乱中求澄清,于生活中求真义,于变化中求规律。当代中国文化哲学更有其特殊使命和担当,于国、于社会、于家、于人皆有述往思来之责,当以文化自信统括历史与现实之因果,遵照人类文化思想演进之轨辙,体悟中华文化之特色,阐释吾民独造之真际。面对思想竞争,文化哲学当自省其历程,自查其缺漏,识东西文化之渠畔,明古今文化之蝉联,察后先相属之因,究盛衰交替之理。文化转型中,常常由崩裂而至积合,由弱小而至强盛,由涣散而至聚合,当今文化自信就是这一变化之果,中国共产党与此厥功至伟。中华文化温润而圆融,宏博而雍容,兼人之爱而又放眼世界,其由古而今、由内至外乃必然趋势,虽有异域文化之激荡,但期待美好未来之宏愿从未中绝。站在马克思主义文化基点上,为社会主义文化强国论证,为人类的解放论证,是中国文化哲学无可旁贷的文化使命。

中国特色社会主义文化哲学研究,是既有趣又艰难的事情。观学界之现状,浮躁轻薄者有之,沽名钓誉者有之,弄虚作假者有之,"有不学无术,横议时事,诡谲阴险,无所不至,居然以政治家自认者;有黄口少年,乳臭未干,仅读数卷之西籍,生吞活剥,俨然以学者自居者"。① 余不自揣,常欲点一盏心灯,一读天下活书,然学海无岸,时光匆匆,唯觉知识如日月之明,思想如引路之灯。仰观俯察,见天地之大,理想世界如鸟声哳哳、花影灿灿,现实社会却骨感明显、有欠丰满。有涯无涯之间,随波逐流者众;有限无限之间,特立独行者少。余读梁启超先生《中国佛教史》,内中有语佛家求经之艰难形状及不畏艰难之毅力,摘录于后,以为励志:

　　无论从何路行,艰苦皆不可名状。其在西域诸路,第一难关,厥为流沙。法显《佛国记》云:"沙河中多热风,遇则无全。上无飞鸟,下无走兽。遍望极目,莫知所拟,惟以死人枯骨为标帜。"慧立《慈恩传》云:"莫贺延碛,长八百余里……四顾茫然,人马俱绝。夜则妖魅举火,灿若繁星;昼则惊风卷沙,散如时雨。……心无所惧,但苦水尽,四夜五日,无一滴沾喉,口腹干燥,几将殒绝。"此其艰悴,可见一斑。第二难关,则度岭也。《法显传》云:"葱峤冬夏积雪。有恶龙吐毒,风雨砂砾。山路艰危,壁立千仞。凿石通路,傍施梯道,凡度七百余所。又蹑悬絚过河数十余处。"自余各书描写艰状者尚多,不具引。故智猛结侣十五,至葱岭而九人退还(见本传)。慧立之赞玄奘亦曰:"嗟乎! 若非为众生求无上正法,宁有禀父母遗体而游此者哉!"(见《慈恩传》)第三难关,则帕米尔东界之小雪山也。《佛国记》云:"南度小雪山,山冬夏积雪。由山北阴中过,大寒暴起,人皆噤战。慧景口吐白沫,语法显云:我不复活,便可前去,勿俱死。遂终。法显悲号,力前得过岭"。《昙无竭传》云:"小雪山障气千重,层冰万里。下有大江,流急若箭。于东西两山之胁,系索为桥,十人一过。到彼岸已,举烟为帜,后人见烟,知前已度,方得更进。若久不见烟,则知暴风吹索,人堕江中。……复过一雪山,悬崖壁立,无安足处。石壁有故杙孔,处处相对。人各执四杙,先拔下杙,右手攀上杙,展转相攀,经三日方过。及到平地,料检同侣,失十二人。"此等记载,我辈今日从纸上读之,犹心惊胆裂,况躬历其境者哉! 海路艰阻,差减于陆。然以当时舟船之小,驾驶之拙,则其险难,亦正颉颃。故法显东归,漂流数岛,易船三度,历时三年,海行亦逾二百日。中间船客遇风,谓载沙门不利,议投诸海(见《佛国记》)。求那跋陀罗绝淡水五日(见《梁高僧传》本传)。不空遭黑风兼旬(见《唐高僧

---

①　[日]井上圆了:《妖怪学讲义》原序一(初版),蔡元培译,中州古籍出版社2016年版,第1页。

传》本传）。道普舶破伤足，负痛而亡（见《梁高僧传·昙无谶传》）。
常愍遇难不争，随波而没（见《求法高僧传》本传）。涉川之非坦途，可
以想见。故义净之行，约侣数十，甫登舟而俱退也（见《唐高僧传》本
传）。此犹就途中言之也。既到彼国，风土不习，居停无所，其为困苦，
抑又可思。义净总论之曰"独步铁门之外，亘万岭而投身。孤标铜柱
之前，跨千江而遣命。或亡餐几日，辍饮数晨。可谓思虑销精神，忧劳
排正色。致使去者数盈半百，存者仅有几人。设令得到西国者，以大唐
无寺，飘寄栖然，为客遑遑，停托无所……"（《求法高僧传》原序）固写
实之妙文，抑茹痛之苦语也。上述地理上及人事上种种障碍，实为隔梗
中印文明之高垒深堑。而我先民能以自力冲破之，无他故焉，一方面在
学问上力求真是之欲望，烈热炽然，一方面在宗教上悲悯众生牺牲自己
之信条，奉仰坚决。故无论历何险艰，不屈不挠。常人视为莫大之恐怖
罣碍者，彼辈皆夷然不以介其胸。此所以能独往独来，而所创造者乃无
量也。呜呼！后之学子闻其风者，可以兴矣。①

　　余生而愚钝，无立德、立功、立言之能力，未有刘勰之七龄梦彩云若锦之
佳遇，亦未有执丹漆礼器随仲尼南行之梦缘，惟知勤能补拙。录古贤事，述
往思来；仰圣人志，奉为圭臬。

孟宪平

2023 年 9 月 6 日

---

① 梁启超:《中国佛教研究史》,中国社会科学出版社 2008 年版,第 107—108 页。

第一章　问题意识与中国特色社会主义
文化哲学的研究维度

一定意义上说,哲学就是文化哲学,因为任何哲学家都是处在一定文化系统中的人,它不可能站在超民族、超国家的立场上认识哲学问题。尽管哲学家们立足于"我是谁"这样的共性问题认识世界,但总是要受到所处文化环境的影响。由于文化的支点和立场不同,采用的理论及运思方法不同,所提出观点也不是普世的。文化哲学是从哲学角度对文化现象做总体性研究的学科,它主要关注文化的本质、特征、规律、类型、演化等问题,它立足于"文化"对人类的生存问题进行注疏和论证。文化哲学具有独特的现实前提和独特的元哲学问题设定,它在整体上转变了对哲学功能和意义的理解,这种"华丽转身"致力于为各部门文化和各地方文化之间的沟通做论证,致力于为消解各部门文化和各地方文化的相对视域和绝对主义倾向做论证,既表达了文化本身的经验视域,又表达了对文化生活的整体框架的理解。对马克思主义文化哲学的认识,有不同的视角和立场,从思想史的脉络看,大致有三种路向:一是马克思主义学者关于文化的研究及成果,是对社会主义文化理论和实践的认识,其话语叙事带有鲜明的无产阶级立场;二是资产阶级学者的文化研究及其观点,尽管他们也能够做出一些比较中肯的描述,但在很多时候是站在资产阶级立场上否定马克思主义文化思想的;三是一些历史学家、社会学家、人类学家的文化哲学研究及阐释成果,其中也不乏宏大叙事,西方左翼学者的文化观点也引人注目,但由于一些研究者蛰居书斋而远离社会前台,其实践性明显不足。哲学的最终使命是成为社会思想行为的引导者和守望者,"哲学必须告诉我们,我们必须为我们的文化建基其上的理想而奋斗。哲学必须努力论证这种理想本身,它的内在价值和内在真理。即使没有相应的总体世界观支撑,哲学也必须使这种理想具有活力。哲学必须竭尽全力,引导所有人,无论是有教养的,还是无教养的,都关注文化的理想问题。"①在新时代,认识中国特色社会主义文化哲学更要关注现状、挑战及出路,关注过去如何动进、现在如何延伸、将来如何发展,关注其深度和广度、基因与图谱、连续性和飞跃性。

---

① ［法］阿尔贝特・施韦泽:《文化哲学》,陈泽环译,上海人民出版社 2017 年版,第 51 页。

第一节　文化哲学的基本问题、
主要特征及学科定位

　　就像人类经常看到自己的影子一样,哲学也经常关注文化问题并对文化问题作出深思与反省。可以说,哲学是文化的镜像形式和高度抽象的结果,自从有了人类社会就有了这种镜像关系,它以哲学的形式表达自己设定的目标并建立起一种世界观,人通过这种世界观找到自己、认识自己、改造自己,从而建立属人的文化世界的学科,这是文化哲学形成的大致过程。如果从人类早期追溯,神话意识是最早的文化源头,而早期意识灵感来自社会的自然图景,这个时候,文化哲学处于初萌阶段,那时的哲人在通过理性思维建立世界图景时,开始把时间和自身的影子投射在思想帷幕上,关于那个时代的生活以及那个时代的人的肖像的认识,成了被思想统摄的内容,这个世界图景中的人与自然因理性关注而呈现出文化哲学的意蕴。"在理论上,虽不能将人类一切行为,都称为文化行为,在事实上,则人类一切行为,几无不与文化有关系。可见文化范围的广大。能了解文化,自然就能了解社会了。人类的行为,源于有机体的,知识能力。其如何发挥此能力,则全因文化而定其形式。"①在文化哲学的注目中,世界上的一切都是文化的存在物,自然本身也是人类文化的载体。

一、文化哲学的基本问题

　　人与文化的关系问题是一个永恒的话题,真正意义上的文化哲学是以此为基础在当代定格的。人类文明从形成到近代,基本上都是农业文明的表现形式,保持着根深蒂固的价值观念、致思方式、生活习惯,被称为人类精神家园而守望着。现代工业文明的形成,使人们的生活世界、日常行为、交往方式发生了根本性的变化。尽管东西方文明的道路、时间、脚步都不相同,但在工业文明取代农业文明的过程中发生的文化转型,是一种无可置辩也无法拉回的客观事实。文化的转型以及新的文化形态造成了文化上的张力,要求一种新的思路来解释这些文化问题。在西方,普遍认为,真正的文化哲学导源于尼采,他看到了当时社会文化的剧烈变动引起的人们内在世界的激烈动荡,看到了用原有的哲学思维已经不能完全揭示其中本质了。在东方,中国文化哲学源于何时何人何地,我们无法说清楚,但中国社会的

---

　　①　吕思勉:《中国文化史》,北京大学出版社2010年版,第6页。

动荡变迁和文化领域的深刻变化所造成的精神家园的破坏,所引起的深刻思考则是不能忽视的因素,每一次社会变革中的思想动荡都呼唤新的文化哲学命题来阐释现实问题,人与文化的矛盾问题成了文化哲学的重要话题。

文化哲学的主体是人,人的活动及其成果是文化。这两个方面构成具有层次结构的内容,文化哲学在对这两个方面进行研究时,就有了自身的特征。文化哲学研究人的存在的生物层面、历史层面、社会层面、自我层面,人在为"文化而存在"的过程中,生物层面构成主体化的存在,意识的或本能的文化形成经常性的存在;历史层面是文化成果的内化和积淀,是人的智能创造结果;社会层面是文化关系的表达场域,是文化的现实空间;自我层面是人的文化意识中稳定的内容,是体现内在追求的精神因素。人的存在和联系方式决定着文化的结构形态,人的本质力量对象化的成果构成一种意义系统和符号系统。物质文化体现了文化的生物性、传统文化体现了文化的历史性、制度文化体现了文化的社会性、精神文化体现了文化的主体性,这些方面包含着人的存在以及与文化内容的对立统一关系,是人之所以成为人的信息化理解方式。"人竟成了一个大矛盾,最丑最美,最愚最智,最无能,不带角,不带蹄,不披毛,不生爪牙,除了四肢,毫无兵器,而最厉害。人又最可恶,最可爱,不堕落,好像不能往上冲。……。至其极,人征服了自然,创造了人文,自己却做了自己的仇敌,成了自己的奴隶。"①从这个意义上说,文化哲学也是人的解放的哲学,人的解放是文化哲学关注的重要内容,人与社会关系平衡与否、人自身的和谐与否,构成文化哲学的动力系统和文化哲学学科存在的基本根据。

人类社会发展中,东西方文化哲学各有自己的路径和特色,它们在后来的发展中也各有分支,形成了不同的理论主张和认识方式。也有人认为,文化哲学的先驱者是意大利哲学家维柯,他把文化看成人类参与历史活动的产物,他强调人类社会要经历从生成走向毁灭的过程。进入 20 世纪以来,文化问题成为现代哲学研究的焦点问题,囊括了科技、艺术、宗教与民俗习惯等方面,大众文化、时尚文化、消费文化等也被涂上文化哲学色彩。文化哲学与文化之间没有明确的界限,一些人试图将其截然分开,怀特甚至采用了极端的态度,认为文化学拒绝并禁止哲学。比较容易理解的办法是把文化哲学理解为人们关于文化的论述和思考,但这只能提供心理来源,却不能证明文化哲学本身。文化哲学不仅仅是个别哲学家关于文化论述的总和,也是从哲学式的构思中分流出来的,哲学家谈论世界、大自然、社会和人时

---

① 赵紫宸:《神学四讲》,商务印书馆 2014 年版,第 12—13 页。

都涉及文化。这样看来,文化反思就是一种哲学态度,"关于文化哲学与文化概念的困惑在于两者研究对象的态度,文化哲学中的文化虽然对哲学一词起到了限定作用,但这种限定反而扩大了哲学这个概念的所指,因为任何一种哲学流派都是在文化中生存,也依据文化而生存的。"①从哲学视角对文化现象、文化理念进行反思并且得出包括具有科学依据的价值取向、理解方式及理论解答,则可以称之为文化哲学。从容易接受的方式看,文化哲学只能被认为是哲学的分支,其任务在于在认识文化思想的整体性和文化存在的整体性中构造文化的理论模式。

　　问题意识是推动文化哲学发展的重要动力。对现代化进程中诸多问题的质疑是文化哲学产生的动因之一,源于西方社会的现代化历程最初是由功利主义和物质主义刺激的,资产阶级意识形态在取代神学世界观的同时也把人的理想从彼岸世界拉回到现实世界,在利益追求中以片面的工具理性代替了全面的社会理性。在消解此岸与彼岸张力的同时也张扬了以追求物欲为特征的行为,这种单向度的现代化导致很多并发症状,人的异化和物的异化都在其中表现出来,人与人、人与社会、生活意义与个性健康发展问题都成了哲学社会科学亟待给出答案的问题,以人的自由而全面发展为核心的精神文化现代化问题也应运而生。全球化的文化逻辑是现代文化哲学发展的动力,全球化进程中,文化也在发生变化,不同文化之间的冲突、融合的深度和广度都是空前的,似乎在催生一种世界性的超文化形态。西方国家力图在鼓吹同质化的经济之中达到一统天下的目标,在文化霸权推动下把西方文化模式和价值观念推向全球,这样的行为促使人们发问:全球化有没有边界,如果有,边界在哪里,如果没有,是否意味着所有的文化都可以合为一体。就这一方面看,文化哲学不仅要超越以往的乌托邦的想象,还要对世界文化的发展做出研判,世界文化不应该是西方文化的一元化,也不应该是发展中国家文化的原子化,文化全球化进程中的世界文化应该是人类全新的文化体验和价值依托。文化发展的自身逻辑以及追求自我完善的愿望,也是文化哲学发展的重要动力。随着人们视域的扩大以及界面的放大,文化的分类越来越细化和多样,这就出现了相对封闭相对隔绝的状态。一些行业成了很多人无法沟通"单子",一些部门成为"与世隔绝"领域。"伴随着相对视界的隔绝,各文化领域、各部门产生了一种绝对化倾向。这种绝对化倾向把部门文化自身的绝对价值超范围地普遍化到一切文化领域,形

---

① ［俄罗斯］瓦季姆·梅茹耶夫:《文化之思——文化哲学概观》,郑永旺等译,黑龙江大学出版社2018年版,第5页。

成一种虚假的'普遍'价值为核心的文化意识形态,从而导致文化生态(斯图尔特)的失衡,这往往造成一种文化危机,如中世纪的宗教意识形态,近代肇始的惟科学主义意识形态等。"①这种现象给文化哲学提出很多新命题,要求在新的语境和环境中对文化的整体性、个体性、一致性做出全面的判识,需要用新的范式和理念构造现代文化哲学。

　　上述方面也是文化哲学发生现代转向的问题路向,是由于生活世界以及生存方式的转换造成的,也是对人的存在状况以及生存状况的原因的探索,以及对人的总体性和谐生存方式的追求,是文化哲学本身由"隐"而"显"的动力,它扩大了哲学的视野和思考外延,提供一种理解和解决现实问题的方式。可以说,现代文化哲学就是立足新坐标而对文化问题做出的一种全新阐释,是对社会的底蕴和表色、潜流和激流做出深刻追问的学科体系。

二、文化哲学的主要特征

　　文化是人的文化,世界上从来没有离开人的抽象的文化,但文化一经形成,就有了自己的型体。文化哲学研究人的存在境域并解决人自身的问题,这种研究不同于传统哲学,因为文化哲学试图回归到"人自身"。由于世界各民族的文化不同,所处的时代不同,文化哲学必然具有多样性和丰富性特征。

　　一是文化哲学具有保守与激进的双重意向。这在中国文化哲学中更为显著,保守与激进是中国文化中形影不离的孪生物和表现形式,中华文明与外来文明的冲突,现实社会变迁引起的冲突,需要用全面的发展的眼光来审视,这种批判式的分析涉及对民族文化的态度甚至触及民族的生存和发展问题,涉及民族文化与外来文化的关系以及民族文化心理的深层内容。这两个方面要求对文化的功能、价值等进行研究,它对文化的追问必然归结到人的存在和发展问题。文化研究中的保守与激进态度,反映了人的前瞻与后观倾向,对社会的追求与对历史文化的眷恋兼而有之,新旧交替都反映出人的存在意义及对人的解放的理解。

　　二是文化哲学具有改造和批判日常生活的双重功能。不论是"两种生产理论",还是中国古代的民以食为天,首要的是关注生活问题,日常生活是维持个体生产和再生产的全部内容。中国农村是以血缘为纽带的宗法制度,大部分人终生被封闭在家庭与社会之中,衣食住行、饮食男女、婚丧嫁

---

　　①　丁立群:《文化哲学基础理论研究》,社会科学文献出版社 2019 年版,第 7 页。

娶、生儿育女等活动周而复始地运行着,文化基因自发地溶进血脉之中,其自然性、落后性极为明显。现代化推动下的文化转型经常对日常生活提出批判与重建,它拥抱新的生存方式和文明形式,以理性与科学为基础建立的文化模式,凸显了主体的能动性、创造性并注入法治和契约理念。日常生活的发展与人的现代化密切关联,尽管它并不能保证人的现代化的实现,但为人的现代化提供了语境和环境。新的生活、新的文明都需要在生活中体现和把握,对日常生活的批判与建构就是对人的现代化的把握和实践,这是以"通俗"的方式理解人的解放。

三是文化哲学具有深入内心世界和理解终极目标的双重使命。文化哲学不仅在人的文化表层上做外部描述,也对人的心灵做出内在审视。心理文化对于文化如何表达心灵,心灵以什么方式存在,要做出回答,这种心理文化既不是外在于人的存在,也不是直观地输入到人的心灵,而是在人的生命信息与文化信息的融合中实现的。文化是人化和信息化了的内容,是人通过自身行为和思维方式转换成的信息系统,当价值观念、致思方式、思想意识等内化于人的心中时,才使人与动物逐渐远离。文化哲学要研究这种内化过程和机理,研究这种内化过程的终极目标和未来形势,这种"深度心理学"是文化哲学的新领域和新特征。

四是文化哲学具有构建精神家园和留住乡愁的双重特征。精神家园是思想寄托之所,"形骸九窍取象,于天合同","精者神之气,神者人之守也"。精神是人的灵魂存在之家园,所谓"魂不守舍""灵魂出窍"就是守不住精神家园。历史变迁中,中华民族赖以生存的精神家园经常遇到危机,也经常面临如何留住乡愁的问题,这是文化哲学不能回避的问题。在近代历史时期,中华文化面对西方文化的冲击时,古老的中华文明面临存亡危机时,救国救民的主旋律为文化哲学的研究定下了格调,要求人们在实践中探求救国良方。在面对现代化转型的大变革中,人们在生活中感受到的价值危机、思想危机,转化为对留住乡愁的期待以及对文化实质探索的渴望,这一方面为新的文化哲学提供了发展契机,另一方面为解释优秀传统文化提供了理据,促使人们在深层次上反思文化问题,通过新的思维方式表达重建精神家园的意志,其价值、意义就在其中。

新时代我国文化哲学还有很多特征,但主要是围绕人的存在与社会发展而展开。文化哲学的出现并不意味着原有理论走向寂灭,而是哲学家们试图开拓新理论的尝试,中国文化哲学同传统哲学在学理上是以"接着讲"的方式来延续思想文化之脉,它在内容上有很多方面是可以"通约"。文化哲学不是要提出包医百病的药方,是为了解释社会问题而出现的,它也不打算包医所有的文化病态,而是主要对人之存在危机的迫切问题做出回应,人与文化的关系是文化哲学的基本问题。

三、文化哲学的学科定位

既然文化哲学涉及人的解放的宏大学术和现实叙事,注重从当代视野和全球视野审视认识问题,就毫不奇怪了,现代文化哲学从人的生存实践定位研究内容,是将现实的人的生存和发展作为核心问题来审视,既体现了面向时代的要求,也体现了文化哲学发展的必然趋势。关于文化哲学的学科定位,可以从以下方面考虑:一是把文化哲学看成对文化精神和文化模式的理性反思,是内在于哲学各领域之中的一种哲学范式。二是认为"文化哲学"就是"存在哲学",自然界、"文化的物质世界"、社会、人的"身体和心灵"、精神世界都是"存在"的状态或表现,"我们的文化"和"我们的存在"是其中的要点。三是认为文化哲学不是纯粹理性思维,而是"上下求索"的心理哲学,它从价值预设审视和研究现实生活及文化世界,追问人的存在价值、生活意义和前途命运等问题。四是文化哲学是随着新的文化存在方式及其对人的影响而产生的,具有独特的元哲学设定,并在整体上转换了对哲学学科的理解。

上述学科定位,要求文化哲学在研究范式和思维方式上采取新的方法,它以回归生活世界为主要意向,力求实现向实践的、多元的、开放的、总体性、相对性的研究范式转变。其中包含着文化哲学发展的逻辑必然,与马克思主义哲学和现代西方哲学之间形成一脉相承的变革关系,也包含着文化全球化与文化现代化的客观要求。文化哲学作为新的哲学范式具有两个方面的规定性:一是指文化哲学范式的哲理性,二是指文化哲学范式的功能性。文化哲学范式的哲理性保证了文化哲学的哲学性,这是有别于文化学、文化科学、文化价值论和文学艺术批评的重要表现。它在哲学范式上要求以哲学思维面对文化问题,在文化对话与融合中充实和完善自己,它经常以文化的经验描述为基础,试图找出文化运行的内在规律,并关注文化的价值问题和审美问题。文化哲学的重要规定是通过对文化意义的不断反思和追问来揭示特定的文化问题。它超越了本体论哲学和认识论哲学的实体性哲学范式,把对象世界看成与人密切关联的实体,以及与符号化活动息息相关的内容。功能性哲学范式摆脱了直观、外在和僵化等弊端,其中的文化形式并不是给定之物的映像,而是人类精神的外化形式和创造能力的外显。文化哲学的功能性范式实质上是一种思维范式,对象世界及其认识不是固定不变的,而是在人的符号化活动中不断生成的,人通过文化创造不断确证自身的能力和存在,确证人类文化创造中不可或缺的价值。这样看来,文化哲学研究就是对哲学的元研究,是对"终极问题"的追问,表面上看,哲学在文化系统中"无效用价值"性,使其自身在文化系统中成为具有没有功利效用的内容,这种表面上似乎没有效用的学科不能视为毫无意义,它不能当饭吃但却能提供照亮人生前程的精神食粮,哲学是构建终极关怀的"经纬线"和"意义纽带",正是在这个基调上我们看到文化哲学范式的极端重要性。文化哲学具备天然的平衡机制、沟通机制和开放机制,既要有克服文化的"原子化"的说服力,又要有打破文化霸权主义的解释力。这样的品格要求文化哲学经常秉持一种批判精神,通过对现实批判进行文化重构,为文化发展提供符合理性的和社会需要的基本价值准则,在总体性的思维观照下实现对具体文化的批判,这是一种"批判之批判",其目的是实现意义的澄清和解放,并通过意义的澄清克服人的分裂和实现人的解放的愿望,关注生活世界的统一是文化哲学研究的合法性基础。

　　近代文化哲学进一步表达了人们对生命、生活、未来的深层次追问,厘清文化哲学的问题域限,进而推进和深化当代文化哲学研究,是一个重要任务和目标,其中蕴含着哲学理论范式的重要转换和跃迁。在文化哲学产生之前,自然主义、宗教神秘主义和理性主义的人类学范式分别承担着人类自我理解的任务。自然主义的人类学范式把人看成是自然物,宗教神秘主义的人类学范式把人看成是上帝的造物,理性主义的人类学范式把人看成是理性的存在物。实际上人的存在意义远非如此,理性主义对人的理解是远远不够的。在文化哲学看来,人之为人的基本规定在于人是文化的存在,人能够以精神的劳作进行文化创造,也通过文化的创造确证自我的存在。一方面,人类能够通过精神活动赋予对象世界以现实意义,使对象世界变成符号化的意义世界;另一方面,人又要融入符号化的意义世界之中,通过符号化的意义世界确证自身的存在。人通过符号化活动创造了诸如语言、历史、神话、科学、宗教、艺术和哲学等丰富的文化形式,并以文化展现确证了人类的理想性和创造性。人创造文化并寓于特定的文化中,人通过文化创造实现自我创造。就这个方面说,真正的人的哲学不是自然哲学、精神哲学或者是宗教哲学,而是根植于人的现实性的文化哲学。自然哲学在人化自然的意义上,精神哲学在精神产品的意义上,宗教哲学在宗教文化符号的意义上,都可以被称为文化哲学。文化哲学超越了以往人类学范式的抽象性、狭隘性和僵化性,张扬了人类存在的现实性、丰富性和开放性,因而具有更加深刻的人类学基础。文化哲学突破了哲学自身的限制,有助于跨学科研究与学科间的融合,有助于以问题为导向解决人类面临的问题。要珍视中国文化哲学传统,尤其是要珍视中国马克思主义文化哲学传统;要立足于中国当下的发展,认识文化在中国社会变化中的作用和意义;要借鉴当代西方文化哲学的研究成果,创造新的文化哲学成果;要开展中西文化比较研究,实现中国文化哲学传统的更新。还要直面现实文化问题,强化问题意识,加强与其他学科的对话和交流,走出哲学的抽象、思辨和理论推演,加强与科学、宗教、伦理、文学、艺术、神话以及日常生活的对话和交流,以便获得坚实的生活基础和丰富理论资源,这是文化哲学的特色所在。

第二节　文化哲学的核心范畴及其形态

在文化哲学的视野中,人类迄今经历了三个大的文明阶段,在每一个阶段都有一种占主导地位的文化模式。舍去地域差异和民族差异,我们可以断言,在原始文明时期,占主导地位的是由神话、图腾、巫术等构成物我不分的表象化、直觉化的文化模式;在农业文明时期,占主导地位的是由经验、常识、习俗、天然情感等构成的自然主义、经验主义的文化模式;在工业文明时期,占主导地位的是以科学、知识、信息等为主要内涵的理性主义的文化模式。斯宾格勒和汤因比的历史哲学理论、本尼迪克特的文化人类学理论、韦伯和帕森斯的现代社会学理论、存在主义的人本主义思潮、法兰克福学派的新马克思主义的文化批判理论、德里达和福柯的后现代主义,都在不同的角度和不同的层面自觉或不自觉地逼近了文化哲学的主题。上述哲学领域或流派,显示出现代文化哲学的三个相互关联的主题,即文化模式、文化危机、文化转型。

一、文化模式——文化型构状态的反映

文化模式是文化哲学的核心范畴之一。文化模式是特定民族或特定时代被普遍认同的,由民族精神或时代精神构成的相对稳定的行为方式和心理结构,文化模式在功能上不同于社会的政治制度和经济制度。对文化模式的研究主要是揭示各种文化特质及其本质关联,认识特定时代和特定民族的生活方式,政治制度和经济制度经常以外显的、自觉的方式提供社会运行的规范,而文化模式通常以潜移默化的方式约束社会行为,文化的影响力没有政治经济那样直接和强烈,但在社会发展中更为持久和稳定,其影响能够穿越时代、超越体制,成为人的生存的深层关怀。她把文化研究从文化学和人类学提升到文化哲学的高度,认为以往的人类学和文化学研究偏重于对具体文化特质的认识,忽略了文化的整体模式和面貌。本尼迪克特对民

族文化模式的认识尤其深刻,她通过对尼采的"酒神精神"和"日神精神"的理解,在对新墨西哥的普韦布洛人和平原印第安人的研究中,揭示了日神型文化模式和酒神型文化模式的实质,认为日神型文化模式的基本特征是安稳、秩序、节制、中庸,酒神型文化模式的基本特征是幻想、竞争、狂乱、过度、激情。她把日本民族文化界定为耻感型文化模式,并与欧美各民族的罪感型文化模式加以区别。文化模式不仅在共时的、民族的、地域的意义上产生影响,也可以在历时的、进化的意义上发生作用。文化模式的共时性在于对共同的现实生活的维系,文化模式的历时性在于对过往生活的存留,共时性给人以在场之感,历时性给人以延续之感,文化模式生成与变迁都是人的存在维度上的记忆内容。在共时的维度上,文化模式是对人的生活和人的世界最深层的结构表达,反映了人的活动及其文明成果在历史长河中的积淀或凝结。文化模式是文化之中最稳定最有影响的特征,对于置身其中的个体具有决定性影响,就像血脉一样在人类生活中流淌,文化模式的变迁或转型是人的世界和人的内心最深层的动迁,是人的根本生存方式的变化。文化模式具有强制性的行为规范功能,理解文化模式是认识人的各种行为的重要方式,文化模式通过内在机理方式制约特定民族的经济和政治生活,要了解社会的进步,不能忽视相应的文化模式。

文化模式与文明形态是有密切关联的,如果说文化和文明在一定形态上是同义语,那么,以文化模式为基点开展对历史哲学和文化哲学的研究,往往要对文明形态做出分析。汤因比主张从文化入手研究历史,也就是从文明形态或从文化形态研究历史,被称为历史形态学或文明形态史观。在这方面,斯宾格勒首开先河,他认为,人类的历史命运意义,深奥的意义仅仅隐藏在个别文化生活的历程中,因此,研究历史要从研究文化入手。他把人类的主要文明分为八大文明形态,也就是 8 种文化模式,他强调,文化形态史学研究的对象是文化有机体和文化形态,是通过活生生的自然结合揭示有机体的必然性而不是因果性,揭示的是文化宿命而不是历史规律。斯宾格勒认为,文化与文明的区别在于,文化起源于原始实体的性灵最深处,文明则是一直发展了的人类所能达到的最表面最人为的状态,后者总表现为"前赴后继"的发展形态,已成的紧跟方成的,已死的紧跟初生的。文化有机体所经历的过程就如春夏秋冬四时交替,这个重复本应该是螺旋式的,但汤因比悲观地认为,僵死的文明的宿命就是进入悲凉之秋或严寒冬季。汤因比把文明形态的研究定位在对文明形态的认识上,他认为,社会生活已经在不同层面上全球化或世界化了,经济、政治都在全球化的推动下运动着,唯有文化仍然在不同的地区力图保持着原有的内涵。人类文明的起源、发展和寂灭包含着一种运行机制,与所属区域人类的精神文化发展密切相关,文明的起源在于"挑战和应战",文明的生长在于"精神的自觉和自决",文明的衰落在于"自觉能力的丧失",文明的解体在于"社会体的分类和灵魂的分裂"。文明演进的机制就是文化模式变迁的机制,雅斯贝尔斯用"轴心文化"来阐释文化的存在和发展,他的历史哲学认为人类具有唯一的共同起源和共同目标,文明的目标是人类历史的最大包容和最高统一。当人类意识到整体的存在以及自身和自身存在的限度,体验到世界的恐惧和自身的软弱,在面对空无时力求获得解放和救赎,为自己树立最高目标,会在自我的深奥和超然存在的光辉中感受绝对。雅斯贝尔斯认为,轴心时代的三大文化精神是各有特色的文化模式,与中华文化模式和印度文化模式相比,西方的文化模式中包含着更具时代色彩的进取精神。

二、文化危机——文化发展状态的反映

文化危机是现代文化哲学的重要命题。文化模式并不是一成不变的,它对思想深处的影响尤其剧烈。文化特质和文化习惯是在潜移默化中生成的,一个地域、一个时代或一个民族的主导性文化模式的根本变迁,常常要经历思想的动荡和文化危机,当社会的主导性文化模式失效或失灵时,支配和左右人们行为的文化习惯开始失范了,无法继续为人们提供安身立命意义的根据。文化观念的激烈冲突、精神家园的破败、意识形态的断裂,都是文化危机的表现。文化危机往往是最能激励文化批判的时代,这在中外历史上不乏事例。中世纪末期和文艺复兴时期西方人所表现的以"逃避自由"为特征的文化危机,打破了人同周围世界的天然联系和自在的文化模式基础上的意义存在和安全感。在资本主义社会中也有相似的一幕,商品经济引导下的理性的和自由的文化模式,让身处商品经济之中的人们,不再局限于以人为中心的封闭社会里,世界成为没有边界的充满危险的市场,人失去了在农耕社会中的固定地位以及生活的意义,对自己和对生活的目的感到怀疑引起新的文化危机,"逃避自由"正是这一文化危机造成的极端后果。20世纪上半叶西方文化危机带来的影响更为深刻,商品经济和科学技术造成的理性文化模式,科学技术的发展使人类显示出前所未有的力量,以空前迅捷的方式改善了人的生存条件和环境,使人们对技术理性和文化现象的实证研究结合起来,构成关于人和文化的总体性理论。因此,文化哲学代表着对人的深层本质及其变迁的自觉反思。

特定时代的主导性文化模式发生文化裂变、文化失范或文化冲突时,人们习以为常的文化模式和自觉信奉的文化精神不再能够有效地调节个人或

社会的行为,一些人甚至怀疑、质疑或批判原有的文化模式,并对新的文化现象或社会因素形成一种期待心理,文化危机就出现了。基本的表现是:作为制约个体行为和生活样法的文化,或者作为社会运行机理和内在图式的文化,作用速率和作用效能大大减弱,原本在很大的历史尺度上相对稳定的文化形态,遇到了很多不确定因素而发生动摇;由于文化模式变动的速率与文化要素、文化特质变动的速度不相一致,或者是滞后的,或者是超前的,都会对文化模式构成影响,而当二者的速率差别过大时,带来的文化危机是难免的;文化危机不仅仅是外部表现和型体的变化,而且是深层的内涵和结构发生震撼,促使文化发生脱胎换骨式的质变。因此,在通常情况下,只有当指导性的文化模式在社会中失范或失灵时,或由一种新的文化精神或文化范式取而代之的时候,文化要素、文化特质、文化形式等要素发生有大的变迁或突跃时,就要面对文化转型的考验和问题了。文化危机的呈现并不全是主观因素,也不全是一厢情愿的事情,文化危机是社会的客观现象或者说是历史的演进中必然出现的事项,在表象上是"功能紊乱",在根源上是"文化矛盾"。文化危机是文化的自在性与超越性之间的矛盾结果,是文化内在本质与外在约束之间的矛盾结果。就个体而言,文化的产生和发展就是人的本质的体现以及对自然和本能的超越,就群体而言,文化是人类历史发展中积淀的共同遵守的行为习惯和方式,具有强制性和规范性。既要引领现实又要超越现实,是文化精神的进取品质与文化传统的守望意识的张力结果,科学和理性是文化模式的基本要素,但实际上文化模式并不都是科学和理性的。文化发展中,个体的创造性和超越性与文化模式的自在性和异化性之间的冲突,新的文化要素、文化特质、文化精神会通过人的实践而确立其地位,并对已有文化模式构成冲击。这是造成文化危机的内在根源和机制。迄今为止,人类社会经历的文化危机不止一次,也不止一地,从农耕文明到工业文明的历史发展中,几乎所有的典型文化都曾经面对过文化危机,主要类型有两种:一种是内生性的危机,是在没有外来文化精神或文化模式影响的情况下,通过文化模式的自我超越、自我革命或自觉发展愿望达到自我的完善,"日新又日新"的文化形态源于人们洞悉自然、生活、人生奥秘的愿望,源于文化体系内部的新的文化自觉和新的文化追求为文化危机的自发性特征。另一种是外生性的危机,是由于外界因素影响对文化形成冲击,对原有文化批判性否定,迫使文化产生应激性变化,使原有文化有一种冲击感。其中有比较温和的文化冲击,也有激烈的文化动荡,拿中原民族文化与北方游牧文化的交汇来说,二者经常兼而有之。而东西文化碰撞则以文化冲突为主要表现,中体与西用之间的矛盾与争议成为关注的话题,问题的实质在于能否守护原有的文化模式以及如何守住文化模式,在前所未有之大变局中如何适应社会之新变。

三、文化转型——文化适应状态的反映

文化转型是文化模式的剧烈变化,其中有复杂的文化脉象和文化关系。文化模式的变化和文化危机的出现,预示着新的文化转型,这种转型或者是在外部强制的推动下实现,或者是在内部自觉行动的推动下实现。一般说来,文化危机是文化模式变化的量的阶段,文化转型则是文化模式变化的质的阶段,文化危机是文化转型的前奏,文化转型是文化危机的结果。不难理解,最深刻的文化模式变迁就是社会进程中的文化转型,而真正意义上的文化转型意味着安身立命支柱的更换,意味着人生存的意义世界和价值世界的改变。20世纪上半期,西方社会所经历的深刻的文化危机和不发达社会在汇入现代化进程中所面临的文化冲突,把文化从政治体制、经济体制的后场拉到了历史进程的前台,使文化转型不再是一个自发的进程,而是为人们所关注并自觉引导的过程。这是文化哲学兴起的重要背景,也是当代文化哲学的主题之一。文化转型的另一种动力来自自我批判的勇气和自觉纳新的愿望,一些异己的文化元素也会引起心理反应,有时候甚至成为横亘在文化交流之路上的鸿沟。但是,新旧交替,更迭递进,前赴后涌,永不停歇,这是人类文化史上的规律。不管是宣称"民族主义"的文化模式,还是标榜"世界主义"的文化模式,都不能无视这一规律,即使有时心有不甘。

文化转型的根本原因在于人类自身的发展机制及其在社会中的创造机制和适应机制的转变,其内在驱动力是人的生活世界的内在矛盾,具体表现为两个方面:一是人的主体性、对象性中所包含的超越性和自在性的矛盾,二是自觉的文化与自在的文化之间的活动状态。这两个方面都以特定的方式推进文化反省和文化批判,以便达到在新的层面和新的境界上理解文化本质和人之存在的意义。文化反省和文化批判的主体主要是具有敏锐意识的知识分子群体,他们不仅要将文化的深意通过感性的方式表达出来,更要用自觉的理性揭示文化问题和把握文化症候,从特定的价值视角对文化危机的原因、本质、问题、后果做出诊断,探索走出文化危机的路径,寻找诊治文化危机的良方。一定程度上说,文化危机就是人的存在危机和社会发展的危机,而应对文化危机则是面对激烈思想动荡时如何找到自身合适的位置的拷问,是摆脱物化意识和异化现象引起的价值危机的努力,是力图回归人的本真而达到精神文化上重构生活世界的真义,以及重建的价值世界和意义世界的努力。这标志着要对文化哲学及其研究主题的重新定位。生

活世界是文化转型的前沿阵地,与科学世界相比,生活世界具有优先性,人和世界的统一性是保持目的、意义及价值的有效性的前提。科学危机的实质是由于科学的功效经常与人生意义相疏离,它从生活世界中分化出来又把生活世界的一部分分化出来并加以碎片化和片面化,甚至把人从统一的世界图景中作为主观性的内容而排斥出来,形成一幅抽出人的位置的"科学"世界图景,生活世界成了被科学遗忘的空间。实证主义的哲学范式、技术主义的哲学范式、科学主义的哲学范式离文化哲学范式的距离越来越远,它既对文化模式产生影响,又对文化存在构成冲击,从深刻的文化模式理解认识文化精神的变化,充分认识回归生活的意义和价值,是文化哲学必须面对的课题。

第三节　中国传统文化哲学理路及其格调

中国文化哲学是道德政治探究之结果,其目标是人生之完美和社会之和谐,它希望明人之所以为人之道以及社会之运行之道,"慎终追远,民德归厚"表达了对社会潮流的崇敬。"古往今来,中华民族之所以在世界有地位、有影响,不是靠穷兵黩武,不是靠对外扩张,而是靠中华文化的强大感召力和吸引力。我们的先人早就认识到'远人不服,则修文德以来之'的道理。阐释中华民族禀赋、中华民族特点、中华民族精神,以德服人、以文化人是其中很重要的一个方面。"①中国传统文化哲学为人之立德、立言、立功论证,为社会和谐、自然和谐、人类和谐建言,实为察查文化之大端、思想之深意。

一、从远古走来的人文思绪及哲学思维

东方文化哲学注重对人性的拷问。夏商周时期的中国,文化已有小成,但在总体上文物未盛、演进迟缓,文化与政治还不够配套。早期的中国传统哲学家看来,每个人内心自有主宰,"人苟能认识此真理则生活之重心在内,真所谓大彻大悟,然后鬼神之存在与否可不深论,而亦勿须礼教或法律之重重约束。个人而与此真理深有所得,则如孤舟泛海,能操其舵,可勿虑风涛之险恶。此真理倘能深入大众,实足导致人类太平。"②中国文化哲学所关注的是人的前景与社会的未来,以内心之境界提升而对世界做出贡献,

---

① 习近平:《在文艺工作座谈会上的讲话》,《人民日报》2015 年 10 月 15 日。
② 许思园:《中西文化回眸》,华东师范大学出版社 1997 年版,第 18 页。

通过克己、求己、为己之路打通社会大同之路,通过内心的自省、自强、自谦、自励、自厚、自正、自诚、自得等方式形成自身的醇厚,这种文化哲学倾向于个性精神境界的提升,正所谓"自知者明,自胜者强"。从战国时期诸子百家对社会问题的文化理解中,我们可以看到很多具有深刻哲理和思辨的内容,关于人生问题理解也和那个时期的社会发展相联系。"天地有大美而不言,四时有明法而不议,万物有成理而不说。圣人者,原天地之美,而达万物之理。"①自然之美孕育在社会发展之中,四时明法是自然社会运行规律的表达,天地之美、万物之理是人们要遵循的法则。中国人的思维路径与西方社会迥殊,中国人生智慧的发荣滋长基于对事物的观察理解,积淀既久而达到德慧的自然激发。中华传统文化中的天道、人道逐步演化成人生理想,所谓的"天事必象"是说天象是天体自身运动的表现,"是故天地者,形之大者也"②。东方自然观强调的遵守自然,执一齐物强调自然界的统一性,循环异变强调和谐的运动发展,这些方面体现了事物损益消长的辩证关系。中国古代文化采取顺应自然、静心观察的科学态度。"仁"是生活的最高境界,它可靠如山;"智"是思考谋划的基础,它灵动如水。儒家的思想核心是"仁",是对于世间万物均应抱有的感情,所谓"知者乐水,仁者乐山。知者动,仁者静。知者乐,仁者寿",这里的乐山、乐水是人内在情感的自然化,回归自然和免除喧嚣。求仁得仁、仁者安仁、欲仁则斯仁至,都是在说仁者乃人之本心,从不仁之心达到仁人之心乃是回归心性。安于仁者会不忧不惧,仁的境界就是乐的境界。孟子直接说"仁,人心也",其中的文化哲学意蕴在于把"反身而诚"作为人生的最大乐趣。反求诸己就是自得,而能够自得者就是万物具备。五千年文明中,即使穷谷之牧童、村妇都为这种智慧光辉所照耀,其主要原因在于这种文化已经成为"日用而不知"的内在感受,也是中华文明五千年之瑰宝。

对自然事项的关注是中国古代文化哲学的重要内容,匍匐在大自然的威力之下的众多心灵经常处在震撼和悸动之中,困惑于神秘之物则为鬼神之奴隶,屈服于外界无穷势用则为自然之奴隶,匹夫志向与民族气象就联系起来了,人与自然的关系也在注目之中了。匹夫之志与浩然之气是人生哲学中重要论题,主宰在我而不为鬼神所役使,成败在己而不为自然支配。"吾养吾浩然之气","素襟不可易","虽千万人吾往矣",从形体看人在万物丛中,从心志看人是万物之主,人在生活中尽辅相裁成之责,有天功人代

---

① 《庄子·知北游》。
② 《庄子·则阳》。

之用。对人来说,渺小与伟大兼而有之。以志帅气则显其大,心为物役则见其小。古代哲学家从这里推出另一个话题,即:生命与人生的关系。"困,君子以致命遂志",其中,言志仅仅是个人意向,言命则又超乎个人,"天命谓之性"直接把当然之事与自然规律统一起来了,而"不知命无以为君子"是将知天命看成人生修养的正途,这不仅是文化问题,更是对人生的理解。"夭寿不二,修身以俟之,所以立命也。"①人寿几何,无法把握,修身几许,全在自我。

中国古代文化哲学富有辩证思维,动亦静,静含动,流动不居而又常在,是儒家文化哲学的特点。它强调宇宙的基本统一和互补性,"祸兮,福之所倚,福兮,祸之所伏",是说同一对象的不同方面互相依赖、相互作用和相互影响。但道家人生观充满萧索之意,鼓吹人生之虚无寂寥,主张因循顺势,这种文化哲学是有悖论的,不能自主,何以顺应自然,倘能自主,何必顺应自然。庄子之"独与天地精神往来而不敖倪于万物",自视为万物之中至为渺小之一物,又谓能与浩瀚之大化合于节拍。老子曰:"天地不仁。"这与儒家仁爱观明显不同,孟子主张"执性则知天",是将人心之仁与天地之仁并举。儒家比较看重宇宙之刚健创进之特征,"逝者如斯夫,不舍昼夜","天何言哉,四时行焉,百物生焉"。《易经》《诗经》中有很多类似的话语:"天行健,君子以自强不息","维天之命,于穆不已","大哉圣人之道洋洋乎发育万物","生生谓之易",此类恢宏之语至汉代几成绝响,此后儒家多拘于义利之辨、人之大欲等问题,这一方面是儒家文化哲学主题的延伸,另一方面也预示着新的文化哲学流派的呈现。德政与政德是中国古代文化哲学的又一事项,实际上是人的思想道德在社会中的展示。国家的政治是道德为基础的,"为政以德","政者正也"。古代有三不朽,立德最为上,立德者必能立功、立言,政治功业如果缺少品德支撑就是无根之水。"修己以安百姓","修身而天下平",修身为本,修心为基,有了德性和教化,就有了政治、制度之导向,对执政者来说,"子率以正,孰敢不正"。

二、反映中国传统精神的日常结构和图式

传统日常生活是与自然形态的农村经济联系在一起的规范体系和行为图式,重复性的思维方式和实践方式是其重要特征,以自在性和自发性为基础构成的生活模式和活动方式,对社会运行和人的心理习惯起着支配性作用,并且自觉或不自觉地维护其存在和运行,实用主义、经验主义、群体效应

---

① 杨伯峻:《孟子译注(简体字本)》,中华书局 2008 年版,第 233 页。

让很多人根据以往的俗例进行类比而形成重复性的行为方式,这种活动图式把大量的习俗、惯例、尝试以代际传承的方式向前延伸,构成一定社会活群体的文化基因,在潜移默化中把文化血脉熔铸在民族的有机体中,成为不需要思索就能不断贯彻的规则和规范。日常生活的维系基础是本能、血缘和天然情感,家庭、道德、人伦、宗教是其中的自发调节系统,饮食男女在日常生活中以一定的血缘关系为纽带进行活动,在社会交往中以一定的道德规范与其他个体往来。我们不能凭人的感情好恶来认定这些内容的"好"与"不好",因为地域不同而形成的不同日常生活惯俗,对人的影响方式也不同。过分强调特定历史条件的私人情感会阻碍人的个体化表现以及社会的理性化表现,也会阻碍人的自由发展和社会的进步。这种图景具有明显的二重性,它既脆弱又强大,既拘谨有开放,既古老又现代,依照惯性而形成对社会运行的支配,宗法制度、官僚主义、经验主义、长官意志等是实践这种惯性的动力机制,这种惯性既是一种惰性也是一种韧性。很多人生活在封闭的区域中,在空间上难以越出地域疆界,在认识上难以越出思想边界,不知道山那边有什么,不知道海对岸有什么,不知道世外桃源的人在干什么,甚至不需要认识、不需要沉思,家风言传、家长表率就是世代接力的依据,人生的酸辣苦甜都融汇在生活世界之中。对个人来说,它是特定的具体的人生中的一个链条,起着一定的接力作用,对社会来说,它是社会发展中具有决定意义的一环,唯其如此,才能体悟出"人生代代无穷已,江月年年望相似"的意境。在诗人的眼中,这是富有生活情调和充满诗意的田园牧歌,在进化论者的眼中,这是封闭的沉沉的田园暮歌,必然会在人类发展中消退。这个社会的绝大多数人半睡半醒、浑浑噩噩,吃饱穿暖就是理想目标,家庭和谐就是人生情调,生活理想被嵌入自然链条之中,缺少激进有为的内驱力,自觉的创造冲动经常因为现实束缚而被消磨掉。中国文化哲学研究不能回避这种曾经存在并且今天依然具有深厚影响的文化模式,家国同构、熟人社会、人情关系等都成为影响现代政治理念生长或干扰民主政治运行的因素,血缘社会、亲情社会、人伦社会、私人社会成为难以割舍的社会关系纽带,它经常把日常生活的文化理念带入非日常生活之中。

三、具有整体特征和世界关怀的思想结晶

中国文化整体性特征在于其原生性。一般说来,世界上文化的起源有两个路径,一是原生道路的文化单元,二是次生道路的文化单元,这两个方面都是以第一代世界文明为基础的。中国文化是人类文明起源中最纯粹、最自发的形式,这种起源方式不能用欧洲文明起源的理路来解释,它与世界

其他重要文化形式的差别在于,中华文化彻底的原生性质。"同西方,特别是同欧洲比起来,虽然中国与欧洲一样,有一个同样光辉的轴心时代,但由于中国前轴心时代的文化积累深厚,而且没有经过扰乱和打断,在现实中,活文化含量最大,因此中华文化的发展,对轴心时代的依赖,远不如西方,或者说与西方迥然不同更合适。因为儒家学说,本身既是轴心时代的产物,同时也是前轴心时代文明的最全面继承者,所以,它在汉代被定位一尊,成为中国文化大传统的主流。"①中华文化注重精神需求并向道德方向发展,这是一个传统。其中的内在承接关系,完全是自然的过程,不需要外部干扰和推动,其中包含着丰富的独特的精神世界,轴心时期文化力量苏醒和回归,总是为社会提供一种精神的力量。中华文化有自身的特征和发展规律,不同于欧洲铁器文明的规律,也不同于变型的印度文明的规律,更不能用中东文明的无秩序状态来衡量,它在一般形态上遵循历史唯物主义原理,但在具体阶段的细节上有自己的独特属性,在文化哲学研究上不能用其他文化比附,这也决定了我们的文化哲学不能照搬西方文化哲学。世界上每一个民族都有自己的文化特色,文化的民族性奠定了世界文化的多样性,而文化的影响力和持久性则是世界地位的重要标度。在一个时代处于世界先进地位的文化,在另一个时代要有自觉的转换,否则会成为"昨日的先进文化"。就地位而言,中国文化是世界文明花园中的奇葩,过去曾经是现在依然是璀璨星空中最耀眼的一颗,中华文化之中有很多西方文化中没有的元素和内容,为世界文明提供了极具价值的瑰宝,中华文化中包含着对待现实和处理问题的方案,为世界文明提供了最有生命力的智慧。

中国文化在世界文明中具有重要地位,并不能表明它能够自动地走向世界,我们的文化哲学要研究如何走向世界的问题。从理论上看,文化总是从高势能区域流向低势能区域,低势能的文化常常从高势能文化那里汲取营养。但在实际上,文化之间的影响总是双向的,输出与接收不能割裂开来。文化之中总是蕴含一定的能量和力量,它在内敛为自身品质的过程中也向外辐射,甚至以上善若水的力量融化一切。高势能文化就是反映时代潮流和社会发展方向的文化,文化势能的高低取决于是否具有时代性以及是否代表世界潮流,社会主义先进文化就是一种高势能文化。文化交流具有特定的传播机制和接收机制,传播机制要体现三个要素的结合:文化本身的先进性和实用性、传播对象选择的合理性或合适性、传播方法和手段的科学性。一些国家从主观愿望出发,自认为代表了时代方向,处在世界的中心并拥有包医百病的"普世价值",不惜以霸权形式向外殖播自己的文化,在很多时候效果并不好。即使是高势能的文化,如果对象选择不合适,会有对牛弹琴之感,也难有效果,这是传播与接收对接不好。接收机制也包含三个要素:开放的心态和接纳先进文化的愿望、对外来文化的特别需求、承载或消化外来文化土壤或空间。通常情况下,每一种文化都有一定的排他性,开阔的胸怀是广纳百川的前提,但这背后还要有一个强大的国力做支撑,国力强盛时期也往往是吸纳和消化能力强大的时期。

对于上述现象,当代文化哲学要从历史规律和现实需要出发,致力于以下方面:一是剔除文化交流中的机械论倾向。在理论内容寻找根源,以问题导向推进社会主义文化哲学的理论创新,充分认识完备性与协调性之间张力与矛盾,从中华文化的整体性理解当下文化哲学的关怀和责任。二是注重提升 21 世纪马克思主义文化哲学的解释力。"本国本民族要珍惜和维护自己的思想文化,也要承认和尊重别国别民族的思想文化。不同国家、民族的思想文化各有千秋,只有姹紫嫣红之别,而无高低优劣之分。每个国家、每个民族不分强弱、不分大小,其思想文化都应该得到承认和尊重。强调承认和尊重本国本民族的文明成果,不是要搞自我封闭,更不是要搞唯我独尊、'只此一家,别无分店'。各国各民族都应该虚心学习、积极借鉴别国别民族思想文化的长处和精华,这是增强本国本民族思想文化自尊、自信、自立的重要条件。"①从文化理论与实践的矛盾中探索研究的着力点和创新点,在更深层的意义上揭示文化问题的本质,在 21 世纪马克思主义的新的实践空间中探索文化大发展大繁荣之路。从开放的视野中理解当代文化交流的新趋向新态势,走出现实社会中存在的精神文化决定论迷局,把文化动力纳入社会发展之中,给马克思主义文化哲学注入新的理论内涵。

四、近代中国传统文化哲学的坚守与突破

中国传统文化哲学非常关注自身的出路,对于如何坚守自身的核心价值以及如何突破自身的局限,都有独特的思索方式和应对方式。在对主体之我、历史之我、现实之我的把握中提出了很多睿智的观点,既体现了对社会、自然和人的理解,也提出了进一步探索社会事项的哲学根据。

1. 中国近代文化哲学的自我关照

梁漱溟的文化哲学是基于对人生问题和社会问题的探索,他认为,文化

---

① 习近平:《在纪念孔子诞辰 2565 周年国际学术研讨会暨国际儒学联合会第五届会员大会开幕会上的讲话》,《人民日报》2014 年 9 月 25 日。

是一个民族生活的样法,生活追求的差异决定了文化路向的差别,不同文化是不能调和的,中国文化复兴要走孔子的路,世界未来的文化就是中国文化的复兴。梁漱溟早年受到功利主义影响,认为欲望决定一切,人生基本是苦的,人生问题和社会问题是他思想的基本点,并以讲明佛学、传播儒学为己任。他认为,佛家讲苦修,儒家讲和乐,"我又看着西洋人可怜,他们当此物质的疲惫,要想得到精神的恢复,而他们所谓的精神又不过是希伯来那点东西,左冲右突,不出此圈,真是所谓未闻大道,我不应当导他们于孔子这一路来吗?"①他逆流而上,顶着当时全盘西化的狂潮,倡导儒家文化的真精神,在新文化运动时期公开打出儒学旗帜,可谓现代新儒学思想的第一人。梁漱溟受王心斋启发而入儒学,其思想偏重陆王一脉,认为儒学是生活的哲学和使命的学问,比较著名的观点是"文化三路向说":"中印两方文化文明之为两大派系,合起来西洋近代基督教的宗教改革下发展着现实幸福的社会风尚,岂不昭然其为世界文化文明三点体现乎。"②面对当时的境况,他认为,文化及其相互关系问题已经到了非要解决的地步。东西方走着纯粹理性的路,并带来了令人艳羡的成就和意想不到的问题,中国文化走着不同于西方的路,直觉起着巨大作用,这是梁氏给自己的文化哲学铺就的垫脚石,但却压抑了理性的作用。贺麟认为,梁漱溟巧妙地避免了东方文化优于西方文化的偏狭复古的见解,使人对整个东方的前途有了无限的乐观和希望。

2. 中国近代文化哲学的求新求变

熊十力的"唯识新论"还是比较保守的儒家哲学,他看到了中国哲学不重"思辨"的不足,也希望通过吸收西方哲学拓展中国哲学新路,认为"中国诚宜融摄西洋而自广",使二者结合成"思修交尽之学"。熊十力通过"体用不二"把"返本开新"阐释文化哲学的逻辑理路以及会通中、西、印文化的哲学途径,提出重立中国文化之大本,其文化哲学自成一体,既融会新知又创发新义,开辟了一条既有别于"中体西用"又不同于"全盘西化"的新路。其论学的基本立场是沿着唯识学的语言讲自己对唯识学的理解,不是"照着讲",而是"接着讲",讲自己的心得体会,主要是"对于宇宙人生诸大问题"的理解。他认为哲学研究的要点就是本体,本体论属于哲学的范畴,"吾学贵在见体"。他认为,本体是绝对的、幽静的和无形无相的,也是永恒的和无始无终的,是备万里、含万德、肇万化的,这个理解显然源于儒家思想。他

---

① 梁漱溟:《中国文化的命运》,中信出版社 2010 年版,第 3—4 页。
② 梁漱溟:《我早年思想演变的一大关键》,载《梁漱溟全集》第 7 卷,山东人民出版社 1993 年版,第 185 页。

用翕辟成变说明本体不是僵硬的东西，而是大化流行、生生化化的东西，本体就是恒转、功能和大用，其中的大用是通过相反相承的两种势能、两种活力作用而成，翕辟之特殊变化构成了万殊的大用。熊十力的文化哲学主要针对"中国文化向何处去"的时代难题，他认为哲学思想是文化的根基，文化的民族性与文化的时代性影响着文化哲学体系的结构，现代化转型是文化哲学建构的价值取向。

冯友兰的"新理学"把柏拉图的"共相""殊相"引入中国哲学，认为这是"真正的哲学问题"，他把世界分为"真际"和"实际"，意在使中国的形上学更加凸显，以便和西方哲学比美。"共相和殊相的关系问题是贯穿于中国哲学发展过程的一个根本问题；认识论和逻辑学的根本问题就是共相与殊相的关系问题；共相和殊相的关系问题是一个活问题，而不是一个死问题。"①这一关系可以用"理在事先"的命题做出概括。冯友兰的哲学研究始终围绕中西文化展开，"中西文化的差别""中国文化向何处去"的问题是冯友兰探索的文化历程和方法，围绕"中国文化为什么会落后、中西文化有什么不同"，他认为最主要的原因在于没有科学，而中国没有科学的原因在于中国文化向内寻求出路，走的是"自然"路线，关注的是内在心理，注重的是日常人伦。西方产生科学的原因在于向外追求，走的是"人为"路线，注重向大自然寻求力量，追求的是对问题的确证。冯友兰是用西方逻辑分析方法"接着讲"宋明理学的。在他看来，运用现代逻辑学分析中国传统哲学，澄清含混不清的概念，是"接着讲"与"照着讲"的根本区别。

贺麟的"新心学"认为，必须以西洋哲学发挥儒家理学，因为中国儒家哲学重道德精神构建而忽视了知识体系的架构，融汇中西既可以强化道德可能的基础，也可以强化科学可能的基础。要吸收基督教的精华充实儒家的礼教文化，在领略西洋艺术的基础上推动新诗教、新乐教、新艺术和新儒教的共同复兴，中国新儒学家有振兴中国文化哲学和发扬中华文化精神的责任。鉴于近代中国文化的曲折经历和磨难，贺麟认为，文化上的失调难以应对新的文化局势，文化要实现体用统一，才能使儒家文化在纷争中保持动进态势，并能在和其他文化和谐相处中超越它们而实现儒家文化的复兴。儒家的人生态度就是使生活有意义、有价值的态度，对于我们自己的文化，要用新观点新方法进行批判和解释，打开了文化的大门，就必须面对中西文化的关系问题。贺麟研究文化的一个主要意向是不满足当时的文化研究状况，决心要对文化进行澄清，重新认识西洋文化的本质。他认为，文化是道

---

① 胡军：《中国儒学史》（现代卷），北京大学出版社 2011 年版，第 161 页。

的显现,"道之凭借人类的精神生活而显现者谓之文化"。精神是心灵与真理的契合,是具体化、实体化和社会化的意识活动,在这里,精神成了洋溢这一意义和价值的内容,道凭借精神而落实为文化。他提出要完整地学习西方文化,主张"以体充实体,以用补助用;使体用合一地发展,使体用平行并进"的理论,他不同意"中体西用"说,但主张"儒化西洋文化","以民族精神为体,以西洋文化为用",实现儒教与耶教的融合,其中包含着明显的基督情怀。

3. 比较与反思中的守望

方东美曾在南京创办中国哲学会,对西洋哲学史极感兴趣,不喜欢玄虚的哲学思想,他认为,中国先哲对人生的领悟是热烈而又深切的,中国人的生活精神,常常寄托于对入世的热忱,并不轻率地做出世的幻想。虽然根基于笃实的人世生活,但处处求与天地合其德,与日月合其明,以显示博大襟怀,其生活要义在于忠恕感人,同情体物,扶持众妙,包裹万类,养成人我两忘、物我均调的人格。方东美明确反对孟子的"道统"说,认为事物都是相互包容的,思想史上各派的争执就是画地为牢,最终导致思想停顿。先秦后期儒道墨之间的融合促进了思想弥合,东汉后期儒释道的融合给中华文化增添了新的生命力。他认为,中国哲学要体现整体性,不能断章取义,他对当时哲学著作和哲学观点的评价,一方面表明他个人对哲学的特殊理解,另一方面也表明了自己的学术立场。他说谢无量的《中国哲学史》是抄袭日本学者宇野哲人的,冯友兰是切头式、斩头式的哲学家,而胡适的哲学就是切头式、斩头式的中国哲学。方东美对儒学的人文价值情有独钟,认为人文世界是相对的,人文价值也是相对的,六艺精神所蕴含的世界,主要是诗书礼乐显露的世界,儒家的精神就是人文精神,儒家的价值就是人文价值。他用"皇极"概念揭示自己的重要观点,这一概念大体有四层意思:1.宗教方面的意思;2.真相的标准和价值的标准;3.解释人生与宇宙秘密的特殊道德哲学和美感哲学;4.通过正面展开而形成的原始的儒道墨思想体系。在方东美看来,《周易》中的"十翼"蕴含的精神是中国道德文化的基础,包含着统一的哲学解释,是中国人以生命为中心的本体论哲学的源头。

牟宗三的道德形而上学自有特色,在由"架构的思辨"走向"客观的悲情"过程中,把"良知""知体明觉""无限自由心"视为"道德主体"的具体形式。他以唤醒世人的价值意识、文化意识和历史意识为己任,用"三统说"(道统、政统、学统)统合本体论、宇宙论和心性论,维护孔孟所开辟人生宇宙之本源,开出学术独立之新路,揭示民主政治之必然。远离故土的乡愁情绪和寻根意识,激励着一种思想上的回归意识,在秉承了儒家正统的同时又不得不面对欧风美雨的侵蚀。在《历史哲学》中，牟宗三对汉代以前的哲学做了全面的审视，认为在孔孟荀时代就已经确立了道德主体和知性主体，他认为孔子"通体是文化使命，满腔是文化理想，表现而为通体是德慧"①，其"仁心"具有超越性和普遍性，而将道德主体展现得最彻底的是孟子，他身上有"泰山岩石气象"。孟子直接点出性善论，明白地把握了道德的内在性，使孔子的天地圆浑气象得到直接的体现。牟宗三从哲学层面分析了中国没有科学知识的原因，从精神文化角度分析了中西文化的差异，中国文化是"综合的尽理之精神"与"综合的尽气之精神"，西方文化是"分解的尽理之精神"。用今天的西方哲学名词来讲，一个是建构的，一个是解构的。总体上看，早期牟宗三受中国传统儒家哲学影响较大，由此奠定自己哲学体系的根基，后期受康德哲学影响较大，在怎样理解哲学和怎样建构哲学方面有很大的转折。

　　唐君毅的文化哲学带有鲜明的宗教印记，他以"十字架"的意义蕴蓄说明中西文化精神的特质，以"道德理性"作为文化哲学的主要论据，强调中西文化的"和而不同"，其"太和世界"的人文理想意在贯通中西文化精神，"纳方于圆"的文化哲学构想期待重返传统的"返本开新"气象。唐君毅提出"心通九境论"，他在自觉融会中西哲学的基础上，致力于传统文学的返本开新，它的哲学是中国传统哲学走向现代哲学的新形态。他将孟子的性善论概括为两个方面：一是从自发的情绪外显上表达性善，二是从内心所安方面指出性善。唐君毅认为孟子的人人皆可以成为圣人的内在信念，是由于圣人之心满怀爱而不能自私，他不认为自己是唯一的圣人，性善论本身孕育着人皆可以成为尧舜的可能。在唐君毅看来，孟子并不认为一切行动和实际意图都已经很好，而是对人性成善的信心，是对现实德性和把握真理的乐观态度。从道德自我的建立，到人文世界之化成，到心灵九境，是唐君毅哲学思想发展的三个阶段。在人生目的方面，唐君毅认为，以自觉之心完成自主活动，就是人生目的，它基于两个要点否定现实世界：其一，世界是不真实的，充满虚幻性，一切都幻化为虚无；其二，现实世界是残酷可悲的宇宙，人生的一切努力不过是向死亡礁石挺进。但是，这种花非花、幻非幻的世界不是消极浮世的理由，要由此更生出奋发向上之感，以便证明心之本体的存在，找到人皆可以成为尧舜的入世依据。因此，唐君毅不离道德理性来考量文化，完成了道德自我的展开，也是人自觉体会文化本源中的向上精神。他看到了人类文化的堕落，各自离析而无精神统摄，各自为重而抹杀其他文化

---

① 　牟宗三：《历史哲学》，广西师范大学出版社 2007 年版，第 83 页。

之价值,振兴之道在于:以道德理性为基础,振奋文化意识和文化精神,分殊而有会通,会通而不失分殊。

　　徐复观的文化哲学是以对文化本质的认识为起点的,从文化的定义引出文明与生活之异同,继而提出文化哲学的核心就是心的文化,"心的文化"有多种类型,如:孟子的"心是道德的根源"说、庄子的"心是艺术的根源"说、荀子的"心是认知的根源"说。在他看来,"文化是由生活的自觉而来的生活自身及生活方式这方面的价值的充实与提高"①,是在生活的各方面的反省中建立起来的,基于生活的目的性、理想性建构起来的大戏就是文化。生活和价值是徐复观文化内涵的两个立足点,文化是对生活理想的追求,是对生活价值的充实。不能以一种文化尺度来抹杀其他文化,各民族都有自己的价值系统,不能用西方的价值系统作为衡量世界文化的标准。"在文化的共性上,我们应该承认有一个世界文化;在文化的个性上,我们应该承认各民族国家各有其民族国家的文化。并且各民族国家所反映出的文化底个性,是不断地向世界文化底共性而上升。"②他把中西文化之别概括为三个方面:西方文化是对自然界进行思考而发生的,中国文化是对人之生存的思考而发生的;从人文自觉看,两者都有一个从宗教中自觉产生人文主义的过程,但西方文化是以神为中心,其中充满"苦难意识",中国宗教的人文化就是"天的人文化",其中充满"忧患意识";从文化成就和局限看,西方文化成就主要是物质文明,忽视了精神文明,中国文化则相反。他认为,中国的问题,最根本的还是文化问题,我们对中国文化的态度,不应该武断地达到,或盲目地拥护。出于对中国传统文化的挚爱深感对现状的忧虑,他希望通过重建中国传统文化来扭转人们对中国文化的偏见,因为中国文化不仅有历史意义,也有现实意义。徐复观对传统与现代的认识、对文化层次的认识,也有独特的见解。

五、中国传统文化哲学的现代转型和主题变迁

　　中国社会转型中的文化冲突是显而易见的,传统深处的文化模式在遭遇现代价值观念时,是无法保持过去的淡定和潇洒的,但是,主动拥抱现代还是被动适应现代,是大有区别的。中国社会的现代化转型不仅要洗刷过去的惰性和慢节奏,还要在速度和质量上扭转已经存在的时空滞差,并且还承担着既要克服西方工业文明的局限又要走出中华民族文明新路的责任。

---

① 李维武编:《徐复观文集》第一卷,湖北人民出版社2002年版,第1页。
② 陈克艰编:《中国学术精神》,华东师范大学出版社2004年版,第247—248页。

中国传统社会转型中的文化传统和价值重构,表现出全方位、全维度的文化冲突,精英层面的文化是面对这种冲突的前沿阵地,技术理性和人本精神之间的张力进一步铺展,一方面是科技力量和技术理性张扬中对社会财富的创造性贡献的同时,也把社会结构的裂变问题摆在生活的前台,另一方面是人的本质力量的对象化能力的提升以及对人文精神的肯定的同时,也把人格分类以及人自身的矛盾提高到日常位置。这种现象也在中国社会中产生出一种应激效应,一些人期待从原有的文化精神中寻找出路,新儒学的出现以及保守主义的"卫道"举措,表达了对文化转型的忧思或拒绝。后现代主义的崛起是引起文化冲突的另一个因素,张扬主体、消解主体或解构主体,成为应对文化转型的说辞。不管如何,社会转型中的文化传统是一个客观事实,中国文化哲学是在文化冲突之中以寻找文化出路展开的,其目的是要适应中国现代化进程中的文化转型。中国农业文明漫长而又成熟,农耕时代"天人合一"和伦理中心主义文化精神,周而复始的和自在自发的传统日常生活图景塑造,构成以经验、习惯、常识和宗法血缘关系为特征的文化模式。这种传统的文化模式同现代市场经济要求的法治民主的文化模式不相一致,由自在自发的经验式活动向自由自觉的理性化活动转型,要求人成为自觉的和成熟的文化主体。工业文明以前所未有的方式展示了人的创造能力和本质力量,中华传统文化的顽固性和保守性也明显地显现出来。文化自信主体的变迁与社会的经济、政治、技术、生活有关,在技术的关照中,人们以更为有效的方式展示了自己的力量,过去的理性的和创造性的文化模式也陷入深层的文化危机和文化冲突,日益加深的异化困境以及社会生态的恶化,凸显出工业文明的实践局限和思维缺陷。后现代主义的文化批判和生态哲学批判,促使经验型文化模式向理性文化模式转型,消除价值冲突和理念错位是中国文化哲学的紧迫任务,决定了要从文化冲突的背景上定位文化哲学主题。中国文化哲学担当着中国社会文化事项论证的任务,应当赋予文化哲学更为崇高的使命和更为宏愿的期待,不仅成为自由自觉的现代文化研究主体,还要把目标定位于为社会发展、为人类发展做论证的层面上。中国特色社会主义文化哲学命题的提出,在一般思路上符合文化哲学的发生理念,在具体形态上有其特定语境,其中有很多需要深入认识的问题。由新时代注入的新实践,由新技术造成的新维度,由新目标提出的新要求,都对中国当下的文化哲学提出很多新任务。

　　目前学术界关于中国特色社会主义文化哲学的认识与研究,大致有三条路径:一是运用现代西方文化哲学理论对中国当下的社会现象进行分析,对一些问题的认识是比较深刻而又辩证的,但也有过度求助西方理论的现象,甚至用西方文化哲学理论判断中国社会的文化是非,这对于我们繁荣哲学社会是一个不小的阻力。二是运用中国古代文化哲学看待中国社会事项,但又有不同的倾向,儒家比较保守,道家比较超脱,还有释家,尽管不是中国本土的,但中国化的佛教对人们的心理产生很大影响,这基本上是后观的或彼岸的文化态度,与我们倡导的积极进取的社会主义核心价值观不完全一致。三是以马克思主义哲学为基础建立的文化哲学体系,主要对中国特色社会主义理论与实践中的重大文化问题做出符合党的理论和政策的分析,特别是对日常生活和实践中的文化矛盾作出分析,这是我们倡导和孤立的方向。以马克思主义哲学为指导,借鉴西方文化哲学理论,发挥中华优秀传统哲学思想,从新的视角将中国特色社会主义文化哲学研究分为文化范畴论、文化自信论、文化符号论、文化边界论、文化话语论、文化规律论、文化价值论、文化动力论等方面。其中,文化范畴、文化自信、文化符号、文化边界是文化的外部型构,文化规律、文化价值、文化动力是文化的深层内容,这种"表里山河"的关系,是中国特色社会主义文化中构成有机关联的形式,构成中国特色社会主义文化哲学研究的时代主题。

第四节　马克思主义文化哲学之经纬

马克思主义文化思想始终贯穿于马克思主义理论中,就是为为人类谋解放、为全世界人民谋福祉作论证,是为广大无产阶级和人民群众服务的体现,是建设开放、包容、交流、互鉴的理论基础。对当今世界文化问题的认识有不同的立场,马克思主义文化哲学不仅要对这些不同立场进行甄别,还要为文化的未来发展做出符合人类主流愿望的设计,这是经天纬地的思想宏图与实践方略。

一、马克思主义文化哲学的发生路径

发生学的方法主要反映和揭示自然界、人类社会和人的思维发展、演化的历史阶段、形态和规律,其基本特点是把研究对象作为变化发展的过程,注重从历史进程揭示本质的、必然的关系。"马克思在他自己的时代,辨别出了大地主阶级、半封建领主阶级、自由农场主阶级、佃农阶级、商人阶级,以及劳工阶级。不过,在每个时代的阶级斗争中,所有阶级都会分为两个相互对立的阵营:肯定现存秩序的阵营和否定现存秩序的阵营。"①阶级矛盾

---

① ［美］恩斯特·布赖萨赫:《西方史学史:古代、中世纪和近代》(第三版),黄艳红等译,北京大学出版社 2019 年版,第 389 页。

是理解马克思主义文化哲学的一条重要脉络,而把文化生产力的演进、文化关系的变迁作为认识文化的基础,则是认识马克思主义文化哲学发生发展的重要基点。

1.价值选择:马克思、恩格斯文化哲学的意义指向

从概念出发认识马克思主义文化哲学,是切合经典研究方法的理解形式。马克思、恩格斯对文化的认识凸显了人类社会实践中的意义创造,关于"文化是人的本质力量的对象化活动"的认识,将人们的文化理解引向思想深处,从文化视角揭示了"社会存在那问题丛生的本质"及人的生存本质,不少研究者正是从这一元概念出发构建马克思主义文化哲学的体系结构的。对资本的文化意蕴、商品的文化寄托、劳动中的文化创造、社会革命的文化动因的分析,都以对文化的认识为基础展开。马克思、恩格斯对文化概念的阐释是其文化理论的建基内容,包括对文化的适应性、合理性以及对人类未来发展趋势做出评价。这样的理解表明,社会不是封闭的自然结构,而是体现人的本质的意义结构,不是人们彼此疏离的空间,而是推动人的解放的工具。对马克思主义文化哲学体系做出建构性分析,这不仅是一种解释方式,也是使人类无限接近社会真相的重要方式。马克思主义文化哲学的意义在于揭示资本主义文化矛盾以及人类社会文化发展规律,从深层意义上认识社会文明变迁的机理;马克思主义文化哲学的功能在于指导无产阶级文化建设及革命行动,科学处理人的发展与社会发展的内在关系,探索人的解放与未来社会发展的机制。总体上,马克思主义文化哲学内在地与工人阶级的命运、社会主义的命运、人的命运联系在一起,文化成了黏结社会有机体系的水泥,文化动力构成一个作用于整个社会的能量体系。

2.叙事空间:由生活实践决定的社会场景

从资本主义事实出发,认识马克思主义文化哲学思想产生的社会基础,认识文化创造与群众实践的关系,认识唯物史观在文化发展中的方法论意义,是马克思主义文化哲学研究范畴的关注要点。分析马克思主义文化哲学的辩证特征,用联系的和发展的观点理解文化所牵动的社会神经以及它所蕴蓄的创造活力,是马克思主义文化哲学研究范畴的致思方向。卢卡奇曾把历史唯物主义称为无产阶级备战的意识形态,是开展阶级斗争的强大武器,如果从文化概念的思维逻辑看,马克思主义文化思想是对社会现象和历史事实充分把握的产物,是以唯物主义历史观确立的思想体系。在物质与精神的决定关系上,马克思、恩格斯把文化摆在经济基础和上层建筑的动态关系和历史情节中,用阶级语境、革命语汇、异化现象等修辞形式解释文化矛盾及其根源,揭示了社会变迁的思想力量、技术力量、艺术力量的本质

及其特征。在马克思看来,人类历史的悲剧模式和喜剧模式都不能摆脱社会的思想控制、情绪影响和心理控制,在历史规律的作用下,文化发展也走着类似的路。马克思主义文化哲学的图景就是这样引人注目,这不仅是马克思主义关于文化哲学的元理论贡献,也是学术研究者对马克思主义文化哲学的元史学构建,原初的意义和精神被作为"祖谱基因"定格下来,成为认识马克思主义文化哲学的源头。因此,马克思、恩格斯的文化哲学思想既不是根据纯艺术构思的理论,也不是按照自然科学法则建立的公式系统,而是建立在对社会现实的考察和对问题的理性分析基础上的认识体系。

3. 立论基础:对资本主义文化矛盾的揭示

马克思、恩格斯的文化哲学思想的立论基础极其明确,他们深信:"唯物主义历史观及其在现代的无产阶级和资产阶级之间的阶级斗争上的特别应用,只有借助于辩证法才有可能。"①从马克思、恩格斯的经典文本出发,认识资本主义文化矛盾及其性质,研究资本主义社会的意识形态、科学技术、文化教育、文学艺术等的发展状况,是揭示资本主义文化矛盾及其现实悖论的基础,也是认识无产阶级文化革命的理论基础。马克思、恩格斯生活的时代,一些强大的力量影响着社会发展,如:工业化和初露端倪的全球化,德国和意大利的民族统一、法国共和制的确立、美国的废奴运动、英国工业革命的持续发展,这些方面也拓宽了文化发展的新空间和新篇章,提供了文化发展的新形式和新动力,对这个世界的文化解释也要推陈出新。马克思、恩格斯将工业时代的真正力量与人的本质的对象化活动结合在一起,在科学所提供的祛魅的世界景象中,将人的心理学摆在更感性的认识层面上。资本主义时代的技术正是人的本质力量的对象化能力的一种展示,在这个平台上,生产关系、阶级关系、人际关系、交往关系都被打上技术文化的印记。马克思、恩格斯是以社会世界公民的眼光看待资本主义世界变化的,认为未来的文化目标上应该是社会主义和共产主义的。这种叙事方式揭示了资本主义文化矛盾以及未来社会的文化前景,从文化发展与社会解放的关系中找到了人的现实地位和出路。

4. 关注要点:人的本质力量的对象化活动的扩大

在人与文化的关系中找出阐释理据,从哲学的高度认识人与社会的结合方式,是马克思主义文化哲学的一贯主张。马克思、恩格斯认识文化问题的客体基础是社会实践,主体基础是从事实践活动的人,文化与人的本质力量的关系是马克思主义文化哲学的核心内容,这是体现文化本质的方面。

---

① 《马克思恩格斯全集》第 25 卷,人民出版社 2001 年版,第 587 页。

人的劳动创造的文化成果都与自然规律和辩证法相联系,自然的人化和人化的自然构成社会运动中的交互递进,在这个对象化活动中,人以自己的认识方式和表达方式构建出知识体系和思想体系,在物化自然中注入更多的人化内容,形成"第二自然"。"生产是人的能动的类生活",通过生产活动在自然界注入人的意志并在自然界留下多彩的"印记","人才真正证明自己是类存在物",也在"一切社会关系的总和"中注入了更多创造性内容。从深层意义上说,文化形态就是社会形态,现实的人是文化发展中最具有灵动性的因素,如果说劳动和实践是理解文化发展的钥匙,那么,对主体的文化创造及文化地位的认识就是理解文化的核心。马克思主义文化哲学中,社会的宗教、哲学、艺术、政治理念等,不仅是现有生产方式的反映,也与人的活动紧紧捆绑在一起,国家上层的建筑影响着人的存在状况。

5.延伸形式:社会主义文化中的意义拓展

马克思、恩格斯确立的文化概念,对于后来的马克思主义思想家及研究者具有很多启示,后继者循着这条路径开展的实践和研究,在理论上形成了一个不断延伸的马克思主义文化哲学,在实践上对有关的内容做出了现实的检验。从对马克思、恩格斯文化思想研究的创新发展来看,一是总体研究,包括马克思主义文化哲学民族化的形式、特征、历程、动因、机理和规律等;二是比较研究,包括苏共文化思想与马克思、恩格斯文化思想的比较,中国共产党的文化思想与马克思、恩格斯、列宁文化思想的比较,学术界有创造论、发展论、继承论等观点;三是分项研究,对马克思主义意识形态理论、精神生产理论、文学艺术理论、民族宗教理论都有深入认识。第二国际中后期马克思主义理论家的论述,列宁"根据经验谈论社会主义"思路中的文化革命,中国共产党提出的文化自信,都包含独具特色的文化叙事,如果将马克思主义文化哲学史的主脉串接起来,大致情况是:原初之思——马克思、恩格斯的文化哲学思想;杨柳新枝——苏共对马克思主义文化哲学的贡献;东方传响——马克思主义文化哲学在中国的早期形式;曲水流觞——马克思主义文化哲学的多样化展开;赓续开新——中国特色社会主义文化对马克思主义文化哲学的发展。马克思主义文化哲学具有特殊的历史逻辑、价值逻辑和实践逻辑,社会基本矛盾和主要矛盾、物质生产和精神生产、阶级斗争和人的解放中的文化理解,构成其主体框架。

二、马克思主义文化哲学的阐释方式

文化史的风景主要在于理论描绘,正如现代文化的多样而又复杂的现象一样,对马克思主义文化哲学的研究也有不同的路径和方法。"历史从哪里开始,思想进程也应当从哪里开始,而思想进程的进一步发展不过是历史过程在抽象的、理论上前后一贯的形式上的反映。"①研究马克思主义文化哲学,要遵循历史与现实相统一的研究方法,需要理解它作为行动指南的一面,理解它同历史相联系的一面以及它随着历史变化而变化的一面,不能孤立地静止地看待某一论断和某一观点。把马克思主义文化哲学同时代分离开来、同现实割裂开来的做法,是难以理解这一思想延伸和发展的。

1. 以物质生产为基础的文化阐释

生产力与生产关系、经济基础与上层建筑之间的关系,不是机械的决定形式,生产力本身就包含着重要的文化关系。思想文化一经产生,便对社会发展起着能动作用,并以其特殊的力量影响社会发展。马克思主义文化哲学体系是以社会生产为基础描绘出来的,哲学、宗教、艺术、美学等的发展都与物质生产有关,或者直接地是物质生产或实践活动的产物。马克思、恩格斯对社会发展规律的认识中,也包含对文化规律的认识,资本主义社会的文化矛盾蕴含在资本主义生产过程中,工人群众在资本主义制度下不仅受到物质上的剥削,也受到精神上的控制,这种现象不能看成纯粹物质或纯粹精神的作用结果。马克思把文化素养作为人格独立的重要内容,不仅要求工人在思想上站起来,而且还要在行动上站起来,"要想站起来,仅仅在思想中站起来,而让用思想所无法摆脱的那种现实的、感性的枷锁依然套在现实的、感性的头上,那是不够的"②。把文化看成游离于物质活动之外的内容,并认为可以随意"创造"的观点,是文化认识上的唯心主义表现。"把存在于我身外的现实的、客观的链条转变成纯观念的、纯主观的、只存在于我身内的链条"③,实际上就是把外部的感性的物质活动变成内在的主观心理活动。从物质生产和文化生产的关系认识文化问题,首先是把握生产力与生产关系、经济基础与上层建筑对文化的影响,这是理解文化产生和发展的基础。探索社会发展与文化发展的递进规律,生活交往与文化发展的递进规律,有助于解释当下的文化自信及内在根据,有助于理解文化动力、文化生产力、文化软实力与社会主义文化强国的内在关系。

这样看来,研究马克思主义文化哲学的重要任务就是把握社会生活的本质。马克思主义认为,全部社会生活本质上是实践的,周围的感性世界不是开天辟地就已存在的和始终如一的东西,而是历史的产物。认识马克思

---

① 《马克思恩格斯文集》第2卷,人民出版社2009年版,第603页。
② 《马克思恩格斯文集》第1卷,人民出版社2009年版,第288页。
③ 《马克思恩格斯文集》第1卷,人民出版社2009年版,第288页。

主义文化哲学不能偏离实践主题,因为文化的力量或影响力是在实践中体现出来的,被打上时代的印记和标签。马克思主义对文化的认识是逐渐深化的,在对社会的诸多力量的理解中,从物质生产力叙事中引出文化生产力,如精神动力、科技动力、意识形态力量、艺术力量等,使文化从以前被认为是社会的附属物转变为具有能动作用的力量,是马克思主义关于社会发展与文化递进关系的重要表现。

2. 以人的解放为目标的价值追求

人的解放不仅表现为物质生存状态,更在于内在的精神养成。马克思主义文化哲学从来没有脱离人民群众的实践和创造,它同人民群众的阶级斗争、生产斗争和科学实验密切地结合在一起,同人民群众改造主观世界和客观世界的活动密切地结合在一起。历史上的文化活动和创造都是人民群众的活动和创造,而这种文化创造所体现的主体精神以及解放目标,是人类社会的不懈追求。人民群众总是在已有文化的基础上进行新的文化创造,这些通过社会实践形成的理论提炼和概括成果,又是文化发展的新阶梯,思想与实践的交互递进是文化发展的基本理路。研究马克思主义文化哲学,不仅要明确物质生产的决定意义,也要认识精神生产的价值内涵。物质生产的规律与精神生产的规律都是以人的活动为基础的,“物质的生产是如此,精神的生产也是如此”①。不能以纯粹的自我意识理解马克思主义文化哲学,因为自我意识的理念与物质实体是相互对立的,如果通过自我理念将文化变成了神秘的内容,不符合马克思主义文化哲学的要义。文化发展史的序曲是物质生活史,它们都是在社会成员的活动中体现出来的,研究马克思主义文化哲学,要把握人民群众的文化创造及其成果。马克思、恩格斯在《神圣家族》中曾经表达这样的思想:真理和思想在性质上是一样的,不是群众被真理和思想所触及,而是群众在历史活动中发现真理和产生思想。“历史的活动和思想就是‘群众’的思想和活动。”②对马克思主义文化哲学的研究不能脱离群众及其活动环境,更不能把这种研究引向神秘之路。

3. 以揭示历史之谜为目的的文化规律探索

马克思主义文化哲学发展的内在机理是社会实践的深化、人民群众的推动、革命运动的深入、政治制度的变迁和生活方式的变化。其中,社会实践决定文化的标度,日常生活体现文化的深度,思想政治规定文化的向度,

---

① 《马克思恩格斯文集》第2卷,人民出版社2009年版,第35页。
② 《马克思恩格斯文集》第1卷,人民出版社2009年版,第286页。

社会制度影响文化的效度。这是通过一系列的机制实现的:一是动力机制,是马克思主义文化哲学延伸中的能量积聚和力量表达;二是传承机制,是马克思主义文化哲学的"遗传"方式;三是传播机制,是马克思主义文化哲学民族化形态及其拓展;四是实践机制,是马克思主义文化哲学与现实生活的结合状态。由此体现的基本规律包括文化主体的自发性减少和自觉性增多规律,文化认识的肤浅性减少和深刻性增多规律,文化行为的主观性减少和客观性增多规律,文化实践的片面性减少和全面性增多规律,文化成果的单面性减少和综合性增多规律。对于马克思主义文化哲学的阐释集中在"变"与"不变"关系上,要有辩证眼光和创新思维,并且在中国特色社会主义文化发展、社会主义文化强国建设、科学社会主义命运的高度上做出分析:一是在时代之鉴中理解马克思主义文化之变,认识马克思主义文化哲学发展的一般规律和民族特色,分析文化的"变"与"不变"包含的深刻哲理,理解"变"的常态性和动态性,认识"不变"的静态性和稳态性;二是在时代之思中理解中国特色社会主义文化之新,包括价值选择和目标定位之新、视角和方法之新、技术手段和实践之新,与时俱进地研究马克思主义文化和马克思主义文化哲学;三是在时代之问中理解社会主义文化路途之远,通过高度的文化自信和价值自觉增强科学社会主义的吸引力,在构建人类命运共同体中不断拓展马克思主义文化哲学的学术影响力。

4. 以科学社会主义为指导的文化立场坚守

近年来,学术界对马克思主义文化哲学的研究,既有很多深邃的观点,也有不少质疑和误解。支持马克思主义文化哲学的人,在国内外都有一个大群体,他们对马克思主义文化哲学所作的阐释或解读,为马克思主义文化哲学研究注入了生机和活力,但对于一些西方学者关于马克思主义文化的异见,要有明确的立场并做出有力的回击。其一,对于不承认马克思主义文化理论的观点,予以坚决批判。丹尼尔·贝尔曾断言:"马克思主义思想体系的最大弱点在于没有文化理论。"[①]他甚至说马克思关于资本主义文化矛盾的观点是虚构出来的,没有能够有效解释不同文化模式产生的机理以及差别的原因。贝尔把资本主义文化矛盾说成理论上的事情,忽视了文化变迁中起源、过程和目标的复杂性,用单向决定的方式认识文化形式,并机械地认为文化所由产生的最早环境一旦消失,文化就会随之灰飞瓦解,否定了文化存在的相对独立性。对此观点,必须给予有力驳斥。其二,对于有限度

---

① [美]丹尼尔·贝尔:《资本主义文化矛盾》,严蓓雯译,江苏人民出版社 2012 年版,第 354 页。

地承认马克思主义文化理论的态度,予以科学回应。西方学者威廉斯认为:
"马克思自己曾构想过一个文化理论,但没能充分加以完善。"①并且认为:
"马克思主义文化观承认文化问题的多样性和复杂性,考虑到变革中的延
续性,也考虑到或然性和某些有限性的自律性因素。但是,尽管有这些保留
态度,它还是把经济机构的事实以及由此而来的社会关系看作是一条主线,
文化便是沿着这条主线编织起来的,只有理解了这条主线,才能真正理解文
化。"②从这一点看,威廉斯也赞同马克思关于文化与经济关系的理解,而且
把社会关系看成理解文化问题的基础。但是,他没有从整体上看待马克思
主义文化哲学的系统性,对文化的分类也不是完全合理的。第三,对于曲解
马克思主义文化哲学的倾向,予以合理纠偏。伊格尔顿认为:"在马克思的
观念中,阻止我们认识真相的就是意识形态。正是意识形态这个媒介为我
们的行为提供了解释,这种解释试图歪曲或者说遮蔽行为的真正意义。"③
他看到了马克思对文化概念和作用的论述,但又用带有偏见的语气做出总
结:"马克思曾带着宗教般的信念写道,文化(或人文精神)是失去真心社会
中的真心,是没有灵魂世界中的灵魂。文化也足以成为知识分子的鸦片。
这样,文化同时既价值非凡,又几乎毫无作用。"④这些方面显然曲解了马克
思主义文化哲学的真义,是我们研究马克思主义文化哲学不能忽视并需认
真应对的问题。第四,对于误读马克思主义文化哲学的做法,予以学术纠
正。我们在阅读马克思、恩格斯的经典著作时,能够感受到他们对法国大革
命的热烈期待,但是在伯克看来,法国大革命是对美学的侵犯和对道德的冲
击,"完全是廉价的闹剧、空乏的吹嘘、笨拙的情景剧"⑤,这一观点与马克思
主义文化哲学有如天壤。在现实生活中可以看到很多这样的事实:不信科
学可能比不信神学更容易,坚持马克思主义文化哲学可能比我们想象的更
不易。一些批评家无视马克思对工业社会中文化变动的深刻认识,无视马
克思关于社会发展中文化事实的深刻认识,片面地认为:"这一理论严格的
决定论,以及对'终结历史'的完美的最后阶段的预测,使得它们对于现存
的社会秩序,对于实证主义研究,对于有关这个世界的准确历史认知,都是

---

① [英]雷蒙·威廉斯:《文化与社会:1780—1950》,高晓玲译,商务印书馆2018年版,第
　385页。
② [英]雷蒙·威廉斯:《文化与社会:1780—1950》,高晓玲译,商务印书馆2018年版,第
　391页。
③ [英]特里·伊格尔顿:《论文化》,张舒语译,中信出版社2018年版,第55页。
④ [英]特里·伊格尔顿:《论文化》,张舒语译,中信出版社2018年版,第140页。
⑤ [英]特里·伊格尔顿:《论文化》,张舒语译,中信出版社2018年版,第71页。

非常具有破坏性的。"①一些批评家甚至将马克思主义关于物质与文化关系的论述看成机械决定论,试图以此为借口否定马克思主义文化理论。这是马克思主义文化哲学研究中需要纠正与澄清的问题,也给马克思主义文化哲学研究提出一些新命题。

三、马克思主义文化哲学的脉络结构

构建马克思主义文化哲学是一个创新性工作,纵观有关学术研究成果,一是对马克思主义文化哲学的分类研究较多,如:马克思主义意识形态观、马克思主义科学技术观、马克思主义艺术观、马克思主义新闻观、马克思主义文化生产力思想等,这类研究有一定的深度;二是对马克思主义文化发展的阶段性研究较多,如:列宁的文化思想、毛泽东关于文化的论述、邓小平关于文化的论述等,这类研究有一定的广度。阐释马克思主义文化哲学,寻找内在的衔接关系,可以从以下方面着眼。

1. 重要文献联结的文化图景

马克思深入分析了历史传承中的文化发展及内在关联,其中包含着对文化发展的一般规律和特殊形态的认识,以及它作为马克思主义文化哲学的原初谱段所具备的特质。理解马克思、恩格斯文化思想,要把握经典文本中的有关脉络,包括文化思想演进的路径和历史背景,认识文化发展中的历史契机和内在动因,结合文本的产生背景理解文化的形成和延伸背景。认识从马克思、恩格斯,到列宁,再到中国共产党领导集体,对文化的认识和贡献,理解其衔接关系。尤其是要结合新时代中国特色社会主义理论和实践的需要,深入认识毛泽东文化思想在马克思主义文化中的地位及其关系,深入认识邓小平文化思想在马克思主义文化中的地位及其关系,深入认识中国共产党领导集体的文化思想在马克思主义文化中的地位和贡献,理解新时代马克思主义文化哲学的源泉及其生命力。这需要在历史与现实的结合中把重要观点串接起来,把重要事件串接起来,把思想的珠玑串接起来,力争对马克思主义文化哲学的总体特征、总体结构有较为全面的认识和把握,从历史视角中勾画马克思主义文化理论的生成和发展,揭示各谱段联系和变迁的机理;从现实视角中认识马克思主义文化理论的延展性和生命力,探索它在当代社会主义实践中的走向;从学术视角认识马克思主义文化理论的哲学基础和方法论基础,充分理解马克思主义文化的科学特质。辩证地

① [美]恩斯特·布赖萨赫:《西方史学史:古代、中世纪和近代》(第三版),黄艳红等译,北京大学出版社 2019 年版,第 355—356 页。

和历史地看,第二国际时期的马克思主义者文化思想、前东欧社会主义国家的文化思想、当今世界上中国之外的其他社会主义国家的文化思想,在马克思主义文化中的地位不那么明显,但在研究中给予一个恰当定位也是必要的。对于马克思主义经典文本中的文化思想,要以历史的大视野来审视和把握,深入认识马克思主义文化哲学的系统性和科学性,在忠于文本的基础上做出创造性归纳,搞清楚"老祖宗"说了什么以及现实社会发生了什么变化,搞清楚现实社会发生了什么变化以及如何适应这些变化,揭示马克思主义文化哲学变迁规律和演进机理,分析中国特色社会主义文化在马克思主义文化哲学中的地位和贡献,为文化自信和文化软实力建设提供理论依据,为社会主义文化强国建设提供话语支撑。逻辑地和系统地看,以唯物主义为基础的理解形式,以辩证法为基础的表达形式,以实践为基础的发展形式,以社会生活为基础的运行方式,以社会主体为对象的关怀方式,是认识马克思主义文献中的文化思想的方法论基础,其基本遵循有四个方面:一是遵循文化的能动性、客观性、目的性的有机统一;二是遵循文化的历史评价、道德评价、社会评价的有机统一;三是遵循文化的科学性、革命性、指导性的有机统一;四是遵循文化事实的一过性、文化现象的相似性、文化规律的重复性的有机统一。

2. 重要观点联结的文化脉络

在时间序列上看,马克思主义文化哲学是依照国际共产主义运动的历史线索串接起来的,所涉及的多是国际工人运动的重大理论问题;从空间结构上看,马克思主义文化哲学与革命重心的转移以及革命策略有关,表明了社会主义革命和实践的文化的继承性以及马克思主义文化哲学向前延伸的生命力;从基本内容上看,马克思主义文化哲学具有系统的理论表现形式,各个谱段的衔接是由科学社会主义实践的连续性决定的。马克思主义文化哲学包含一系列重要论述和观点,这些观点构成了一个个文化谱系分支,社会意识形态理论、美学理论、艺术理论及其规律,是马克思主义文化谱系中的重要内容。马克思主义文化哲学的民族化过程中,体现了不同文化形态也构成一个谱系关联。这些谱段是如何形成的、有何特征、有何影响,都需要通过深耕马克思主义著作才能获知。研究马克思主义文化哲学,要理解重大观点及其在马克思主义文化哲学的地位,如:"两个决裂"的文化意义、"文化是人的本质的对象化活动"的实质、文化发展与社会文明的关系、文化发展与人的发展的关系,等等,这些都是马克思主义文化中不可缺少的思想元素。从这一点看,认识马克思主义文化哲学,需要系统归纳经典文本中的理论观点,在宏观上总结马克思主义文化哲学的理论体系和结构特征,在历史的大视野中把握马克思主义文化哲学产生和发展,在具体的社会阶段认识马克思主义文化哲学的延伸形式。探索马克思主义文化理论之间的联系,分析其中的历史元素和时代因素,从理论上揭示每一谱段存在的必然性和必要性,进而认识马克思主义文化哲学中的衔接关系。探索马克思主义文化中各部分的理论关联和表现,认识环境变化造成的话语叙事变迁与联系、革命任务变化造成的文化理论发展与联系、实践形式变化造成的文化策略变化与联系,从内在机理上认识和揭示马克思主义文化哲学演进的动力机制,认识马克思主义文化谱系的跃迁规律,从微观上理解重要文化元素在马克思主义文化哲学中的地位,认识重大文化事项对马克思主义文化哲学的影响。

3. 重大理论联结的文化思想

马克思主义文化哲学的发展有一个梯次和脉络,对文化主体存在的理解、对社会结构的祛魅以及对社会行为的施魅,都会给马克思主义文化哲学研究增添解构性的或建构性的观点。马克思主义文化哲学以宏大叙事揭示了人与社会全面的历史场景和未来图景,但西方学者研究中存在的诸多形式的延异却带来了不少异质性内容,意义链条和结构体系都加上一些不确定因素。有研究者把马克思主义文化看成"泛经济化"的力量,认为在对经济理论的宏大叙事中,马克思试图通过生产方式的思想内涵来理解它在社会发展中的驱动作用,经济结构、政治结构、社会结构都离不开文化的影响。有学者认为,在社会的文化结构和体系中,"马克思尤为急切地去指责那些心怀幻想的人,指责他们将宗教、理念、艺术或哲学视作动态的力量,认为它们能带来变革;在马克思看来,这些现象仅仅是生产关系的反映,自身没有价值也无法产生价值,根本无力改变任何东西。"①这种观点我们无法完全苟同,因为马克思从来没有否认文化的力量,他把文化看成人的本质力量的表达,已经包含了深刻的能量寄托和传递。如果说马克思、恩格斯的文化思想是一个起点,那么,后续的谱系延伸大体如下:其一,列宁文化思想及其对马克思主义文化谱系的贡献。列宁的文化思想是苏维埃社会主义革命和建设中提出和体现出来的,揭示了俄国社会发展中经济、政治与文化的互动关系。列宁的文化革命思想是马克思主义文化谱系中最引人注目的谱段之一,它所体现的承前启后关系,促使人们深思为什么革命导师对文化如此钟情,背后的社会动因和历史根源是什么,一些马克思主义者对文化革命的不

---

① ［美］恩斯特·布赖萨赫:《西方史学史:古代、中世纪和近代》(第三版),黄艳红等译,北京大学出版社 2019 年版,第 387 页。

同理解及实践,所构成的旋律为何如此深刻地打动着社会,是值得深思的。其二,中国共产党领导集体对马克思主义文化哲学的贡献。毛泽东文化思想的基本观点、新民主主义文化理论、社会主义改造时期的意识形态理论、社会建设中的文化理论,是马克思主义文化在中国化的创新形式。中国特色社会主义文化思想以及新时代中国特色社会主义文化建设理论,关注改革开放造成的环境变化,关注社会变革与转型中的文化定位,文化强国建设、文化生产力、文化软实力、文化自信等内容,是对马克思主义文化中国化的发展形式。其三,西方马克思主义从理论内容和历史渊源考察资本主义话语环境中文化叙事的多样化展开,卢卡奇、葛兰西、科尔施等人的文化观具有承上启下作用,分析科学主义的马克思主义文化观、法兰克福学派的文化观、英国"新左派"的文化观、后马克思主义的文化观,一定程度上在不同时期为马克思主义文化哲学增添了新内容。文化霸权或文化领导权、阶级意识、犬儒主义意识形态、镜像理论、文化结构与文化建构、技术和意识形态渗透、话语理论及其构建等等,都是具有重要地位的理论节点。他们关于马克思、恩格斯、列宁文化思想的解读和解构方式,关于唯物史观、阶级斗争与文化的关系等,与马克思、恩格斯文化思想的原初谱段有密切联系。

　　上述三个方面的谱系脉络,是由基本观点和理论连接起来的,构成马克思主义文化哲学的逻辑结构和意义体系,体现出马克思主义文化哲学"亲代关系"承递而形成的自上而下的延续形式,这种由文化"基因"决定的关联形式,也是依照思想脉络、意义结构形成的"家族"图谱,具有明显的继承性、序列性、延展性、"遗传性""变异性"。认识和阐释马克思主义文化哲学,应该体现社会发展层面的价值取向、社会变革层面的创新取向、社会行为层面的引领取向、社会问题层面的解释取向、社会未来层面的规划取向。就历史关系和逻辑关系来看,马克思、恩格斯对文化问题的原初阐释及其思想拓新是谱系之源,在揭示资本主义文化矛盾的基础上实现了人类文化思想史上的"光谱"跃迁,是为无产阶级革命的合理性、社会主义存在的合理性、人类解放的合理性作文化论证;苏联社会主义革命和建设中的文化思想及其在马克思主义文化哲学中的地位是谱系之流,列宁提出的"根据经验谈论社会主义"包含着文化革命的实践动因,具有鲜明的民族特色,在马克思主义文化哲学中占有重要地位;中国共产党的文化思想及其对马克思主义文化哲学的贡献是谱系之新,这一谱段是伴随着马克思主义文化哲学的中国化而形成的,具有独特的发展轨迹、独特的历史进路和独特的民族特征,是马克思主义文化哲学中最为丰富最有活力的内容;西方马克思主义的有关认识及其对马克思主义文化哲学的延异,既有对马克思主义文化哲学的创新,也存在疏离马克思主义文化哲学的倾向,具有明显的二重性特征;其他社会主义国家的文化理论对马克思主义文化的补充作用是谱系支脉,有助于理解马克思主义文化哲学的完整性。

四、马克思主义文化哲学研究的方法选择

马克思主义文化哲学经历了早期的开掘和构设,再经过一系列实践基础上的丰富和完善,再到中国特色社会主义的创新和发展,形成了一个较为完善的结构体系。这个结构体系中的诸多范畴,也从早期的形式转向现代的形式,语汇构成上有了很多变化,叙事方式上有了很多变化,表达内容上有了很多变化。研究范畴和范式突破了单一学科都走向跨学科研究,突破了单一结构而走向复合结构,突破了国家边界而在全球范围内被关注。追踪国际工人运动史上的重大事件,领略事件中蕴含的理论契机及其必然性,揭示社会发展中的文化矛盾,认识社会生产力和生产关系对文化的推动作用,认识由此形成的交往形式推动的自然关系、社会关系和文化关系,是理解马克思主义文化哲学范畴的重要方法。

1. 在理论和实践的结合中研究马克思主义文化哲学

认识马克思主义文化理论,需要理解它作为行动指南的一面,把握它同历史联系的一面以及它随着历史变化而变化的一面,不能孤立地静止地看待某一论断和某一观点。把马克思主义文化哲学同时代分离开来、同现实割裂开来的做法,是难以理解这一思想延伸和发展状况的,也不可能完整理解马克思主义文化谱系。马克思主义文化哲学发展中有突进、有挫折也有迂回,有内部团结而朝气蓬勃的状况,也有动摇和分裂而面临危机的状况,这一切同当时的具体环境和社会条件密切联系。从时代特点中把握马克思主义文化发展,从历史运动中理解马克思主义文化哲学及其谱系,是符合现实要求的研究方式。马克思主义文化哲学不是脱离实际的一成不变的教条,也不要求人们经院式地研究和无条件地信奉,它的延伸和发展靠的是自身的科学性和真理性,靠的是实事求是的权威性和与时俱进的追求。因此,要结合时代不断提出的新课题和新任务,结合马克思主义文化发展面临的新形势和新挑战,理解马克思主义文化在历史发展中的生命力。马克思主义文化哲学的正确性在于符合社会需要,并在群众的实践中接受检验,这也是马克思主义文化哲学的再塑和升华过程。在理论和实践的结合中研究马克思主义文化哲学,是体现马克思主义文化哲学的时代气息的重要方式,是摆脱教条主义和抽象理论演变史的重要方式,也是克服仅仅按照观点排列而对若干原著进行注释的重要方式。

2. 在整体和局部的结合中研究马克思主义文化哲学

从整体上看,马克思主义文化哲学是一个有机体系,但是,马克思主义文化哲学首先不是从学术需要而是从社会需要建立起来的。认识这一体系,必须把握其总体环境、总体目标、总体结构和总体特征,忠实地表达不同时期马克思主义文化哲学的发展轨迹,而不是简单地把它纳入现有的体系之中。从局部上看,马克思主义文化哲学的要点分布在不同方面的论述中,它与经济思想、哲学思想、政治思想等都有联系,它的构成中的各部分不是机械地拼凑起来的,各个谱段也不是孤立地存在的,必须放在整体环境和整体结构中分析考察。这里的关键是体现马克思主义文化哲学的全面性,对不同时期摆在马克思主义文化面前的问题做出准确判断,但是,强调整体性研究,不是面面俱到,要看到整体与局部的互补与递进,充分理解思想的赓续和逻辑发展。

3. 在文献分析与辩证思维结合中研究马克思主义文化哲学

以马克思主义基本理论为视角,用辩证唯物主义观点观察问题、分析问题、研究问题,力求使理论接近现实、使现实推动理论。认真分析马克思主义文化哲学概念和范畴的层次,追踪概念和范畴演变的事实和动因,认识马克思主义文化哲学的特殊意义和普遍意义。归纳整理马克思主义文化理论资料,挖掘它的多层面价值,理清文化事实的理论背景,揭示文化"格点"的内在联系,找出不同时期马克思主义文化理论的逻辑关系。对马克思主义经典文献进行整理,找出有关经典论据与现有文化理论的衔接和跃迁,把宏大叙事和微观研究结合起来,分析马克思主义文化哲学之新变。对有关文献的分析中,一方面要洞彻马克思主义文化哲学在当代中国的应用和发展,理清思想之真际;另一方面要揭破文化唯心主义所布设的理论迷局,洞悉观点的真伪。注重理解马克思主义文化哲学所要解决的现实问题,确定其基本性质,把握其基本倾向,坚持实事求是,反对穿凿附会,通过分析比较、理清脉络、整理观点,形成完整的学术体系。

4. 在现象描述与本质透析相结合中研究马克思主义文化哲学

"在社会现象领域,没有哪种方法比胡乱抽出一些个别事实和玩弄实例更普遍、更站不住脚的了。……如果从事实的整体上、从它们的联系中去掌握事实,那么,事实不仅是'顽强的东西',而且是绝对确凿的证据。如果不是从整体上、不是从联系中去掌握事实,如果事实是零碎的和随意挑出来的,那么它们就只能是一种儿戏,或者连儿戏也不如。"①要用联系的观点、

---

① 《列宁全集》第28卷,人民出版社2017年版,第364页。

辩证的观点来考察问题,把握马克思主义文化哲学的内在联系,揭示其深层次的规律性的问题,通过对现实问题的关注和解答真正把握问题的实质。马克思主义文化哲学是对文化问题抽象后形成的理论体系,体现了由个性到共性,由现象到本质的发展过程。要把马克思主义的有关理论置于当代世界文化发展的大视野中考察分析,从深层揭示马克思主义文化哲学的演进机理。

5.在多维视角的结合中研究马克思主义文化哲学

一是宏观视角和微观视角的结合。在人类社会的整体视角上揭示马克思主义文化哲学发生的必然性,结合生产力发展规律、商品经济规律、思想认识规律的影响和支配,认识历史进程中的决定性因素。从发生学的角度在微观上揭示物质文化、精神文化、政治文化、制度文化的衍生机理,探索具有共性的文化发展规律。二是国内视角和国外视角的结合。用时代精神审视中国特色社会主义文化发展全貌,用科学眼光看待当前文化建设得失,用辩证思维分析文化发展道路。从人类实践方式和社会运行方式的变迁以及由此引起的人自身的变化等要素和参量入手,研究马克思主义文化发展规律。三是政治视角和学术视角的结合。在政治上,以马克思主义思想为指导,坚持文化研究的社会主义方向,为马克思主义文化哲学发展做论证,为中国特色社会主义文化建设服务,不能撇开经典,不能迷失家园。在学术视角上,专业学科与跨学科结合,运用本学科专业研究方法认识马克思文化理论的知识和结构,从科学社会主义、社会学、政治学等学科知识剖析其实质和内在关联,认识马克思主义文化范畴。四是创新研究和已有材料的结合。认真研读该领域中的代表著作,及时追踪该领域的学术动态,对有关的期刊论文、专著和综合性的著作进行分析和探讨,为课题研究构建合法性结构并寻求理论支持。合理利用二手资料,从中寻找学术灵感和研究切入点,拓宽思维,跳出僵化的条条框框。透过大量的已有资料,对比分析一些矛盾的、错乱的、有悖论的观点,找出一个尽可能整合不同观点的总体论点;认识学术界"以恩解马""以苏解马""以西解马""以马解马"的思维差异,用新型解释学、新型文本学分析马克思主义文化哲学的演变规律;对有关的祖本(经典材料)、母本(历史资料)、别本(借鉴材料)、新本(当代形式)、鉴本(他者关照)做出甄别分析,梳理马克思主义文化哲学的结构。

第二章　文化范畴论与新时代中国特色社会主义文化范畴

　　洪范九畴，文意多生，这是由人们文化创造和文化理解的多样性造成的。文化范畴包括文化的起源和发展、形式和内容、概念和内涵、表征和指称。由于实践多样、生活多彩、交往多元，由于文化的边界、内涵和叙事都在变化，文化范畴也在社会实践中延宕。文化范畴是一个没有确切定论的哲学问题，各学科及其分支、各个人及其群落、各部门及其附属关系、各地区及相关边界，都属于文化范畴并且都有自己次一级的范畴。历史就是记事之书，但我们研究文化，不光究其记事和看其所为，更要依事推理，事有多端，理一分殊，探索文化规律和机理，要有一个基本遵循。

第一节　基础范畴：文化起源的理解维度及人文关怀

　　文化一经产生就面临着多样化的理解，文化源头的多样性、文化形态的多样性以及文化内容的多样性，是文化意义塑形的重要方面。"今世学问之涂愈益加辟，文化日益进步，人事日益蕃衍，势有不可究诘者。惟文化进矣，人之知慧亦随而进，则所以究诘之者，仍自有道也。"①人事难追，文意可寻，认识不同文化所蕴含的社会关系和生活方式，是理解文化意义的重要维度。文化的历史形成及其现实转变中，既有很多"往事"被留住，又有很多"新意"被注入，原来"朴素的诗"转化为"伤感的诗"。斯宾格勒所描述的文化历程，不仅表明文化的发育、成熟、衰老有一个周期，也表明人们对文化内涵的认识有一个不断追寻自我解放的过程。马克思、恩格斯认为："历史什么事情也没有做，它'并不拥有任何无穷尽的丰富性'，它并'没有在任何战斗中作战'！创造这一切、拥有这一切并为这一切而斗争的，不是'历史'，而正是人，现实的、活生生的人。"②文化概念也不是自动生成的，它是人的实践创造和思维活动的结晶，包含着人的解放追求和关怀。

---

　　① 《毛泽东早期文稿》，湖南人民出版社1990年版，第82页。
　　② 《马克思恩格斯全集》第2卷，人民出版社1957年版，第118页。

一、寄形方式:个体心理向集体的思维汇聚结果

在人与环境的相互作用中,人们从前代继承下来的不仅仅是物质内容,也有精神产品,自我意识、群体意识、民族意识中都包含着文化的历史形态。文化的意义塑形就是思想和方法辩证结合,马克思把这种结合推广到人的产生和实践中,认为人的本质在其现实性上是"一切社会关系的总和",其联合为统一体的过程也是文化的寄形过程。

1. 思想的初曙:人类社会早期的文化寄形

文化的意义寄形是在主体和对象的结合中产生的,也是人通过实践活动体现自我完善和自我发展的一种方式。文化与社会生活具有"同源同宗"的关系,但是,要把文化说成一开始就具有清晰范畴的形式,是有些牵强的,因为在早期,人们对自然、对社会、对自身的认识是很朦胧的。创造性的文化活动可以分为物质生产活动、精神生产活动以及理论创新活动,它的每一类形式都有自己的主导性内容并在总体上取决于人的认识、愿望和能力。人类的文化进化和基因进化并不一致,基因进化往往要经历漫长的过程,文化进化则会有突跃性的发展,符合自然选择的基因突变与适应社会选择的文化之变,有交叉也有分离。"如果我们分析巫术赖以建立的思想原则,便会发现它们可以归结为两个方面:第一是'同类相生'或是果必同因;第二是物体一经相互接触,在中断实体接触后还会继续远距离相互作用。前者可称之为'相似律',后者可称作'接触律'或'感染律'。"①文化上的普遍主义认为,文化发展具有普遍的"历史存在规律",文化的不同只是历史实践的不同,这种观点只看到人类社会的共性,却忽视了不同地域和不同时期的特殊性。古代祭祀活动中供奉天地、沟通天地和接引鬼神的意象,是一种神秘力量支配的文化想象,人们认为那些能够与上天产生"感应"的人才具有理解天人关系的能力,当这方面的思维和话语权力转向少数精英时,就产生了对神秘力量解释权的垄断。他们在祈求神灵、禳灾治病、祛凶避祸等方面拥有无上的解释权利,其思想认识是较早的一批文化成果。当社会发展到一定程度以及人们对文化有了一定积累的时候,新的文化发展与人们解决社会问题的愿望以及追求人生的真谛有了更密切的联系,考察当今世界几大宗教的产生就不难理解这个问题。当时的社会处于动荡之中,社会道德混乱,心灵漂泊无定,宗教给一些人提供了心灵栖息之所(尽管很虚幻),这是宗教文化兴起的重要背景。

---

① ［英］J.G.弗雷泽:《金枝》(上册),商务印书馆 2012 年版,第 26 页。

古代巫术是心理文化和习俗文化的重要源头,巫术的心理诱导功能与社会吸引功能使人形成一种惯势,在长期定格后刻印在一些人心中。那个时候,文化活动的局限性也会引起诸多猜想,这种局限性来自主体能力的有限性和活动范围的有限性,它在人类早期孕育出最原始的文化形态,其特征是直观和朴实。那个时候,"民童蒙不知东西,貌不羡乎情,而言不溢乎行,其衣致暖而无文,其兵戈铢而无刃,其歌乐而无转,其哭哀而无声,凿井而饮,耕田而食,无所施其美,亦不求得"①。这种文化意向是简单的,活动是简单的,目标也是简单的。出于对人类同源的自信,他们认为文化思想也是大同小异的,一些器物也折射出古人思想深处的观念,其中的象征意义很接近文化含义。"巫"和"史"的形成,"虽然破坏了上古平静的气氛、简单的心情和平等的社会结构,但是,它却真正使'思想'从实用的、个别的、具体的、一般的意识活动中分离出来,一方面提升为具有普遍的、指导性的'观念',一方面具体化为制度性的、可操作的'知识'。"②人们可以通过神秘的法术或消极的禁忌掌握这种神秘力量的密码,有时通过相似性联想理解神秘力量,有时通过占有性联想认识神秘力量。神灵信仰的原因来自人类的联想,因此这种神灵文化主要是思维的产物,心灵感应和暗示效应是产生联想的条件。祖灵崇拜和王权结合是这种文化走向秩序化的起点,祖先崇拜、宗庙祭祀等活动是对血缘凝聚意识和家族联络的强化,寄托着血缘情感和亲疏关系,这种逐渐定格的思维慢慢成为一种原始文化。

符号也是常见的文化寄形方式。实践孕育价值,符号体现意义,文化经常表现为价值与符号的合体,文化符号的创生过程与人的文化理解有很大关系。如:"文章"一词,有"弁以鹿皮为之,须琼玉为饰"之说,鹿毛斑驳,故曰"文章"。古代文化符号有多种功能,结绳记事是一种,思想表达是一种,语言叙事又是一种,比较一致的观点认为,文化是在人的活动中表现出来的各种寄托。"公元前第二个千年后期发明的简单的字母文字,就是影响除中国以外整个古典世界文化发展的一个十分重要的因素。在此之前,只有少数书吏能够阅读和书写结构复杂的美索不达米亚的楔形文字和埃及的象形文字。"③文字的意义在于提供了文化交流的工具,并使文化交流不再是少数精英的独享权利,也赋予了各种区域文化以独立的风格。

---

① 《淮南子·齐俗训》。
② 葛兆光:《中国思想史》(中),复旦大学出版社2009年版,第19页。
③ [美]斯塔夫里阿诺斯:《全球通史》(第七版),童书慧译,北京大学出版社2005年版,第91页。

　　2.生活的折光:人类生存技能中的文化寄形

　　从科学技术的发展历程看,人类认识发展大致有三个阶段:"第一阶段是完全的理性化,这一点是以某种形式为人类所普遍具有的,它伴随着'人之存在'而出现,作为一种'前科学的科学'将神话与巫术理性化;第二个阶段是希腊的科学,以及与之相并列的处于萌芽状态的中国和印度的科学,这是一种已经意识到逻辑和方法论的科学;第三个阶段是现代科学,它产生于中世纪末期,自 17 世纪以来具有决定性的意义,并从 19 世纪以后得到充分的发展。"①早期的文化是与采集生活相对应的客观存在,这是由当时的社会生产力决定的。摩尔根"以性为基础的社会组织"作为起点,沿着通婚制度——氏族——部落——部落联盟——国家的思路做出分析,既有对各个时期文化认识上的创新,又有一种程式性的机械特征,在这个过程中,技能对于体现人类的优越程度和支配自然的能力具有重要意义。人类文化每一个进步都是物质生产资料扩大的过程,原始信仰中也有大量的影响文化存在的技术成分,包含着丰富的文化元素,西方词源把文化理解为"耕作""培育"是有其理据的。正因为如此,"弓箭对于蒙昧时代,正如铁剑对于野蛮时代和火器对于文明时代一样,乃是决定性的武器。"②自然环境影响下的文化寓意,因技能变化有了新的源头,它使文化显示出更多的继承性、创新性和流动性,各种不同的婚姻形式也是文化变化中的载体和体现,这个变迁过程展示了文化流变的轨迹以及文化递变的关系。"知识、技能、工具、机械的积累肇始于原始人的发明,史前人类为文明以及各种更高的文化形式奠立了基础。"③古希腊酒神文化和日神文化表明了信仰与生活的一体性和疏离性,适应社会需要的内容可能会成为日常文化,与现实相疏离的内容则可能成为虚幻的宗教文化,一些生活技能也被作为超越造化、延续生命的技术手段,炼丹术曾被奉为神仙之术,被认为可以起死回生,这是神仙文化的重要支点。

　　人类生存技能的进化是从低级到高级的变迁历程,其中总有一些辞旧迎新的内容,农业文明、城市文明的发展都是在一定的积累基础上产生的,是新的农业生产技术和新的社会制度相互作用的结果。这个过程中,文字符号成为最具有表现力的文化形式和推动各种文化融合的重要手段,它起

---

①　[德]卡尔·雅斯贝尔斯:《论历史的起源与目标》,李雪涛译,华东师范大学出版社 2018 年版,第 96 页。

②　《马克思恩格斯选集》第 4 卷,人民出版社 2012 年版,第 31 页。

③　[美]斯塔夫里阿诺斯:《全球通史》(第七版),童书慧译,北京大学出版社 2005 年版,第 15 页。

源于剩余产品造就的新背景。人类在通过多种途径汇聚文化内容的过程中,又会通过一定方式散射文化内容,这也使商业纽带与文化纽带紧密地纠缠在一起。在今天,技术与人的解放的关系更为密切,它对文化的影响更为多样,技术的二重性日益彰显出人的解放的任重道远。现代科学的权力意志对人的支配力越来越明显,"知识就是力量"的箴言既让人们感受到知识改变命运的效果,也让人们感到无时无刻不再科学知识的支配之中,它不应该以征服者的面貌出现,也不应该是对抗自然的粗暴力量。人们期待通过整体的原则的方式认识科学技术的本质,依靠科技从根本上理解世界的全貌并实现的人的彻底解放,但这一希冀获得永恒福祉的想法,经常因为科技负面效应而屡屡受挫。一些人执着地期待那些绝对包含趋向的事情发生,甚至将一切真理和现实都理解成可以用技术支配的事情,经常因为误入"绝境"而叹息思力之不足和智力之不逮。"技术的现实在人类史中产生了巨大的断层,它成立于人类生活的机械化和技术化之中,尽管我们身处其中,但其最终的结果如何,任何空想都是无法预料得到的。"①人与技术的变奏中,人文情怀和文化意识都在增长,技术的边界如何确立,人的解放的目标是什么,如何才能避免对科学迷信或对科学憎恶的二重悖论,是马克思主义文化哲学关注的问题。科学技术本身就是一种文化形态,它一方面使人感觉到了作为现实的人而遭遇的无奈,另一方面也给人们提供了摆脱这种无奈的手段,由技术革命以及相应的人类生活上的革命,呈现出加速发展的趋势,人对自然的依附不断地通过新的形式显露出来,而自然也通过技术变成了人化的自然,这种物质文化和精神文化氛围中养育的人文精神,是人类走向解放的阶梯和序曲。与互联网、大数据、人工智能相对应的文化形式,揭开了具有多元路向的人的解放前景,人们已经不再满足于过去那种用神话或猜想的方式获得心灵的慰藉。马克思曾说:"工业的历史和工业的已经产生的对象性的存在,是一本打开了的关于人的本质力量的书。"②现在,这本关于"人的本质力量的书"被续写了更多的现代性内容,其中关于人的解放内容越来越丰富。

3. 传统的定格:人类行为习惯中的文化寄形

习惯之兴源于模仿、示范和从众,一个人这样做,然后一群人这样做,再后一个地区的人也这样做,并且以一定的方式延续下来,就形成一种惯势。

---

① [德]卡尔·雅斯贝尔斯:《论历史的起源与目标》,李雪涛译,华东师范大学出版社2018年版,第144页。

② 《马克思恩格斯全集》第42卷,人民出版社1979年版,第127页。

风俗之起，常与地域有关，所谓"听其言则知其风，观其乐则知其俗"，民之好恶、民之自爱、民之拥戴、民之参事，咸纳于其中，地域、风物、人情之别常导致文化寄形方式的变化。然而，"一切风俗之物，即当文明之世，亦必略最存初之制，以示不忘古。"①风俗习惯内容驳杂，拿鬼神之说而言，"春秋以降，阴阳家言，风靡一时。其别有五：曰天道，曰鬼神，曰灾祥，曰卜筮，曰梦；而鬼神之说尤盛。以故淫祀渐兴，如钟巫、冈山、炀宫、实沈、台骀、次睢之社等，不可枚举；禆灶、梓慎之流，大扬起波。"②先民对自然的崇敬和贴近，充满劳绩的生活中饱含着诗意生存愿望和期待，乡情之生发及乡愁之去留都在其中表达出来，这是一种古朴的文化形态。"葛之覃兮，施于中谷""黄鸟于飞""其鸣喈喈""桃之夭夭，灼灼其华"，是对自然生态的抒写，给人以"如河如山"的亲临感，生活在那个时代的人们，在"作止""柔止""刚止"的时间延伸中掺杂着"忧心烈烈"的价值期待。先民朴素的生态意识表现，折射出对地域生存环境的直观认识，书写了一幅人与自然和谐相处的文化画卷；风和日暖中的娇红嫩绿，灿烂浓郁中的翠鸟鸣啭，微风吹拂中的夕阳余晖，让人向往思无邪、行有规的文化境界；"呦呦鹿鸣""棠棣之华""芃芃其麦"，都是充满祥和气氛的田园诗画。风俗民俗是寄托美感的重要形式，它在一定时期绚烂多彩的基本原因，则在于对诗意生活的追求，它不在"杼柚其空"的光景里蕴生，而是在原始而又具有魅力的环境中激发出来，是一种创造性的生活尺度和代表新动向的生活深度。对自然规律的捕捉，是切分并标示与农事活动的自然周期的尝试，人也从无限的自然中裁出一个生存段落，无倾向的自然转化为有意向的农耕自然。这是典型的农耕文化的寄形方式。

在这里，诗意栖居和诗意生存是人们长期关注的事情，不仅在物质追求得到慰藉，在精神享受上更要有相应的品位。我国古代社会中的"食、色，性也"，与恩格斯的"两种生产理论"，不约而同地对人类社会的关注要点做出概括，并且大致指向同一个思维方向，乃是人类社会中"理一分殊"的表现，是不同地域的人们对社会创造的总结，也是对人的"生物本质"与人的"社会本质"的综合理解，是人作为"自然存在物"和"社会存在物"的合力结果，也是使人成为"人"的尝试和努力。今天，人们是在科技发展的"背景"与"前景"中诗意地生存着，不仅要使物质充裕，还要使精神崇高，不仅要使环境优美，还要使心态和谐，在现代技术的推动下，人们带着诗意的光

① 张亮彩、尚秉和：《中国风俗史》，中国社会科学出版社2012年版，第22页。
② 张亮彩、尚秉和：《中国风俗史》，中国社会科学出版社2012年版，第44页。

辉来审视自身的境况,就给文化注入了很多想象素材。但是,现实的局限也使人们感到"春风无限潇湘意,欲采苹花不自由"的无奈,也使人们对文化的认识表现出很多缺憾,人的发展的局限性也在不经意中流露出来。

二、赋能形式:人的本质力量的对象化活动及成果

文化总是与一定时期的社会活动有关,它包括物质文化、精神文化、制度文化等内容,这些方面都是人的本质力量的体现但又具有明显的过程性、不充分性和不完整性。人的本质诉求总是被打上自然印记和社会印记,自然的"人化"与"文化"形成一个充满创造的历史图景。马克思把历史看成活生生的、有思想的、有感性的人的积极的活动,但是人的本性又经常和理智形成交汇冲突,造成内心"自由"与外部"局限"之间的冲突,这一方面激励人们勇往直前地进行自我发挥和自我创造,另一方面又使人对实践的意义和生命的意义提出质疑并处于文化困惑之中。

1.人的本质力量的对象化活动是人与自然的能量交换过程

把文化发展归结为社会的物质运动、精神运动和心理运动的综合过程的观点,是马克思主义文化的基本立场。人类社会发展的成果不是由人、人的自然单独方面体现的,而是由人在文化创造中具体表现出来的。马克思主义不同意把人的存在归结为纯粹的生物遗传因素,也不同意把人看成"双重本质"的存在物,因为人的生物存在不是揭示其具体机制以及个体的形成和发展的最根本的因素。"处于社会关系中的人"是马克思关注的对象,他强调作为个性和个体存在的人的形成和发展,与作为推动人类社会进步的人之间的辩证关系,强调这一过程中人类的文化创造和文化形态。文化活动所引起的猜想和迷误,是人的本质力量的对象化活动中已解问题和未解之谜的交织和互现结果。对当前认识局限性和对未来认识预见性的不足,是文化的常见现象和客观存在,神学理论中的文化目标是没有边际的,很多现代文化也因其过度世俗性而缺少想象力。人与社会相互作用的过程经常表现为人同他人的交往过程、人同社会的能量交换过程以及再现人类社会历史经验的过程,也是人与人之间相互学习、交流和借鉴的过程。"自然科学和哲学一样,直到今天还全然忽视人的活动对人的思维的影响;它们在一方面只知道自然界,在另一方面又只知道思想。人的思维的最本质的和最切近的基础,正是人所引起的自然界的变化,而不仅仅是自然界本身;人在怎样的程度上学会改变自然界。"①恩格斯揭示的这一现象,尽管在近

---

① 《马克思恩格斯文集》第9卷,人民出版社2009年版,第482页。

世被普遍认识到并有所改观,但也有不少人忽视了文化的能动作用和再造过程,也有人抽掉了文化的社会性和实践性,还有一些人忽视了对文化产品的认识。

2. 人的本质力量的对象化活动是人的内能外化过程

"文化的实质性含义是'人类化',是人类价值观念在社会实践过程中的对象化,是人类创造的文化价值,经由符号这一介质在传播中的实现过程,而这种实现过程包括外在的文化产品的创制和人自身心智的创造。"① 个体活动的社会化孕育出文化的集体意向。但是,人和人类的个体不像生物遗传继承那样遵守严格的程序,人在陶冶和教化中汲取社会经验并创造新的文化形态。"自然的存在物"和"社会的存在物"处在相互贴近和相互疏离的状态,贴近的原因是人在实践中感受到了社会的气息并不断提升对社会的存在感,疏离的原因是人在实践中对社会理解愈多愈感到思想与社会的裂痕,"亲近中的疏远"是一种无奈而又经常催人去探索其中奥秘的状态。"自然的存在物"和"社会的存在物"也包含以文化为中介的直接形式和间接形式,构成对人的本质的直接的或曲折的表达。个人心理活动在社会交往和集体活动中担当着意识导向的角色,能够把人类社会的文化积累与文化再生产密切联系起来。文化心理的过程和结构就是人的个性和本质的映现,"人化的自然界"与"人的感性"共同构成"全部世界历史的产物",当然也包括全部的文化内容。从心理学的角度看,个人通晓或掌握社会历史发展成果的过程,就是创造新的能力、新的心理功能的过程。"只是由于人占有了在其生命过程中实现的这些成果,他才获得了真正的人的特点与才能,这个过程似乎是把人放在了以往代的肩上,使他高居于整个动物界之上。"②但是,在现实生活中这种愿望并不能完全兑付,存在偏差是常态现象,文化的直接表现与间接表现存在错位也在所难免。马克思主义承认文化的曲折性和复杂性,人在现实中意识和体会自己的本质,也在现实性中实践和兑付自己的本质。文化作为人的心理活动的产物,又在生活中转换为行动指南,成为寻找某种创造性力量的方式。

3. 人的本质力量的对象化活动是物质生产能力和精神生产能力的结合过程

历史唯物主义既关注社会的物质生活历程,也关注人的心理活动过程,

---

① 冯天瑜等:《中华文化史》(上),上海人民出版社 2005 年版,导论第 14—15 页。
② [苏]伊万・季莫费耶维奇・弗罗洛夫:《人的前景》,王思斌、潘信之译,中国社会科学出版社 2018 年版,第 62 页。

阶级观点和社会观点是马克思主义认识文化问题的基本立场和方法。这种对象化活动使人真正成为人,决定着人类社会起源和发展的全过程,是人类历史变迁和一种社会形态向另一种社会形态转变的重要动因。马克思、恩格斯认为,社会生活本质上是实践的,而人是实践活动的主体。当人在把自己的意志和能量注入自然以后,就实现了一种对象化活动,由此也形成不同的文化形式。随着社会的发展,文化所处的场景也在转换,在文化的坐标系中,反映文化变化的标量和矢量都在变化。"思想、观念、意识的生产最初是直接与人们的物质活动,与人们的物质交往,与现实生活的语言交织在一起的。"①自然社会是文化产生的场景,劳动是人和自然结合的中介,通过能量交换和物质交换,内在的追求经过对象化活动被注入到社会之中,结果不仅社会被"人化"了,形成了"人化的自然",人也被改造成为带有更多文化因子的主体。在文化场域中,活动主体不能没有,活动载体不能没有,活动中介也不能没有,这三个方面又是不断变更的。

4. 人的本质力量的对象化活动是群体力量和个体力量的综合表达过程

尽管任何文化在形式上都具有自己的个性,但在实质上、在生成机理和作用机制上却具有很多共性。人在保持自己的自然动物性的同时也把自己变成了一个社会性动物,因此人的活动中不仅包括自发的和自然的因素,也包括自为的和超越自然的因素。人类以新的追求和生活方式隔断了早期与自然界的原始关系,在思想和心理上离自然越来越远,文化交流就是这种自由精神的交换。交往作为文化解放的一种方式,也记载着人们不断摆脱精神束缚的过程,它与经济交往、政治活动形成互动,其中的价值寄托是多方面的。人在自身的发展中,首先意识到自身的存在以及对于自然界的依赖,有意识地或无意识地把自己作为活动主体,把自然界作为活动对象,通过主体和对象的结合,或者说通过自身的对象化活动,就形成了自己的文化创造,其结果表现为对社会的改造以及对自然的改变。人力求达到这一境界,其行为和过程符合对生产、文化和人类社会向前发展的客观趋势,被人推倒的一切自然力量都在改变着人本身,其文化形态也是人自己创造出来的。人在摆脱了原始社会的进化机制走向相对自由的过程中,其适应性已经不仅仅是对自然环境的适应,也包含着对按照自己的特殊需要积极面对社会现实并且改造着社会现实,文化的存量和含量都在原有基础上丰富扩大,自身的目标和价值也在增长。

---

① 《马克思恩格斯文集》第1卷,人民出版社2009年版,第524页。

三、映射关系：社会生活中的意识流变及其表达

"我们的出发点是从事实际活动的人，而且从他们的现实生活过程中还可以描绘出这一生活过程在意识形态上的反射和反响的发展。"①这里的"反射"是物质方式在思想意识上的映照，是物质活动对思想意识的回应，是人创造文化反过来又通过文化影响人的过程。同样，思想意识在社会的文化发展中，既是物质生活决定的因素，又作为一种主观认识在文化上发生映射。这样，人的对象就不是直接呈现出来的自然对象了，因为人在社会生活中的意识流变经常给自然对象注入新材料。

1. 社会意识是文化发展的重要导向

在人类社会早期，对事物的认识处于朦胧状态，由于意识不甚分明，不容易接近事物的真相，又由于处于初生阶段，尚无能力查知事物的真相，还谈不上真正的文化和文化创造。"意识者，虽先天性光明，当其未发达也，心内全为黑暗之世界。如太阳未升，四面尚黑暗耳。"②人作为思维本体，其中蕴蓄着无尽的意识之光，包含着对物质世界和精神世界的理解愿望，具有特殊的发展方式和运思形式。关于社会现象的认识，尽管是由客观因素决定的，主观因素也起着很大的作用，对一种事项所持的不同认识会造成不同的意识取向，对事物的理解也会不同。生活中，"在光辉之浅薄者，设令种种之影象，由外界入来，而接于意识之光明者实鲜，且不分明"③。艺术和智力作品属于文化之中最精细的部分，文化之中的价值内涵和象征意义，是经由意识形态刻画后进入社会生活的。通常情况下，意识形态内容大都有一定的政治寓意，但是，意识形态在功能上的灵活多变使文化也经常被注入新的素材，甚至在意识形态的政治需要的影响下，一些非意识形态性的文化也会以特殊的赋型方式而带有政治倾向。

2. 社会无意识是文化发展的惯俗形态

越是司空见惯的东西，人们对它越是缺乏思考，这就是人们常说的集体无意识现象。社会无意识不是真的没有意识，而是对一些事项不做深究的情况，当社会生活发生重大变化使这种潜隐内容浮现出来时，那些被压抑的文化因素就释放出来了，经过人的思维重排后就构成一种文化序列。我们不能把社会的认识盲点都看成虚无的内容，它在生活中确实存在着，最关键

---

① 《马克思恩格斯选集》第1卷，人民出版社2012年版，第152页。
② ［日］井上圆了：《妖怪学讲义》总论，蔡元培译，中州古籍出版社2016年版，第60页。
③ ［日］井上圆了：《妖怪学讲义》总论，蔡元培译，中州古籍出版社2016年版，第60页。

的社会事实隐匿其中。日常生活中的人情文化、关系文化、面子文化等，构成一种文化无意识现象，似乎思想和价值都已经缺场，只剩下赤裸裸的商品交易和利益交换。拿朋党文化来说，也是生活中的常见现象，不少人对之习以为常，这个文化圈子里的成员朋比为奸，形成一个严密的利益团体，在和平时期利用手中的权力资源搜罗同党，在动乱中利用手中资源大发国难财。生活中还有一种帮闲文化，是文化与思想妥协的产物及其商业化、世俗化的结果，文房清玩、古董书画、品茶饮酒、交游雅集，本来是文人大夫赏心乐事和立身处世的内容，其根底在于长期文化熏陶和积淀所涵养的文化知识，但在实际上却在很多时候成了风教陵迟的文化之蠹。此类行径，已经背离了文化旨趣和生活的实质韵味，将文化的审美意向异化为纯粹物质化、形式化的享乐行为，是低层次的文化品位。

3. 社会理想是文化发展的重要动力

文化是不断提升的人生品质，是社会的个体或群体发展中形成的一套知识系统、观念系统、行为系统、价值系统、审美系统和判识系统，文化的变迁包含着自然基础上的审美意象、情感引起的内心视像、社会进化模塑的价值取向，"即便是肥沃的土地，没有耕耘，就没有收获，人的心灵也是这样，人的心田也需要耕耘，这本身就是一种哲学。这种哲学会除去心灵中的污垢，开辟一片心灵净土，然后去播种。然而，只有那些成熟了的种子才能结出丰硕的成果。"①文化进入日常生活，经常被理解为"与野蛮抗衡的一种理智"并对人的心灵经常起着陶冶和净化作用，安康之愿和自我升华成了推动社会变革的动力。奥勒留曾用"世界＝变化，人生＝信念"来描述文化意义，他认为，"世界"是文化场景，"人生"是文化内容，"信念"是文化动因，"活动"是文化过程。社会道德对文化品质具有极大的影响，不管是公德还是私德，都孕育着一定的文化精神。"人的精神发展是无止境的，造化的奥妙是有规律的。以无限的精神研究固定的道理，终于会把天地间的万事万物，不分有形无形毫无遗漏地包含在人的精神之内。"②道德增长对文明具有一定的递进作用，这也会影响到人们对文明的认识，道德犹如寒暑，而文明犹如寒暑表，前者一旦有变化，后者立刻起反应，文化尽管与道德不成比例，不按照同一个方向增长，但道德的提升有益于文化的良性发展，这是没有问题的。弗洛姆认为："研究社会和历史过程必须从人开始，从有其生理

---

① ［俄罗斯］叶琳娜·米哈伊洛芙娜·斯克瓦尔佐娃：《文化理论与俄罗斯文化史》，王亚民等译，敦煌文艺出版社 2003 年版，第 3—4 页。

② ［日］福泽谕吉：《文明论概略》，商务印书馆 2011 年版，第 103 页。

和心理特点的、现实的、具体的人出发,而绝不能从抽象的人出发。"①这在一定程度上讲出了认识文化进路的方法论。但他认为自己的观点"既不是生物学观点,也不是社会学观点",他似乎要走一条"生物学测量"的路子,甚至想以"顿悟"的方式理解文化起源与发展之路,是关于文化认识上的乌托邦表现。

4.社会交流是包含明确价值取向的行为方式

一是以个体为对象的文化选择和文化交流。每个人都以自己的行为方式和价值观影响着他人,良好的示范作用就是社会的价值楷模。个体文化交流的内容和形式是多样的,因为不同个体的价值选择不一样,以个体为对象的文化创造和文化交流效果,存在于完整的社会意义背景中。二是以族群为对象的文化选择和文化交流。人们总是以自己独特的方式表达本民族的价值观,乡音成为标识,乡情勾人记忆,乡思记载永恒,乡愁寄托向往。交往有助于形成共同的心理基础;交往也造成思想意识的区分,形成与其他民族之间价值边界的划分。有人将现代民族文化表现概括为以下几种形式:以黑铁规则表现的形式,经常以眼还眼、以牙还牙;以白银规则表现的形式,经常能推己及人、相互谅解;以黄金规则表现的形式,经常表现为己所不欲、勿施于人。这些不同的文化价值观是长期发展过程中族群关系的对象化结果。三是以国家为对象的文化选择和文化交流。交往性质、交往范围在不同时期有很大差别,新技术的发展使国际交往的程度和质量都在扩大,基于经济、商业目的的文化交往在全球范围内形成,人们在世界各地奔忙时,不仅把本国的经济价值观撒向世界各地,也把本国的文化价值观、政治价值观传播到世界各地,使世界历史的形成过程表现为价值观的模塑过程。

四、符号表达:思想成果的归纳及实践活动的结晶

文化符号是最为抽象的表现形式,其中寄托的思想既含蓄又真实,这种抽象源于对生活和思想的归纳。从早期的图腾到语言文字再到数字符号,都包含着生活的经验总结和对社会存在的理解,不管是想象的符号,还有由实践创生的符号,都是人类社会的思想文化结晶。

1.语言符号是社会生活的总结

文字的出现是社会发展的需要,它构建了人们意识中的世界,包含着深层的意识结构和思维方式。这种通过联想的方式表现的物象关系,是希望运用文字表达意向和期待,是抽象与具象关系的合流形式。以象形为基础

---

① [美]E.弗洛姆:《合理的社会》,伦敦出版社1963年版,第254页。

的汉字强化和巩固了直观性思维方式,反映了中国古代先民的具体感知和表达习惯,这种象形方式的延续使用也具有普遍意义,是把眼前世界呈现给我们的一套话语系统。实际上,每一种语言文字都以既定的方式来描绘和划分宇宙,使生活在这套话语系统里的人们自觉或不自觉地接受它所呈现的世界。在很多时候,人们的思想是以语言文字传递的,社会文明也是以语言文字表达的,汉字的长期使用使中国人的思想世界始终与真实世界的具体形象相联系,从文字象形到文学训诂,从文字象形到联想式的意义解释,从文字象形到构造神秘图符,以及从文字象形到预测吉凶,都似乎隐含着神秘而崇敬的心理,通过联想、隐喻的方式将内涵连贯起来并延伸下来,或隐或现地体现事物之"理",或明或暗地表达人心之"思"。语言本身既是思维的产物也是思维的符号,显示出人们的惯常思路和表达习惯,恩格斯在阐释史前各文化阶段时,认为"音节清晰的语言"是蒙昧时代低级阶段的重要成果,"《荷马史诗》及全部神话"则是"希腊人由野蛮时代带入文明时代的主要遗产"①。各民族的文字符号有很大差别,这是不同的心理习惯和社会生活方式造成的。拿汉字来说,其中的象形特征包含着中国古代感知事物的方式和生活逻辑,是从图画抽象、规范、滋生而形成的。出于对不同文明形态的辩证理解,马克思主张各民族语言文字一律平等,认为各民族都有使用和发展自己的语言文字的自由,各民族可以在自愿的基础上互相学习语言文字。中国古代社会生活中形成的礼仪秩序,也是长期发展中对象征意义的凝结,宇宙的"方圆"就是道理的"方圆",四季交替就是社会规律,生命周期也是社会规律。这些理念外化以后就是人的行为规范和社会秩序要求。

2. 图腾符号是象征意义的表达

图腾崇拜是文化意象的朦胧表达或神秘想象,与礼仪、风俗、制度、禁忌有密切关系,从世界各地的考古文化看,图腾符号具有普遍性。图腾是对自然崇拜的结果,一方面是对采集渔猎生活的写照,另一方面是对现实生活的寄托,它和社会的仪式、象征一起构成秩序化的意向,秩序象征包含着过去的、未来的、真实的、虚幻的、遥远的、附近的物事,把情感和意志在同一个时空中呈现出来,这种秩序象征在被人们接受之后,就会起到清理秩序和整顿秩序的作用,起到使人们从无序走向有序的作用。图腾本身是一种符号、一种暗示、一种隐喻,图腾形成以后,其事实具象就被隐含意义代替,所体现的象征意义大于实物意义。图腾象征也是一套复杂的意义系统,基于人们崇信前提的虚构内容,成了维护社会秩序的元素。图腾和仪式的象征意义隐

① 《马克思恩格斯文集》第4卷,人民出版社2009年版,第38页。

含着不同的秩序结构,是对神圣物事的渲染和崇敬,它被一个地域或一个时期的人们广泛接受,并不一定完全基于真理或正确的理论,而是基于共同的心理意识、共同的思维以及共同的生活方式。各种图腾、巫祝活动、礼仪形式可能是人们贯彻和理解宇宙及社会的体现形式。天长日久之后变成了事实世界的真正寄托,思维世界和现实世界就有了沟通的渠道和标志物,象征世界与现实世界的联系由此展开并得到拓展。"从宇宙天帝领悟到的人间秩序,在仪式中被固定下来,宇宙的秩序与人类的情性在这些仪式上出现了叠合,仪式通过一套一套的象征确认并强调这种秩序的天然合理与不可置疑,它给人们提供了价值的依据,而象征的反复使用,则在人们的心目中形成了一种意识,即象征的秩序就是世界的秩序,象征秩序的崩溃就是世界秩序的崩溃。"①这样看来,古代社会的保守者主张"天不变,道亦不变"就毫不奇怪了;这样看来,"人心惟危,道心惟微"的思维也就毫不奇怪了;这样看来,每一次打破旧俗的革命方式总会遇到各种阻力,也就毫不奇怪了。符号表达了一种意义象征和思想寄托,通过图腾崇拜与神灵沟通并表达思想意向,不仅可以传递信息,也使人们设定的社会秩序具有与自然规律一样的权威性与合理性,因此,图腾符号之中也包含着人类的经验、体验、观察和想象,它可以传达神意、天意,于是,"天道"也就变成了"人道"。

3. 数字符号是理性思维的归纳

数字符号的产生和发展有其逻辑过程,体现了人类对于生存环境的理解,是用量化的形式表明事物的"多少"。从数字符号的单向性到复合性,表明了人们在对事物认识由点到线再到面的发展过程。数字符号也和类别与秩序有关,尽管早期意向朦胧,但已经包含某些权威性和神秘性。看上去没有必然关系和充分根据的数字化内容,由于被赋予宇宙天帝秩序而拥有了合理性,甚至把一些事情说成"定数"。在道家眼里,数字是万物起源的基础,在阴阳家眼里,"万物莫不有对",奇数和偶数是阴阳、天地、黑白、男女的反映,能够说明象征世界和现实世界的关系。当数字成为象征时,"神圣的象征性"与"天然的合理性"就替代了事实本身而成为被公认的符号。在中国古人看来,这些数字不但有神圣的象征性以及天然的合理性,并且具有替代事实本身的能力。至于现代数字技术,与符号的联系更为密切,它的表意方式、运行方式都在现代技术基础上发生了极大变化,人们借助物质基础、技术基础、思维基础、逻辑运算基础进行综合表达,已经深入到社会生活的各个方面。人们生活在一个巨大的符号空间里,衣食住行都与符号有关,

---

① 葛兆光:《中国思想史》(中),复旦大学出版社2009年版,第65页。

言谈举止都与符号有关,所思所想也都与符号有关,在这个符号化的社会里,符号不仅是生活的方式,也是交流的媒介,更是意义的寄托。

从上述几个方面的分析可以看出,文化是体现人的个性和发展水平的重要参数,社会的物质和精神发展中,"人以一种全面的方式,就是说,作为一个完整的人,占有自己的全面的本质"①。通过"对象性关系"对"人的本质的占有",是马克思提出的正确理解人的个体发展和历史发展的公式,它能帮助我们正确认识文化与人的解放的关系。人类社会的发展成果不单是由人的素质体现的,也是由人创造的文化环境体现的。马克思主义把人的前景与人类社会发展联系起来,给我们提出了文化建设的任务,全面而自由的发展不仅仅是从社会主义迈向共产主义的目标,也是富有诗意的文化途径,正如马克思所比喻的那样,早晨的每一个露珠都闪耀着彩虹的所有色彩,我们现在可以说,每一个文化分子都折射出人的创造成果和追求解放的愿望。人总是在创作的过程中反映自己的类本质的,而"第二自然"和"文化"就是这个创造过程中的成果,它既被人的创造塑形,又给人的创造补充新的塑形能力。文化概念变迁和演进的动力机制在于社会的需要和人的发展愿望。但是,世界不会自动地满足人,人决心以自己的行动改造世界;文化也不会自动地塑形,人也决心以自己的行动模塑文化。"文化将以自己的激情和时代精神服务于人、人的自由而全面的发展,——这就是那种能够鼓舞和激励社会与个体水平上的行动,并为了这一行动而对话语协调的情景。"②共产主义文化描绘了美好的人类前景,追求理想并不意味着人要脱离实际而走向虚幻,而是要依据历史发展的客观趋势,对未来的目标孜孜以求而努力实现之。

第二节　术语范畴:文化概念的解释向度

文化自身的客观性与主观性混融特征,对文化概念的界定影响很大,而能否接近文化事实和文化本质,与研究者的认识和理解有很大关系。欧洲的一些思想家歌颂自己的文化时,所选择的对象主要是西方民族的文化及其价值观,而传统的东方文化在述说自己的思想时,主要表达儒家文化的追求,它们都既有共性又有个性。如果从共性方面发掘文化的含义,它们至少

---

① 《马克思恩格斯文集》第 1 卷,人民出版社 2009 年版,第 189 页。
② [苏]伊万·季莫费耶维奇·弗罗洛夫:《人的前景》,王思斌、潘信之译,中国社会科学出版社 2018 年版,第 239 页。

关注了三个层面:一是人的存在及活动环境;二是人的行为及创造方式;三是人的社会实践及成果。这是给文化概念赋型的三个重要依托。

一、文化的审读方式

文化概念的赋型方式及实践活动与人的认识有关,马克思对资本主义文化的揭示,展示给人们的是一个不同于封建专制时代的文化现象。斯宾格勒对文明的认识以及对一些文明走向衰落的考察,齐美尔所说的西方文化的悲剧时代,海德格尔幻想的诗意生活方式,都有不同的文化理解。一些研究者把西方文化变迁作为认识东方文化的参照系,既突出了借鉴性,也存在教条主义痕迹。这两种趋向中都有人类文化的规律性内容,也都有文化形式的独特性表现。如果进一步深究,我们可以感受到文化意义之中的能动性力量,不管是通过实践凝结的文化意义,还是通过思维创造的文化意义,都把一定的愿望通过语言文字表达出来。意义的聚合方式各不相同,我们可以看到宗教式的意义表达,可以看到乌托邦式的意义表达,也可以看到共产主义社会的意义表达,这些方面经常通过对符号的创造性理解和创造性运用来完成意义构建。

1. 一家之言:对文化概念的个性化表述

文化是多层次多领域多维度的关注对象,很难给出一个普遍接受并且适用于多学科的概念。原始文化是人类早期的思想状态,其基本特征是高度的模糊性,各种文化活动和内容彼此交错在一起,并与宗教和巫术结合。伏尔泰、孔多塞等人把文化看成社会进程中物质要素和精神要素相统一的形式;康德的文化理解有较强的主观色彩,但也没有忽视实践性内容,他认为文化是理性之人为了一定目的而进行的实践创造;泰勒的观点被公认具有代表性和实用性,他把文化看成由多种知识要素、精神要素、道德要素、社会习俗等构成的综合体系;普芬道夫的文化观侧重于物质成果,认为文化是人所创造的有赖于人和社会的物质内容的总和。泰勒的文化界定包括三个要点:一是知识或信仰基础上的能力和习惯;二是整体系统的而不是零碎的;三是后天习得的而不是先天生成的。现代社会的文化具有多路向的轨迹,席勒和黑格尔不约而同地以自己的方式表达了对现代性的认识,席勒的伤感情绪与黑格尔的浪漫心绪体现了二人在文化认识上的差别,他们以不同的方式宣告了古典文化的终结。德国启蒙主义者致力于将社会的文化实践上升为理论,他们从希腊人的思维出发,分析了欧洲文化的起源和发展。温克尔曼强调文化的整体性,并尝试以原则来区分希腊文化类型。莱辛则把目光转向北方蛮夷,勾勒了欧洲人的文化思想轮廓。在 17 世纪意大利的社会文化研究中,维柯把文化进化比作人的成长阶段,认为"神的时代"是文化的童年时期,"英雄时代"是青年时期,"凡人时代"是成熟时期,他还把"英雄时代"明确为贵族共和制时代以及诗学和伦理学共生的时代,而文化时代产生的标志是民主化思想的出现。最早的词汇是物体的名称,最早的神话是生活公理的体现,它是人类社会活动、精神活动和艺术活动的统一体。卢梭指出,文化的稳定性是造成人与自然疏离的重要原因,社会条件的复杂程度不仅影响文化发展的节奏,也影响文化的结构,而且,每一种文化都有自己的独特表征。中国近代儒学发展中,梁漱溟、熊十力、冯友兰、贺麟、徐复观等都给文化下过定义,表述方式也各有差别,也代表个人对文化的理解。他们对生活样法、民族心理、东西方文化差别、人的存在的文化阐释,是基于个人思考和体悟而来的。

2. 一派之说:对文化概念的学科化阐释

德国的"文化圈"学派和英国的传播学派都受到拉策尔的人类地理学的影响,社会学领域的文化被认为是具有特定区域和语言的群体生活的创造或蓝图。"传播"是指文化地域的延伸和文化内容的扩散,这种迁徙现象与地理文化论有很大关系。文化圈学派吸收了符号学、心理学和信息学的观点,把文化概括为人类长期发展中形成的创造能力以及人类社会长期赖以存在的物质系统、精神系统和价值系统。博厄斯和本尼迪克特的"文化模式派"不赞成进化论者关于文化单向演进的观点,也不赞成"文化圈派"的地理论主张,他们认为文化有多向的演进路径,是各种特质构成的综合体,每一种文化都有独特的构成模式和内在结构,不同民族经常成为文化模式的载体。文化形貌学派认为,各类文化是横向比较而不是纵向排列的,世界上存在很多独立的文化形态,它们都有悠久的历史并承载着独特的意义,其盛衰强弱与当时主客观环境有很大关系。在他们看来,世界文化是多中心和多向度的,在起源上各有理据,在发展上各有路径。文化功能学派对文化进化学派、文化历史地理学派以及文化传播学派的观点有不少质疑,认为与其在文化理解上进行"尸体解剖",不如从生活中探索其真正内涵。结构功能学派强调社会组织的重要性,认为文化是维系社会运行的思想结构。结构学派把文化视为一个系统,他们借助文化模式解释社会关系。怀特等人的新进化论不同于博厄斯的文化相对论,但对摩尔根和泰勒的文化进化论情有独钟,并从能量学说出发将文化的发展归结为负载能量的过程。符号文化学派者卡西尔认为,人是代表特定社会符号的动物,是通过能动性利用符号进行文化创造的动物,真正意义上的人就体现在进行文化创造的各类活动中。从流派和学术群看,中国学者对文化的界定不像西方那样多样化,但这并不影响我们对文化的理解和阐释,马克思主义是我们哲学社会科学研究的基本遵循,其政治方向和思想立场是不能松动的。我们的文化研究不拒绝外来的理论借鉴,不否认外来理论的学术价值,我们是抱着谦虚的态度吸收借鉴其有价值的因素的。

3.一域之思:文化概念的区域化理解

文化的区域性发展是一个常见的事实,即使在同一个国家内的文化形式也不是铁板一块。世界范围内的区域文化最明显的表现是中华文化、埃及文化、古希腊文化、古罗马文化等,都有各具特色的文化阐释。东方文化有四种形态,中国文化、印度文化、埃及文化、波斯文化也都有自己的阐释方式。在中华文化中,又有次一级的区域概念,如:黄河文化、仰韶文化、良渚文化等,在对文化的理解上又有一些微妙的差别。"对人类社会创造的各种文明,无论是古代的中华文明、希腊文明、罗马文明、埃及文明、两河文明、印度文明等,还是现在的亚洲文明、非洲文明、欧洲文明、美洲文明、大洋洲文明等,我们都应该采取学习借鉴的态度,都应该积极吸纳其中的有益成分,使人类创造的一切文明中的优秀文化基因与当代文化相适应、与现代社会相协调,把跨越时空、超越国度、富有永恒魅力、具有当代价值的优秀文化精神弘扬起来。"①一些学者认为,中华文化中个人与公众之间、道德与法律之间、内在世界与外在世界之间是高度统一的。一些西方学者对印度文化采取另一种认识,认为其国内统治者与被统治者、主体与客体在形式上被联合在一起,但由于处在连续不断的张力之中,经常失去秩序和方向,它通过上帝的统一观念设定了"最为苛刻的对立面"。现代西方国家的文化理解中,神权与人权交织在一起,新教伦理与资本主义道德共同影响着社会的文化理解。上述区域性的文化阐释对于地缘政治影响很大,在现代国家之间发生的"文明的冲突"与各自的文化秉持有很大关系,而在民族国家内部的不同民族文化的差异,也是影响国家政治稳定和政治格局的重要因素。就地域文化看,汤因比、雅斯贝尔斯的文化论述中有一些令人深思的内容,每一个时代的"轴心文化"都是这个地域中起主导作用的文化,不仅在国家的运行起着引领作用,也在长期的民族心理中起着约束作用,文化的轴心也是思想的轴心,当一个民族失去赖以支撑的轴心时,长期形成的价值理想也会崩塌。儒家文化是中华文化的轴心内容,佛教是印度文化的轴心内容,天主教和基督教文化是欧美文化的轴心内容,这些分布于世界各地的轴心文化,

---

① 习近平:《在纪念孔子诞辰 2565 周年国际学术研讨会暨国际儒学联合会第五届会员大会开幕会上的讲话》,《人民日报》2014 年 9 月 25 日。

成为维系着本地区民族联系的纽带。

4.“一统”之论：文化概念的政治化解读

自从民族国家产生以来，文化与政治就有了密切的关系，利用文化来寄托政治目的，通过政治来表达文化诉求，成为统治阶级表达社会理想和体现生活追求的重要方式。由于政治目的不同，民族国家的文化诉求也不同，这可以从当今的社会主义国家与资本主义国家的文化界分中看到其中的差别，《共产党宣言》谈到的形形色色的社会主义流派，也是基于不同的政治主张划分的。这种理念延伸到现代国际关系舞台上，体现为文化普遍主义和文化相对主义之间的冲突。国际层面上的文化概念是多元和一元的妥协形态，普遍主义和相对主义之争是国际舞台上不同国家之间文化竞争的重要表现。“文化不仅包括艺术和文学，而且包括生活方式、基本人权、价值体系、传统和信仰……”①这是一个比较中性的说法，包含的是最普通的文化指标体系，一方面体现了文化的共性内容和特征，另一方面体现了文化的多样性内容和继承愿望。给出这样的定义，是国家之间出于政治考虑和减少冲突而做出的让步，基本的文化权利被认为是第一位的。但它并没有真正缓和价值观念之争、话语主导之争、文化软实力之争，而是在多样性与普遍性之间画出了一个缓冲地带，使观念差异引起的矛盾限制在一定范围内，文化背后的制度情结一直存在着。一定意义上说，国际社会的文化概念是对西方大国持有的民族优越感的质疑，它试图调和文化相对论和文化一元论的矛盾。这种状态实际上表达了不同国家在文化认识上的“公意”，是在文化自觉与政治力量之间寻找一种平衡，“各种意义的声音”也在碰撞中表达出来。回溯历史，文化一统一直是一些人的信仰追求，中国社会的“大一统”观念不仅是政治统治和地域上的一统，也是文化上的一统，但充其量不过是一种追求。显然，“一统”之论的文化解释是希望思想文化定于一尊，或者是用同一个文化解释来确立文化概念，费劲移山心力也未必能完成。因此，我们今天讲构建人类命运共同体，并不是把人类文化定于一尊，而是在汇集人类优秀文明成果的基础上达到优秀文化百花齐放。

二、文化的价值蕴蓄

关注的角度不同、知识背景不同、思维方式不同以及界定标准的不同，都可能造成文化概念解读的多样化。但是，如果沉醉于文化概念界定中的

①　[美]欧文·拉兹洛：《多种文化的星球——联合国教科文组织国际专家小组的报告》，戴侃等译，社会科学文献出版社2001年版，第153页。

自我满足,扶了东边而倒了西边,顾了前面而忘了后面,其片面性也是显而易见的。文化的价值审读要与其思想内涵联系起来,在两者之间寻找一个合适的平衡点是体现文化赋型方式的一个视角。当人们把文化意义抽象到社会品质的高度时,文化形式所包含的内容、文化所涉及的语境就会降到从属的地位,对文化价值的审读会变得越来越符号化。

1. 文化价值的层构形式

文化价值可以从三个层面审定:思想道德层面、实践创新层面、自我提升层面,"物相杂,故曰文","相杂"说的是文化的交互状况或无序性状态,而"文"的有序性表现,则是"五色成文而不乱"。与"文"相比,"化"是一个对象给予另一个对象所起的思想引导和指导作用,是讲"文"在化育人生方面的功效。近代儒家对文化有多方面的阐释。梁漱溟把文化主体看成民族层面上的群体,认为文化就是"一个民族生活的样法",他把文化归为生活方式,认为生活就是相续相因。"由生活相续,故尔宇宙似乎恒在,其实宇宙是多的相续,不似一的宛在,宇宙实成于生活之上,托乎生活而在也。"[1]生活的根本在追求,文化的根本在创造,文化就是人在满足与不满足的无穷往复中的实践结晶。贺麟比较倾向于用"道"来解释文化,在他看来,"道之凭借人类的精神生活而显现者谓之文化"[2]。依此而论,道就是文化之体,文化就是道的自觉呈现,而自然是道的不自觉显现,精神是文化之所以为文化的条件。人的精神是通过人的种种活动表现出来的,精神是文化的本质,是文化之所以为文化的条件,也是理解文化的根本途径。相对于文化,精神是本体,文化是精神之用。在这里,贺麟看到了文化的本质,即人的创造成果。文化是人类精神陶铸过的自然,是凭借人类精神活动而显现出来的价值物。唐君毅认为:"依文化之意义,则凡人在自然之上有所创造增加者,皆属于文化。"[3]在文化形成中,主体无贵贱,人人有贡献,一切精神活动就在于使主观理想现实化客观化。上述的"样法说""陶铸说""增益说"都表达了对文化的理解和价值分层。文化的价值结构中各方面的内容不是固定不变的,它经常随着社会的变化、生活的变化而变化,当这种深层积淀跃居到社会的表层时,人们总是用审慎的目光打量它的每一个细节,记忆的内容和失忆的内容都可能再度浮现出来,乡愁中的怀旧情绪与对未来生活的思

---

① 梁漱溟:《东西文化及其哲学》,载《梁漱溟全集》第一卷,山东人民出版社 1989 年版,第376 页。

② 贺麟:《文化的体与用》,载《哲学和哲学史论文集》,商务印书馆 1990 年版,第 347 页。

③ 唐君毅:《文化意识与道德理性》,《唐君毅全集》第 20 卷,台湾学生书局 1986 年版,第592 页。

慕会激起新的价值取向,从而改变文化既有的价值结构。

2. 文化价值的传统形态

就中国传统文化来说,其关注要点大体是:由宗法伦理与专制政治决定的宗族文化、王权文化,在目标上追求大一统的政治格局,与之相伴的政治权力与思想统治促进了伦理价值与专制政治的联姻,使文化内容与政治情怀交织成具有双向控制功能的价值体系。当统治阶级结束思想割据、地域割据而形成完整的政治结构时,就把减少华夷之辨和夷狄之思的张力提上日程,要求主流文化配合政治需要作出选择。统治者在这个过程中兼具了掌握政治权利的帝王和掌握思想主导的师长角色,肩负着使政治和教化一统的功能。不论是诸子百家的文化一统愿望,还是统治者"别黑白而定于一尊"思想要求,不论是"独尊儒术"的话语表达,还是"四海宾服"的国势要求,都包含着王道精神和文化精神的合流,以帝王为主导的天道和人道是文化专制推崇的偶像,具有独断乾纲的功能。文化一统的基础和起源是家庭和学校,在家庭强调"出则事公卿,入则事父母"的忠孝文化,在学校强调"学而优则仕"的经国治世文化,这种臣民心理把移孝于忠、移忠于君思维通过忠顺行为向上传递并以官方形式定格,形成了以天下、国家、民族、君权等为价值体系的王权主义体系,这是封建国家的重要法理依据。中国古代文化一统的目标在于体现天、地、人的一体性,天道、王道、人道的一体性及君权与神权的一体性,主要是宣扬以王权、君权为主体的政治统治,经常以祭祀和仪式活动把表德劝善、官方定制、闾里良行灌输到民众之中。在实践路径上,谈伦理以寓褒贬,倡德行以别善恶,讲中庸以规行止,而"车同轨,行同伦"的文化尺度是在外部矩规上做出要求的。

3. 文化价值的映射关系

文化价值的映射是指文化内容与社会实践之间的反映与被反映的关系,人们的社会实践包含着一定的价值选择,这种价值寄托凝聚在文化意义之中,形成的价值体系又对人的行为起到规范和约束作用。它不是一一对应的关系,也不是单值对应关系,而是多点交叉互映的形式。文化价值的映射关系包括主体与客体的关系、本与末的关系、思想与现实的关系等方面,其中包括相互适应的状况,也存在着意义倒置的错位现象。从矛盾运动和对立统一看,文化悖论也是文化发展的动力。悖论的出现,是不同方向上张力的作用结果,各方面能力的增长、活动方式和交往理论的变化、价值观的多元化等,都可能成为文化发展的原动力。文化就是相互关联的元素构成的统一体,这些元素的相互联系和相互作用不断推动文化发展。文化作为一个积累过程,它所花费的成本是有差别的,早期的自然承接中,"文化的累积并没有什么神秘的原因,但它需要低廉的租金、简短的契约、不很严格的许可法,才能够累积"①。在现代社会中,文化传承的主观性和能动性增强,并在技术的推动下不断提高文化积累和传承的成本。这种文化不仅是生活的叙事方式,也是批判性理论,更是价值寄托。

4.文化价值的现实关怀

现实社会中不存在完全"中立"的文化价值形态,"骑墙"是不行的,即使那些不具有政治特征的文化形式在进入政治社会之后,也带有了明确的价值取向。因此,文化就是一个价值结构,是一个穿越了社会行为的重力场。文化内容和文化行为中随处可见价值的存留,生活在社会之中的人们不停地寻找着内在价值以及可铭记的内容,并且通过解读来表达判断,通过自己的感悟来体会生活中最美好的东西和最快乐的时光。而正是这些美好的事物激发了人们对真理的渴望和对美的创造,文化的现实价值存在于多个层面,第一是国家层面上的政治价值观,起着引领国家运行和规划发展方向的功能,所谓"文化国家"就是文化价值与国家生活有机结合的一种方式,而文化强国则是通过文化价值的合理呈现而增强国家的发展质量;第二是社会层面上的生活价值观,其中规范社会行为和引导社会发展的作用,对公共领域中的行为具有批判审美功能和秩序构建功能;第三是个人层面的行为价值观,起着甄陶性情、淑仪品格的作用,包含着个人的价值取向和行为判断标准。文化价值的现实关怀是现代社会中最具"功利"色彩的内容,社会需要什么,文化价值就关怀什么,这是风向标和罗盘仪。现实生活中,追求的多样化就是价值选择的多样化,每一个国家都必须面对这种状况,也都必须奖掖优良和贬斥低劣,这是我们提出培育和践行社会主义核心价值观的最基本的道理。

三、文化的辩证特征

文化的辩证特征是其内在品质的外显,尽管人们在文化认识上存在很多主客观方面的差异,但都希望有一个完整的意义结构和系统。其境界大体上是:其一,模糊中的贴切,就如"草色遥看近却无",希望尽收眼底却一片苍茫;其二,含混中的精确,就如"此中有真意,欲辨已忘言",希望囊括一切内容却总有缺憾。以其品格而言,文化是拘谨而又开放的,是亲近而又疏远的,是可感而又空虚的,内涵上健康的文化经常竭力使意义和表达指向同一个方向。

---

① 〔英〕弗雷德·英格利斯:《文化》,韩启群等译,南京大学出版社2008年版,第39页。

1. 文化存在是静态的也是动态的

文化在实践中产生又在实践中变化,构成一个生生不息的文化之流,社会革命、制度变迁、思想变化等都会带来新的文化内容,社会主体在应对自然之变、生活之变和思想之变时,经常会对文化是什么做出判断和思考。如果将文化固定在一个模式上,把它的内容和形式用不变的思维描述出来,得出的结论难以适应变化的形势。但是,如果借口文化的可变性而否认文化的相对静止,那就有可能将文化看成倏忽而变的东西,不论是内容和形式上都会变得难以捉摸。认识文化概念,一方面强调社会的生活、实践和主体变化而造成的文化变化,另一方面要注意这种变化的渐进性和过程性。文化的动态与静态的关系中,文化革命、自我革新是经常出现的形式,革命引起文化变动,文化催生社会革命,历史上的很多革命都是以一定的思想准备和文化积累为前提的。就文化的价值而言,其中的核心价值是不变的,外围价值和边缘价值是经常变动的,中国共产党的文化发展中,作为核心价值内容的初心和使命总是保持着一个不变的主题。

2. 文化影响是局部的也是整体的

生产方式与生活实践的变化会造成不同的文化形式,即使是同一个民族,其生活环境的变化和实践活动的差异也会造成形态不同的文化,变化趋势中存在着相对固定的元素,运动形式中存在着相对静止的内容,这些方面给人们审视文化概念提供了自然基础和思想基础。那些包含着社会印记的文化元素,镌写着时空穿梭痕迹的文化符号,烙刻着历史沧桑的文化类型,寄寓着现代精神的文化内容,都会对文化概念的界定造成影响。在文化上流行一句话,越是民族的越是世界的,这是因为多样性的局部文化总是整体性的世界文化的一部分。尽管文化在各地经常被看成物质文明和精神文明的总和,但是,其中的物质文明和精神文明的层次及偏重情况却是不一样的。"在再生产的行为本身中,不但客观条件改变着,例如乡村变为城市,荒野变为开垦地等等,而且生产者也改变着,他炼出新的品质,通过生产而发展和改造着自身,造成新的力量和新的观念,造成新的交往方式,新的需要和新的语言。"①二者是如何协调的、如何递进的,都各有特色。在界定文化概念时,有人把物质文明和精神文明都看成文化,有人仅仅把精神文明看成文化,也有人只把语言文字看成文化,从不同视角看,他们都各有道理。人们在从简单的物质生活迈向完善的社会形态时,各种文化不是同步增长的,用一种模式的文化概念统括文化形式,经常会出现偏谬。

① 《马克思恩格斯文集》第 8 卷,人民出版社 2009 年版,第 145 页。

3. 文化关系是独立的也是联系的

每一种文化概念都有一种思想支撑,当人们以自己的认识理解文化的体系、结构、功能及其发生机理时,就已经预设了一种文化观并起着消弭或形成代沟的作用,这样的文化对社会全部的生活方式影响很大。从这一方面说,文化的独立性非常明显。按照符号学的文化理解,文化是悬浮着的意义之网,符号与人的关系就像语法与语言的关系一样。文化模式视角中的文化观念,认为文化是在现代工业基础上建立起来的"产品——消费"模式。人类社会学视角中的文化,是基于劳动分工对人格、人的精神、审美教育等方面的认识,也是人与自然界斗争的产物,并确信文化具备自我发展能力。这些方面都从某些视角反映了文化的本质,但又有一些局限性,也都显示出一定的针对性。在中国共产党的文化史上,对这一概念的继承发展表现在文化理论和文化实践中。文化建立在对世界的一定认识基础上,唯心主义文化介于意念文化和感性文化之间,它建立在升华的感性基础上;感性文化的价值也体现在日常生活和物质利益之中,它追求的是轻松和享受。总体上看,对文化的解释可以有宏观和微观两种方式,但一些综合性的解释更能引起人们的注意和共识。

4. 文化内容是传统的也是现代的

任何文化都在现实社会中产生和赋型,它既受到传统的影响,又在现实中受到观照,文化传统与传统文化是既有区别又有联系的两个方面。传统文化是过去的现代文化,现代文化是未来的传统文化,它们所包含的变化是社会转型中的多种关系变化造成的,其中的"文化剩余物"积淀为不同形式的社会文明。恩格斯所说的历来的传统把一切都安排好了,包含着对文化习俗、文化行为的惯常理解,而现代性经常打破这种惯俗形成具有"当代"特色的文化形态,在传统——现代——传统——现代的交替推进中运行,它承担着对历史记忆和对现实的解说使命。因此,每一种文化都有它的传统意义,它在社会发展中向前动进的态势,就如一个有生命力的事项,从出生到成长再到衰老的过程中包含着进化的规律性内容,遗传信息中带有变异内容,新陈代谢之中存在意义更替,这种变迁通常由三种常见路径实现:改革、改良和革命。改革就是社会生活的某个方面或某些方面进行变革而推进文化发展,改良是社会文化体系通过自然的推进方式变成一种全新的形式,革命是对文化内容进行的颠覆性改造。新旧交替的过程中,人们对传统文化重新认识会引起新的文化内容,对旧有观念加以改造会引入新的内容,这些方面都包含着对传统文化的再塑和创新过程。

第三节　逻辑范畴：文化意蕴的呈现方式

　　文化研究是对社会事项的解释活动，不管是对"结论的解释"，还是对"文本的解释"，都要求有科学的解释基础；文化研究是对人的本质的探索活动，不管是文化精英主义的开放立场，还是文化保守主义的封闭立场，都要求有合理的思维基础；文化研究是一种批判和矫正活动，不管是对旧思想的否定，还是对新思想的质疑，都要求有认真的态度。所谓"无概念无感知"是康德对事物认识方式的理解框架，他认为"理解本身就是自然的立法者"，并提出"舍弃知识为信仰让位"，这一方面为文化结构的认识提供了思路，另一方面也与我们坚持的唯物主义立场不完全一致，这与文化意蕴的呈现方式与文化的存在方式、主体状况和内容排列有很大关系。

一、文化的固结方式

　　文化的固结方式与文化模式密切关联，前者代表内在结构，后者代表外部表现。文化模式是指文化的不同组成部分及组成方式，它包括语言、物质特质、美术、神话、科学知识、宗教习惯、家庭以及社会体制、财产、政府、战争等。文化模式的多样性与人类行为的多样性有关，文化模式的选择有自身的社会价值取向和行为要求，包括对待人生的方式和对经济、政治、社会交往等的态度。文化模式分为特殊的文化模式和普遍的文化模式两类，前者是指各民族或国家具有的独特的文化体系，后者是指具有一般特征的普遍意义上的文化表现。一种文化模式不能代表文化的总体模型，它的表现方式也不等于其所有知识和技巧，它对实践者和创造者的理解更不能等同于对所有主题的理解，展示了一个既包括历史继承性的延续力，也包含思想革新性的创造力，体现了不同时期的经济、政治、社会运行的内在规律和外在形式。多姿多彩的人类社会伴随着多种多样的文化形态，它在能够扩展的地方拓展，也在不适用和不能扩展的地方抛弃。从关于人类文明的不同表达中还可以看到，历史学家对不同文明形态的描述，大体上也是对不同文化形貌的解释。

　　文化是关于社会行为的文献和历史画卷，尽管是观念化的产物，却不完全是随风飘逝的无形之物。尽管是非物质的，却不完全是超自然的实体。在对文化形貌的认识上，也有主观主义和客观主义之争，"主观的"和"客观的"各以自己的认识划定边界，在唯心主义者和唯物主义者之间，在唯灵主义者和行为主义者之间，在印象主义者和实证主义者之间，都有关于文化模式的不同主张,其含义是什么,要表达什么,都有各自的认识。不管是把文化想象成具有超级有机体特征的实体,还是把文化描述成存在于行为事件中的无意识模式,都给文化形貌一定的意义赋型。一个社会的文化就是一种模式的文化,在经验意义上它是具有一定力量和权威的内容,"是由个人必须知道或相信以便能够按照该社会成员可以接受的方式操作的一切组成的"①。文化形貌、文化模式是抽象中的具体和具体中的抽象,遵循系统化规则、辩证法规则、唯物论法则都是必要的和不可缺少的,但是要在分类、范例、系谱、图标上虚构文化模型,并且标榜为对文化之"真"的唯一解说,那就等于把自己囿于机械的圈套之中,幻想逻辑上的一致和统一。

　　文化是社会的,其意义也是社会的。社会是文化意义的关注对象,文化通过各种各样的意义寄托来呈现人的创造及成果,并通过各种意识形式把它连成一个整体,它在一个连贯的生活模式中所表现的作用和角色有所差异,彼此之间的内在联系也会通过意义固定下来。意义不仅是文化描述的最根本的要素,也是文化体系的融贯素材,这是文化的意义系统、结构系统和联动系统中的重点内容。如果说文化解释是对社会事项的一种理解,那么文化意义就是社会事项与文化解释之间的桥梁,人们所作与所说通过意义连接起来而不至于造成巨大的思想空洞,不管是优雅的赞叹,抑或是聪明的解释,都会触及事物的本相。文化意义的呈现是解释性的,解释的内容是社会生活实践的意义结晶,从逝去的时间、历史和记忆中抽出能够给人们带来启迪的内容,通过广泛的分析和抽象的分析,将知识、信仰、理想、权利等通过话语凝结起来。

　　文化意义经常受到政治的浸润,生活领域的种种古老因素、社会现实中的具体因素,都能诱发人们的文化遐思。尽管文化研究与政治活动不是一回事,但是文化场域中的各种因素都会受到政治因素的影响,官方的意识形态是文化意义中不能回避的因素,它对文化发展、文化解释都做出具有导向性的规划。对于一个社会中的主流文化,披上意识形态外衣或涂上思想政治的水彩,不仅是必要的而且是必然的。"全球化的世界迫切要求我们比以前更多贯彻并且评价我们的环境——无论是地理上的、经济上的,还是道德上的环境——这就是生活在信息时代必做之事"②,但是,从文化中辨别出意识形态是需要技巧的,因为意识形态的遮蔽性在任何时候都不可避免,当我们认识文化内涵时,不可避免地要对文化的政治性内容做出判断。作

---

① ［美］克利福德·格尔茨:《文化的解释》,韩莉译,译林出版社2014年版,第14页。
② ［英］弗雷德·英格利斯:《文化》,韩启群等译,南京大学出版社2008年版,第152页。

为特殊的文化形式,意识形态如果不带有这种色彩,就是一堆毫无意义的语汇堆积,意识形态勾画出社会的种种问题,并通过改变社会的集体意识而增加社会影响。它是文化生活之上的官方形象,在形而上的方面提供了构成政治情感的符号和模式。对统治阶级来说,这种影响是一个绝对命题,只允许在细枝末节上做出一些修补,不允许动摇其根基,给出这个绝对命题,不是作为自我欣赏的内容而放在台面上,更重要的是作为社会的思想引领而体现统治阶级的意志,因为政治提供了文化制约的原则。

文化的日常生活意义也是一个普遍关注的问题。日常交往中的文化体会对文化理解能提供很多比较性的内容,在社会交往的平台上,人们不仅在展示自己的生活方式,也在表达自己的文化体会,生活中的一举一动、一颦一笑、一草一木都能带来文化想象。大众文化是人们对熟知的并且能感受的事情,是社会普遍认可并遵循的文化意义,流行文化、先锋文化作为社会的前卫形式,总是与一些群体的"超前"联系在一起的,消费文化是现代社会的普遍意识,不管是物质文化消费,还是精神文化消费,都是特定人群对生活意义的追求方式。这些文化形态中,既有传统文化的意义构造,又有现代文化的意义注入,既有对过去意识的稀释或回潮,也有现代精神的塑造和创生。生活提供的"自然的"满足感和"丰足"意识,赋予文化以"丰富性"的语义内容,让人们感受到更深、更有价值、更像其本原的样态,生活也会提供由于物质匮乏而造成的"贫瘠"意识,赋予文化以贫困意识,让人们感受到更需进取、更需发展的社会要求。就这一点来说,文化具有强烈的理想主义色彩,对人类希望的寄托意味着文化自我提升的能力及可能性,文化所蕴含的意义内容经常促使人类对照理论反思自身和改变行为。

二、文化的渐变形式

一是同化,即文化深层形态的变化。同化(Assimilation)是指个人或团体文化被融入非原本体系中而形成占据社会支配地位的文化的过程,是不同文化融合成一个同质文化的渐进或过程。大致有两种情形:一种是民族的征服与被征服过程中,征服民族以强势的手段造成的趋同改变,一种是民族交流中因自觉吸纳外来文化而形成自觉适应,两种形态都表现为价值观、思想模式、生活方式、行为习惯之间的影响和变化。对于一个民族来说,文化认同是安身立命之本,它提供了价值判断标准和确立自己身份的尺度。文化认同是解决"我是谁""我从哪里来""我到何处去""我做什么事"等一系列问题的基础。如果文化认同出现危机,就会有思想梗阻或价值冲突。在全球化的今天,一些文化也试图走向全球化,这不仅对自身原有的文化认同产生影响,也会对其他文化的认同产生影响,美国文化的"麦当劳化"传播,背后有西方价值观的撒播,由于物质交往的界限越来越模糊,"全世界的人在更大程度上依据文化界限来区分自己,意味着文化集团之间的冲突越来越重要;文明是最广泛的文化实体,因此不同文明集团之间的冲突就成为全球政治的中心"①。在充满文化激荡的今天,巩固和确立文化认同是每一个民族文化不能回避的任务。

在民族的征服与被征服之中,征服民族强制推行自己的文化是历史上的常见现象,但这种推行也经常遭遇很大的阻滞力和反抗力,因此在很多时候是难以成功的。文化殖民是一个典型的事例,德国纳粹主义者曾经在占领国推行过自己的文化,日本军国主义也在占领国推行过自己的文化,然而外来文化如何与本土文化对接,是不能完全靠武力实现的,在文化方面,可以"马上得之",却很难"马上治之",因为一个民族的文化一旦定格,会深深地烙印在这个民族的心灵深处并具有顽固的定力。这样的情形中,要达到外来文化的同化,就要动摇本土文化之根基,所谓"去其国者必先去其史",因为民族文化的凝聚力经常使民族在危难时候表现出"外御欺辱"的决心。包含武力征服的文化同化,一开始就因不符合文化发展规律和机理而缺乏稳固性,即使能在短期内有一定的效果,却难以有一竟之功,一旦遇到风吹草动,马上会有复原的欲望和迹象。历史上,也有因为文化差别而被反向同化的,柳诒徵在《中国文化史》一书中有一段描述:"蒙古之兴,仅奉初民迷信之神教,其后军锋所及,蹂躏回、耶各教教堂教士,恒极残虐。"②但是,后来惊叹于其他宗教文化之宏伟,反被同化于他族。

如果将上面的同化模式称为被动同化,那么,还有一种主动同化,通过积极的交往来接受外来文化,甚至完全放弃了原来的重要价值坚守。历史上的希腊化时代,希腊文化广被用于别的民族,其内容多为日常生活方面的。"从各方面观之,颇觉希腊时代文化,较之前数百年间文化为新颖。"③那些美术、文学等文化内容,颇能投民众所好,虽然不乏矫揉造作之处,但有很多是真趣流露,故能为多地民族化接受,此种同化不需多费周折,只将旨趣明确表达即可实现。主动接受在于对文化美学的共同追求,那些按照"美的规律"创造的成果,乃是人类共同"心向往之"的东西,不独为一国享有。宋元时期,蒙古所吸收之文化,"盖兼中国、印度、大食及欧洲四种性

---

① [美]塞缪尔·亨廷顿:《文明的冲突和世界秩序的重建》,周琪译,新华出版社1998年版,第133页。

② 柳诒徵:《中国文化史》(下),中国社会科学出版社2008年版,第657页。

③ [美]林恩·桑戴克:《世界文化史》(上),冯雄译,东方出版社2014年版,第164页。

质,未可专属中国之系统"①,"蒙古人入中国,实为异族与汉族大混合时期。当时女真人多改汉姓。……蒙古、色目人多与汉族又互相仿效,更易名姓,氏族淆惑,乃不可辨"②。

从上面两个方向的同化形式可以看出,产生同化作用的条件如下:一是文化之间存在明显的势差,借助势能形成同化动力,我们经常批判的文化霸权,就是以自身的能量优势向外推挤的,其力量持有是它能够实现文化霸权的资本,这种情势造成的同化通常是侵略性的。二是文化之间存在很多共性或亲和因素,双方都有自己需要的内容,或者存在可以同化的因素,造成文化的接触方式和融合方式,由此形成的同化比较容易并且缓和。三是文化内容上存在明显的优势,并对另一种文化形成有益的互补,通常发生在落后文化与先进文化之间,落后文化抱着学习的态度发自内心地愿意形成这种同化。

二是涵化或濡化,即文化浅表形态的变化。涵化是文化变迁的另一种机制,不同群体相互接触时,其文化必然会因相互影响而部分地发生变化,但总体上仍然保持自己的特点,还是各自的文化形式。也有人用涵化一词描述文化的变迁机理,是指由于群体之间直接接触而产生的文化特点的交换,这种理解与濡化相近,只是涵化强调在人生涵养的变化,濡化强调不同文化类型接触产生的变化,汉语"相濡以沫"和"涵养功夫"中的对应文字有助于理解其基本意义。涵化是最为常见的文化影响方式,不同的文化相互接触时,在其最便捷和最外层的接触部分是最容易产生影响的,我们可以看到国境交界处、民族地区交界处的人们,可以接受不同的文化方式或用不同的语言表达思想观念,这种文化交融或混融的现象是由于生活方式的交错造成的,人在其中有了两种或多种文化的影响。文化发展中,其价值表现与生物逻辑的违离现象很严重,价值逻辑的可靠性不一定是生物逻辑的可靠性。通常情况下,文化价值与生物逻辑具有关联性,口腹之欲与请客之风可以递进,娱乐需求可以与纵情狂欢相互推动,传宗接代可以成为放纵男女之欲的借口。"舍生取义"把"生命"与"道义"摆在对立的位置上,"贫者不食嗟来之食""志士不饮盗泉之水",把维护尊严与物质追求摆在对立的位置上,心中的道德律令与个人的七情六欲难以调和时,经常会出现拒绝涵化的现象。因此,我们把涵化描述为文化的浅表形态的变化,并不是说不涉及文化深层的价值问题,而是说这种行为对文化深层价值的冲击性不是很大,但

---

① 柳诒徵:《中国文化史》(下),中国社会科学出版社 2008 年版,第 652 页。
② 柳诒徵:《中国文化史》(下),中国社会科学出版社 2008 年版,第 656 页。

它对人们行为和选择的发问也是深刻而积极的。

上述影响方式，都是文化之间的常见作用形式，不能绝对地用好与坏来划分，外来文化和本土文化有机地融合时，就形成一种新面貌，这种"同化"对文化双方都是积极有益的，但是，如果在文化碰撞中形成了负面效应，那么就会造成一种"异化"现象或"排异"现象。就其机理而言，同化和异化可以看成濡化和涵化的两极形式，极端的"濡化"类似于"同化"，极端的"涵化"类似于"异化"，但是，过度"同化"或过度"异化"都是文化的"复制"行为。

三、文化的基本性态

文化要素的结合和排序方式是由人的实践能力和认识创造决定的，文化的类型、质态和量态都是多样的，文化范畴与文化形貌、文化模式以及文化结构具有密切关系，但随着人们创造能力的提升、技术手段的扩张以及活动空间的延伸，文化的内涵和形式也在发生变化。

1. 社会发展水平决定的文化质态

社会发展的层次性影响着文化的内涵，恩格斯在《家庭、私有制和国家的起源》一书中所描述的史前各阶段的文化质态是不一样的。蒙昧时代、野蛮时代和文明时代的文化与不同生产力发展水平相联系，其中每一个时代的文化存在和发展又是由低级向高级递进的，只有到了文明时代，才"是真正的工业和艺术的时期"，"如果说在文明时代的怀抱中科学曾经日益发展，艺术高度繁荣的时期一再出现，那也不过是因为现代的一切积聚财富的成就不这样就不可能获得罢了。"① 就文化的形式看，三次大分工造成的文化事实是不一样的，每一个飞跃都使原有文化越出边界，赋予农业文化、游牧文化、商业文化等原生态文化不同的特质。分工影响着文化与文明的形式，文化与文明反过来会强化分工的成果，在交互作用中，"铁剑时代"与"铁犁和铁斧的时代"递进发展，英雄史诗与田园牧歌一同产生。就表现形式看，原始社会、奴隶社会、封建社会、资本主义社会以及社会主义社会中的文化内涵有很大差别，尤其是那些体现社会性质和社会存在的文化形式，具有明显的异质特征。文化层次主要由生产力发展水平决定，建立在不同的经济基础之上的文化、道德、意识等内容，在不同时期都有不同的表现，以至于人们把文化类型作为社会发展的代名词。

随着社会的变迁，次生形态的文化，如礼仪文化、婚姻文化、风俗文化、

---

① 《马克思恩格斯文集》第 4 卷，人民出版社 2009 年版，第 196 页。

制度文化等,也都以一定的形式生长起来,并且在各自的变化中发生质的飞跃,与文化发展有着密切联系的文明时代也因此进入一个新阶段,"在这个阶段上,分工、由分工而产生的个人之间的交换,以及把这两者结合起来的商品生产,得到了充分的发展,完全改变了先前的整个社会"①。到了资本主义时代,"生产的不断变革,一切社会状况不停的动荡,永远的不安定和变动,这就是资产阶级时代不同于过去一切时代的地方。一切固定的僵化的关系以及与之相适应的素被尊崇的观念和见解都被消除了,一切新形成的关系等不到固定下来就陈旧了"②。文化与文明交替推进,是生产尤其是"共同的生产"的结果,它旋转多变而令人眼花缭乱。就文化的属性而言,优秀文化是一种质态,劣质文化也是一种质态,文化优劣与否,既带有主观判识的成分,也与文化自身的存在环境有关。尽管经济发展水平造成了不同的文化层次,它所造就的文化内容和文化发展路向,并不是一定趋向"好"或一定趋向"不好",一定程度上说,它与人的主观判断以及社会的政治标准有很大关系。文化之良窳还受到其表达方式的影响,按照通常的标准,有利于社会发展的文化内容是积极的,而不利于社会发展的文化内容是劣质的。社会为文化定调,而定下了格调就等于确定了优劣标准,但这个标准要有合适的参照系。我们不能笼统地说爱斯基摩人的文化是劣质的,也不能笼统地说现代文化是优质的;我们不能说资本主义文化是优质文化,而封建文化是劣质文化;我们也没有理由说随着社会发展产生的文化一定都是进步的,因为进步与倒退要在具体的标准中进行评判。在同一体系内或同一参照物中,文化的优劣是容易区分的。当下的社会思潮具有多样性,当下的网络文化也品流繁杂,我们可以用社会主义核心价值观来分析它,可以用马克思主义意识形态来区别它,也可以用中国特色社会主义实践来评骘它,这是我们树立思想标杆和道德楷模的当代意义。

2. 民族心理预设的文化样态

民族心理是文化的"软配件",其在结构上的差异影响着文化认同。有历史记载的文化形式、文明形式、文字形式等,都与民族活动和民族心理有关,即使是相似的环境、相似的活动,在不同民族那里也可能形成不同的认识。同样是对神灵的膜拜,东方人和西方人基于认识差异而形成的仪式象征有很大差别;同样是宗教文化,不同教义代表的文化内涵有很大差别。巫术在世界各地都有,但不同的巫术所寄托的思想却不一样;图腾在世界各地

---

① 《马克思恩格斯文集》第4卷,人民出版社2009年版,第193页。
② 《马克思恩格斯文集》第2卷,人民出版社2009年版,第34页。

都有,但不同的图腾的象征意义也差别极大。即使在远古时代,"野蛮人常具敏锐之观测能力,而处理所服习之工艺生业,极有巧才。但其信仰、学说及故事等,自文明人视之,颇易觉其幼稚、愚妄、矛盾、荒唐"①。部族或民族祈求风调雨顺、祛除邪魔、生殖崇拜的仪式等,以及表达心理愿望的舞乐、祷词、符谶、动作等,都是最初的文化形态,文化起源于巫术的观点是有一定的道理的,这种文化心理因素表现为"奇人"与"上天"或"神明"的沟通能力,他们是上天或神祇的代言人,"曲高和寡"而又充满权威,"上帝""天子""神灵"给文化涂抹上了梦幻色彩,相应的部落和民族也以这种文化作为根基,以基因等形式将文化融入血脉之中。民族心理是民族凝聚力的内在要素,这种"软配件"的作用在现代国家中被描述为"软实力"。每个民族都有自己的文化特色、叙事方式和表达技巧,但促使文化生成和定型的不全是杰出人物,也不是社会一时的思想之力,而是长期积累中的心理准备和认识积淀,不同民族的文化创造是在具体的环境中形成的,特定的民族心理是特殊文化形式的意识基础,而民族思想的多样性造就了文化型体的多样性。

3.地理环境影响下的文化形态

地理环境是文化的"硬配件"。地理环境提供了生活依赖。"人类文化的最先开始,他们的居地,均赖有河水灌溉,好使农业易于产生。而此灌溉区域,又需不很广大,四围有天然的屏障,好让这些区域里的居民,一则易于集中到达相当的密度,一则易于安居乐业而不受外敌之侵扰。"②地理环境提供了文化结构的原始要素,其形式有温和的,有粗犷的,有神秘的,有世俗的,有"淮南之橘",有"淮北之枳"。桑戴克指出:"气候对于文化,大有影响,亦已无疑。无河缺雨之区,自少飞潜动植,若非人能蓄水开渠,施行灌溉,则地之所产,只足养少数游牧之民,而安定之文化,无从启发。"③如果说,地理环境是开天辟地的"第一自然",那么当地理环境被注入人的因素时,它就成了具有文化内容的"第二自然"。地理环境提供了文化依存空间。对此,桑戴克有一段描述:"旧时各地,有最适于文化发展,自发生,而滋长,而衰微,历年最远者,……。第一为埃及,据尼罗河下游,此河岁岁泛滥,临水之田,因以肥沃,不知阅几百千年矣。底格里斯河与幼发拉底河则反是,虽为文化区域,与埃及同古,一方为阿剌伯荒漠飞沙所犯,一方受中亚细亚游牧民族之侵,遂已沦为废墟。中国有天然屏障,境内风雨以时,气候

---

① 〔美〕林恩・桑戴克:《世界文化史》(上),冯雄译,东方出版社2014年版,第8页。
② 钱穆:《中国文化史导论》(修订本),商务印书馆2003年版,第1—2页。
③ 〔美〕林恩・桑戴克:《世界文化史》(上),冯雄译,东方出版社2014年版,第7页。

温和,印度之恒河及印度河二流域,土质亦肥沃;两邦文化之发展,俱已历数千年,未尝中衰,埃及文化,似曾传入阿非利加洲内地,而趋于衰落;顾其传入地中海诸邦者,则能愈进而愈美备。后来由此传入欧罗巴洲北部,再从其西部传入亚美利亚加洲焉。亚美利亚之人种,显非在本洲发生;实属旧石器时代以后,由旧世界之极东部,移入此土者也。亚美利亚加洲土人,或者曾经有一时传得亚细亚洲不少,正似古时日本传得中国文化也。"①如果把自然环境抬举太高,甚至秉持"地理环境决定论",可能会走向地理上的机械决定论或形而上学。地理环境的影响及其强弱,除了与自身状况有关以外,主要是看它与人的实践结合的状况。当人们能够充分利用自然资源时,往往会有符合当时地域特征的文化形式,而当人们疏离环境因素时,文化创造的现实性也会减弱。

四、文化的基本层面

文化的基本层面可以从不同的视角或侧面反映文化的内在结构和变化趋势,文化的技术层面反映出文化发展的动能和势能,文化的生活层面是最贴近社会和最富有"地气"和"人气"的方面,文化的制度层面则使文化在社会主义中显示出一种排列次序和运行规范。这些方面影响着文化的社会影响和动进态势。

1.技术层面的文化

技术层面上的文化兼具物质性和精神性,科学技术的最大影响表现在文化内容和文化边界上,技术发展中,旧的联系都会变得松弛,文化的边界因此被打破。《共产党宣言》在描述这一现象时指出:"传统的中世纪思想方式的千年藩篱,同旧日的狭隘的故乡藩篱一样崩溃了。"②古代的科技书籍中经常杂以巫术卜法,甚至算不上科学,但它以一定的方式描述了一个文化时代的景象,尽管荒诞不经,尽管离奇无征,其中的文化想象和文化元素是不能磨灭的。持咒自慰者,愚想治世者,皆怀生活之思,至于"民神杂糅""家为巫史"的传统文化被批判的时代,是随着技术之光的呈现而造成的巫师话语权的沉落。后来的每一次技术发明,都使人们的认识越出已有的文化边界而塑造出新的文化形态。与这种技术含量相适应的文化被印上时代印记,人们更有条件更有可能把"画栋雕梁""生活技艺""艺术创造"与人生的悲欢离合联系起来,不仅使文化多彩也使文化品位得到提升。科技杠

---

① 　[美]林恩·桑戴克:《世界文化史》(上),冯雄译,东方出版社2014年版,第8页。
② 　《马克思恩格斯文集》第4卷,人民出版社2009年版,第94页。

杆撬动的文化发展,在赋予整个社会以新的品味和格调的同时,同时也将社会的文化矛盾推向前台,最明显的就是当下的网络文化及其价值观变异,高雅文化与低俗文化、精英文化与平民文化,都在这个空间里一显风采。技术层面的文化从来没有这样复杂多变且意义含混,人们在拥抱技术时代的文化景象时,也对一些"伪生命符号"充满忧虑,里克尔认为,生命的意义与内涵被现代技术掏空了,雅斯贝尔斯说技术时代的人过的是"无根"的生活,由于这种生活建立在对过去的忘却之上,人们在追求技术带来的物质创造能力的过程中,把全部的文化精神放在一边了。没有记忆的生活中,缺乏了有目的的文化想象,在思想上和心灵上极度孤哀的现象袭扰着人们的思绪。在多种因素的影响下,人们关于网络文化边界的理解也在发生变化,公与私、家与国、人与我,都预设了价值边界并注入技术因子。由现代科技造成的交往方式变化,使人们在物理上越过地域边界,在心理上越过精神边界,各种思想的交集变化而引起价值变异,使一些文化因濡化而淡化各自的界限。马克思、恩格斯曾指出:"资产阶级,由于一切生产工具的迅速改进,由于交通的极其便利,把一切民族甚至最野蛮的民族都卷到文明中来了","新的工业的建立已经成为一切文明民族的生命攸关的问题"。① 而现在文化的结构和内涵都在现代技术的影响下而变得多姿多彩,文化势能在变化,文化力量在迁移,过去的"野蛮"交往现在变得"文明"了,过去的暴力方式现在变得温和了。在技术时代的挑战和选择中,主动适应而寻找出路,与被动适应而安于现状,其结果是不一样的。因此,技术层面的文化,一方面提供了具有诗意的和充满激情的画面,促使人们为之努力并表现出价值"守望者"的角色,另一方面是被技术捆绑的现状和对生活骚动的不安,造成一大群对社会生活无奈而又感觉孤立无助的"绝望者"。技术提供的诗意生存不是现实社会的文学诗歌,技术提供的生存空间也不是集市般的讨价还价的喧嚣场所,其价值最终还要放在社会平台上来衡量,技术不是救世主,也不是不能突破的铁笼,技术提供了一种新的文化结构,各种问题都要在它所发挥作用的社会空间中来解决。

　　2. 制度层面的文化

　　一般而言,制度结构的变化比符号层面的变化要早些,而比经验的变化要晚些。其中不仅包含变化的迟速,也包含内容的优劣。摩尔根认为:"原始的思想胚胎对人类的心灵和人类的命运产生过最有力的影响,这些思想胚胎中,有的关系到政治,有的关系到家族,有的关系到语言,有的关系到宗

---

　　① 《马克思恩格斯文集》第2卷,人民出版社2009年版,第35页。

教,有的关系到财产。"①这些思想的孕育方式及影响情况不一样,特别是在制度的影响下可以造成不同文化关系,制度对文化的助推力越大,文化的影响力越强,反之,文化的影响力也会变弱,有时还可能成为社会的阻滞力。制度与文化的共生过程中,制度孕育文化和文化影响制度是一体的,"如果这种再生产持续一个时期,那么,它就会作为习惯和传统固定下来,最后被作为明文的法律加以神圣化"②。制度孕育文化和文化孕育制度是一体两面的事项,原始文化、农奴文化、封建文化、资本主义文化以及社会主义文化,都与相应的制度形态有关,"人类的一切主要制度都是从早期所具有的少数思想胚胎进化而来的。这些制度在蒙昧阶段开始生长,经过野蛮阶段的发酵,进入文明阶段后又继续向前发展"③。尽管制度是充满主观色彩的"人工设计"成果,但它的出现不是无根之木、无源之水,它的产生和发展总与物质生活条件以及人的认识水平相联系。"思想、观念、意识的生产最初是直接与人们的物质活动,与人们的物质交往,与现实生活的语言交织在一起的。人们的想象、思维、精神交往在这里还是人们物质行动的直接产物。"④在社会生产方式决定的社会制度的影响下,形成不同的文化观念并影响着制度的发展和走向。从这一点看,文化是制度的一个变量因素,制度与文化价值有着天然的联系,二者能"在有关价值的框架中由有组织的社会交互作用组成的人类行为的固定化模式"⑤。拿资本主义制度的建构来说,它曾经经历过清教徒自由思想的影响,曾经经历过文艺复兴的启蒙,曾经经历过法国大革命的洗礼,也曾经经历过美国人权宣言的浸润。当今西方社会政治体制、宪政民主、三权分立,都可以从资产阶级思想理论中找到渊源。在一个制度完善的国度里,很难明确界定二者孰先孰后,经济、政治、文化的互生性和伴生性表明,其运行和发展是一个曲折复杂的状态。

　　制度层面上的文化形态,是政治上层建筑对经济基础的依附和支撑,是以主流意识形态为中心的文化表达。其中,人与人的关系、人与自然的关系、人与社会的关系,都是表达制度与文化关系的基础。本尼迪克特认为文化是人格在典章制度上的表现,因为自从阶级社会出现以来,人就在制度框

---

①　[英]路易斯·亨利·摩尔根:《古代社会》(上册),杨东蕴译,商务印书馆1971年版,第59页。

②　《马克思恩格斯文集》第7卷,人民出版社2009年版,第897页。

③　[英]路易斯·亨利·摩尔根:《古代社会》(上册),杨东蕴译,商务印书馆1971年版,第59页。

④　《马克思恩格斯选集》第1卷,人民出版社2012年版,第151页。

⑤　[美]杰克·普拉诺等:《政治学分词典》,胡杰译,中国社会科学出版社1986年版,第77页。

架内与自然和社会打交道,制度框架提供了认识社会的方式,影响着人们认识社会的深度和广度,当制度为社会设定行为规范时,就提出了预想的价值准则。制度就是人格心理在社会中的投射,反过来又影响着文化的存在样态,它在现实社会中不仅关注文化形式更关注文化内容,因为文化质态是制度规范的实质性内容,社会的精神面貌总是与制度运行的良差密切联系。但是,制度内容与文化认识并不是同步映射的,超前或滞后是一种常见现象,相互孕育的过程并不是完全一致的状态,文化的内化与制度的外化是存在一定的时差的。通常情况下,文化对制度的影响总是潜移默化的,而制度对文化的影响总是雷厉风行的,文化经常滋生新的问题,制度经常防止文化"横生枝节",制度与文化之间的张力促使二者不断调适内容和方式。在现实生活中,制度也面临着不良文化的袭扰,这是发挥制度的治理功能的现实要求,面对社会的不良价值观念及行为,如果现行制度无所作为,那么它就要面临改易的任务了。

3. 生活层面的文化

马克思主义理论中的休闲文化把早上劳动、下午打猎、晚上参加政治学习作为一种方式,它所描述的渔猎经济、农牧经济、工商经济等都有日常生活的内容,不管是与血缘和氏族关系对应的文化形式,还是与农牧经济相对应的以部族、民族为基础的文化方式,抑或是工商经济时期技术推动的文化发展,都提供了一种文化范式。生活层面的文化主要形式是大众文化,随着社会发展,日常生活中的文化内涵不断扩大,各种都力图占据一席之地,一些文化的教育和审美功能明显下降,娱乐和消遣功能被强化,无主题、无厘头的文化形式在影视作品中明显增多,文化地位让位于经济地位或者迁就于经济地位,文化的经济功能被强化。大众文化成了社会中最亮丽的风景线,与群众的日常生活息息相关,使大众消费深入社会的每个领域,追求超前消费的文化,追求娱乐至死的文化,追求个性刺激的文化,成为一些人的时尚生活。娱乐、电影、八卦、明星、选美、粉丝、流行歌曲、摇滚音乐、居家装饰、商品广告等,催生出各色各样的文化形态。过去精英文化所带有的高大上以及令人崇敬的形象,而今被社会的世俗生活冲淡了,过去被称为经典规范的行为方式和形象塑造,而今被平面化平庸化的形式颠覆了。流动的社会、流动的生活、流动的观念,造就了流动的文化,利用通俗、简洁、流行、复制、包装等形式把无深度、无政治、娱乐性、经济性的追求表达出来,给人们的审美情趣注入轻松愉悦的同时也降低了价值寄托,标准化、程序化、无个性成为媚俗和拉拢民众的常见形式,极大地抵消了精英文化的严肃性、创造性和超俗性,通过流行、追星和时髦来回避庄严和严肃。

　　这些文化形态的呈现，是文化矛盾在当代生活中的体现，其中的大多数是文化发展中的不同现象，但是，一旦日常文化被灌注了价值观和世界观，就有了政治色彩和立场问题，因此对于日常生活中的文化状态，不能一概而论。还有生活中的"三俗"事项、恶搞文化，尤其是历史虚无主义文化，以各种形式颠覆人们的价值观念，在潜移默化中改变人们既有的思想认识，对青少年一代危害极大。现代社会生活的文化形态，对于传统文化的存留及发展影响很大，过去的文化传统中，"箫鼓追随春社近，衣冠简朴古风存"，给人们的生活提供一种习俗方式，现在日常文化中，"年光似鸟翩翩过，世事如棋局局新"，给人们提供很多丰富多样的生活题材。人们在适应和享受多样文化的同时，也希望再现"致君尧舜上，再使风俗淳"的文化风景。艺术创作和审美方式也在日常生活发生变化，人们崇尚的"艺术精神和生命"似乎在贬值和低价出售，真正艺术在消逝，社会上只有艺术品或工艺品在盛行，独一无二、终极价值的艺术在现代生活中成了空话，在审美尺度降低的同时还流行一种审丑观念，一些人用所谓的逆向思维为丑恶的文化现象辩护。

　　日常生活中文化的多样化，是提供了文化新意还是消解了文化意义，人们的看法是不一样的。但在总体上看，日常文化的平面化倾向极其明显，"它只在浅层玩弄所指、对立、文本等概念而不再相信什么真理。思想不再存在，只有文字写满纸张。"①历史意识的消失是现代日常文化形态的常见问题，告别传统、告别历史、告别深度成为文化话语的表述方式，在非历史的时空中感受和欣赏文化的断裂，甚至以人为中心的基点和视点也被日常文化打断，世界变成了物与物的世界，人的能动性和创造性不再是关注的要点。这个过程中，文化的神秘感、距离感被磨平和弥合了，文化工业的复制能力使文化成为产品而不是作品，无差别的同类产品使艺术成为类象。日常文化在给人们带来各种便利的同时也产生很多负面影响：文化工业造成的商品化使文化的创造性成为奢侈愿望，一些文化已经丧失了文化的本质规定性；批量生产和大量复制使得大众文化具有明显的标准和齐一特征，文化个性淹没在经济追求之中，艺术创造被沦为"个性的虚假"。我们还可以看到，流行文化对一些人的生活具有很强的操控力，甚至成为统治消费趋向的力量，思想深度已经无足轻重，个人欢愉成为首选内容，人们生活在一种快节奏的旋转社会中，思想浮躁、行为浮躁成了社会的常态，倡导积极向上的价值观、引导社会的健康消费，成为保持文化健康发展的基本要求。

---

　　①　郗正：《马克思主义文化哲学》，吉林人民出版社2007年版，第119页。

第四节　运思范畴：文化阐释的现代范式

文化认识中，学人心思中的文化解释被转化为高度概括的叙事形式，无论是理论上的文化叙事，还是实践中的文化表达，都对人的文化行为产生影响并且对文化研究也发生作用。每一个层面都可能由于认识的差异而出现延宕形态，造成政治化、僵硬化、繁缛化和过度学理化掺杂的现象。文化之中包含着很多悖论的内容，可以解释为有利于社会文明的结构组织和礼仪，可以解释为社会的特殊积淀而形成的上层艺术，也可以解释为习俗及其相关的物质活动。由于思想认识、实践手段、环境态势的变化，对文化的阐释也不一样，充满变数的文化参量给文化研究带来很多挑战，文化解释包含着价值判定以及抽象概括，也包含着非理性、非逻辑性的想象，各种经验性错误、虚假的表象及其神秘成分。

一、文化阐释的问题范式

1. 文化阐释中的价值寄托及其偏移现象

任何一种文化都有自身的价值寄托，因为文化就是人们思想愿望的表达，不管是把文化定义为全部物质价值和精神价值的总和，还是把文化描述为推动社会前进向前发展的力量，或是用"二元"价值取向来理解文化，都从不同视角看到了文化的内蕴精神。文化价值意义的延伸和转化，在形成机理上说是由于不同时代的理性内容或非理性内容的掺入造成的，社会上一旦有了某种需要，尤其是统治阶级的政治需要，那么即使原来没有明确阐释过这样的意义，也会通过一定方式引申出这样的意义。就像中国古代帝王的传奇经历一样，文本意义也可以用一个传奇经历为帝王将相服务，原来包含合理性的文化意义，就被通过非理性方式转化成荒诞悖谬的文化解释。正如社会发展中事物的两面性一样，文化形式和内容也具有两面性，有"肯定"的东西，也有"否定"的东西，"有猛烈之感情，有柔和之意念，有恢宏之度量，有自私之诡谋，有复仇之决心，有悲悯之怀抱，有凶暴之性情，有任侠之气概，有隐蓄之愤怒，有深藏之嫉妒，有暗施之欺诈，有分赃之争斗焉。"[①]文化价值的"真实性"和"虚假性"并存的现象，使文化存在出现很多引申意义。从政治需要看，赋予文化以明确的价值寄托并通过有效措施来表达这种价值，是统治阶级追求的目标。文化阐释的价值寄托提醒我们对社会主

---

①　［美］林恩·桑戴克：《世界文化史》（上），冯雄译，东方出版社 2014 年版，第 92 页。

义核心价值观有客观的认识,它作为特殊的文化形式和社会符号,必须力求符合社会现实需要,其思想形式和实践形式必须与广大群众的思想愿望保持一致,不能因为其意境美好而毫无边界地夸大其现实影响。

文化积累所造成的历史精神和历史意识显示出人类思维结构化和深层化的矛盾,包含着合理性和悖谬性因素,文化创造的偶然性和规律性构造了一个既清晰又模糊的世界,包括主观与客观的悖论、内容和形式的悖论、现象和本质的悖论等。在文化的形成中,每一个人的经验积累都带有主观的痕迹,任何一个时期的任何一个人都不可能穷尽文化真相,领悟、体验和理解文化的过程中都不可避免地掺杂错误的成分。“如果把这种自我理解、领悟、体验、解释等思维形式客观化为文化,也就增殖了文化。”①当这些思维形式的结果是积极的,就会扩大文化的价值和意义,反之则会出现虚假的价值肯定,其结论是靠不住的。由于在文化的阐释和理解中经常加入主观成分,那就要制定一个共同遵守的标准,以便增强一致性减少随意性,但这个标准的确立依据以及确立是否具有充分的客观性,需要经过多次的试错和纠偏,如果以主观的随意性诠释社会的神秘性内容,无疑会虚上加虚、假上作假,悖谬之处更为明显。“每一代人都从自我经验知识出发,每一代人都不可避免地带有主观成分,以己率文,心心相印,连连不断,以方为圆,以鱼为龙,这样也就歧路亡羊、远本离实了。”②文化之中的价值悖论在文化阐释中经常出现,过去经史子集中的集注、集解、校释、新注、新解等,价值和新意不足,很多是床上设床、屋上架屋,与其说是新意,不如说是衍生意义、生成意义或附加意义,使本文意义演变成伪意义或假意义了。结果是本文意义消失了,虚假意义泛滥了,尤其是这些假意义出自某些大家、权威之手时,再被社会大加渲染,成了压倒本文意义的“世说新语”,更是危害不浅。对语言文字的误读是造成文化阐释中价值悖谬的常见形式,早期文字的原始象征意义与后来文字的衍生意义构成一个难以澄清的迷障,由于难以恢复原始的境况和面貌,无法再现真实场景的状况,使一些人有了发挥想象的空间,极尽思维之力也摆脱不了“造化弄人”的窘境,对于一些古老符号的理解“费尽移山心力”也难识别其真实面貌,于是猜想与印证成了有效手段,许多历史文化知识的悖谬增殖都是这样发生的。文化解释中,由于主观因素和非理性成分的植入,使文化价值的表达有了偏失。社会风气造成的心理动机,或誉人增美,或毁人增恶,或闻一增十,或见百益千,或十剖百判,或

---

① 司马云杰:《文化悖论》,陕西人民出版社2003年版,第154页。
② 司马云杰:《文化悖论》,陕西人民出版社2003年版,第155—156页。

千返万辙,都可能造成社会文化的价值虚妄。

2. 文化阐释中的辩证要求及其僵化现象

由主观愿望和社会关怀引起的文化创造是多样的,但是文化出场方式的差异会引起多样化的文化思考,把文化阐释纳入历史唯物主义体系,是一个比较可靠的思路,一方面有助于弥补专门从事历史唯物主义研究的人在文化认识方面的欠缺,另一方面有助于弥补专门从事文化研究的人在方法论领域的不足。既然文化是人类社会的创造结果,认识文化也要采用整体的方法,把承认物质的决定性和承认精神的能动性结合起来,把文化发展的物质动力与文化发展的精神动力结合起来。运用辩证方法认识和解释文化问题,是遵循文化发展历程的基础。钱穆先生曾说:"文化俨如一生命,他将向前延伸,不断成长。横切一个时期来衡量某一文化的意义与价值,其事恰如单提一个部门来衡量全体,同样不可靠。我们应在历史进程之全时期中,求其体段,寻其态势,看他们如何搭配和组织,再看他们如何动进向前,庶乎对整个文化精神有较客观、较平稳之估计与认识。"①社会文化不因某个人而生长也不因某个人而寂灭,文化兴衰与民族兴衰总是相因而变。文化阐释承担着方法论的功能,理论上的文化与实践中的文化如何对应以及在逻辑上如何衔接,是必须考虑的方面。实际生活与实践关系影响着文化的形貌结构,对文化的含义阐释得好,能使我们体悟到文化形神一致的状态,阐释得不好,则可能只看到文化外形而找不到真谛,以非此即彼的方法阐释文化,人为地在不同文化之间构设一个绝对边界,不符合文化发展的实际;以亦此亦彼的方法诠释文化,故意抹煞不同文化的边界,也不符合文化发展的现实。文化阐释中的过分刻板现象表现为机械主义的认识思路,正如文化本身包含着一些机械主义观点一样,文化认识中也存在机械主义方法,用僵硬的固定模式来解释文化问题,把文化发展的社会法则和自然法则割裂开来,对文化的理解停留在固定的形态时,就会出现僵化的思维和形式。而当一些人把文化研究看成僵硬的程序和模式时,就会磨灭文化的灵动气息和精神魅力,鲜活的内容被套上一个紧箍咒之后也沉寂下来,把某种文化解释神圣化、固定化、权威化,会冻结文化研究的活力与生机,它在强化文化本义的同时,也把一些内容推向神坛。正因为如此,现代文化研究中,越来越多的人感到很难找到完全精准的文化解释,"少数服从多数"的思维也成为研究者钟情的态度,灵活偏好的解释经常会有更多的支持者。

---

① 钱穆:《中国文化史导论》(修订本),商务印书馆2003年版,第6页。

3. 文化阐释中的主观格调及其繁缛化现象

"人"在第一自然中被赋予创造精神,人的本质力量的对象化活动就是在这个过程中实现的。文化样态是人类创造能力外显的结晶,在人类初期,文化的存量与增量都处在低端水平上,但随着认识和实践能力的深化,文化的含量和质量也在增加。生活中,使文化走向繁缛化的途径是多样的,大多与衣食住行等内容有关,口腹之欲、享乐之需、舟车之变、住所之奢,都从最简朴的形式过渡到最复杂的状态,制作之物,颇见巧思。艺术雕刻"具无尽之发明能力与无限耐心",建筑设计有雕梁画栋之美,服装极尽织娘之巧,食物有玉粒金莼之需。今天的广告最能晃人眼目,装潢设计、服装衣饰都被打上繁缛化的印记。文化繁缛化的动力来自文化主体的享受心理、占有心理、夸饰心理以及虚荣心理,也来自文化主体的审美追求,经济发展是文化繁缛化的物质基础,技术手段是文化繁缛化的心态基础。文化繁缛化具有二重性作用,复杂的文化需求推动了文化繁缛化,它在现代人的审美心理以及技术提供的可能性中转化为社会发展的动力,生活方式以及物质享受的繁缛形式是人的享受欲望或审美心理推动的,这既是一种文化创造,也可能是一种文化浪费。

4. 文化阐释中的抽象形式及其学理化现象

马克思曾把科学方法分为两个连续的阶段和道路,"在第一条道路上,完整的表象蒸发为抽象的规定;在第二条道路上,抽象的规定在思维行程中导致具体的再现"[1],将这一思维运用到文化研究中,通过抽象方法提取文化的本质意义。文化是社会愿望的常态化寄存方式,把具体的文化形式上升到理论形态,离不开高度的抽象思维。从学理上看,对文化做出高度的概括也是可能的,只要注意到文化存在的条件、环境和内容,只要能够对文化内容做出科学的提炼,就可能找到一个相对合理的描述形式。但从实践上看,要对文化做出精准的表述,在目前只能是学人的一厢情愿,一定理论或科学范围的理解总是存在着限制,对应的文化内涵也有一定的适应范围。抽象思维的另一表现是文化符号,符号学的"文化概念"与真正的文化理论在构造意愿上具有一致性,其所反映的客体以及其术语上的科学性,在意向上也具有协调一致的可能性。

文化阐释的抽象形式和理性思维是通过科学方法体现的,不靠政治命令来实现统一,也不单靠学术权威来达到认识一致。对于文化,如果毫无底线的夸耀,会堕入文化自大的网罗;对于不良文化的解释,如果只是痛骂一

---

[1]　《马克思恩格斯文集》第8卷,人民出版社2009年版,第25页。

番,也只是感情用事。文化是客观存在的,文化研究也是客观的,当我们可以对文化内容进行抽象归纳,不要忘记它与现实生活的联系,尽管文化主体可以对文化元素进行排列,对文化素材进行加工,但不应是随意的拼接和搭配。文化发展是有规律的,文化研究也要遵循一定的规律,将文化看成一个阶段或一个地方的固定形态,不符合文化发展的内在意蕴。文化研究的抽象过程是通过理性思维来实现的,超越自我、超越具体、超越局部是一个有效的思路,局限于偏狭的文化视野里,经常会遇到眼界的局限和认识视域的压缩。把握文化的真精神,寻找形神融合的文化之境、自觉自信的文化之境、天人合一的文化之境,是理性表达文化精神的要领。现代社会造成的技术和物质环境中,技术理性和经济理性影响下的文化思维,也被涂上现代文明的色彩。这种抽象化一旦离开了人的主观思维及客观活动,理性也就变成了僵死的形式和外壳,成为非理性或不合理的东西,成为操作人、控制人的文化意识。"这样作为否定的辩证法,理性也就成了对人类自身的否定了,也就走到了人类追求理性的方面而陷入非理性了。"①

二、文化阐释的因果范式

文化阐释的因果范式是从联系的视角、发展的视角,动态地审视文化的发展和变迁的内在规律,是对文化的历史联系与现实关系做出的符合辩证法的考察。

1. 动、静结合中的守常与创新

动态的文化发展总是在历史中留下印痕,文化的发生是一个动态历程,人的活动、社会运动、环境变迁都给文化带来一种驱动力;文化的存在具有动态特征,代际传承是最常见的接力形式,过去的辉煌与未来的寄托是一个互动体系。文化又是相对稳定的,它不能理解为倏忽上、倏忽下的东西,也不能是只可意会不能言传的内容,文化总是在渐变或突跃中体现动、静关系的。"守常者"以遵守正统、恪守祖训来装点文化面貌,开新者以打破常规、追求创新来增饰文化内容。体与用、形而上与形而下是经常争论的话语内容,开新者将其哲理尊为典章,守旧者则对其反动给予痛挞。清末的改良派借此观点给"西用"寻找栖息之所,洋务派借此观点给"西用"披上"中体"的外衣,维新派借此观点为变法主张寻找出路,都在一定程度上看到了在"变"中固守本原的重要性,也看到了"不变"可能造成的落后性。在顽固派看来,这些措施会导致"礼义廉耻大本大原令人一切捐弃",祖宗之法面临

---

① 司马云杰:《文化悖论》,陕西人民出版社 2003 年版,第 285 页。

未有之祸难。文化的动态性是由社会发展决定的,因为构成文化内容的一切要素都在变化之中,拿白话文萌生的背景来说:当时,"为文者务极痛快淋漓,以刺激人之耳目,又欲充实篇幅,不惮冗长,而近世文字之体格乃大变;其以觉世牖民为主者,则用通俗之语,述浅近事理,期略识文字之人亦能阅览,而白话文学遂萌生焉。"①中华文化载负着五千年文明史,每一个重大历史时期都有激烈的变动,尤其是随着近现代历史的发展,对东方文化的理解也在变动,"东方文化一语,其内涵之意义,决非仅如国故之陈腐干枯。精密言之,实含有中国民族之精神或中国民族再兴之新生命之义蕴。"②如果我们把文化解释为创造性活动,自然会包含文化的动态特征,但是,在界定文化时经常会出现再现性的、重复性的活动,使人们感到无所适从,在文化表达中的动静差异面对守常与创新问题,有研究者提出要注重文化创造与表达的递进关系,这有助于克服静态思维的局限性,在动态认识中解释文化是互动的辩证关系模式。不断在共时性的层面体现动态特征,是立足于变化进行历史考察的重要方式,它提供了认识文化形态的新视角。对此,柳诒徵先生曾经文化研究的三个层次,一为"求人类演进之通则",二为"明吾民独造之真际",三为知"吾文化独异于他国者"。中华文化是在民族交往中前人的开拓抟结,其吸收同化无虑百数,有些泯然相忘,其容纳沟通的源远流长,有些至今犹存胜迹。年祀久远,相承勿替,遂成粲然独存之古文明,其重要的原因是能在变与不变之间找到一种平衡之方。一般而言,"变"乃是时势使然,"不变"则有甘守固陋之嫌,"变"能够带来生机,"不变"会是死水一潭。拿中国的科举文化来说,最初是有很多生机与活力的,后来走向程式化、八股化而被诟病。文化之力蕴含在变化改易之中,文化革命是使文化"日新又日新"的重要路径。

2. 形、神结合中的外象和品质

文化之"形"与文化之"神"在学理上应该是统一的,"形"的变化表现在文化外表上,"神"的变化表现在精神涵养上,对于"形"的认识在于使文化朗然在目,对于"神"的认识在于对文化内容提要钩玄。马克思在批评黑格尔关于希腊文化认识上的片面观点时指出:"不从古希腊历史本身的内在联系去说明古希腊的历史,而只是简单地断言,古希腊的历史无非是'美好的个性形式'的制定,是'艺术作品'本身的实现。"③"个性文化"和"艺术

①　柳诒徵:《中国文化史》(下),中国社会科学出版社2008年版,第1049页。
②　柳诒徵:《中国文化史》(下),中国社会科学出版社2008年版,第652页。
③　《马克思恩格斯文集》第4卷,人民出版社2009年版,第303页。

作品"都要有明确的内容寄托,所谓的朦胧文学实际上也是要表达一定思想意向的。宁静生活中的田园意境能激起人的文化遐思,追求和谐与安静使很多人希望摆脱喧嚣,"曰归曰归"的思想情绪中夹杂的乡愁离情,使人在幻想和现实之间寻找一种恰当的平衡。风俗民俗是寄托美感的重要形式,它在一定时期绚烂多彩的基本原因,则在于对诗意生活的追求,它不在"杼柚其空"的光景里蕴生,而是在原始而又具有野性魅力的环境中激发出来,是一种创造性的生活尺度和代表新动向的生活深度。在先民的思想观念里,人类与大自然中的鸟兽、花草树木、山川河泽共同连接成一条不息的生命链条。人类借以向万物生长和存在状态及其本身的属性来表达对生命的敬意,将自己的情感物化为实实在在的生命实体,是对文化之"神"的追索。文化的内容和形式是不能分割的整体,尤其是在当代科技的影响下,各种文化形态都对文化解释产生影响,要想在文化范畴的认识上体现内容和形式的统一,就必须把文化之"形"和文化之"神"完整地统一起来。社会生活中内容与形式的结合总是表现出奇特的现象:高雅的内容借助平庸来表达,精英的内容借助大众来表达,文化形式似乎总是跳不出循环论的怪圈,理论上的美好设想与现实中的偏差交织在一起。马克思主义文化理论研究中设计的内容,既有理论层面又有经验层面,经验层面的表达与理论层面的描述,经常由于实践和认识上的错位而造成文化表达的偏差。马克思主义的文化生产模式是文化研究中必须关注的,文化产品的供给者、文化产品的消费者,在表现形式上又是不一样的,体现了生产和消费中的文化关系。文化的内容与形式的错位,文化行为、文化内容、文化传播是在对立统一中表现出来的。以广义文化来抹杀文化差异,以狭义文化来否定文化共性,以时代变迁为借口拒绝文化传承,以传统文化为借口反对现代文化,以学科为借口排斥文化异见,以知识一统为借口固守文化模式,都不是合理的思维或做法。

3. 言、意结合中的话语和思想

言、意之偏是文化研究中经常面对的事实,中国文学研究对这一现象分析很多,"书不尽言"和"言不尽意"是探讨的话题之一,所谓"此中有真意,欲辨已忘言"。为了缓解"语塞"窘境,研究者经常采取"取象以尽意"的策略,但是,将之运用于文化研究中,用"曲笔隐讳"的方式表达文化意义,会有一些文化偏移显现。意会与言传有一定的距离,有时体会深刻入微,表达却很浅显苍白,人类实践的无限性和认识的有限性形成明显的距离。研究者在文化用语的选择上尝试突破语言局限,使意义存在与话语寄托尽量贴近,以便减少语言的模糊性和提升语言的精准性。语言符号在经历研究者的思维打磨之后,作为人类创造产物提供了对文化事实的近似反映,"语言和思想之间的确存在着一般与个别的差别,语言不可能将人们所想的那些特殊的、个别的东西完全表达出来。"①要减少言意之偏,必须深入体会生活,提高理论归纳能力,将事实与学问贯通起来,这是在逻辑梳辩、发展脉络和阐释方式等方面进行探索的过程。拿诗经创作来说,古代平原绣野的采集生产是那时人们贴近自然的重要方式,尽管受制于自然,但却不乏其乐融融的和谐之美。"参差荇菜,左右流之""陟彼南山,言采其薇""八月剥枣,十月获稻",是人依赖自然和取诸自然的写照。这当然也有不自觉地尊重自然规律的表现,这样一种生活中,畜牧业也有很大发展,"鸡栖于埘,日之夕矣,羊牛下来","风雨凄凄,鸡鸣喈喈",经济、政治的变迁中,乡土情结、家园情感、岁时情绪都可以从当时地理流布和变化中体现出来。"思文后稷,克配于天",是对文德昌明的期待,"知稼穑之艰难","知小民之依赖",是生活和精神上"无逸"的先决条件。于是,对四时节令的把握就成了"不违农时"的重要条件,自然因循中增加了对发展规律的认识。农事诗中天人合一意向明显地表现出来,生于自然、存于自然、取于自然的道理也明白地表达出来,"外则近物,内则近志"的敬天心理,"蚕于北郊,以供纯服"的自耕活动,表现出对天"尽志"、对人"尽心"的取向。属于天象的自然是先民倾意渲染的内容,"春日迟迟"的暄暖,"九月肃爽"的清凉,都被形色明朗地呈现出来。对自然规律的捕捉,是切分并标示与农事活动相关的自然周期的把握,对自然现象的刻画,显示了农耕活动的时间尺度。以人的标准所表达的自然变迁,被赋予无限的自然历史品格,人从无限的自然中裁出一个生存段落,无倾向的自然转化为农耕自然。言意表达中,何者为本、何者为末,是体现文化立场的重要方面。从纯粹主观角度出发理解分析文化,把文化意义描述成纯粹思辨的产物,会注入很多主观内容;从纯粹实践出发理解文化,从技术视角理解文化意义,会有枯燥生硬的感觉;从主观与客观结合的角度出发表达文化意义,在统合价值理性、工具理性、社会理性方面是一个较好的尝试。

三、文化阐释的对象范式

文化阐释的对象范式是由文化主体、客体、载体等方面决定的,其中包括文化的文化主体活动方式的认识,对文化客体存在方式的理解,以及对文

---

① 袁行霈:《魏晋玄学中的言意之辩与中国古代文艺理论》,载《古代文学理论研究》第1辑,上海古籍出版社1979年版,第126—127页。

化载体功能的认识。这一解释范式通常指向文化发展的目标和效度,给文化价值一个较为清晰的"图绘"。

1. 以文化主体为基础的解释

早期个体化的文化活动越来越向着集体化方向发展,其社会意向和集体精神也在增加,这也需要从现代视角分析文化含义和范畴,把握文化的现代转向与生活取向。个体情感的抑扬受到社会中各种环境的影响,尤其是美学、艺术等对文化内涵的影响很大,它以不断扩展的内容影响着文化的阐释模式。在个人依靠自己的认识去选择生活方式和交往方式时,它也在一定程度上丰富了民族理性和时代理性方面的内容。个人层面上的文化不仅取决于所处的特定共同体的本质,也作为社会共同体的一个"原子"对社会文化产生影响。生活共同体所提供的媒介素养和环境内容为个人层面的文化发展提供了熏陶和成长空间。在解释文化概念时,把个体层面的文化理解为社会整体的一部分能增强认识的针对性,但也可能会因关注局部而减少全面性。将个体文化差异理解为文化特质的界分,也能够引起人们对文化多样性的关注,但也会造成对文化普遍性的忽视。文化概念与个人的经历之间的关系受到意识形态、生活方式、社会运动等方面的影响,"'文化'形成条件与经典的马克思主义理论之间,似乎在理论上有一种断裂"①。深化对马克思主义文化思想的分析,与坚持马克思主义文化立场,是一个问题的两个方面。但是,让每一个人都信仰马克思主义文化,又是全社会的事情,这可以促使我们提出符合马克思主义文化思想的认识模式。霍尔倾向于将文化理解为"真实关系"的一部分,他用"符号物质化"将马克思关于"生产""劳动力""斗争""革命"引入到文化研究中,按照自己的方式提出了研究文化概念的新思路。

文化研究在当代的"社会学化"是文化范畴变化的重要原因,这既是文化研究的一大景观和特色,也对现代文化研究范式产生了重大影响,甚至有人将社会学的理论"文化化"了。这种跨学科和跨文化现象既推动了文化研究范式的交流,也给文化内涵注入了新元素,这就造成了文化多元化的可能性和文化概念解读多元化的可能性,每一个主体、每一个阶级、每一个民族都以自己的方式解释自己在世界文化中的地位。国际社会倾向于对文化与权利的关系作出分析,生态权利与文化、女权主义与文化、环境权利与文化等等,都是关注的对象,这些方面是随着时代变化在逻辑上逐步加进去

---

① [澳大利亚]马克·吉布森:《文化与权力 文化研究史》,王加为译,北京大学出版社 2011 年版,第 125 页。

的。一些西方学者对女权主义的文化影响提出了不少观点,认为女权主义
对文化概念的影响很大,它敏锐地察觉到其中的局限并极力寻找克服。实
际上,新旧文化的界限是不够分明的,与其说文化研究是要反对"过去潦潦
草草的经验主义",不如说是在系统化过程中反对"固化和限制"的做法,文
化已经发展为一个复杂多元的混合体,要将一种思路绝对化是不符合辩证
要求的。

　　文化范畴的对象性表现在文化主体、文化客体、文化成果等方面,这样
的文化研究需要对"活动方式"与"活动成果"、"动态"与"静态"、"人"与
"物"等关系作出具体分析,要体现出文化是人的特征、文化是人的创造、文
化是人的活动、文化是人的目标等方面内容。马克思主义文化研究的基础
材料是马克思、恩格斯、列宁等马克思主义作家的经典论述,涉及马克思主
义经典作家关于文化研究的现实领域问题,关于文化概念的原初理解,以及
关于文化结构的认识。这里的问题在于:如何使文化研究的结论既忠实马
克思主义立场又能对社会发展作出合理的解释,既体现文化研究的一般方
向又符合社会发展的特殊要求,既为社会提供新的理论基础又能体现社会
中人的本质精神。但是,如果将社会与文化等同起来则过于宽泛。社会是
我们实际观察到的经验现象领域,也是实际行为模式和经验事实实际发生
的空间,而文化是上述内容的观念系统及其隐藏于其中的内容。在文化研
究的对象上,全面地罗列一切内容不是我们的目的,我们是要寻找人类社会
所创造的思想内涵。

　　2. 以文化品格为基础的解释

　　文化的质与量是现代社会关注的要点内容,人们不仅追踪文化的多样
性表现,更注重体味文化的内在品位,因为社会的文化素养代表着一个国
家、民族或群体的精神面貌。经济质量、社会质量、生活质量等是人们经常
谈及的热词,质量强国是中国共产党提出的国家发展战略。因此,关注文化
质量是贴近现代社会生活的问题,实现精神生活共同富裕,也是认识现代文
化的要点。

　　在对文化质量的认识上,我们可以看到许多片面性的观点,如:文化发
展的"直线论"观点,过分追求文化的单进性而忽视了文化发展中的往复性
现象;文化发展的"单进论"观点,仅仅以"进步性"来说明文化的发展具体
过程,在认识论上的障碍也是极其明显的。文化中的辩证思维不仅仅是对
科学认识而言,更是对劳动者的实践而言,创造性地深入认识文化质量的基
本前提是辩证认识文化的结构和体系。毫无疑问,将马克思主义认识论和
方法论运用于对文化质量的分析,是体现文化概念系统性和完整性的基本

方法。既然要体现人的本质,就要用以人为本的观点确立全面发展的眼光。马克思主义是我们的文化立场,生活实践是人的能动性文化创造,人是社会历史活动的主体,文化主体同其他生命形式的联系是一种多样性的复杂关系,是文化的质的方面与量的方面交融产物,"人是唯一能够挣脱纯粹动物状态的动物——他的正常状态是一种同他的意识相适应的状态"①。在生活中创造这样的条件,也在生活中造就这样的文化内容,被人推动的一切力量都在改变着社会的面貌。人的本质的对象化活动状况是影响文化品质的重要方面,这个对象化活动方式、内容都凝结成文化内容以及塑造文化形式的方法。

3. 以文化强国为基础的解释

谢弗·保罗在《文化引导未来》一书中提出"文化国家"的概念,中国共产党提出社会主义文化强国方略,在认识上有不同的意境和内涵,但是,两者不约而同地把文化与国家联系起来,是值得深思的。文化国家把文化作为国家的整体发展内容,在全方位上推进文化发展,不仅注重国家的文化软实力,也注重在民主之中蕴蓄文化内能,它不仅表现在文化的对内引领力上,也表现在文化的对外影响力上。在国家发展中,文化的原生态、衍生态和创生态都与现实的社会有关系,不同国度的文化代表着不同的发生和变迁机理,为什么一些文化能够源远流长并具有强大的生命力,为什么一些文化盛极而衰并表现出一蹶不振之态,为什么一些文化被异族同化而融入其中,对于这些问题只在表面上理解是不行的。文化与国家发展形影不离,民族融合与分离过程中的文化裂变和聚变是常见的变化方式,脱离了国家民族的大环境就失去了其根基。很多时候,文化兴替与民族盛衰具有一体性,但变化历程和形态各具特色。"埃及人思想,似受其文字之画意所拘束,偏于描写实物,而无抽象词语。"②而中华文化思想,虽有华夏夷狄之别,但天下一家的文化情怀始终是最主要的关怀,天下的边界与文化的边界形成一种复合的状态,夷狄华夏之说并不妨碍各民族的亲密交往,甚至不少帝王就是夷狄之人。"舜生于诸冯,迁于负夏,卒于鸣条,东夷之人也。文王生于岐周,卒于毕郢,西夷之人也。地之相去也,千有余里;世之相后也,千有余岁。得志行乎中国,若合符节,先圣后圣,其揆一也。"③礼仪文化与宗庙制度是中华文化的主干内容,"这种凝聚力和凝聚核心的形成,既与汉族所处

① 《马克思恩格斯文集》第9卷,人民出版社2009年版,第408页。
② [美]林恩·桑戴克:《世界文化史》(上),冯雄译,东方出版社2014年版,第44页。
③ 《孟子·离娄下》。

的优越地理环境、稳定的共同地域、拥有强大的国家政权、发达的经济、悠久的历史文化传统有关,也与汉族善于同各族人民相处,彼此间频繁的经济、文化交流、相互依存,共同反对民族压迫和阶级压迫,共同反对帝国主义的武装与掠夺,结成难以分割的血肉联系有着密切的关系。"①

文化强国包含着许多面对未来发展需要所秉持的特质和要素,如果说过去的国家将文化发展定位在一个低层次的水平上,那么,我们今天讲的文化建设则是在一个高层次的文化含量上推进的,如果说过去的文化建设是在一个较为孤立的范围展开的,那么,我们现在讲的文化建设则是在全面联系的方式上展开的,品位和含量都有了很多变化,因此现在的文化建设显示出更艰巨的任务。文化强国冠以"文化"二字,却包含着更广泛意义上的国家内容,在坚持意识形态原则的同时也保持高效率的创新发展,在日常生活中显示出强劲的发展态势,而不是只关注文化工业的复制能力或仿真能力。整体性创造性是文化国家的重要品质,意在体现物质力量与非物质力量、质量和数量之间的递进。中国共产党提出建设社会主义文化强国,是站在中华民族伟大复兴基础上的宏伟目标,它与"质量强国"是高度一致并互相促进的。站在现代国家的视角上理解文化问题,要确立系统观点、科学观点,把文化建设纳入一个整体一起规划、一起发展。

第五节　实践范畴:中国特色社会主义文化的构象

文化构象不是一个新词,在人类文化发展中,不同地域的文化、不同时期的文化、不同性质的文化,构成一个复杂的存在样态,并且都在一定程度上蕴含着社会的核心象征和价值选择,具有独特的型体和空间。文化构象空间通常关注三个层面,即:文化的目标和行为,体现了文化的致思方向;文化的结构和体系,体现了文化的主题内容;文化的地位和功能,体现了文化的存在基础。现代国家中,文化构象的要点体现在形式、模式、主旨等方面,这是通过意义之网和价值之网编织成的立体结构。文化构象的清晰性和边界状态对于国家的政治运行有很大影响,表面上的自洽只是外象,内在的逻辑则是本质。新时代中国特色社会主义文化构象具有文化的一般特征,不仅追求政治目标的清晰性和价值分层的合理性,也要体现人民性和时代性。

---

① 祝启源、卢勋:《中华民族凝聚力形成与发展》,民族出版社 2000 年版,第 460 页。

一、新时代中国特色社会主义文化的空间构象

中国特色社会主义文化的理论基础是马克思主义理论,其论题和内容受到文化空间、文化结构、文化生态、文化指标的影响,服务于政治制度安排和提升政治运行效率是优先考虑的事情。中国特色社会主义文化包括思想空间、话语空间和社会空间,这三个相互联系和主辅分明的时空结构,是根据对象事实确立的文化构象。

1.中国特色社会主义文化的存在空间

文化的社会空间是多样性的,各种文化个性都有自己的表现形式,独具特色的文化形态经常给社会生活注入多样化的色彩。一般而言,文化的社会空间的历史要比思想空间的存在更悠久,社会的政治倾向的发展以及价值取向的注入,使社会空间有了分化和选择意向。一些民间文化下沉积淀为与日常生活相伴随的文化形式,有些则成为文化遗产留存在历史遗迹中,不论是被遗忘的传统文化还是被继承的传统文化,都包含在社会空间之中。一些民间文化向上升为官方政治文化和主流意识形态,成为引领日常生活的文化形式,我们从中国传统社会儒家文化政治化制度化历程中,大致可以看到其中的变化规律。这是任何社会都不能无视的问题,看上去杂乱无序和鱼龙混杂的文化形态基本上是放任自流的,实际上都摆脱不了社会规范的约束和主流意识形态的影响。中国特色社会主义文化也面临着类似的问题或存在类似的现象,不仅要对社会空间中的文化思潮进行规范、约束或引领,还要将对不同的文化内容进行甄别和分层。就这方面而言,民间区域中的文化形态本身也具有自稳、自衍和自洽的功能,不仅在社会文化发展起着思想建基作用,也不断地延伸和丰富着社会的意义之脉。“在文化记忆的形而上学意义上就只有能够担当活性延展的躯体使命,也只有这种传承才是活生生的、有机的、代表着文化生命本体诉求的意义存在或者意义生长。”①社会空间的文化流衍在一定程度上折射出社会的兴衰变迁,它的走向也曲折地反映着社会历史的走向,外表的杂乱无序经常预示着对生活规范的渴望,内在多元愿望又是文化活力的孕育,延伸到中国特色社会主义文化发展中,一方面是文化多彩多姿的状态,另一方面是政治制度中的文化重整。中国特色社会主义文化也注重在尊重和发掘个体文化权利和文化创造方面的能力,要求把社会文化的淳朴纳入到国家文化内容之中,发挥其稳定器、缓冲器和助力器的作用。中国特色社会主义文化的社会空间有普遍性

① 王列生:《文化制度创新论稿》,中国电影出版社 2011 年版,第 31 页。

的"民间"政治诉求,也有中国共产党对民间文化的整合要求,基本意向是:运用社会主义核心价值观重排社会空间文化的意义形态,不否认社会空间中的多样化文化形态,不裂解社会空间中的文化结构,关注社会空间中的文化价值目标,也关注民间文化的维系功能和沟通功能。中国特色社会主义文化的社会空间带有明显的传统文化特征,古风古韵之中蕴含着生活哲理,民俗民事中寄寓着文化乡愁,民间自律组织在文化意义上对社会行为的约束自有特色,这个相对平衡的文化空间,尽管经常受到现代公共文化的冲击,却能够保持着相对稳定的状态。中国特色社会主义文化的社会空间和思想空间密切联系,民间文化的叠积形态与生活意向常常为前者提供智慧和线索。

2. 中国特色社会主义文化的思想空间

思想空间是新时代中国特色社会主义文化最重要的意义截面,包括马克思主义意识形态、社会主义核心价值观、社会主义精神文明建设、共产主义信仰等方面,是国家运行的政治导向。马克思主义意识形态决定着中国特色社会主义文化的价值取向,构成社会发展的意义系统中最核心的部分,它在中国特色社会主义文化发展中具有两个明显作用:一是体现社会的政治立场,"统治阶级的思想在每一时代都是占统治地位的思想。这就是说,一个阶级是社会上占统治地位的物质力量。同时也是社会上占统治地位的精神力量"①。这是马克思对意识形态一般功能的表述。在中国特色社会主义实践中,马克思主义意识形态有了良好的作用环境,并被赋予具有时代特色的现实功能。这个思想空间的意义截面展示给社会的是一种立场方向和价值取向,生活在其中的人们经常要与指导思想保持高度一致。二是由上述方面决定的社会认同和政治认同,要求在最广泛的社会基础上体现高度一致性。中国特色社会主义文化首先是具有明确政治关怀和价值情怀的文化体系,阶级性、思想性、方向性是最紧要的方面。思想空间的社会认同要求在思想上指向一个方向,模棱两可和思想游移都不是应有的态度,这是基于价值认同的政治自信。广泛的政治认同是中国特色社会主义文化的基本要求,人民作为文化主体是意识形态空间中最有活力和创造力的方面,构成了我们常说的思想文化阵地的重要内容。

3. 中国特色社会主义文化的表达空间

中国特色社会主义文化的公共空间是体现大众性的方面,这个空间的主体具有更大的广泛性,这个空间的内容是日常生活所承载的社会文化。

① 《马克思恩格斯选集》第1卷,人民出版社2012年版,第178页。

从文化功能看,公共文化生活承载着统治阶级意识形态的大部分政治意蕴,大众文化、消费文化、流行文化对意识形态的影响越来越明显。中国特色社会主义文化的公共空间属于日常生活层面上的内容,是社会总体政治目标一致基础上的大众生活的反映,在日常生活层面体现了政治责任和政治权利的作用方式,包含政治主体的社会性、价值选择的现实性、文化实践的生活性。大众文化在体现中国特色社会主义文化的精神气象方面举足轻重,但在总体上要从属于主流价值取向。拿娱乐文化来说,社会主义核心价值观始终是娱乐文化的主导准则,不论是民间文化,还是流行文化,抑或是网络文化,都不能是低级趣味的。中国特色社会主义文化的公共空间中的各种日常文化,都不能超越底线,不仅要保持适当的温度,也要保持合理的效度,不仅要追逐内心的文化愉悦,还需要有必要的价值坚守。这个空间中的日常文化,能够更好地体现文化"发展为了谁、发展依靠谁、发展成果由谁共享";这个空间的文化矛盾,更能体现人民群众日益增长的文化需要同社会文化供给不平衡不充分之间的关系状况。中国特色社会主义文化是面向大众、面向社会、面向未来的文化,它的依靠对象、服务对象是由中国共产党的宗旨和目标决定的。文化权益是衡量中国特色社会主义文化的重要标度,群众的文化创造、文化参与、文化权利能否全面地表达出来,要看这个公共空间的运行状况,这个空间里的文化权利表达状况影响着社会的政治运行、价值实践和认同效果。因此,广大群众的文化愿望影响着这个区域的文化生态,它在社会生活中具有更加宽广的意义界面。中国特色社会主义文化的公共空间中,文化产业和文化事业的协调发展是党和政府长期关注的内容,是文化的经济属性和文化的价值属性的协调统一,二者的协调程度是体现国家文化治理能力和治理水平的重要标度。习近平总书记强调指出,文化产业既有意识形态属性,又有市场属性,但意识形态属性是本质属性。文化产业和文化事业所联系的文化空间就是一个文化阵地,这个阵地在现实生活中有不同的表现,习近平总书记所讲的红色地带、黑色地带、灰色地带,就是典型的表现。文化产业必须牢固地立足于红色地带,同时,对黑色地带的管控,对灰色地带的转化,又是文化事业要做的事情。中国特色社会主义空间结构是多种文化权利的集合状态,不论是个人权利还是集体权利,都有相应的位置和空间,两者的适应性是由中国特色社会主义社会性质决定的。中国特色社会主义文化的话语空间中,马克思主义是我们旗帜鲜明的意识形态定位,社会主义核心价值观是我们明确的价值选择,主旋律体现这个话语空间的"立场",多样化体现这个话语空间的"气场",广大群众是这个空间的导演和演员,这些方面使中国特色社会主义话语体系构成一个复杂的和现实的空间,人们在这个空间里既能感受到思想的崇高也能感受到意义的真实,既能感受到理想的宏大又能感受到实践的多彩,既能感受到个人的价值又能体悟到集体的力量。

二、新时代中国特色社会主义文化的意义构象

"坚持共同的理想信念、价值理念、道德观念,弘扬中华优秀传统文化、革命文化、社会主义先进文化,促进全体人民在思想上精神上紧紧团结在一起的显著优势"①是新时代中国特色社会主义文化的基本要求和意义结构,与传统文化、革命文化、先进文化构成一个体系中的不同层面,不仅要求以全面的眼光看待,也要求用科学方法处理其中的关系。这个意义结构形成一个价值谱系、精神谱系,既是中华民族长期的文化积淀,又是国家文化治理的重要内容。

1. 马克思主义意识形态是中国特色社会主义文化的灵魂

任何文化的各部分内容都不是平分秋色的,它有主有次、有血有肉、有魂有体、有表有里,马克思主义意识形态是中国特色社会主义文化的灵魂,当代中国社会中所有的文化实践都是以此为中心展开的。物质文化的生产和精神文化的生产都不能背离马克思主义意识形态,大众文化、消费文化、流行文化都不能脱离意识形态控制,精英文化、政治文化更不能缺少社会主义意识形态这个主题,文化产业、文化生产、文化产品也必须坚持马克思主义意识形态导向,即使是被认为具有"无限自由性"的网络文化,也不能随意而为。为了眼前利益而"告别崇高",是釜底抽薪的做法;为了局部"发展"而忽视精神寄托,是迷失高雅的做法;为了经济利益而"取悦"大众,是抽取灵魂的做法。这些方面都背离马克思主义意识形态在文化发展中的核心地位,在中国特色社会主义文化实践中是需要克服的。意识形态是中国特色社会主义的灵魂,其表现形式并不是板着面孔用刻板的形式教训人,它有为人民服务的情怀,温暖人心、贴近生活,是其最明确的目标;它不是枯燥无味的言辞说教,它也提倡诗意的动人的表达,充满激情、充满期待,是其最具魅力的表现;它不赞成把马克思主义经典思想打扮成"原教旨主义"式的说教,而是"基本原理的运用,随时随地都要以当时的历史条件为转移",通过实事求是将"初心"和"使命"有效地表达出来。

2. 文化自信是中国特色社会主义文化的信心支撑

文化自信三个层面中,传统文化自信、革命文化自信、社会主义先进文

---

①　《中共中央关于坚持和完善中国特色社会主义制度　推进国家治理体系和治理能力现代化若干重大问题的决定》,人民出版社 2019 年版,第 3—4 页。

化自信都有明确的意义寄托,是显著的文化优势和文化建设任务。"这些显著优势,是我们坚定中国特色社会主义道路自信、理论自信、制度自信、文化自信的基本依据。"①文化自信最深厚的表征就是思想自信和价值自觉,"中国特色社会主义制度和国家治理体系是以马克思主义为指导、植根中国大地、具有深厚中华文化根基、深得人民拥护的制度和治理体系,是具有强大生命力和巨大优越性的制度和治理体系。"②传统文化自信是长期发展中定格的价值选择和精神积淀,其内容在经过长期的甄别和筛选中,构成中国特色社会主义文化主调和主流的一部分,对优秀传统文化的创造性转化和创新性发展是基于主流意识形态和共同价值观的重要举措,它在中国历史长河中绵延不断的重要原因是自身强大的生命力和适应力。革命文化自信是独具特色的内容,它因中国革命的特殊环境而具有独特的面貌,因革命的道路特色而具有独创意义。至于先进文化自信,我们可以从中国共产党对社会主义文化的引领以及中国特色社会主义文化中找到很多理据,先进的生产力是社会发展方向的重要体现,最广大群众的利益是先进文化的利益关怀,不如此,中国共产党领导地位的文化意义就缺少了明白的表达,不如此,中国共产党人的价值情怀就少了表达空间。文化自信所涉及的三个层面或阶段明确表达了中国共产党带领全国人民实现中华民族伟大复兴的奋斗史和建设史,其意义在于构成众志成城的信心。文化自信,自信的是中华优秀传统文化的中国精神、中国智慧、中国理念,自信的是红色文化中的革命精神和共产主义理想,自信的是社会主义先进文化和价值观。文化贯穿于中国特色社会主义文化发展的全过程,是体现初心、使命、宗旨和定力的重要方面,其支柱作用在于它是中国共产党和中华民族的价值自信,是中华文化特有的精神标识,是社会主义文化强国的重要指标。

3. 社会主义核心价值观是中国特色社会主义文化的中轴

社会主义核心价值观是社会是非观念的重要准绳,是全国人民在价值选择上的最大公约数。社会主义核心价值观三个层面同中国特色社会主义文化思想空间、公共空间、民间空间大致对应,都是为中国特色社会主义政治文化服务。国家的价值定位必须服从主流意识形态需要,是中国特色社会主义文化中的灵魂;社会的价值定位必须符合广大群众的愿望,不仅追赶

---

① 《中共中央关于坚持和完善中国特色社会主义制度　推进国家治理体系和治理能力现代化若干重大问题的决定》,人民出版社 2019 年版,第 4 页。

② 《中共中央关于坚持和完善中国特色社会主义制度　推进国家治理体系和治理能力现代化若干重大问题的决定》,人民出版社 2019 年版,第 3 页。

时代潮流,还要贴近社会发展的总体要求;个人价值观维系着社会的厚重与淳朴,起着留住乡愁和保持诗性记忆的作用。社会主义核心价值观是内化与外化统一、外在与内在统一的形式,不仅是对传统文化和现代文化的合理判断,也对中国特色社会主义文化的排列做出规划。其政治意蕴在于以价值的合理性推动政治实践的有效性,确保新时代中国特色社会主义文化的阵地坚守,并不断增加公共文化生活的存量与增量。中国特色社会主义文化的价值定位在于通过执政关怀、社会体制和价值目标体现文化方略、文化发展和文化品位,社会主义核心价值观的中轴作用,就像意义系统中的硬件和软件,缺少了任何一部分,都会造成文化系统运行瘫痪,而要实现各部分协调运行又不是简单机械操作。在政治意义上,社会主义核心价值观是对西方"普世价值"的明确拒斥,并且以中国特色社会主义制度、文化等为基础确立自己的价值观,社会主义核心价值观的具体性针对性与西方"普世价值观"绝对性抽象性是明显对立的。社会主义核心价值观与社会主义制度以及社会形态是内在的联系的,在我国社会生活中是人民群众普遍认同的主流价值,是凝聚社会意愿和影响社会制度的形态,它既有中华民族的智慧也有世界文明的共性,既有民族特征又有时代特色,既是社会理想信念的重要支撑又是社会生活的共同目标。

4. 文化软实力是中国特色社会主义文化的能量蕴蓄

拿破仑曾经说:"世界上有两种力量,剑和思想。从长远来看,剑总是思想的手下败将。"①文化力量影响着文化的留存或记忆状况,那些深深烙印在人们心中或社会生活之中的文化,经常以深沉的力量在社会中刻画出明显的痕迹。文化动力论是社会文化变革的重要根据,它在社会生活中以经常性的力量打破旧思想旧势力的束缚,赋予社会以新的思维和文化意义。如果仅仅在"软"的维度上理解文化力量,那是远远不够的,文化软实力是文化的品质和内涵,在一般意义上可以是上善若水的力量,也可以是引向不良的力量;在特定意义上,软实力是中国特色社会主义文化力量的真正表达,是充满正能量的积极向上的力量。中国特色社会主义文化软实力的内能是深沉而又厚积的,在政治上表现为思想定力,决定着文化实践的坐标和方向,在方法上表现为一种能力,与社会文化矛盾的解决有关。文化软实力的大小与价值认同状况有关,具有明显的时代特色和政治特色,影响着中国特色社会主义文化建设的基本方向和目标,所寄托的力量和能量是中国特

---

① [美]布鲁克·诺埃尔·穆尔、肯尼思·布鲁德:《思想的力量　哲学导论》,上海社会科学院出版社2009年版,正文第1页。

色社会主义文化品质决定的。文化软实力具有一般性,它在中国特色社会主义实践中有了特定的能量寄托,它在不同方向上给予社会的主体和客体赋能,通过量的积累增强中国特色社会主义实践的力量和质量,增强中国特色社会主义发展的生机和活力。

5.人民群众是中国特色社会主义文化的主体

文化的主体是人,以人民为中心是新时代中国特色社会主义文化最突出的表现,文化活动的方式、价值和目标都被打上能动性印记。文化形成过程中体现的人民性是不断创造和积累的过程,中国共产党在传承中华优秀传统文化的同时也发展文化的新形态,这个过程中人民群众一直是文化的主体关怀;人民性是一个不断充实和加强的过程,其概念和范围、内涵和外延都在实践中扩大,涵盖了拥护党的领导、拥护社会主义的广大群众、拥护祖国统一和拥护中华民族伟大复兴的广大群体,这是文化主体的广泛性和群众性;人民性是一个不断深入和拓展的过程,其延伸和发展的动力也蕴含在实践之中,规定了我国文化的基本品赋。因此,在文化发展中也存在一条规律,"坚持党性就是坚持人民性,坚持人民性就是坚持党性,没有脱离人民性的党性,也没有脱离党性的人民性。"①体现这一规律,"必须坚定文化自信,牢牢把握社会主义先进文化前进方向,激发全民族文化创造活力,更好构筑中国精神、中国价值、中国力量。要坚持马克思主义在意识形态领域指导地位的根本制度,坚持以社会主义核心价值观引领文化建设制度,健全人民文化权益保障制度,完善坚持正确导向的舆论引导工作机制,建立健全把社会效益放在首位、社会效益和经济效益相统一的文化创作生产体制机制。"②这是中国特色社会主义文化构象在实际生活中的表达要求,是以人民为中心展开的。不仅如此,中国共产党的领导、人民群众的主体作用为文化建设注入了更深刻的唯物史观内容,社会变迁不再被认为是帝王将相的"独白",不再被认为是风云人物的"个唱"。

三、新时代中国特色社会主义文化的实践构象

从文化的一般规律看,文化作为一种价值体系,寄托着人们审美意象,体现了人们按照"美的规律"创造社会的能力;文化作为一种能量体系,包含着社会发展的合力意象,其表现具有正负效应共存的二象性特征;文化作

① 《习近平关于社会主义文化建设论述摘编》,中央文献出版社2017年版,第23页。
② 《中共中央关于坚持和完善中国特色社会主义制度　推进国家治理体系和治理能力现代化若干重大问题的决定》,人民出版社2019年版,第4页。

为生活的一种形式,是一个具有复杂意义的符号系统,就像社会的晴雨表一样,表征着社会的各种变化。中国特色社会主义文化的实践构象除了具有上面的一般特征之外,还有自己的特殊要求和方式,这也决定了中国特色社会主义文化实践构象的特色。中国特色社会主义文化实践是在中华民族伟大复兴的总体目标中体现的,它服从和服务于"五位一体"总体布局和"四个全面"战略布局建设的要求。"我们党领导人民统筹推进'五位一体'总体布局、协调推进'四个全面'战略布局,推动中国特色社会主义制度更加完善、国家治理体系和治理能力现代化水平明显提高,为政治稳定、经济发展、文化繁荣、民族团结、人民幸福、社会安宁、国家统一提供了有力保障。"①这是一个有机统一过程。

1. 文化产业的经济属性和文化事业的社会属性相统一

文化产业和文化事业的协调发展是中国特色社会主义文化建设的重要内容,这是一个问题的两个方面。当文化转向市场时,在其中起作用的规律乃是供求关系和交换原则,这就带来两个不可回避的问题:一是文化产品的社会需求与市场需求的矛盾,二是文化的价值审美和商业原则的矛盾。按照我们对文化发展的定位,具有商业价值的文化产品在拥抱市场时,也不能冷落政治价值和审美价值。没有不讲内涵的文化产业,也没有不顾利益的文化事业,文化产业的经济效益与文化事业的社会效益是一体两翼的内容。文化事业的社会性和文化产业的市场性是一个矛盾体系,文化事业要求保持文化发展的政治底线并不断提升精神素养,使不良文化倾向达到纠正而维持有序的生产状态,经常要通过宏观控制和综合监控达到合理的生产状态,防止文化生产中的价值散落和意义流散,通过文化精神的凝聚实现思想意义的聚拢。"提高国家文化软实力要'形于中'而'发于外',切实把我们自身的文化建设好。要深化文化体制改革,完善文化体制管理,加快构建把社会效益放在首位、社会效益与经济效益相统一的体制机制,推动文化事业全面繁荣、文化产业迅速发展,不断丰富人民精神世界、增强人民精神力量。"②文化产业不能是空壳化的,其"化物之心"和"化物之行"体现在文化之物普及化之中和政治思想社会化之中,心与物交融中的物质与精神协调是文化产业努力的方向。"要深化文化体制改革,完善文化管理体制,加快构建把社会效益放在首位、社会效益和经济效益相统一的体

---

① 《中共中央关于坚持和完善中国特色社会主义制度　推进国家治理体系和治理能力现代化若干重大问题的决定》,人民出版社 2019 年版,第 2 页。

② 《习近平新时代中国特色社会主义思想学习纲要》,学习出版社、人民出版社 2019 年版,第 155 页。

制机制。"①这是对文化产业的经济效益与文化事业的社会效益统一路径的明确要求,基本前提是全面深化文化体制改革,为实现有效有序有为发展奠定更为坚实的基础,用社会主义核心价值观全面引领文化发展。中国特色社会主义文化建设是以人民为中心和体现群众愿望的事业,不能只看钱不看路,不能只算经济账不算效益账,也不能只看短期效益不看长期效益。文化产业的意识形态属性是需要优先考虑的,如果为了经济而不顾思想寄托,把无厘头无主题的文化产业推向社会,可能一时博得一些人的"欢呼"拥抱,但是由于缺少价值导向,后果是极其严重的,文化产业的"去中心化"现象会造成缺少灵魂的内容,"去地域化"会造成意义边界模糊的内容,"去思想化"会造成缺少导向的内容,"去价值化"会造成缺少规范意义的内容,"去历史化"会造成缺少说服力的内容,这些方面都会消解我们既定的目标。我们的文化建设不能是"失语"的或"无语"的,不能是"失忆"的或"无记忆"的,也不能是"无界"的或"混沌"的,中国历史上有以强大的吸引力走向世界的传统,有以强大包容力接受世界优秀文化的传统,今天应该表现出更多的自信和魅力。

2. 文化运行的政治方向与文化发展的社会活力相统一

如果从民主与集中的关系看,大致可以把"百花齐放,百家争鸣"看成文化民主,把"为人民服务,为社会主义服务"看成文化集中。毛泽东在谈到文化民主时对中国共产党人的文化观念有比较深刻的论述,目的是要造就一个既有民主又有自由的文化氛围,"百花齐放"承认文化内容的多样性并积极推进文化的健康发展,"百家争鸣"承认文化内容的差异性并鼓励良好的文化交流。在新时代,中国特色社会主义文化理论和实践赋予"百花齐放"更多的现实要求,多元开放的社会中争夺话语权的问题异常突出,思想市场中的各种意识都在叫卖自己的观点,在"百花齐放"名义下兜售不良思想的事项也司空见惯,这给中国特色社会主义文化建设提出很多挑战。"百花齐放"是有条件的,是"鲜花"都可以"绽放",是"莠草"就不能蔓延;"百家争鸣"是有标准的,"四个意识""两个维护"等是不能拿来争鸣的。"放"得有理,"鸣"得有度,是处理"百花齐放"与"百家争鸣"关系的基础。"百花齐放"不是无原则地乱放,"百家争鸣"不是无节制地乱叫,"要坚持为人民服务、为社会主义服务,坚持百花齐放、百家争鸣,坚持创造性转化、创新性发展,不断铸就中华文化辉煌。"②在市场经济大潮中文化不能迷失方

---

① 习近平:《决胜全面建成小康社会　夺取新时代中国特色社会主义伟大胜利——在中国共产党第十九次全国代表大会上的报告》,人民出版社 2017 年版,第 44 页。

② 《习近平新时代中国特色社会主义思想学习纲要》,学习出版社、人民出版社 2019 年版,第 139 页。

向,不能忘记本色,要以高度的文化自信、思想定力、实践能力体现文化本质,将"两为"的服务要求与中国特色社会主义文化发展的现实有机结合起来。中国特色社会主义文化建设中,"双百""二为"与"双创"是有机结合的,"双创"是文化传承与文化创新的有机统一,是体现文化方向与文化活力的有机统一。习近平总书记强调:"要处理好继承和创造性发展的关系,重点做好创造性转化和创新性发展。"①其中至少有两层重要意义:一是不能照搬和因袭传统文化。中华民族的传统文化经历了几千年的发展变迁,成为统治阶级政治文化的重要组成部分以及调节社会生活的重要工具,尽管有不少封建性糟粕,尽管有不少内容已经难以适应现实的要求,但其中优秀的成分一直是我们生活中不可分离的方面,因为"中华优秀传统文化已经成为中华民族的基因,植根在中国人内心,潜移默化地影响着中国人的思想方式和行为方式。今天,我们提倡和弘扬社会主义核心价值观,必须从中汲取丰富营养,否则就不会有生命力和影响力"②。二是"双创"的方法选择问题,其理念是继承和发展,这需要有一个标准。需要明了哪些是精华、哪些是糟粕,需要明了如何使"旧枝"发出"新芽"、使"旧说"变成"新语"、使"古风"充满"新意",从精神气象、价值考量、育人方向、道德气象方面明确转化什么以及如何转化、发展什么以及如何发展,中国共产党经常倡导自我革命的精神,首先是要对自家的传统文化进行革命性创造,通过符合辩证法、符合实践论的方法对"国故"给出新的解释。曾有一段时期,一些人打着文化传承的幌子追求不良经济利益,在向市场化的文化和交换原则低头的同时,抛弃了优秀传统信念和价值标准,把思想的权利让给了市场,这是为不良文化的经济追求鸣锣开道,是为不良的商业文化消费推波助澜,也是中国特色社会主义实践结构中要剔除的东西。

3. 文化内容的价值寄托与文化形式的审美要求相统一

中国特色社会主义文化的内容是以优秀传统文化、革命文化、社会主义先进文化为主体的,我们的文化不是隔断历史的虚无主义文化,而是作为符号和记忆不断传承的文化,我们的文化又是革命的文化,在长期的革命中形成了具有革新和创造意识的精神谱系。在文化传承上我们经常保持两个传统,一个是中华优秀文化传统,一个是中国革命传统,后者凝结了前者的优良品质并进行了全方位的再造和延伸。我们的文化也不是保守主义,在马克思、恩格斯那里,有对传统文化的批判继承,在列宁那里有关于我们继承

---

① 《习近平谈治国理政》第一卷,外文出版社2018年版,第164页。
② 《习近平谈治国理政》第一卷,外文出版社2018年版,第170页。

什么样的遗产和拒绝什么样的遗产,毛泽东在《新民主主义论》中也提出了对待传统文化的态度,在新时代中国特色社会主义文化中又注入了先进文化内容。这些内容都有自己的存在环境和生长空间,也以一定的形式表现出来,在坚持马克思主义主导地位中推进文化的多样性发展,在坚持主流价值中引领社会思潮健康发展,在百家争鸣中鼓励健康的表达方式,在百花齐放中培育多姿多彩的文化。内容与形式的有机统一必须体现在中国特色社会主义文化结构中:一是文化建设的数量和质量的合理呈现,不仅体现文化强国的目标,还要突出文化在质量强国中的作用,使文化建设与经济建设、政治建设、社会建设形成一个有机体系;二是文化建设的资源和效能的合理呈现,不仅充分调动文化发展的经济资源活力,更要充分利用文化建设中的红色资源,使文化产业发展与灌注红色元素、体现红色记忆、光大红色精神结合起来;三是戒除文化发展中的形式主义,中国特色社会主义文化是有充分的意义寄托和内容表达的文化体系,不能使其泛化为一般的文化内容,不能使其成为徒具外表或空洞无物的花架子,更不能是寄托不良价值的"避风港"。

第三章　文化自信论与新时代中国特色社会主义文化自信

文化自信有其哲理、学理、法理和道理,哲理源于历史规律,学理源于思想建构,法理源于制度支撑,道理源于实践积累。在中华文化的近现代发展和演变中,一直演绎着辞旧迎新的活剧,每当遇到新问题新形势新挑战时,人们总是将自身处境与文化信心联系起来,从历史和现实中思考当下的文化问题。文化自信是比较意义上的内容,自信与不自信不是绝对的,对中国传统文化的自信、革命文化的自信和社会主义先进文化的自信,是依据唯物辩证法则和时代需要确立起来的。

第一节　新时代文化自信的理路

认识文化自信,不仅要知道它的来龙和去脉,不仅要理解它的过去和今天,还要理解它的理论价值和实践进路,认识通过延续优秀传统文化而嬗递的自信、继承革命文化而积淀的自信、发展先进文化而形成的自信。文化自信之源存在于历史脉络中,文化自信之流存在于社会发展中,文化自信之实存在于现实生活中,它能够寄托心志、激励精神,能够光大理想、泯灭邪思。这种自信,在磨砺中愈见光辉,在增益中愈发完善,在超越中愈见新意。文化自信是在对人类历史发展规律、中国特色社会主义建设规律以及中国共产党执政规律科学认识基础上确立的,正如习近平总书记所说:"坚定中国特色社会主义道路自信、理论自信、制度自信,说到底是要坚定文化自信。"①为什么"说到底是要坚定文化自信?"因为文化自信是社会的思想长城,代表着国家的气象和社会的脉象,没有文化自信,就缺少了永续发展的精神支撑。

一、唯物史观是文化自信的哲学基础

文化自信是主观的但离不开客观基础,它内化于心外化于形,是因为它是内外因相互作用的结果,乃是合于时及合于事的辩证统一。唯物史观是

---

① 《十八大以来重要文献选编》(下),中央文献出版社2018年版,第323页。

中国共产党文化思想的哲学根据,是文化自信的哲理基础。社会发展中,"新史观的树立,对于旧史观的抗辩,其兴味正自深切,其责任正自重大",由唯物史观定调的文化,是"于人类本身的性质内求达到较善的社会情状的推动力与指导力",是"人以奋发有为的人生观",以唯物史观作为文化自信的基础,是对唯心思想的坚决否定。毛泽东同志明确指出:"唯物史观是吾党哲学的根据,这是事实,不像唯理观之不能证实而容易被人摇动。"①唯物史观也是文化自信的根据,他还说"本人信仰共产主义",这是一种自信精神的表达。脱离唯物史观来看文化自信,就会削弱文化自信的理论根据。

　　文化自信通常不是顿悟而是渐悟的,不是先天自有的而是后天习得的,豁然开朗是由于思想的长期积淀,涵养功夫乃是恒久的方式。文化自信的产生和实现以社会实践为基础,社会生产是人赖以凝聚文化品格的活动。马克思主义认为,人的思想意识及其发展应该从物质生活中去探求,实践活动是人改造客观世界并注入主观意志的过程。文化自信具有"革命的""实践批判的"意义,这种体现人的本质力量的对象化方式,能够使人的认识摆脱僵硬枯燥、被动死板的客体而体现出丰富的信心积累。实践活动是人赖以形成精神品质的动力,当人把生活行为陶铸成社会规范时,当具有个性的内容被抽象为共性内容时,人的类本质意义与文化所反映的类本质内容就更为贴近,这是文化自信形成的重要机理。历史中的人与现实中的人对文化自信形成一种持续力,后一代人与新一代人之间形成的文化衔接,从这一思路出发可以有以下认识:实践推动和提升了文化自信,文化自信反映和积累了实践信心,这是社会改造与人的改造的递进形式。人作为社会活动的主体,在其与社会的互动中遇到各种预设的因素,"历史的每一阶段都遇到一定的物质结果,一定的生产力总和,人对自然以及个人之间历史地形成的关系,都遇到前一代传给后一代的大量生产力、资金和环境,尽管一方面这些生产力、资金和环境为新的一代所改变,但另一方面,它们也预先规定新的一代本身的生活条件,使它得到一定的发展和具有特殊的性质。"②因此,从唯物史观看文化自信,是认识文化自信如何从社会中产生和发展,如何体现主观与客观的统一,以及认识文化自信如何能动地作用于社会的基础。

　　文化自信是文化发展规律的时代表现,是具有时代性的命题,是当代中国表现出的文化自觉和自豪。中国历史上,诸子百家表现的文化自信是我们经常引以自豪的,盛唐时期的文化自信也是我们经常称道的,那分别是一

---

① 《毛泽东文集》第一卷,人民出版社1993年版,第4页。
② 《马克思恩格斯文集》第1卷,人民出版社2009年版,第544—545页。

个时代文化发展的写照。只是到了近代，面对外敌入侵和国家危难的关头，人们表现出一种复杂的文化心态，自信、自豪、自大、自卑夹杂在一起，但从来不缺少"埋头苦干的人""拼命硬干的人""为民请命的人""舍身求法的人"，这些"中国的脊梁"支撑着民族的生命力和文化的自信心。历史走着曲折的路，文化发展也走着曲折的路，这是一种规律性的表现。当下的文化自信具有更明显的时代特色，它既是近代先进的中国人寻求民族自强和文化自觉的展示，也是中华民族伟大复兴中对文化自觉和价值自觉的迫切需要，既是当代中国文化自信的表现，也是面对未来文化做出的回应，体现了文化发展的内在规律以及中国特色社会主义文化建设的特定意义。

二、马克思主义是文化自信的理论基础

马克思主义是共产党人原初的思想旗帜，是寄托理论"乡愁"的初心和无产阶级解放心志的理论故园，也是体现共产党人初心的理论原点。如果没有马克思，世界的格局和面貌绝不是今天的样子；如果没有马克思，思想领域也会缺少具有勃勃生机的内涵。东方世界应该感谢马克思，"没有工人运动，没有社会主义者，没有他们的思想家，他的名字叫卡尔·马克思，当今六分之五的人口依然还生活在半奴隶制的阴郁的状态之中；没有斗争，没有起义，没有罢工，这需要发动，需要引导，资本家是连半步也不会让的。"①"西方世界理应感谢卡尔·马克思，尽管东方世界宣布信奉卡尔·马克思，不过，似乎有一种远比争取如下的远景更为复杂的想法：维护卡尔·马克思，不要让我们的子孙认为他是可怕的幽灵。"②现实的理论和实践中形形色色的"终结论"似乎都指涉马克思的有关思想，"意识形态终结论""马克思主义终结论""社会主义终结论""哲学终结论"等，以形式不同而实质相近的话语来否定马克思主义的科学性，把马克思主义思想描述成特殊时代的过客。发人深思的是，各种各样的"终结论"，到底要"终结"到哪里？思想上的"归一"或"归零"是否符合思想史的规律？共产党人的理论"乡愁"是对马克思主义的一种坚守，"回到马克思""回到列宁""回到经典"都是思想怀旧的表现，其中有对传统的追思和对历史的依恋，但更多的是对过去的事项作出深刻的审视和凝视，从中获得新的精神坐标，不忘初心，才能开拓未来。"幽灵论"的观点可能会把马克思送上神坛，也可能把马克思思想

① ［德］维克多·伯尔：《伯尔文论》，袁志英等译，生活·读书·新知三联书店1996年版，第60页。

② ［德］维克多·伯尔：《伯尔文论》，袁志英等译，生活·读书·新知三联书店1996年版，第60页。

归为虚无,其效果殊途同归,都会断送马克思主义的生命力、影响力和引导力,结果是:"那些我们矢志不渝为之奋斗的革命目标不过是一种语言游戏规则下的元叙事,而共产主义之类的许诺始终是这种元叙事营造出来的美丽的幻影,在这个美丽的肥皂泡下,人们如同飞蛾扑火般地扑向这个幻想,而他们最终只能得到幻想的破灭。"①这种怨艾情绪与彷徨心理,已经远离了初心,妨碍着人们走出"希望的荒原"。

马克思无意制造乌托邦,也无意构造在任何时空中都能使用的理论形式,马克思只是提供了人类解放的一种思路和策略。从时空观审视,以莫尔为代表的传统乌托邦思想,是与牛顿的时空观并行的结构,机械主义特征很明显。走出乌托邦的怪圈,用一种切合实际的理想来代替乌托邦的幻想,从静态和动态意义上体现人的解放的完美形式,是马克思、恩格斯致力其中的事情。《共产党宣言》在运思策略上体现了时空与思维的变换,它在高度创意化和多样化的世界形式中,提出了无产阶级统一行动以及达到全世界联合的思路。今天的全球秩序以及解决全球问题的愿望,是人们编织未来图景的依据,不同的政治诉求既为世界社会主义提供了正面的或负面的借鉴材料,也让人们看到了现代社会造就的社会主义新思维新内容新因素。如果我们把马克思描述的资本主义社会的商品现象看成资本主义社会的商品霸权或物化霸权,那么后来葛兰西提出的文化霸权、德波的景观霸权、拉克劳和墨菲的话语霸权,都是对社会新现象的注目和解释,哈维提出的"辩证乌托邦"和布洛赫提出的"具体乌托邦",也都是一定时期对社会发展的思索。在当今社会中,要跳出乌托邦的怪圈,必须在立足自己的"剧场"的同时也观照其他"剧场",在立足"局地"的同时还要放眼"全球"。"全世界无产者,联合起来!"的口号,充分表达了马克思的世界眼光,它要把许多目标相异力量汇集到反对资本主义的大目标上来,这无疑是最激动人心的事情。

作为政治形象的马克思,是理论自信的来源。作为文化形象的马克思精神是显示社会风貌的重要形式,社会的思想建设和理论建设都与一定的文化形式有关,马克思主张的思想的变革,列宁倡导的文化革命实践,都是社会主义的重要理论和实践形式,马克思所关注的意识形态革命、科学技术革命、文学艺术革命都不能归于"幽灵"。作为政治形象的马克思的精神,也是理论自信的来源。在《共产党宣言》中,马克思、恩格斯对资产者和无产者、无者和共产党人的论述都不是主观的臆想和猜度,即使是那些不赞成马克思主义的人,也不能否认马克思的世界影响及历史贡献,对于切实从

---

① 张一兵:《当代国外马克思主义思潮》(下卷),江苏人民出版社 2012 年版,第 237 页。

马克思主义中获得现实利益的无产阶级，更不能采取虚无主义态度，伯尔所说的"一部进步史乃是一部忘恩负义史"不应该在工人阶级身上演绎出来。如果真像他描述的"工人运动、社会主义这样的词语甚至使人连哈欠也打不起来：人们几乎不知道，这些词语意味着什么，只是想象，这大概是某种红的左的东西，因而这已经足够令人怀疑的了"①，那就是对马克思的现实影响视而不见。"幽灵论"之说会引导人们产生两个极端的想法：一是将马克思主义转化为神灵，把马克思奉上神坛；二是将马克思主义妖魔化，把马克思主义打入地狱。在历史和现实中两种倾向都有市场，我们不能完全认同伯尔在《卡尔·马克思》中的结论，他说："马克思逝世时，他的学说还没有在战术的意义上发挥政治作用；它还在发酵，许多东西尚未发酵充分，有些已在爆炸；交到政治家手中，他的学说成了血腥的工具；也许只是因为这个世界对马克思尚未回答，利用他的失误，用来掩盖他的真理。"②马克思是革命者但不是憎恨者，是思想的启蒙者但不是幽灵的布道者，他不仅是德国公民，更是世界公民，他不仅属于那个时代，更属于各个时代。

三、中国特色社会主义实践是文化自信的现实基础

文化自信不是外生的而是内生的，它成于思而毁于随，是因为这种自信独具品格而又合乎事实，求实求是乃是其最基础的要求。文化自信是在唯物史观基础上形成和发展的。工人阶级要夺取政权，没有坚定的思想武装是不行的，而这个思想武装就是对马克思主义的自信。从1848年革命到巴黎公社的成立，再到俄国十月革命的胜利，以及中国等一系列社会主义国家的建立，尽管其中困难重重、布满荆棘，甚至经历过极大的反复和挫折，但都未能动摇革命的决心。"俄国的十月革命和巴黎公社，是工人阶级以自己的力量，来求人类真正的平等自由，它们的意义是相同的，不过成功与失败不同而已。所以我们可以说：巴黎公社是开的光明的花，俄国革命是结的幸福的果——俄国革命是巴黎公社的继承者。"③社会主义革命的延续和发展中包含一个鲜明的思想主体：对共产主义目标的自信以及遵循。"语言、文字、思想是反映客观实际的，但是，客观实际的规律要反映成观念形态的规

---

① ［德］维克多·伯尔：《伯尔文论》，袁志英等译，生活·读书·新知三联书店1996年版，第60页。
② ［德］维克多·伯尔：《伯尔文论》，袁志英等译，生活·读书·新知三联书店1996年版，第80页。
③ 《毛泽东文集》第一卷，人民出版社1993年版，第34页。

律,需要有千百次的反复,才能比较正确。"①每当革命遭受曲折的时候,总是对文化信心提出新的要求。革命形势的变化,社会生活的变化,生产方式的变化,都要求相应的文化形式,如果不能跟上变化的形势,就可能会因思想上的失落而丧失文化自信,如果不对负面因素有客观的认识和明确的抵制,也可能会消磨应有的文化自信。文化自信的阶级基础和主体形式是体现唯物特征的重要依托,以马克思主义为指导的文化立场使无产阶级在思想领域有了坚实的保障。无产阶级以自己的文化实践把马克思主义运用到实践之中,无产阶级文化又以自己的意向表达革命要求,通过文艺创作、思想灌输、政治教育表达出本阶级的意志和愿望,这是体现无产阶级与文化自信关系的一般方式。

文化自信也是在实践中动进的,文化和思想变革的重要性体现为它对社会发展的推动作用。文化自信所涉及的内容不是百科全书式的东西,也不是与社会实践截然分离的纯粹思辨形式。文化包含着人的内在的纪律和自觉,是对人的本质和个性的把握,包含着具有权力和责任的自信精神。实践是文化自信的重要动力,突出地表现在文化变革之中,通过文化变革表达社会的创造精神,是一种经常性的实践活动。从精神的能动性出发来强调人在历史中的能动作用,通过无产阶级政党的文化宣传聚合社会的力量和能量,是积累无产阶级文化信心的重要方式。在历史上占统治地位的因素不是自然的经济事实,而是人的创造以及彼此联系、相互理解。实践对文化自信的影响在于以人为中介使社会性和思想性统一起来,它以独特的相对性和创造性改变着人的感受方式和对现实的思考方式。"也要有充分的信心估计到黑暗,把各方面都充分估计到。"②思想文化的作用和人民群众的活动密切相关,资产阶级革命曾为特定的历史任务提供了"必须的理想、艺术形式和幻象",为了寻找革命精神,就对旧的革命形式做经典式的比拟,这是一定的社会文化影响下的活动。一些文化符号被搬上舞台并且不断地变换形式,而新的社会形式一出现就会消除旧时的幽灵,就需要有与之相适应的文化内容,马克思认为这些"召唤亡灵的行动"曾经守护过资产阶级社会的摇篮,曾经颠覆过封建思想的统治,也曾经给一些社会主义思想提供动力支撑。

中国共产党的文化自信离不开社会实践,"与人民利益适合的东西,我

---

① 《毛泽东文集》第三卷,人民出版社1996年版,第74页。
② 《建党以来重要文献选编(1921～1949)》(第二十二册),中央文献出版社2011年版,第502页。

们要坚持下去,与人民利益矛盾的东西,我们要努力改掉,这样我们就能无敌于天下。"①这是一个文化态度和政治倾向问题。中国共产党的文化自信之力也源于对文化民主本质的认识,它与政治民主互相促进但有别于政治民主。文化民主来自中国共产党对文化发展的信心,不自信难以推行社会民主,不自信难以实现文化权利,不自信难以赢得群众支持。"历史本来不是帝王将相创造的,而是劳动人民创造的,可是在旧戏中,比如孔明一出场就神气十足压倒一切,似乎世界就是他们的,劳动人民不过是跑龙套的。"②这种历史思维中的群众是没有文化自信的。文化自信还来自党对现实社会发展的信心,新中国成立之初,毛泽东就明确指出:"中国人被人认为不文明的时代已经过去了,我们将以一个具有高度文化的民族出现于世界。"③将相与平民谁来著史? 谁来编剧? 谁来导演? 谁唱主角? 这些方面涉及社会的思想文化定位,历史虚无主义包含着文化上的价值错位、主体错位,形式主义包含着文化上的自流状态,也谈不上文化自信。对于不同的文化都抱有敌意,不是马克思主义的态度,而对所有文化采取妥协,也不是应有的态度,"中国的社会经济情况使得我们党里有很多的'剧团',说得粗一点就是有好多'戏班子'。在一个班子里,不论是唱主角的,唱配角的,跑龙套的,他们都是很亲热的,并且有个原则:我这个班子可以批评你那个班子,但是你那个班子不可以批评我这个班子"④。圈子文化经常表现出文化自大和盲目排外,不容许别人批评,不容许别人提建议。无产阶级文化在一段时期不仅可以将资产阶级优秀文化作为同盟军,也可以将优秀传统文化作为自己的同盟军,并且可以在创新和转化的基础上取人之长补己之短,要在实践中逐步端正思想倾向。无产阶级文化自信的水平和状态都超越了原有文化信心,这方面的今胜于昔不只是客观潮流,也是主观理解深化的表现。

第二节　新时代文化自信的进路

　　文化自信是在长期的实践中积累起来的精神气象,是在历史和现实中积淀和发展起来的。《习近平新时代中国特色社会主义思想学习纲要》指出:"独特的文化传统,独特的历史命运,独特的国情,决定了我们必然要走适合自己特点的发展道路。中国特色社会主义文化发展道路,揭示了我国

---

①　《毛泽东文集》第三卷,人民出版社 1996 年版,第 210 页。
②　《毛泽东文集》第四卷,人民出版社 1996 年版,第 325 页。
③　《毛泽东文集》第五卷,人民出版社 1996 年版,第 345 页。
④　《毛泽东文集》第三卷,人民出版社 1996 年版,第 61 页。

文化发展规律,是推动社会主义文化繁荣兴盛的唯一正确道路。"①这三个"独特"表明了文化自信的特殊演进方式,包含着文化自信之源、自信之流和自信之脉。

一、自信之源:独特的文化传统

客观地说,不同文明的接触常常成为人类进步的推动力,文化发展的"源"与"流"是不可分割的。中华传统文化之"源"不能断绝,文化之"流"不能停息,这影响文化自信的历史根脉。如果说过去的自信多少带有一些自我中心的意向,那么,相比之下,今天的文化自信则有更多的辩证特质。过去的自信水平与今天的文化自信不可同日而语,过去的脚步与今天的进步构成一种思想接力,源头不中绝,流动不止息,上演的是一曲历史活剧,今天的文化自信是与时代相适应的形态。

1. 传统社会中的文化自信积累和表现

第一个表现是大一统思想中的治世自信。那时的秩序规定和构建责任表现为对中华文明发展的自信和责任,表现为对治世愿望的自信和责任,在世界秩序中表现为对中国当时"中心"地位的自信。这种自信既有客观事实的支撑,又有一厢情愿的设定,是用价值围墙抵挡外来的思想攻势和军事侵略,而当遇到外来冲击和挑战时经常会有两种回应方式:一是诋旧倡新,顺时而动,甚至竞骛新奇,盲目排旧。晚清时期,面对外夷入侵,保守派提出"天不变道亦不变",并以顽固的行为排斥新思想,其文化自大昭然于心。二是"顿失自尊之信心,一变排牴而为谄媚,竞事摹仿,盲目崇拜,固有文化之价值,泯然殆尽"②。一些人在面对外来思想时迷失了文化边界,找不到自身的位置,心虚茫然与行为失措表明,文化自卑已经成为一种思绪,"中心"地位的动摇与文化信心的动摇一起表现出来。政治一统、地域一统、思想一统是"大一统"的重要内容,"大一统"思维下的"天下观",讲究"德以亲中国,刑以威四夷"是治理自信,以及"惠此中国,以绥四方"是秩序自信,这些愿望对于孕育文化自信是具有积极意义的。

第二个表现是修齐治平的处事自信。个人的社会归属感与国家命运的贯通,相信能以己之心通达国家之愿,能以己之力推进国家之求,修己为国家、成己为社会、克己为身心,"古之欲明明德于天下者,先治其国;欲治其

① 《习近平新时代中国特色社会主义思想学习纲要》,学习出版社、人民出版社 2019 年版,第 138 页。
② 萧一山:《清代通史》第 1 卷,华东师范大学出版社 2006 年版,第 8 页。

国者,先齐其家;欲齐其家者,先修其身;欲修其身者,先正其心者,先诚其意;欲诚其意者,先致其知。"①修己之道、成己之法、克己之路的自信,修齐治平、内圣外王、明德崇礼是将人生价值与政治价值沟通,由个人心思升腾为国家理想,由内在圣明达到外部和谐,由德礼而至社会文明,修己为家国,成己为社会,克己为身心,构成了儒家文化自信的核心内容,在"罢黜百家、独尊儒术"之后逐渐成为官方的为政目标和社会的行为要求,通过"仁"与"礼"来节制个人行为,将散在个体变为有序集体,用信念的力量维护着现行的规则体系,行己有耻、克己复礼是保持内心的敬畏,风行草偃、万方化被是发挥榜样的力量。

　　第三个表现是经世致用的人生自信。中国古代知识分子的政治自信和学术自信是思想文化自信的重要方面,知识追随政治意在"文以载道",学术解释政治意在"代圣人立言"。"穷于财,可以死吾之身,不能挫吾之精神与意志。平生炯然不可乱之神,凛然不可夺之志,是乃孟子所谓上下与天地同流者也。"②那些为民请命、替天行道的知识分子,表达了自己的身份自信和行为自信,这种士子心态是在长期的社会变幻中形成的。中国历史上的知识分子曾经是一个被广泛褒扬的阶层,曾经是一个充满矛盾的阶层,曾经是一个被压制和摧残的阶层,这些都未能泯灭它们内心为民请命、为国尽忠的自信心理。知识分子的狷狂自大也是有的,存在"志大言大"而又不切实际的缺陷,但是,"狂狷是个有骨肋底人","彼狂者嘐嘐然以古人为志,虽行之未至,而所知亦甚远矣"③。当政治压力呼啸而来时,挺身而出、迎风而上者有之,转归林下、与闻松涛者有之,惟独不去谄媚权贵、巴结势力者有之,他们中的一些人积极求道,表现出士大夫的正面形象和自信心。

　　2. 近代儒西关系处理格式中的文化自信

　　明末的儒西之争与文化碰撞是中西文化矛盾的初显时期,主要有:亚里士多德的"四因说"与道家之"无"及释家之"空"的争论,西方哲学"实体——属性"之说与中国哲学之"太极"与"理"之争,"时间在先"与"理物在后"之争,西洋哲学之"发生论"与"理生天地万物"之争,西洋哲学之"白板说"与儒家"性本善"及"复初"之争,西洋"三司"知识论与儒家之"仁"、"义"之争,天主教之"学理"与儒家之"学理"之争,天主教"生死"说与儒家"生死"说之争,以西哲之"成见"颠覆中国"仁者以天地万物为一体"之观

---

①　《礼记·大学》。

②　熊十力:《先世述要》,载《熊十力全集》第八卷,湖北教育出版社2001年版,第875页。

③　《朱子语类》卷六一。

念,以西哲中"材料"与"形质"释读中国哲学之"气"。这些方面动摇和影响了中国儒家的文化自信,也促使一些儒学家从另一个方面寻找和探索巩固和回归自家文化的方式。鸦片战争以后,儒西文化关系及其处理方式问题更加突出,面对当时积贫积弱的现实和思想界深刻的变动,一些知识分子从不同的视角提出了儒西关系的处理格式及文化自信问题。

魏源的"师夷"与"制夷"、"师夷"与"师古"的格式,主张"以《经》接西",起中华文化之衰,救中华文化之弊端,他认为,中华文化的天人合一观念尚未被拆毁,中华文明固有的"不自大而大"的生命智慧尚未被拆毁。冯桂芬的格式是以西用而补中用,他在理念上固守"中华文化之自信",认为中华文明在文化上"无待于洋人",在制度上"无待于洋人",惟"器物"有待于洋人。可以从中华固有文化中找到解决的办法,不必仰赖于西洋文化,他认为"伦理名教"是中用范畴,"富强之术"是西用范畴,二者有很大差别。曾国藩的儒西关系处理格式大体是中体西用,章太炎认为曾国藩秉持的是民族大义,萧一山、冯友兰认为曾国藩秉持的是文化大义,其中包含着对儒家传统文化的自信心。但他们把曾国藩镇压太平军活动说成"为文化而战争,为宗教而战争",这种观点我们不认同。郭嵩焘秉持西学中源之主张,他提出"中用加西用"的模式,从文化自信的视角看,他认为用其百年之力,可以涤荡旧染,"文化根本"和"观念大义"是必须坚持的自信内容,但他的"二流文明说"与"半文明说"又显得不那么自信。他认为,这里有两个关键:第一个关键是文化,守住了文化,中华民族还有希望,守不住文化,则中华文化自此而绝,成为"古中国";第二个关键是要有信心,要对自己的文化和文明有信心,否则就如镜花水月,变成遗迹或遗址。王韬提出"中西相资""中道西艺"的处理模式,提倡基于"民族文化自信之坚守",基于"民族文化"的坚定信心而反对"观念西化",是这一个问题的两个方面。康有为的思路和历程比较曲折,经历了援西入儒(中)——以西化儒(中)——儒(中)西并尊或儒(中)西并抑——以儒(中)化西的过程。上述方面,提出了儒西文化关系的处理思路,在何为主、何为次、主次关系以及"西化"限度等方面提出了不同的设想,其中"制度西化""器物西化"被看成不同层面的问题,"其大者,亦惟是肃官常、端士习、厚风俗,正人心而已"①。只讲一个方面,难以纲举目张,"制度西化"为本,"器物西化"为末,而文化则不可以西化,甚至"制度西化"也是有明确界限的。面对外来文化冲击,近代知识分子提出了"民族文化自信"的坚守问题,反对"观念西化"与坚守"民族文

---

① 王韬:《弢园文录外编》,上海书店出版社2002年版,第27页。

化"是一个问题的两个方面。中华文化现代化不在于以"西学"代替或重释"中学",中国文化必须坚守应有的自信精神,"中国之兴,沛然天下莫之能御!"①在中学与西学的关系上,迎接"西学"具有拥抱现代化的倾向,守住"中学"具有坚守阵地的意向,不能将二者一概贬斥。钱穆极力推崇民族精神及其包含的文化自信,他认为中华民族精神包括人文精神、融合精神、历史精神。中华人文精神包括人文化成、天下一家;人文本位,道德中心;天人合一,性道一体;心与理一,用由体来。其本质是精神道德,推崇"人人可以为圣人"的自信人生。中国文化的融合精神体现在形成民族国家、民族文化和民族性格方面,民族创造文化,文化凝成民族,中华民族具有的持续性禀赋和伟大同化力源于民族之德性和文化内涵。文化融合是造成中华文化包容力和同化性的基本原因,和合内容大于差异内容,国民性格的和合性是中华文化自信力的重要表现。中华文化的历史精神贯穿上下五千年,历史与文化就是民族精神的表现,这是长期的自信精神积累。

　　3. 体用之争中的文化自信守持

　　"体"是指事物的自身存在和实体形态,也可以引申为事物的内在本质、结构、规律、属性等,是指相对于"用"而言的自身基础和内在根据;"用"是指事物的外部联系、功能、表现等,是指相对于"体"而言的外在现象和条件。体用之争由来已久,最初是中国古代哲学范畴方面的内容,体与用、本与末、道与器是讨论的主要方面。但是,近代以来当面临西方的文化冲击时,体与用的关系上升到了政治层面。当佛教文化进来时,儒家文化就面对着体与用的问题;当天主教文化进来时,儒家文化也面对着体与用的问题;当西方民主宪政进来时,儒家文化也面临着体与用的问题。"体用问题"作为重要议题提出始于近代中华文化感到危机的时候,后来的每一次文化危机都是对文化自信的检阅。19世纪中叶,面对资本主义文化和生活方式的变化,坚守"仁、义、礼、智、信"的中国传统文化陷入沉思之中,我们能够从中看到不同的体用观,如:"自由为体,民主为用""专制为体,教化为用""和谐为体,中庸为用""科学为体,技术为用",这些方面表明,体用关系存在着普遍性和日常性,以及背后所反映和体现的认识深度和信心把握。"对于外国文化,排外主义的方针是错误的,应当尽量吸收进步的外国文化,以为发展中国新文化的借镜;盲目搬用的方针也是错误的,应当以中国人民的实际需要为基础,批判地吸收外国文化。"②

---

① 王韬:《弢园文录外编》,上海书店出版社2002年版,第198页。
② 《毛泽东选集》第三卷,人民出版社1991年版,第1083页。

　　中国人民在向国外学习和寻求真理的过程中也是充满自信的,面向西方的"走西口",面向东洋的"闯关东",面向南亚的"下南洋",都抱着思想救国、实业救国、教育救国的信念。重"学识"以辨华夷,是为了留住文化之根,重"知地"以辨疆域,是为了守住家园,体用之争的文化定力受到世界观、价值观、天下观的影响。其一,礼仪之争背后的国家政治观。中西方交往中,早期是各有标准的。我们秉持的是天朝上国的礼仪和法统,讲究"师法"和"理路",三纲五常、伦纪秩序、专制制度是处理交往关系的基础,而西方是按照另一套话语体系来判断是非的,那时的威斯特伐利亚和约体系规定了国家主权至上、通过国际会议解决争端、关注人权、协约国集体制裁等方面的内容,国权、皇权、神权、霸权、强权、人权的变奏,对体用关系产生了很多影响。在东方,周朝式微而周礼行于天下,霸主挟天子而令诸侯;在西方,神权衰落而传教遍及世界,列强以神权扩张人权。悖论是普遍存在的:满口春秋大义却不知神为何时之物,到处撒播神祇却不知身在何处,知春秋大义而不知国际主义,追求大一统又不知国际法为何物。标准变了,内容变了,时代变了,一些理念被取代:"中国"代替了"王朝","近代"代替了"晚清","国权"代替了"王权",这些方面体现在文化之中时,体用关系就更不易处理了。其二,地理疆域下的"天下观"的颠覆。在西方地理科学知识的冲击下,天圆地方的观念也动摇了,以地理为经、历史为纬,成为中国文化地缘政治格局,成为有识之士的强烈愿望。传统的天下观与学者的天下观发生裂变,"中国的天下"变成了"天下的中国",在中国的"天下观"里,中国唯我独尊;而在世界观里,中国是世界的国家,中国不"中",地理和时空都在变化。"师夷说"迎合了国人面对强敌的敌忾之气,也为华夷之辨提出很多质疑,因为中国文化立人、立国靠的是"天地君亲师",如果师道变了,那么文化根基也就动摇了,这也会影响到中西文化关系。在传统的天下观里,以王权行王道而表现的大一统理念,有其历史光辉和文化风采,在中国传统文化史上有着彪炳史册的功绩并能给人们提供信心资源的记忆。其三,"社会革命"中的文化标准变化。晚清政府在内外交困的形势下,被迫推行"变法"和"立宪"措施,尝试过"民之权"与"民作主"的结合形式,尝试过"王权+民权"的形式,尝试过"光绪帝+孔子"的保皇保教形式。这些方面不可避免地带来一个问题,即:西方的立宪和民主如何嫁接在中国的专制制度之树上,拿来的多,就会"伤元气",拿来的少,就没有效力。何者为主,何者为辅,"拿来"的部分与"原有"的部分如何找一个平衡点,关键在于对体与用的理解和态度。我们看制度变更不能离开文化因素,仅从专制看当时宪政,似乎乏善可陈。但从文化看,"中国人的自由精神生长在文化的江山里,是重整河山的原动力,再造了一代又一代王朝,可惜的是,中国人的自由精神,在政治上,只通往一个出口,此为激进如火山爆发的出口——'革命',没有走向另一个温泉似的出口——'立宪'。革命如火山爆发,一动起来,就改朝换代了;立宪如温泉出水,可以慢慢调,以制度满足人的需要。"①清政府的立宪,意在使帝制的枯树上结出自由的宪政之花,从王权主义转向国家主义,从君主专制走向君主立宪。这种"家天下"向"国天下"的转变,是牵动祖宗之法和传统文化的变化,对体用关系的影响更大。

近代以来,对文化的态度和处理文化问题的方法,一直是知识界和思想界关注的大问题,儒西之争、体用之争、价值之争经常摆在前台。或谓中华文化不如西洋文化,或谓西洋文化不如中华文化,或谓各占春秋,实际上都是在心理、学术、政治等方面做出的一种判识。体用之争包含着历史大视域关照下的中国文化自信,其中最明显的态度差异是保守和激进。中国的文化保守主义兴起于中国文化发展的危难之际,它希望通过固守以往的辉煌和思维来保全文化之根基,不宜用"顽固"或"落后"概括其思想内涵,实际上是谋求中华文化向近代转型的一种思路。尽管它包含着很多固守传统的元素,却是留住"根"和"魂"的愿望,它期待有"精英人士"挽文化之狂澜,坚持民族文化的本位主义立场,表现出强烈的民族文化危机感,自觉担当推动民族文化生存和发展的学术责任。面对西方文化的全面冲击,保守主义者坚决反对全盘西化以及菲薄自己的态度,抱着温情和敬意体悟中华传统文化的内在价值,并且不遗余力地挖掘表达中华传统的文化智慧,这也是一种自信情怀。在处理体用关系时,保守主义也不乏辩证之处,一方面要固守民族文化根基,另一方面也不反对批判地吸收、消化外来文化。"破旧立新"与"据旧开新"在本体上与体用关系是有区别的。那时的改革派着力进取,保守派偏重守旧,"这种针锋相对的情形,恰如各闭上一只眼睛,不看对方的优点,只找对方的缺点。如果能使他们睁开眼睛,用一只眼观察对方的长处,而用另一只眼观察对方的短处的话,就能长短相抵,双方的争论也就可以得到解决。或者发现对方的长处完全掩盖了短处,那么,不仅可以消除争论,且可彼此友好,互相获益。"②从这一点看,一些保守主义者的民族本位是很坚定和自信的。但是,一些文化保守主义者对西学的全面否定和拒斥态度,在文化理解和认识上走向了极端。对于体用之争中的激进主义,也不能完全持表扬态度,激进自然包含着信心,但激进也代表着盲动,把激进

---

① 刘泽华:《中国政治思想通史》(综论卷),中国人民大学出版社2014年版,第659—660页。
② [日]福泽谕吉:《文明论概略》,商务印书馆1959年版,第4—5页。

完全等同于自信是有些偏颇的。体用之争实际上就是思想比较和力量竞争，至于何者能占据上风，最根本的和最终的还要看哪一个更能适应社会需要，尽管政治力量可以起着重要作用，但在较长的时期内，要看各自的发展潜能。体用之争受到多种因素的影响，它在思想界和学术界的注目和观照中引起注意，也是一场文化演练和思想贮备。体用之争中，"复古""进化""革命"等都是敏感的词汇，当民族主义与世界主义相遇时，马上擦出了价值冲突的火花，这种情况下，通常会有两种反应，一种是普遍主义态度，热烈欢迎和拥抱外来思想、知识和技术，希望使自己尽快融入世界，这种追求新世界观的愿望经常转化为对本民族文化的忽视或轻视，以至于当人们回过头来再审视增加的文化时，缺少了原初的自信精神。一种是特殊主义态度，以民族特色、民族例外、民族自大等看待外来文化，在精神世界里用非此即彼的方法来看待体用关系，拒绝接受那些可能会瓦解已有知识体系的内容，表现出强烈的民族主义和本土主义。

二、自信之流：独特的历史命运

中国共产党领导的中国革命充满自信，即使在最艰苦的环境中，即使在最困难的时期，即使在革命处于低落挫折时期，也能做到不改初心、不忘使命，以自己的实际行动造就了中国革命文化的自信精神。中国人民反帝反封建斗争可歌可泣的事迹，是文化自信的重要源泉。"这次革命斗争，决不会像太平天国一样，不会像辛亥革命一样，也不会像五四运动一样，不会像一九二五年至一九二七年的大革命一样，最后都遭受失败，而是相反，一定可以得到胜利。"①解放战争时期，中国共产党的文化自信就有了更多的资本和底气，这些资本来自革命经验的总结和革命战争胜利的信心。

1."主义"时代的思想碰撞和新文化运动中的文化自信品质

新文化之"新"在其目标之新，包括新社会、新人生、新道德、新观念，是新的文化自信之表达，它在传统文化的基础上确立了中国革命的自信精神。当时，西洋文明输入造成的器物层面认识的变化，产生了洋务运动和自强运动；对政治制度的觉悟，造成了戊戌变法和晚清新政。"继今以往，国人所怀疑莫决者，当为伦理问题。此而不能觉悟，则前之所谓觉悟者，非彻底之觉悟，盖犹在惝恍迷离之境。吾敢断言曰：伦理的觉悟，为吾人最后觉悟之最后觉悟。"②陈独秀认为，"吾人最后觉悟之最后觉悟"主要是"伦理的觉

---

① 《毛泽东文集》第二卷，人民出版社1993年版，第170页。
② 陈独秀：《吾人最后之觉悟》，《青年杂志》1卷6号，1916年2月15日。

悟”,是灵魂深处的变迁。他提出了一种新人生论纲,其中最能体现自信心的就是自主权(“自主的而非奴隶的”):“我有手足,自谋温饱;我有口舌,自陈好恶;我有心思,自崇所信;绝不认他人之越俎,亦不应主我而奴他人:盖自认为独立自主之人格以上,一切操行,一切权利,一切信仰,唯有听命于各自固有之智能,断无盲从隶属他人之理。”①对青年的期待和信心是新文化运动主旋律,青年的文化自信体现在责任之中,它能够冲决网罗、破除陈腐,剪翳旧人之勇,阐扬新人之法。

　　从更深层次看新五四运动的文化自信,还在于对社会发展事实的洞察和理解,它看到了西方社会的民主、科学、法制、人权观念深入人心,落后的传统家庭生产模式已经不适应现代社会生产力发展的要求,并以新文化来命名和表达这场运动,追赶社会发展潮流表现了当时的自信心。“由于地理畛域不同,文明因素不同,以及这种因素的发展情况和发展程度不同,所以我国人民骤然接触到这种迥然不同的新鲜事物,不仅感到新异,而且感到所见所闻无一不奇无一不怪。这好比烈火突然接触到冷水一般,不仅在人们的精神上掀起波澜,而且还必然要渗透到人们的内心深处,引起一场翻天覆地的大骚乱。”②福泽谕吉书说的是日本的情况,单从思想表现文化变迁的一般规律,新文化运动中的思想变化也遵循类似的规律。1840年以来清政府的对外战争基本上是以中国割地赔款而告终,这从另一个方面激起了人们社会发展出路的探索热情。各种思想涌入中国后,有识之士深感中国传统文化内核及价值系统的崩溃,精神支柱和精神家园被毁坏,在比较之中新文化运动的领导者认识到物质只是表面的东西,问题还在于思想文化,因此需要向西方的“德先生”“赛先生”学习,于是在各种各样的问题与正义之中寻找自己可以依托的文化内容。

　　“主义”之流行,在于人们看到了思想理论的力量,在于“问题”之存在,在于先进的思想者与民众之间的落差,在于知识精英追求一揽子的解决方案。“主义”时代的降临和展开,是文化自信低落与试图重拾信心的写照。孙中山把“主义”说成一种思想、一种信仰和一种力量,当不同的“主义”交汇时,对“主义”的比较以及处理“主义”之间的关系就十分重要了。“凡一外来主义,蓄于吾心,吾当如何运思以熔冶之,出于吾口,吾当如何斟酌而损益之,见之于事,吾当如何盈虚而消息之,皆需通盘筹度。”③显示出了一种

---

① 　陈独秀:《敬告青年》,《青年杂志》创刊号,1915年9月15日。
② 　[日]福泽谕吉:《文明论概略》,商务印书馆2010年版,序言第2页。
③ 　高劳:《新思潮与调和》,《东方杂志》17卷2号,1920年1月25日。

调和顺处的愿望,在当时"朝不信道""工不信度"的"王纲解纽"状态下,各种思想的比较中,社会主义成为瞩目的对象,新文化追求的内容之新在这里又有了递变和新倾向,"报章杂志底上面,东也是研究马克思主义,西也是讨论鲍尔希维主义;这里是阐明社会主义底理论,那里是叙述劳动运动底历史:蓬蓬勃勃,一唱百和,社会主义在今日的中国,仿佛'雄鸡一鸣天下晓'的情景。"①社会主义思潮主导思想界的局面,揭开了中国思想界的新面貌。"桐叶落而天下惊秋,听鹃声而知气运",各种主义是应时而生的,"主张刷新中国固有文明,贡献于世界者为新,而以主张革除中国固有文明,同化于西洋者为旧。"②这是对新旧嬗递的认识,包含着文化自新和思想自新的愿望,既追求新思想,又不抹杀旧思想的价值,这一点很难能可贵。"一面要有容人并存的雅量,一面更要有自信独守的坚操"③,这也充满自信。中国共产党在各种思潮的比较之后选择马克思主义,没有足够的自信是不行的。毛泽东在《新民主主义论》中将这个问题表达得更明白,"谁把共产主义比输了,我们共产党人自认晦气。如若不然,那所谓'一个主义'的反民权主义的作风,还是早些'收起'吧!"④有信心才有宽容,有能力才有自信,这是生活中的文化事实。就连不赞成社会主义的张东荪,也不否认社会主义的影响力,他在1919年的《解放与改造》创刊号上发表题为《第三种文明》的文章,描述了社会主义前景,认为第一种文明是宗教的文明,第二种文明是个人主义和国家主义的文明,第三种文明就是世界主义和社会主义的文明。

　　2. 觉醒时代的文化自信及早期表达

　　中国共产党在成立之初就把马克思主义写在自己的旗帜上,一定意义上说,中国共产党宣布信仰马克思主义、科学社会主义,给当时的问题与主义之争作了思想上的定调,共产主义成为激励人心的思想和追求的目标。我们常说中国共产党的成立是开天辟地的大事变,一个非常重要的方面是思想上、精神上、追求上的更新,其历史意义和现实意义是:找到了指导中国社会出路的思想以及激发社会革命活力的思想源泉,找到了人们长期解决问题的钥匙,找到了给中国未来给出合理认识和解释的工具。中国共产党以马克思主义为指导,用共产主义代替了封建统治阶级"天下一家"的思维模式,虚幻的大同模式让位于现实可感的实践形式,很多人不再沉浸于传统的家国模式中幻想未来的生活。"从前是牛马,现在要做人"的要求使劳苦

----

① 潘公展:《近代社会主义及其批判》,《东方杂志》18卷4号,1921年2月25日。
② 杜亚泉:《新旧思想之折衷》,《东方杂志》16卷9号,1919年9月15日。
③ 李大钊:《新旧思想之激战》,《每周评论》第12号,1919年3月9日。
④ 《毛泽东选集》第二卷,人民出版社1991年版,第687页。

阶级有了追求美好生活的底气,生活的信心和未来的思想文化憧憬点燃了贫苦群众生活希望。把共产主义思想作为未来的生活目标,也是对过去粗陋的平均主义意识的超越。中国历史上的农民起义,几乎都有"均贫富"的口号和意向,然而那缺乏系统指导流寇式的农民起义,那种走州过府的方式,都难以有序地系统地实现自己的梦想,留下的是一次次失败的教训和失落的信心。中国共产党确立的以马克思主义为指导,体现了社会发展的潮流,因为旧式农民革命和资产阶级革命都已经成为中国社会历史中的过客,中国工人阶级担负中国命运的自信心也被赋予了新形式。

3. 革命时代的文化自信及多样化展开

新民主主义革命中,我们党经历过大革命失败和土地革命的兴起,才有了农村包围城市、武装夺取政权的道路和信心;经历了抗日战争的洗礼和解放战争,才有了建设新民主主义国家的理论和信心;经历了社会主义改造和初期的道路探索,才有了走向社会主义强国的经验和信心。抗日战争中,文化自信和文化异音都是存在的,但是,救亡图存的文化决心和文化信心是最主流的内容。抗日战争的主题与中国共产党团结抗战的信心是分不开的,中国共产党的抗日文化就是宣传抗战必胜的文化。"中国人民将成为独立的人民,有独立的经济、文化和政治组织。这样的中国将永远是世界上一支伟大的有益的力量,将是正义事业和世界文化发展的同盟军,任何国家都不能对这样一个中国的影响漠然置之。"[1]针对当时国内一些人的"中国武器不如人,战必败"的观点,毛泽东明确阐释了抗日战争的规律,在思想上鼓舞了全国人民的抗战士气,在策略上提出了中国人民最终战胜日本帝国主义的方法,在理论上揭示了抗战文化的主导性和引领作用。那个时候的文化,"由于抗战的驱策促进了作家的团结,也促进了全国的团结;由于抗战的驱策更改进了作家的生活方式而觉悟到自己所担负的使命"[2],是"五四"以来新文化发展的主要方向。"在伟大抗战中,基本的依靠中国自力胜敌,中国的力量也正在发动,不但将成为不可战胜的力量,且将压倒敌人而驱除之,这是没有疑义的。"[3]技术落后不应该是缺少自信的理由,思想上的低落是抗战胜利的最大障碍,战胜自我、克服心理定势是文化界的重要使命。速胜论是思想认识上的自大,失败论是思想认识上的悲观,弱国要战胜强国,中国要打败日本,能够在精神上给予鼓舞的就是文化。毛泽东《在抗

---

① 《毛泽东文集》第一卷,人民出版社1993年版,第398—399页。

② 郭沫若:《新文艺的使命——纪念文协五周年》,《新华日报》1943年3月27日。

③ 《毛泽东文集》第二卷,人民出版社1993年版,第146页。

大应当学习什么?》一文讲到抗日的决心和信心时说:"现在你们吃小米饭、爬清凉山的决心是有了,但你们将来还要去'拖牛尾巴',抗日战争的征途上困难还很多,你们要下一个更大的决心——不怕任何艰苦向前迈进的决心!"①这个决心是由思想自信和文化自信支撑的,是共产主义的大无畏精神和牺牲精神决定的,"第一个决心是要牺牲升官,第二个决心是要牺牲发财,第三更要下一个牺牲自己生命的最后的决心!"②知识分子和文艺界的铁肩道义,推动了抗日救亡的活动的大众化,这是中华文化长期持有的精神格调,是中华民族共赴国难的思想素养。毛泽东《在延安反侵略大会上的演说》中讲到三条统一战线的"相遇合"的结果,"正如日初升,向着日益巩固日益扩大的方向走去,最后的胜利必属于我们,悲观主义是没有根据的。"③这三条统一战线当然包括文化上的统一战线以及文化上的必胜信心,这种自信是总结历史经验和教训基础上的自信。自信心的重要前提是心理认识上的一致,然后是行为上的一致,"我们是一条心,开大会是一条心,开小会也是一条心,公开的、秘密的都是一条心,就是要把日本打出去。"④在这方面,一是有坚定的意志和敢于胜利的决心,"中华民族决不是一群绵羊,而是富于民族自尊心与人类正义心的伟大民族,为了民族自尊与人类正义,为了中国人一定要生活在自己的土地上,决不让日本法西斯不付重大代价而达到其无法无天的目的。"⑤二是心中有明确的目标,讲究实事求是,否则自信就变成了自大,"因为你总要落一个地方,像飞机飞上天总得飞回来要落在一个地方,不能到处飞不落地。教条主义是不落地的,它是挂在空中的。我们不要搞教条主义,要脚踏实地地为实际服务。"⑥

三、自信之脉:独特的国情

　　思想赓续中的文化自信之路,靠的是精气神,讲的是学思行,是将求实精神与革命胆略结合起来的现实表现。其中的求实精神是对国情、党情、世情、社情的深入把握,是站在世界历史的高度和中国特色社会主义实际的高度做出的判断,其中的革命胆略是对道路、理论、制度、文化的深入把握,是在对世界社会主义发展规律、中国特色社会主义建设规律、人类社会发展规

①　《毛泽东文集》第二卷,人民出版社1993年版,第119页。
②　《毛泽东文集》第二卷,人民出版社1993年版,第119页。
③　《毛泽东文集》第二卷,人民出版社1993年版,第90页。
④　《毛泽东文集》第三卷,人民出版社1996年版,第149页。
⑤　《毛泽东文集》第二卷,人民出版社1993年版,第113页。
⑥　《毛泽东文集》第三卷,人民出版社1996年版,第150页。

律深入认识的基础上做出的科学认识。

1. 思想赓续中的文化自信

社会主义建设中的文化自信源泉在于自信心的积累和惯性趋势,包括革命文化中的自信心培育,是中国古代、近代社会中传承久远的历史血脉和民族基因。坚持文化自信,要求对马克思主义基本原理和基本理论真学真信,我们坚信"老祖宗不能丢,就是指马克思主义的基本原理不能丢,贯穿其中的科学世界观和方法论不能丢,一定要坚持学习,坚持在实践中运用,如果丢了就会丧失根本。"①从本质看,文化自信也是文化软实力,包含着文化鉴别力、文化判断力、文化执行力、文化实践力。在理念定位上形成长期稳固的文化认同是体现文化自信的重要方式,在形式定位上是诉诸高雅抑或借助通俗,在方法定位上是运动式治理还是常态化建设,在策略定位上是单项推进还是全面发展,都可以从文化自信的视角看待。文化自信与当代中国文化软实力建设的话语构建,是一项基础性内容。不论是文化自信的传统价值基础,还是文化自信的现实基础,抑或是文化自信的国际比较,都存在着话语转换和意义链接问题。文化从社会生活的伴生形式到成为国家综合国力的重要标志,从一般意义的内容到中国特色社会主义建设内容,从笼统的文化发展到文化软实力表达,都包含着深刻的变化,其中有民族化、大众化、通俗化的过程,有引入、继承、消化、应用的过程,有比较、反思、认同、创新的过程,也有探索、总结、归纳、完善的过程。思想赓续之路中的信心把握往往起到决定成败的作用,如果在觉醒年代缺少这种信心把握,是难以走向奠基发展之路的;如果在革命年代缺少这种把握,是难以走向胜利之路的;如果在建设年代缺少这种把握,是难以改变一穷二白的面貌的;如果在改革开放中缺少这种把握,也是难以达到拨乱反正并恢复有序发展的。

2. 国家治理中的文化自信

任何一个现代国家中,必要的自信不可或缺,但在不同时期会有不同的方式及表现形式。一般说来,文化自信要通过政治的引领作用、经济的支撑作用、社会的协同作用、主体的能动作用以及话语的增殖作用体现出来。经济发展与文化素质的协调,是软硬结合;物质文明与精神文明的协调,是虚实并重;主流文化与多元文化的协调,是强弱兼顾。在一些地方,文化自信的表达不够理想,文化经费供给中的缺氧现象,文化人才供给中的缺血现象,文化设施供给中的缺钙现象,文化精神气象上的缺魂现象,是造成文化发展中重数量轻质量、重形式轻内容、重拔尖轻普及、重局部轻整体、重奖项

---

① 《十五大以来重要文献选编》(中),人民出版社2001年版,第1513页。

轻品质的重要原因。在农村和社区,不事创造的麻将群体、散布异见的邪教群体、影响稳定的黑恶群体、维护旧俗的家族群体、崇拜西方的媚外群体,都影响着文化自信的水平和质量。在思想文化领域,存在多种思潮的冲击,企图占据主流阵地,贩卖异端思想,"以势力相雄长,以情伪相攻夺"的现象,思想领域中的中心与不自信相互交织,构成当下不同意识相互比较和竞争的文化大观,思想的"槐市"中各种观点都想获得较大的竞争力。以实际行动促进文化自信理解的精确化、文化自信表达方式的精准化、文化自信实践形式的精细化,是必须考虑的。国家治理中的自信与不自信的根本区别在于,是否有一套应用自如并在社会中自觉表达的思想体系和政治制度,经常表现为常态化生活化规律化的形式,不是靠风云人物短期的影响,也不是靠政治手段的行政命令,而是靠上下一心、举国同欲的民心来支撑运行,靠全社会的思想认同和制度认同来实现。中国共产党的百年历程中,自信心的积淀既浑厚又悠久,古代社会的治理精华是传之久远的思想启迪,而自身执政中的经验吸纳也经常融入新的活力。这种自信来自民族文化中不息的生命力,来自自强不息的动进力,来自众志成城的凝聚力。国家治理中,我们也走过曲折道路,但中国共产党并没有因挫折而走向沉沦,没有因暂时的失败而丧失信心,而是在走过险滩、迈过急流后向着既定的目标坚韧不拔地前进。

3. 方法选择中的文化自信

认识文化自信,立场、观点、态度和方法很重要,要明确指导思想,既坚守方向又尊重创造;要认清文化态势,既统揽全局又把握精髓;要端正思想态度,既尊重差异又兼取众长;要探索有效形式,既分类理解又全面阐释;要完善理论叙事,既为我所用又体现特色。认识文化自信的动力机制、运行机制和表达机制,以明确的价值取向、高度的文化自觉、广泛的文化认同、独特的文化个性和鲜明的时代特征,体现文化自信的基本内涵。马克思主义主流意识形态建设、中华优秀传统文化价值观传承、现代科技文化的发展、文学艺术的繁荣,都是文化自信的内容和体现,它一方面是文化自信的实践形式,另一方面又是文化自信的培育方式。要突出中国特色社会主义文化的真精神,要用马克思主义理论诠释社会主义文化强国的思想实质;要用优秀传统文化价值观激励广大群众,从老祖宗那里寻找传家宝;要用中国特色社会主义文化强国建设,在中华民族伟大复兴中表达文化信心。方法选择中体现的文化自信,是一个比较结果,是过程比较、经验比较、效果比较等方面的综合结果,有比较才有鉴别,正是从实际出发,我们选择了中国特色社会主义发展道路,才有了今天的成就和信心。

4.社会变迁中的文化自信

社会变迁中最能引起人们信心变化的是行为的品质和结果,其深层的因素是人们支配自身和行为的能力,而在实际社会生活中,引起这种变化和信心的方面可以是有形的也可以是无形的。当人们在某一个方面持续地获得成就时,就能不断积累其社会信心,并有可能将这种社会信心提升到经验规律的高度,从而在后续的行为中表现出具有较多有自觉理性认知的行为选择。如果在国家政府的层面上理解社会生活造成的自信品质,首先需要个人行为与集体行为之间的一致性内容,有国家富强造就的社会成员内心的自豪,有集体一致性造成的社会凝聚力的强盛,以及有内外比较、古今比较等造成的心理优势,都是生活变迁中的自信之路。这些方面与中国独特的国情有密切关系,政治优势、制度优势、思想文化优势、改革创新优势、人才战略优势、对外交流优势等,都是社会生活中的显著表现,对社会生活的影响以及在社会生活中的体现是全方位和多层面的。尤其是在这些年来,我们全面培育和践行社会主义核心价值观,对社会生活中的信心培育是卓有成效的,人们的精神面貌有了更深刻的改观,在共同意志共同思想基础上的共同行动也更加有效。习近平总书记多次强调家庭教育和社会熏陶,对于形成敦厚人伦、邻里和谐、社会有爱的风尚提出明确要求,进一步明确了当下社会的精神文明取向,也有力地提升了人们团结奋进、共同追梦的信心。生活变迁中的自信表现出宏阔的胸怀和气度,"山不厌高,海不厌深",纳百川以为涵养,聚万象以为精神,其中不仅隐含着时代精神和普遍意识,也把积极适应生活的气势隐含在其中,追求真价值、真精神、真风采的思想取向都蕴含在生活之中。文化自信激励下的生活追求,不在乎人生如寄,不在乎去日苦多,而是以昂扬向上的事业心融入社会潮流,并且在生活变迁中增益其光彩。中国社会的发展与变迁中,文化意蕴、价值符号、思想意义都融汇其中,如果没有只争朝夕、中流击水的人生豪迈,如果没有敢为人先、鼓荡人生的勇气,如果没有报国之行、为民之志、奉献之情,是谈不上真正的自信的。因此,生活变迁中的自信之路,不仅是个人的自信之路,更是全社会的自信之路。

第三节　新时代文化自信的品格

每一种自信方式都代表一种品质和特征,政治方向、社会目标和主体结构影响下的文化诉求,历史与现实决定文化特质,价值取向与目标选择决定文化格调。"历史和人民选择中国共产党领导中华民族伟大复兴的事业是正确的,必须长期坚持、永不动摇;中国共产党领导中国人民开辟的中国特色社会主义道路是正确的,必须长期坚持、永不动摇;中国共产党和中国人民扎根中国大地、吸纳人类文明优秀成果、独立自主实现国家发展的战略是正确的,必须长期坚持、永不动摇。"①这是当下文化自信的基本要求。

一、新时代文化自信之特征

中国共产党的文化自信中,既带有传统价值观造就的信仰底色,也带有现代社会发展造就的时代特色,既是信仰力量的确证,又是实践理路的选择,其中包含着自觉实践和理论创新、自主选择和思想构建、自我扬弃和逻辑遵守。中国共产党的文化自信,不是盲目的自信,而是韬光养晦自觉发展的自信,在国家层面上是处理中国特色社会主义理论和实践的姿态,在社会层面上是处理宇宙观、人生观、社会观和发展观的文化宣誓,在个人层面上是确立行为规范、道德准则的基础。

1. 历史承载上的连续性

文化自信有其来路和理路,也有其思路和进路,这是一个长期发展的过程。"在几千年的文明发展史中,我们已经树立了强烈的民族自信心,无论是在民族危亡,还是在民族昌盛时期,这种自信心都是我们民族精神中最稳定的成分。正是这种自信心,使中华民族度过了近代史上许多内忧外患的危机,使中华民族在世界上有了令人敬佩的今天。"②中华民族的文化信心虽然在一些历史时期受到巨大冲击,但在大势和主流上从未中断。不论充满曲折的革命战争中,还是充满困难的建设时期,它都是一种信念、毅力和意志,这种文化自信是中华民族长期探索的结晶。在对时代的把握中体现出文化话语的变化和文化叙事的更易,可能有两种不切实际的取向,一是仅仅借助历史经验和实践证明新的文化自信的可靠性,一是仅仅借助推理和想象说明新的文化自信的理论性和必要性。前者偏向经验主义,是"蔽于用而不知文",只重视现世的实际效用而忽视未来的象征;后者采取理想主义,是"离群而索居",只看到未来生活的宏图而忽视当下的实践。中国共产党的文化自信包含着外在的"文"与内在的"化"互动,寄寓着对神圣目标的不懈追求,是通过文化象征关注人生目标,它在人的发展上的期待也是连续的。

2. 社会影响上的深刻性

中国文化有自己的规律和民族特色,中国特色的文化自信是对清晰而

---

① 习近平:《在庆祝中国共产党成立95周年大会上的讲话》,人民出版社2016年版,第5页。
② 习近平:《摆脱贫困》,福建人民出版社1992年版,第17页。

又富有吸引力的目标的确认,它立足于中国社会主义建设的现实成就,立足于中国社会主义建设的经验教训,是具有中国特色的文化自信。"绝不允许把我们学习资本主义社会的某些技术和某些管理的经验,变成了崇拜资本主义外国,受资本主义腐蚀,丧失社会主义中国的民族自豪感和民族自信心。"①回顾改革开放初期的政策措施以及理论发展,那个时候由于经验不足而被迫摸着石头过河的状况,在一定程度上表明我们的不少做法是探索性的而不是自觉性的,尽管在不少方面也信心满满但也不全是规律性的行为;关于姓"资"姓"社"问题的争论,表明当时一些人在思想文化领域中对马克思主义基本原理的理解也是不够自信的;关于社会价值观的困惑疑惑,关于社会不良思潮的判断,表明当下一些人的行为选择离我们期待的价值自觉是有距离的。我们在一个时期对国际共产主义运动中的一些事实的定位是不完全自信的,不论同社会主义国家的关系上,还是在处理资本主义国家的关系时,曾经有过的拘谨、保守和封闭的态度表明,我们的文化意识是不完全自信的。周恩来的一段话很有深意:"我是主张先把本民族的东西搞通,吸收外国的东西要加以溶化,要使它们不知不觉地和我们民族的文化溶合在一起。这种溶合是化学的化合,不是物理的混合,不是把中国的东西和外国的东西焊接在一起。"②在经历了100多年建党实践后,在经历了70多年的社会主义实践后,在经过40多年改革开放之后,中国共产党的文化自信从内涵、层次、水平等方面都有了极大提升,"五位一体"的文明建设要求、"四个全面"的建设要求、共建"一带一路"的经济往来,中华民族伟大复兴的中国梦,都是道路自信、理论自信、制度自信和文化自信的产物。

生活中,对文化自信的误读,容易滋生出高调的理想主义心态,要求所有人对自己的心理和行为有完全一致的自觉的认识,要求撇开国家法律制度确立一套文化秩序,甚至将其普遍化世俗化为粗劣形式,这是一厢情愿的想法。在旧中国,买办文化是没有自信的,这种买办性的封建的文化,"对外是买办主义的。即是,对外善于投降妥协、含垢忍辱、逆来顺受、唾面自干、打了耳光陪笑脸,十足的洋奴气;对列强充满恐怖心、依赖心、侥幸心、缺乏民族的自尊心与自信心。"③

3.表达方式上的开放性

一是开放的胸怀。文化自信不是在封闭的体系中完成的,否则就是在

---

①　《邓小平文选》第二卷,人民出版社1994年版,第262页。

②　《周恩来选集》(下卷),人民出版社1984年版,第344页。

③　《张闻天文集》第三卷,中共党史出版社1994年版,第40页。

象牙塔里闭门造车,这难免会陷入空想,文化自信要求有一个开放的体系、开放的胸怀和开放的思路,就是讲述中国好故事,传递中国好声音,既有"走出去"的胆气,又有"引进来"的心气,既有中国元素的底气,又有创新发展的豪气,还有自立自强的朝气。要以我为主,创造新文化,保存中国的特点,"应该学习外国的长处,来整理中国的,创造出中国自己的、有独特的民族风格的东西。这样道理才能讲通,也才不会丧失民族信心。"①一种有活力的文化自信,要显示出对社会问题的恰当诊断,这虽然不是用手术刀挖掉病灶,也不是在开出具体的治疗方案,但能够给人以信心和勇气,甚至提供可以供人们选择的思路和线索。二是开放的格局。形式上的开放还表现在对文化边界的明确认识和定位,文化自信表明了我们要坚守的核心理念和价值边界,这个边界是思想上的"有墙"和形式上的"无墙"造成的。没有包容的文化自信往往会演变成文化狂妄,没有边界的文化自信往往会变成文化盲目。对于优秀文化乐于接受而不用担心被这种文化同化,对于不良文化能够客观判断做出明确的回应,而不是怀着"非我族类,其心必异"的态度对外来文化充满戒心。三是开放的理念。在当今世界的文化地图中,不同文明的图景和内容有很多重叠,虽然从中心到边缘存在文明的级差,但是相互交流的文化中都会带有对方文明的余韵。文化发展史上,普遍主义者采取不容置疑的态度,将思想和技术融入别的文化中,特殊主义者采取水火不侵的态度,拒绝顺应文化发展大势,与这两个方面相对应的是民族主义和保守主义,这些都不是我们所说的文化自信。中国古代"天下一家"的意识,倾向于把自己的观念普及到全世界,由此衍生出来的对西方社会的爱恨情仇,又将反传统的民族主义推向前台,这是一种矛盾心理。实际上,在近代社会发展中,门毕竟是关不住的,硬要关上国门不仅是置自己于主流之外,也是文化心虚的表现。晚清时期,统治者固守的"天下观""中心观""华夷观""中国观"受到冲击时,文化上的游移态度是明显存在的,从"众星拱月"到"星空迷乱"、从"天下"到"万国",对社会的"变"与"不变"采取了怀疑态度,这一方面是想保持思想上的守望意识,另一方面又不敢正视世界变化的现实,是谈不上充分的文化自信的。"关起门来搞建设是不行的"的结论,不仅有经济方面的开放,也有社会文化上的开放,不仅有形式上的开放,也有内容上的开放,它有决心以自己的成就为世界做出贡献,它有信心在文化交流中增强自身魅力,它有能力拒绝不良文化的侵蚀。

---

① 《毛泽东文集》第七卷,人民出版社1999年版,第171页。

4.存在形式上的基础性

中国共产党的文化自信从来不是就文化而文化的事情,这种自信与道路自信、理论自信、制度自信互相促进,尽管它们不是同时被提出的,由"三个自信"到"四个自信"不只是形式上或表述上的变化,更是理念上的深化和明确表达。文化自信的基础性在于它对社会各个部分发展的促进,在于经济基础、政治基础和社会基础上的精气神,在于沿着中国道路去贴近中国梦。文化自信的基本要求是文化自觉,不管是狭义的文化自觉还是广义的文化自觉,不管是个体的文化自觉还是集体的文化自觉,也不管是理论上的文化自觉还是实践上的文化自觉,都要求在文化上有"自知之明"。"由于我们党对马列主义的学习、宣传、应用和创造性地发展,我们已经把中华民族的理论水平提到了空前的高度。不止理论水平提高了,而且从实践上把中国的面貌改变了。这就是说,马列主义已经确定地在中国人民中间取得了历史性的胜利。不止在中国人民中间取得了胜利,而且使东方各国人民一天一天地更信服马列主义。"①确立文化自信是保持思想世界与信仰世界的统一性的基础,是"欲治其末者,必端其本"的思想理路,是通过文化意义表达国家意志的过程。

二、新时代文化自信之基调

中国共产党把马克思主义写在自己的旗帜上,标识了文化自信的特殊性和一般性。在一般性上,它遵守革命的普遍规律,秉承人类意识中长期积累的创新精神和进取意识,以及追求美好生活和未来发展的愿望;在特殊性上,中国共产党领导的新民主主义革命已经不同于旧式的资产阶级民主革命,在思想文化上也不同于资产阶级的民主主义文化,它所包含的文化自信是以广大群众为主体的文化自信,是以推动中国社会历史车轮滚滚向前的文化自信。"这种中国人民的文化,就其精神方面来说,已经超过了整个资本主义的世界。"②因此,这样的文化自信是有其特指内容的。

1.超越旧式思想选择的文化自信

当人们对社会行为产生困惑并进行思考时,就会有新的价值追索和价值形态被提出。但并不是任何活动都能凝结为思想,只有当人的认识活动是有某种非实在性的意识时,即当超越实际形态变为形而上的活动时,才可能产生新思想。这些思想会形成某些共识,成为共同认可的观念。对于早

---

① 《刘少奇选集》(下卷),人民出版社1985年版,第79页。
② 《毛泽东选集》第四卷,人民出版社1991年版,第1516页。

期离乱不休的社会,有识之士希望能够构建一个礼制的国家和规范,面对纷争时代的诡谲和欲望膨胀,他们希望回归上古时代的文化状态,这是追求向往秩序和寻求有序的思想建构。中国古代思想世界一开始就与"天"相关,在对自然的体悟中,萌生出宇宙天地有中心的思维,这是以我为主的文化自信。对上古神秘力量的认识中,人们希望找到其中的奥秘,认为一旦掌握了这个奥秘,就可以以某种方式运用它支配它,这就激起了对神秘力量的认识欲望,其中的一些文化信仰定格为社会的价值观。而当这种思想与话语权力从大众转到精英人物时,神秘力量成了少数人的专利,思想成了思想者的职业,并转化为系统的普遍使用的知识结构,就形成了主流价值观,一些思想从实用的、个别的、具体的意识中分离出来,上升为具有普遍性的、指导性的观念,具体化为可操作的知识系统。今天,"站立在960万平方公里的广袤土地上,吸吮着中华民族漫长奋斗积累的文化养分,拥有13亿中国人民聚合的磅礴之力,我们走自己的路,具有无比广阔的舞台,具有无比深厚的历史底蕴,具有无比强大的前进定力。中国人民应该有这个信心,每一个中国人都应该有这个信心。"①

2. 超越旧式政治取向的文化自信

当统治阶级面对社会价值纷乱而提出整合社会行为的方案时,就会有新的价值规范和文化自信被提出。中国传统社会价值观是政治思想的结构化和明晰化,对天象和物宜的观察逐渐形成秩序化的理性结构。祭祀仪式上,天子、公侯、大夫的服饰是不一样的,连行为方式都有差异,在古代思想界中形成了天地人一体基础上的文化观念和价值样式。中国社会传统价值观是随着仪式运作而表现出来的,它被赋予和自然秩序一样的权威性与合法性,它以个人内心的情感和理性展开,以血缘关系维系社会联系和规范行为,当它上升到家国层面时,就超越了个人情知,"天道"与"人情"便结合起来了,个人价值观与国家价值观也结合起来了。仪式、象征起着维系社会秩序、支撑价值体系和协调心理平衡的作用。象征秩序代表着价值秩序,象征的影响状况代表着价值观的作用状况,象征的执行权力和解释权力代表着社会价值的影响力和凝聚力。宗法制度和祭祀仪式对思想和价值观的孕育起着推动作用,因为仪式和制度背后是一套理念,它所包含的生活策略具有普遍适用性,宗法制度和祭祀仪式背后就有了秩序的感觉。那些精通仪式和制度的巫祝们,被认为是文化人或思想家,他们把观念性内涵悬置为"普

---

① 习近平:《在纪念毛泽东同志诞辰120周年座谈会上的讲话》,《人民日报》2013年12月27日。

遍真理",就成了社会的文化信心。西周的礼仪和规则,继承了殷代旧传统,所谓"礼失求诸于野",就是要在民间寻找当局所需要的能维系秩序的社会传统,其中有可以变革者,如"立权度量,考文章,改正朔,易服色,殊徽号,异器械,别衣服",有不可以变革者,如"亲亲也,尊尊也,长长也,男女有别"。当社会遭遇"礼崩乐坏"的状况时,就面临如何调整或恢复价值秩序的问题,思想话语的承载者与政治权力的主宰者会出现矛盾,价值语言与实用要求发生分离。思想俯瞰政治,可能觉得它有违人文价值和道德准则,于是给予政治某种批评;政治审视思想,可能觉得它的实用性不够,要求更丰富多彩的内容或更多的信心支撑。当思想和政治分离时,政治取向与价值关怀产生矛盾,在普遍追求实力和实利的情况下,价值理性会变得可有可无,而社会环境造成的对价值探索的自由氛围,促使士人阶层提出不同的价值选项。思想就在思想者的变化中变化着,尤其是在社会的动荡时代,当人们对既定的价值观产生疑问时,常常激起对新思想探索的欲望。

3. 超越旧式价值定位的文化自信

中国古代认为,如果人的品德背离了理性和价值,秩序就会混乱,"人弃常,则妖兴",这种文化心理是"天行有常"的反应。古代中国社会中,"德"在人们心中有一种抽象的神秘的意味,有德者则鬼神、人事俱备,《周书·常训》上讲:"九德有奸,九奸不迁,万物不至",而万物不至,就失去了权威的合理性和价值的本原性。这种常备的心理状态让人"出门如见大宾,使民如承大祭",见大宾则心存恭敬,承大祭则心存敬畏。在日常的意识中,礼法极其重要,不学礼无以自立,对礼仪的心理敬畏和尊重离不开人的道德和伦理的自觉。"名"是另一种心理本原,是维系社会道德秩序的重要依据。"必也正名乎",说明了拥有价值自信和文化自信的必要性、重要性。在儒家看来,"君君臣臣父父子子"所体现"名""实"关系是价值序列的内在要求,所谓"正名"是要规定名分,达到旧时代的"名分"与新时期"等级"的一致性。"名"是价值的外部形式,"实"是价值的内在规定,二者的结合方式经常随着社会变化而变化,因此也经常面临着价值再选择和再定位问题。自我观念、社会观念、时空观念都在变化,但把握世界的方式往往受到固定视角和固定立场的限制,就出现了是非异同、物我彼此之别,一方面是"习惯价值的固执",一方面是新价值观的萌生,二者的协调与适应经常用"名"与"实"来实现。

三、新时代文化自信之经验

新时代文化自信是对中华民族五千年文明史的自信。"在文化建设上,我国意识形态领域形势发生全局性、根本性转变,全党全国各族人民文化自信明显增强,全社会凝聚力和向心力极大提升,为新时代开创党和国家事业新局面提供了坚强思想保证和强大精神力量。"①这是对文化建设成就的深刻总结。百年文化路,一部经验史。中国共产党带领广大群众绘出了一幅壮美的文化长卷,创作了一部彪炳千秋的文化史诗。

经验之一:坚持马克思主义思想指导、党的领导和人民主体地位,是中国共产党百年文化建设中不可移易的根本。马克思主义是文化建设的思想指导和灵魂,从觉醒时代的文化选择,到革命时代的文化坚守,再到建设时代和开放时代的文化自觉,我们党对马克思主义指导作用的认识,也从朦胧走向清晰、从自在走向自觉、从接受走向创新,这是百年文化建设历程的生动写照。"中国共产党是领导我们各项事业的核心力量",在百年文化建设表现得尤其清晰。我们党从石库门、嘉兴走到井冈山、延安,走到西柏坡、北京,走到全国各地,从来没有忽视文化建设和对文化建设的领导。"过去一百年,中国共产党向人民、向历史交出了一份优异的答卷。"中国人民彻底摆脱了文化上被欺负、被压迫、被奴役的状态,成为自己命运的主人。中国共产党先后把马克思列宁主义、毛泽东思想、邓小平理论、"三个代表"重要思想、科学发展观、习近平新时代中国特色社会主义思想写在自己的旗帜上,不仅是思想领域中的与时俱进,也在文化建设中不断注入新思想、新内涵和新经验。人民群众是文化建设的中坚力量。文化史的风景由谁来描绘?文化剧本由谁来导演?文化大戏由谁来唱主角?中国共产党用唯物史观做出了明确回答。人民信仰是国家力量的基础,共产党打江山依靠民心,保江山也依靠民心,而思想文化建设就是维系民心、滋养民心的过程,以人民为主体是中国共产党百年文化建设中不变的理念。文化建设依靠人民、文化成果为民服务,乃是国之大者,这是我们长期的文化实践经验总结。

经验之二:把握文化建设主题,探索文化创新之路,建设社会主义文化强国,是中国共产党百年文化建设中与时俱进的使命。"建设什么样的文化,怎样建设文化",一直是中国共产党人努力探索的命题,在新时代表现为"建设什么样的社会主义文化强国,怎样建设社会主义文化强国"。这方面我们也积累了很多经验,主要是:增强"四个意识"、坚定"四个自信"、做到"两个维护",旗帜鲜明地坚持以习近平新时代中国特色社会主义思想为指导,紧紧围绕"四个全面"和"五位一体"的目标任务,确保社会主义文化

---

① 《中国共产党第十九届中央委员会第六次全体会议文件汇编》,人民出版社2021年版,第13页。

强国建设沿着正确的方向推进,旗帜鲜明地以社会主义核心价值体系为引领,把它融入国民教育和精神文明建设的全过程,使之转化为人民的自觉追求,把精神信仰、爱国主义、理想信念灌注其中。已有的成就是文化建设的起点和基础,已有的经验是文化建设的信心和能力,社会主义文化强国建设包含着对人的本质力量对象化活动的深刻理解,以及对文化内涵和实质的深刻理解。旧中国积贫积弱的状况下是不会有文化强国的,文化强国与教育强国、人才强国、体育强国、健康中国是一致的,这些方面在总体上汇聚成质量强国的理念和行动。习近平总书记说:"块头大不等于强,体重大不等于壮,虚胖不行。"①社会主义文化强国之"强"在于文化的引领力之强、文化话语的影响力之强以及文化的创新发展能力之强。在基本的文化需求得到满足之后,新时代的文化建设要实现"促进满足人民文化需求和增强人民精神力量相统一",这是中国共产党执政规律、社会主义建设规律、人类社会发展规律在文化领域中的具体表现。

经验之三:揭示文化规律,理清文化关系,正确处理不同时期的文化矛盾,是中国共产党百年文化建设中长期不懈的任务。在中国革命和建设的过程中,党带领全国人民经历了反帝反封建的文化革命,经历了建设社会主义新文化的实践,经过了改革开放中的文化创新,对文化建设规律有了更深入的认识。习近平同志在不同场合强调指出:"解释一条规律是创新""要概括出有规律的新实践""尊重新闻传播规律""按照文艺规律呈现的艺术化的历史"。百年历程中,中国共产党在文化建设中形成了一系列经验性规律,如:物质文化与精神文化的协调律,"双百""二为"及"双创"的互补律,经济效益与社会效益的结合律,传统文化向现代文化转化的革新律。这是按照"美的规律"来进行文化建设,是求真和求变、求实和求新、求是和求强的结合过程。中国共产党清楚地认识到,正确处理不同时期的文化矛盾是文化建设顺利进行的保证。随着经济、政治、社会等方面取得全面的发展,中国社会的文化矛盾也转变为人民日益增长的美好文化需要和文化发展不平衡不充分之间的矛盾。在文化产业和文化事业的关系上,文化事业的发展是第一位的;在文化的社会效益和经济效益的关系上,社会效益是第一位的;在"双百方针"和"两为方向"的关系上,为人民服务、为社会主义服务是第一位的;在对传统文化的"创造性转化"和"创新性发展"的关系上,创新是第一位的;在文化市场的经济属性和意识形态属性的关系上,意识形态属性是第一位的。在处理文化矛盾中,走自己的路,是中国共产党百年文化建设的经验汇聚,既坚持政治

---

① 《习近平关于科技创新论述摘编》,中央文献出版社2016年版,第26页。

方向又繁荣文化市场,既统揽全局又把握态势,既尊重差异又兼取众长,既分类指导又全面协调,既为我所用又体现特色,是百年文化建设的基本遵循。

经验之四:坚定文化自信,提升全民素质,增强中华文化影响力,是中国共产党百年文化建设中不断延伸的追梦史诗。中国共产党对文化自信的理解包括三个层面的经验认识:文化自信是更基础、更广泛、更深厚的自信,是更基本、更深远、更持久的力量;中国的自信本质上是文化自信,坚持"四个自信"说到底就是坚持文化自信;只有坚持文化自信,坚持先进中华文化的积极引领,中华民族才能屹立于世界民族之林并逐步实现民族的伟大复兴。党的十九届六中全会指出:"习近平新时代中国特色社会主义思想是当代中国马克思主义、二十一世纪马克思主义,是中华文化和中国精神的时代精华,实现了马克思主义中国化新的飞跃。"①这不仅是中国共产党百年理论建设中光辉的思想结晶,也表达了新时代最鲜明的理论自信和文化自信。文化自信是最能体现思想道德素质和精神品质的方面,代表着国家形象和社会气象,这是我们党在百年文化建设中的深刻体会。文化自信也是软实力,体现为马克思主义的引领力,体现为社会的价值导向力,体现为中华民族的追梦之力,也体现为走向世界的强国之力。"一切划时代的体系的真正的内容都是由于产生这些体系的那个时期的需要而形成起来的",一切划时代的文化成就都是人民群众文化需要的合理表达。百年历程中,党领导人民创造了人类文明的新形态,形成了以伟大建党精神为源头的精神谱系,其中蕴含的文化自信具有承前启后的作用,是中国共产党领导思想文化建设中的重大成就和经验。

第四节 中华优秀传统文化的判识标准

中华传统文化历史悠久,既有吃苦耐劳、生生不息、自强奋发的优点,也有自给自足、开放不足、保守因循的缺点,它的主流思想是以封建国家和传统农耕社会为基础通过儒家学说确立的,其中有引以自豪的方面,也有需要审慎选择的方面。"中华优秀传统文化的丰富哲学思想、人文精神、教化思想、道德理念等,可以为人们认识和改造世界提供有益启迪,可以为治国理政提供有益启示,也可以为道德建设提供有益启发。"②但是,这些启迪和启

① 《中国共产党第十九届中央委员会第六次全体会议公报》,人民出版社2021年版,第10页。
② 习近平:《在纪念孔子诞辰2565周年国际学术研讨会暨国际儒学联合会第五届会员大会开幕会上的讲话》,《人民日报》2014年9月25日。

发作用不是自动生成和自发实现的。习近平总书记多次强调要推进中华优秀传统文化的创造性转化和创新性发展,实现这一要求的基本前提是,认清中华传统文化中哪些是优秀的、哪些是不良的、哪些是精华、哪些是糟粕、哪些可以通过转化而成为现代文化有机成分、哪些可以通过创新而为当代文化增添新内容。这些标准要结合中华传统文化的内容、结合当下实践来确立和认识。

一、思想导向上的标准

能够推进国家、集体和个人健康发展的思想,能够积极推进马克思主义与中华优秀传统文化相结合的思想,是需要进一步转化和创新的。

中华优秀传统文化的主流方向一直是积极向上的,以追求崇高理想为己任,所谓"大道之行也,天下为公",是把"公"与"道"结合起来,从"小康"走向"大同"的愿望,让很多人向往并投入实践之中。中华传统文化中的积极进取内容在国家层面、社会层面、个人层面都有鲜明的特色和内容,是中华优秀传统文化创造性转化和创新性发展必须关注的。中华传统文化看重成己、克己、修己、尽己的基础,这些方面不是要独处一隅而成为"自了汉"和不计身外之事,而是"己欲立而立人,己欲达而达人"。习惯、勤勉、自制、勇敢、修学、修德、交友、从事等方面,都是修己的内容和要求,其目标是于人事名利淡然处之,自强不息,自信不流,"不怨天,不尤人,下学而上达",始终保持奋发向上的乐观心态。中华优秀传统文化认为,人生最大的义务是努力增进整个社会的人格修养,即使处于困境,也"不坠青云之志",也不改国家根本;即使人莫知我,也能胸中浩然、坦荡自乐,无所歆羡,更无自哀自怨;即使处在"进亦忧退亦忧"偃塞处境中,也能朝乾夕惕,不磨灭指向理想。这种成己之法中,既充满心性之本能,亦有自觉人格的表现,从心所欲而不逾矩的行为准则,乃是内省外化的人格要求。

当代中国需要又红又专的建设人才,需要各行各类专业人才,这与中国古代纯粹关注思想修养上的"完人""圣人"有所区别。在中华传统文化中,"修身齐家治国平天下"被认为是四位一体的人生追求。修己之后何为?不是要自我满足某种境界,而是为了效用于社会和国家,"天下兴亡,匹夫有责"是家喻户晓的话语。张横渠的"四句教"被立为人生标杆:"为天地立心,为生民立命,为往圣继绝学,为万世开太平"①,鼓励了很多人在安身立命和追求完美中付出巨大的努力。中华优秀传统文化主张友爱互助,"老

---

① 《张载·横渠语录》。

吾老以及人之老，幼吾幼以及人之幼"①，这是为国、为家做出表率的行为，是利国、利民的事情，有"刑于寡妻，至于兄弟，以御家邦"之功效。"明忠信之备而又能行之"②，是对社会义务的明确表达，它的延伸形式就是国家和社会层面上的责任。中华优秀传统文化把爱国、报国、忧国、卫国作为个人生命中的崇高追求，身处草野，"位卑未敢忘忧国"，身居居庙堂，割不断民情民愿，身处江湖，忘不了国家兴亡。这种以匹夫之志尽报国之心，以丹心汗青描绘国家风貌的行为，在现代社会中也是应当引以为范的。

中华传统文化中，有兼爱之说、天人合一之说、义利之说、中庸之说，在仁义礼智信、温良恭俭让等方面都有很多深刻的论述，不仅是那个时代的思想总结，也是当今时代的精神标识。尤其是在人生的意义上，尽管性善论、性恶论各有主张，但都是为人的发展提供一种理解方式，一方面是"恻隐之心，仁之端也；羞恶之心，义之端也；辞让之心，礼之端也；是非之心，智之端也"③，把仁义礼智归诸性善的结果；另一方面，又以欲为天性之实体，谓人性皆恶。此二端应予辩证分析。善、恶作为事物发展的两极，其判断标准不一而足，但作为对人生应该如何的阐释，同样具有价值和意义，不同方向的思想指向了同一个深层的内容：人的存在和未来前景。兼爱之说让人们在边界的混沌之中感到一种温暖，中庸之说给出了一个表面上明确但又有很多隐晦的意向。拿义利观来说，这是价值选择上的千古难题，孟子曰"取义成仁"，杨朱讲"拔一毛以利天下而不为"，耻于言利与关注私利形成鲜明的对比。这些方面对于当下的义利观养成具有推动意义和警示意义，当代中国共产党人的义利观，是思想上的创新和符合时代发展潮流的表达。大公无私、公而忘私的思想道德情怀，不仅把中华文化中优秀思想道德完美地表达出来，也把社会的正当利益追求体现出来，是对中华传统义利观的科学诠释，这是弘扬和继承优秀传统文化的结果。今天，我们对中华优秀传统文化进行"双创"，要从中国特色社会主义理论与实践中认识这些问题。马克思认为："人们奋斗所争取的一切，都同他们的利益有关。"④用这一观点来认识中华传统文化中的人生观、义利观、公私观，通过转化和创新使之与社会主义社会相适应，是我们的基本立场和出发点，要把传统文化关于国家、社会和个人的关系，与马克思主义关于国家、集体和个人发展的要求合理地对接起来，既突出优秀的历史文化内涵，又突出鲜明的思想导向。

---

① 《孟子·梁惠王上》。
② 《大戴礼记·小辩》。
③ 《孟子·公孙丑上》。
④ 《马克思恩格斯全集》第1卷，人民出版社1956年版，第82页。

二、精神气象上的标准

中华传统文化中朝乾夕惕的精神,奋发自强的精神,不懈进取的精神,博大宽容的精神,都是可以进一步转化和创新的。

中华传统文化的世界情怀是引人自豪的,精神层面上的价值共享,是推进人类文明健康发展的重要力量。中华传统文化的基本精神包括人文精神、和谐意识、伦理本位、忧患意识等,"天行健,君子以自强不息""革故鼎新""苟日新日日新",生生不息的自强精神一直是中华民族奋发向上的强大动力。由孔子开其端、由孟子承其绪、由程朱陆王传其统的儒家文化,把积极向上的人生格调作为自己的座右铭,其中包含着自觉追求完美人生的内在机制。爱国主义是中华民族精神的主体内容,团结观念、国家观念、国家意识始终是高标一帜的方面,包含着巨大的民族向心力、民族凝聚力,这种强烈的自觉认同不是外在的而是内心的,是理智的也是情感的,以至于"虽九死而犹未悔"。中华文化生生不已的气势中,"我善养吾浩然之气""天地有正气,杂然赋流形""意气风发""气壮山河""气冲霄汉"等,与正气相联系,而"垂头丧气""灰心丧气"等包含的另一种方向的表现力,至于"气急败坏"之类的成语则表达了一种极端的倾向。中华传统文化包含着博大恢宏的精神气象,"万物负阴而抱阳,冲气以为和"①,中国的理、诚等在经过气的氤氲之后形成的净洁空阔的境界,具有明显的实在性、流动性、可入性、普遍性特征,中华优秀传统文化也因此成为不断拓展的精神家园。《管子》曰:"精也者,气之精者也"②,胸中有"精气"即为圣人,这是把"气"由生理构成提升到精神品质了,还有正气、风气、志气、骨气、气势、气象等代表精神风貌的词语,"其间忽疾忽徐,忽翕忽张,忽渟漾,忽转掣,乍阴乍阳,屡迁光景,莫不有浩气鼓荡其机,如吹万之不穷,如江河之滔滔而奔放"③,其所以能够激励中华民族勇往直前,乃是永远向上的品质决定的。

中华传统文化中追求的人格精神也是极富魅力的,囊括了品德修养、名节操守、思想境界、人生识见、审美理想等内容,古代所讲"襟抱""胸襟""胸境"等都是精神境界的代称。不论是儒家的仁、诚、性、理等,还是道家的道、天等,既是对宇宙本体的认识,又有对人生最高境界的理解,"独与天地精神往来而不敖倪于万物,不谴是非,以与世俗处"④。作为审美形态,是民

① 老子《道德经·第四十二章》。
② 《管子·内业》。
③ 沈德潜:《说诗晬语》卷上。
④ 《庄子·天下》。

族精神的独特体现;作为审美方式,是民族精神的独特概括。中华传统文化认为,达到了与天合一、主客两冥,也就达到了人生的最高境界。在一些儒家、道家人士看来,这是一种最高极诣的精神境界,其中有值得品位和吸收的内容。但是,由于历史局限,这种精神追求中也有一些不合乎马克思主义辩证法以及时代发展潮流的内容,需要全面地审慎地分析。对于中华文化中的人格精神的理解与发扬,要看到其中的二重特征,从历史与现实中挖掘有益的内容。宁静致远、淡泊明志、洒脱超迈,是中华传统文化推崇的人生格调,在意境上,如果说民族精神是一个宏大的范畴体系,那么天人融合的状态就是中国哲学命题的历史和逻辑起点,是中华民族对生命形式的体验,也是中华文化境界的基本内涵和总体特征,是中华民族精神的必然禀赋,也是中华民族独特体验的必然投射,至今仍然闪烁着智慧的光芒。这种千军万马、龙腾虎跃的大体积、大跨度、大空间的文化精神,如大浪淘沙在不断地淘洗掉自身的污泥浊水后而益发光彩照人,它的感染力、穿透力、说服力、引领力都是积久而喷发的。在当代,习近平新时代中国特色社会主义思想赋予中国精神以崭新的时代意蕴,凝练和概括了中国精神的多维形态,展示了中国精神的演进脉络,丰富了中国精神的时代内容。

中华传统文化的精神世界,还表现为济世之志和天下情怀,中华传统文化中有"穷则独善其身,达则兼济天下",但在实际上不论是穷是达都要兼济天下,中华传统文化中有"不在其位不谋其政",但实际上在其位或不在其位都是谋其政的,"致君尧舜上,再使风俗淳""公若登台辅,临危莫爱身""向来忧国泪,寂寞洒衣巾",都表达了济世之志,即使那些没有功名、没有官籍的"草野之民",也不觉得这种对国家的崇高责任落不到他们头上而多管闲事,也不会觉得尽"匹夫之责"是越俎代庖。"不以物喜,不以己悲",但以天下为己任,那些"传道""授道""卫道""殉道"者,把维护国家正统作为自己的神圣使命,一方面自觉地融入封建社会的政治追求中,另一方面也从心底抒发了经邦济众的愿望,安社稷,赴国难,是他们的重要精神取向,形成了前有古人、后有来者的状态。与此相应的是博施济众、流惠平民的精神意向,"广厦万间",不为个人,"济时敢死",为赴国难,自觉地陶铸和表达自身的奉献情怀,拯救意识、造福意识、关爱意识等,都跃然而出,通过补察时政、泄导人情、救济人病而达到"上下交和、内外胥悦"的清明政治,都是不朽的精神食粮。拿《诗经》来说,它始终保持着贴近现实、关注现实、反映现实、讴歌现实、批判现实的优良传统,象牙塔里的论述和说教是很少的,这种现实主义精神蕴蓄着历久不衰的责任感和使命感。

可以说,中华优秀传统文化精神与以伟大建党精神为源头的精神谱系,有着深厚的历史渊承关系,正如习近平总书记所讲:"一个有希望的民族不能没有英雄,一个有前途的国家不能没有先锋。包括抗战英雄在内的一切民族英雄,都是中华民族的脊梁,他们的事迹和精神都是激励我们前行的强大力量。"①中华优秀传统文化精神与当代精神谱系是息息相通的,埋头苦干的精神、拼命硬干的精神、舍身守法的精神、立志报国的精神、奉献社会的精神,都是中华传统文化中的优秀基因,在长期的发展中一直保持着自身的优秀品格,而且在时光的洗刷中益见光彩,不仅是当代精神谱系的重要内容,也在精神文明建设中起着巨大作用。

三、价值取向上的标准

有利于社会主义核心价值观建设的内容,与科学社会主义价值观主张具有高度契合性的内容,能够推动马克思主义与中华优秀传统文化相结合的内容,都是可以转化和创新的。

中华传统价值观中有丰富的价值内涵,它推崇"富贵不能淫,贫贱不能移,威武不能屈"的认识态度,"不义而富且贵,于我如浮云"的人生追求,认为这是体现良好风尚的必要前提。中华传统文化倡导君子之风,"文质彬彬,然后君子"②,谦恭待人、礼貌处事,能够行己有耻、不辱使命,能够言必信、行有果,是中华传统文化中能够提供正能量的价值内容,"君子之德风,小人之德草,草上之风必偃"③。"礼俗相沿,人重伦纪,以家庭之肫笃,而产生巨人长德,效用于社会国家者,不可胜纪"④,表明家庭伦理、社会关怀、国家发展中的价值选择总是一体的,国家——社会——个人之间的价值链是不能中断的,这对于养成国家大德、社会公德和家庭美德具有积极意义。在今天,我们仍然需要君子之德和君子之风,在全社会中形成团结友爱、诚信和谐的良好氛围。

中华传统文化推崇"三不朽"的价值取向,即:立德、立功、立言,"三纲五伦"是中国传统社会主要的道德观念和中国文化的基本定义,中国传统社会的圣人之德和社会道德都是以此为基础的,其中有积极和消极的方面,需要全面审视和判断。在个人道德上,"自见不明,自是不彰,自伐无功,自

---

①　习近平:《在纪念中国人民抗日战争暨世界反法西斯战争胜利70周年系列活动上的讲话》,人民出版社2015年版,第19页。

②　《论语·雍也》。

③　《论语·颜渊》。

④　《柳诒徵讲中国古代文化史》,河海大学出版社2021年版,第116页。

矜不长"①,"矜伐"是个人修养和家国天下的大敌,包含着对价值追求的过度张扬,不矜、不伐是一种达德。"慎德必躬恕,恕以明德"②,德与恕就密切联系起来了。讲究善恶分明是中国传统价值观的基本要求,"百善孝为先"设定了价值规范的基本标准,"孝"成了做人的基本要求和家风传承的主要内容。中华是礼仪之邦,儒家以孝来统摄诸多行为,"始于事亲,中于事君,终于立身"③,又使家长制度与伦理制度密切联系起来了。礼敬、孝敬又与"敬"联系起来,因为"礼以敬为本",其思维方法是忠恕。"其恕乎!己所不欲,勿施于人"④,恕是仁的门庭设施,有了恕,离仁就不远了。忠恕价值理念的延伸形式是"和",家庭之和、社会之和、国家之和是宽仁包容的前提,以责人之心责己,是一个美德,"有容乃大",是以容己之心容人。世上万事万物的很多道理是共通的,"天下同归而殊途,一致而百虑"⑤,孔子用"有教无类"表达这一思想。推及世界,可以看到,万事万物"有象斯有对,对必反其为,有反斯有仇,仇必和而解"⑥。对于这些方面,必须有辩证的认识,要弘扬其中的积极合理方面,剔除其中不符合现代社会发展的内容。

礼敬尊长是最基本的价值选择,中华传统文化倡导圣人之德,其德谓之仁,其行谓之孝,社会之大忠与家庭之大孝是以报效国家为志向的。这种道德与价值是通过综合方式体现出来的,《礼记·大学》中有:"大学之道,在明明德,在亲民,在止于至善。……古之欲明明德于天下者,先治其国。欲治其国者,先齐其家。欲齐其家者,先修其身。欲修其身者,先正其心。欲正其心者,先诚其意。欲诚其意者,先致其知。致知在格物。物格而后知至,知至而后意诚,意诚而后心正,心正亲后身修,身修而后家齐,家齐而后国治,国治而后天下平。"⑦这里包含着多方面的辩证统一:明德、齐家、治国的统一,修身、正心、诚意的统一,诚意、格物、致知的统一,亲民、至善与明德的统一,是依照家国体系中疏近顺序来归本与修身的,正心、诚意、格物、致知是主要的方法,其中最典范的价值伦理具有永恒性和普遍性。传统的国家层面和社会层面上的治国理念及发展理念,有很多可以转化和创新的内容,"《礼记》正论历史事实,故由大同降而小康;《春秋》悬想文明世界,故由

---

① 《老子》。
② 《逸周书·程典解第十二》。
③ 《孝经》。
④ 《论语·卫灵公》。
⑤ 《周易·系辞传下》。
⑥ 《张载·正蒙》。
⑦ 《礼记·大学》。

升平而至太平"①。中国传统的政治理念及实践也以道德为根本,所谓"为
政以德",还有"道之以德,齐之以礼,有耻且格"②,都是德政思想的表达。
党的二十大报告指出:"实施公民道德建设工程,弘扬中华传统美德,加强
家庭家教家风建设,加强和改进未成年人思想道德建设,推动明大德、守公
德、严私德,提高人民道德水准和文明素养。"③实现这一目标,需要继承和
发扬中华传统道德修养的优秀内容和方式并在当代社会中进一步转化和
创新。

四、审美意向上的标准

独立不倚的人格建构,虚已不倦的精神养成,文质彬彬的行为表达,钟
灵毓秀的艺术陶冶,高举远慕的思想意向,都是能够进一步转化和创新的。

一是圆润博纳的审美意向和积极格调。中华传统文化包含着极为丰富
的情致,在显与隐之间、远与近之间、露与藏之间、言与意之间包含着最动
人、最有魅力的审美内容,在欣赏、玩味、愉悦之中表现出人生意味。中华传
统文化把"敦"与"厚"合起来,倡导丰厚与充盈、饱满与勤勉的人生愿望;中
华传统文化倡导"温良恭俭让",希望达到不偏不激、不迫不露、不即不离的
含蓄之美;中华传统文化倡导诗礼传家,通过诗书继世传扬政治道德规范和
维护纲常礼教,进一步蕴藉了含蓄之美。从传统文化的应用看,维护礼仪是
一个很讲究方法的事情,"无礼之甚"是不符合儒、道思想的,温柔敦厚的人
格精神与美学追求是并行不悖的,尽管也会有"棍棒教育"甚至极端方式,
但圆润含蓄的伦理叙事总是占据主导地位,追求的效果,可以宁静致远,可
以返璞归真,还可以垂范社会。中华传统文化包含的宽容和谐气度,是以中
和圆融为基本特征的,其中的精神格调是积极向上的,在集体性上表现为协
调一致,在个体性上表现为成己,在社会生活层面上强调耻感意识和进取意
识,这一方面是完满自足,另一方面也使中华民族精神带有一些封闭性。

二是自觉涵养的审美意向及人格养成。传统儒学提倡"进德修业""崇
德广用",将伦理道德作为人的发展的基础。中国古代社会告别蒙昧走向
文明的第一批标志性文化产品,就是关于约束言行、提升自我的标准,要求
通过养德、尊德、守德,达到以德而兴、以德而固、以德而昌。这既是在社会
中树立一个良好的道德标准,也是塑造个人和社会的重要标准,道德标准与

---

① 柳诒徵:《中国文化史》(上),中国社会科学出版社 2008 年版,第 292 页。

② 《论语·为政第二》。

③ 习近平:《高举中国特色社会主义伟大旗帜　为全面建设社会主义现代化国家而团结奋
斗——在中国共产党第二十次全国代表大会上的报告》,人民出版社 2022 年版,第 44 页。

价值标准一起构成了社会的美学标准。比如:追求朴素之美是中华优秀传统文化的重要内容,老子用寡欲和节制来反对当时过度的欲望和奢侈,希望回到小国寡民时代,这是具有双重意向的思维,需要谨慎取舍。封建社会中,农耕生活与道德关怀互为表里、互为因果,中华传统文化关于人格塑造的深厚而热烈的,它将人的行为取向与自觉养成结合起来,天下为公的社会情怀、慷慨赴国的献身情怀、恤民仁爱的宽厚情怀、推己及人的兼济情怀、大同一家的天下情怀,都有一种宏阔的气度和自觉的品质。

三是朝乾夕惕的审美意向及社会激励。拿人生短暂来说,"子在川上曰,逝者如斯夫"①,但是,尽管我们奈何不了日月升沉,却能够在成己、成人、克己、修身、尽己上充分地体现出来,通过"三省吾身"的检点达到憬然有悟,通过道德自律把握人生自信,这对于个人层面上的涵养和社会层面上的精神积累,都是一个重要的启迪。与此相联系的社会激励是一种自觉的美的追求,屈原怀着鲜明的政治追求而九死不悔,杜甫秉持"再使风俗淳"的愿望而矢志不渝,范仲淹两字关情,滕子京百废俱兴,其中有以文风来正世风的,有以文道而济社会的,不只是发乎情止乎礼,也把对社会现实的关心溢于言表,把对文的审美与对人的审美结合起来了,把文章"千古"意向与"载道"的社会性结合起来了。中华传统文化之美,还有文学之美、音乐之美、歌舞之美、书画之美、园林之美、建筑之美等,给人视觉、感觉、心灵等方面以美的享受。"蒹葭苍苍,白露为霜,所谓伊人,在水一方"②,其情其景,令人痴迷;二泉映月、春江花月夜,余音绕梁,回味无穷,旋律凄美,令人心醉。乡愁之美、记忆之美、语言之美、意境之美,就如"蓝田日暖""良玉生烟",令人耳目一新。

四是博施兼济的育人意向和方法选择。教人内心向善、教人胸中博学、教人言行一致、教人奋发图强、教人坚守本分,都是中华传统文化中追求社会美、行为美的具体表现。优秀的文学作品、向上的人生追求以及英雄事迹、励志行为、精美传说等,都具有积极的育人功能。从伦理学的角度看,"性善论"与"性恶论"虽然对人的本质有不同认识,但最终的育人方向都在于使人向好的方面发展,人之性善犹如流水,教育可以导流疏源。"故用力敏勇者疾清,用力缓怠者迟清。及其清,则只是原初之水也,并非将清者来换却浊者,亦非将浊者取出,置之一隅。水之清如性之善。是故善恶者,非

---

① 《论语·子罕》。
② 《诗经·蒹葭》。

在性中两物相对而各自出来也。"①如何能流过所经之地而不浊,就要对心性有正确的引导。古代有一句话:"蓬生麻中,不扶而直;白沙在涅,与之俱黑。"②这种环境对人的影响,但是中国传统教育不赞成这种自发养成的方法。善恶两个方面,"皆水也,有流至海而不浊者,有流未远而浊多者、或少者。清浊虽不同,而不能以浊者为非水。如此,则人不可不加以澄治之功。"③儒家讲"有教无类",把教育对象极大地拓展了,而且相信"人人皆可以为尧舜""满街都是圣人",教育之所以美好,因为它不仅"授业解惑",更重要的是引导人生,不仅可以"学富五车",更重要的是可以成为社会楷模,不仅可以摒弃私利思念,更重要的是能够达到克己奉公、天下为公。这些方面也是可以吸收转化的。

上述方面的审美意向,是当代生活中极富价值的社会品格和中国社会须臾不能离的宝藏,它可以激发报国之行,使每一个人在国家危难之际,"若皆有持危扶颠之心,抱冰握火之志"④,使每一个人在国家发展之际,则皆有乾惕震厉、庙堂旰食之行。这种气象,在国家如天光山色,不断日新,在个人如君子洗面,不断涤旧;这种行为能够经常性地引领中华民族不断开新、超轶前代。中华传统文化中,很多优秀的价值、积极的精神、良好的审美都包含着很丰富的育人内容。中华文明史上记录了无数立志为国献身的卓越人物以及顺应社会潮流的风流人物,他们不仅是民族的脊梁和社会的精神支柱,也是激励后人奋发图强、百折不挠的良好教育资源。

五、方法度量上的标准

中华传统文化的经世致用、中庸之道、有经有权、体用关系、内因外因、因果关系、局部与整体、对立统一、过犹不及,等等,都包含着丰富的辩证法,是判识事物本质和事物发展的重要工具,都是能够继承发扬和转化创新的。

中华传统文化中的优秀哲学思想和方法,对于我们建设社会主义文化强国和实现中国式现代化,都是积极有益的。中华传统文化有着深深的历史印记和浓郁的思想沧桑,其中的唯物史观和帝王史观、社会辉煌和民族畛见、激励事项与颓废物事,都使正能量与负能量交织存在。"思想上,突出精华,主题明确;结构上,能长能短,前后连贯;艺术上,既要严肃,又要活

---

① 朱熹:《近思录》。
② 《荀子·劝学》。
③ 朱熹:《近思录》。
④ 陈山榜:《张之洞劝学篇评注》,大连出版社1990年版,第13页。

泼"①,是传统文化"双创"的重要启示。因材施教、启发诱导、言传身教、学思并重、温故知新、不耻下问、循序渐进、有博而反、教学相长、尊师爱生,等等,都是实践中总结的有效方法。

儒家传统文化的中庸思维认为,人之所以心情不顺畅而处于执着胶滞状态,皆因为未明中庸之义。在国,"中"为立国之道;在人,"中"为立身之本。不被情牵,不为物诱,是"真常须应物,应物要不迷"的修行目标和修行标准,此语至为平常而又至难,实则为做人做事的一种方法和境界。中庸之道就是一种至德、大本和达道,中不偏,庸不易,斯为明智之行。如果进一步推延,可以育万物、位天地,因此有"中庸其至矣乎! 民鲜能久矣",这又是值得思考的大问题。中庸之道包含着过犹不及、执两用中、通达权变的方法论。孟子把中庸观建立在"权""义"的哲学范畴基础上,"义"强调坚持圣人之道和怀柔原则,"权"是讲灵活性和合理性,"执中无权,独执一也","无权"和"执一"均不可取。荀子以"礼义"为中心范畴,主张"以分求一""从别到兼",各得其宜。可见,中庸所包含的执两用中、以礼制中、引时而中,是要在追求和谐中走向完美,其在当代中国的方法论价值中不言而喻。从中华优秀传统文化的继承和发扬看,不仅推动了中国古代认识论的发展,也促进了中华民族自强精神的生成。这对于我们认识问题、处理问题时防止极端化和片面化,具有借鉴意义,是需要"扬"的方面。但它忽略了对立面的斗争与转化,忽略了事物的自我否定和质变,又是需要"弃"的方面。中庸思想对天地和谐变化的把握、对应事接物的最佳状况都有优秀的内容。

经世致用的求实方法,是儒家思想方法论中的重要观点,有经国致用、经国济民、治理世事、尽其所用等含义,用现代话语解释,大致是用关注社会现实、直面社会矛盾、解决社会问题,以求达到国治民安的实效,这是中国传统知识分子讲功利、求实、务实的思想取向以及"以天下为己任"的价值情怀。孔子的经世思想,不仅讲"入世",而且身体力行之,致力于通过宣传教育改变社会动荡和礼崩乐坏的局面,把社会发展的希望寄托于今生的努力上。朱熹"存天理,灭人欲"的社会伦理准则,也是面对政治危机而提出的,目的就是要改变世风、挽救社会,落实到行动上又要求修身养性的"内圣"与治国平天下的"外王"形成有机的整体。但一些人走上了"穷理"之途和寂寞冷巷,将"理"变成了僵化之物,就失去了致用意义。阳明心学在发挥人的能动作用方面起到了积极作用,其中"经世"精神被"心学"本身遮蔽了很多。明清之际,这一思潮才被进一步张扬,反对空谈、关心时政成为一

---

① 《陈云同志关于评弹的谈话和通信》,中国曲艺出版社1983年版,第11页。

种"时尚",以顾炎武、黄宗羲、王夫之为最杰出的代表。近代以来,经世致用不仅是一个学术思想问题,更是一种治世方法和行为问题,对社会发展的影响极大。经世致用包括"务当世之事"、勇于任事、敢于创新、注重调查等,这是几千年来中华优秀传统文化哲学的积淀,其思想特点是不尚空泛、辨明物理、察查事实,集"博学之,审问之,慎思之,明辨之,笃行之"于一体,达到"虽愚必明,虽柔必强"。

整体思维是中国传统哲学在方法论上的另一个比较明显的优势,其总体特点表现为以大化流行的整体观念为根基,其中包含着朴素的辩证法思想。中国传统思维方式是把社会作为一个整体对象来看待的,其思维方式的特征是封闭性、单向性和趋同性,但也构成了一个整体形态。中国传统思维方式包括直观思维、逻辑思维和辩证思维,而辩证思维又包括整体思维、变异思维,这些方面结合起来又构成了一个系统,更能体现中国传统思维方式。中医非常强调整体和辩证,把人体和世界看成一个整体;《易经》"观其会通",强调要从统一的角度来观察事物;道家讲的泛爱万物、天地一体,"天地与我并生,而万物与我为一"①,强调人和事物都是一个整体。整体性思维在政治治理上表现为"仰取象于天,俯取度于地,中取法于人"②,在政治目标上表现为大一统,在社会领域中表现为国家、寄托、个人不可分割的情感,在文化上表现为和而不同、兼收并蓄的宽容包容精神。党的二十大报告指出:"我们要善于通过历史看现实、透过现象看本质,把握好全局和局部、当前和长远、宏观和微观、主要矛盾和次要矛盾、特殊和一般的关系,不断提高战略思维、历史思维、辩证思维、系统思维、创新思维、法治思维、底线思维能力,为前瞻性思考、全局性谋划、整体性推进党和国家各项事业提供科学思想方法。"③这些方面又一次表明了中华优秀传统文化的整体思维观念的当代价值,而全球发展观、全球安全观、全球治理观等又是这一思维的外部延伸。

第五节　文化自信与中华优秀传统文化"双创"

中国传统文化自信具有二重性的取向,在价值上追求真善美而排斥假恶丑,在思想上追求卓越而排斥低伪,在行为上追求完人而排斥不端,这些

---

① 《庄子·内篇·齐物论》。

② 《淮南子·泰族训》。

③ 习近平:《高举中国特色社会主义伟大旗帜　为全面建设社会主义现代化国家而团结奋斗——在中国共产党第二十次全国代表大会上的报告》,人民出版社 2022 年版,第 21 页。

方面表现出充分的文化自信。但在方法上有时是内心涵养的,有时是苦行修炼的,有王道霸凌的,也有走向极端的。这些方面的影响也是二重的。因此,我们对中华传统文化的内容要有明确定位,按照习近平总书记的讲话精神,要注意以下要点:一是"要讲清楚中华优秀传统文化的历史渊源、发展脉络、基本走向,讲清楚中华文化的独特创造、价值理念、鲜明特色"①;二是"对中国人民和中华民族的优秀文化和光荣历史,要加大正面宣传力度,通过学校教育、理论研究、历史研究、影视作品、文学作品等多种方式,加强爱国主义、集体主义、社会主义教育,引导我国人民树立和坚持正确的历史观、民族观、国家观、文化观,增强做中国人的骨气和底气"②;三是"不仅自己要从中汲取精神力量,而且要积极推动中外文明交流互鉴,讲述好中国故事、传播好中国声音,促进中外民众相互了解和理解,为实现中国梦营造良好环境"③。

一、历史维度中的中华传统文化自信

中国传统文化核心是"仁"和"礼","仁"是思想内涵,"礼"是行为规范。"仁"与"礼"向社会主体提出了节制和限度,它将不同个体变得整齐有序,使社会资源得到节制性利用,为行为主体间常伦关系有序化提供了必要的依据。千百年来,儒家创立的具有一定变通性的"夷夏之辨"价值观成为一种普遍的社会意识和民族心理,当面临外敌入侵或华夏文化发生危机时,这种态度更为明显。

1. 纲常规范中包含的行为自信

从形式上看,孔孟思想是儒家价值原典,"三纲五常"是天人感应、君权神授的理论基础,宋明理学、阳明心学是儒家文化的演绎形式。从起源上看,"衣裳之治"是儒家"礼"的萌芽,因为冠服进化之迹与思想行为相联系,包含着表德劝善,尊卑有别,是儒家行为规范的起点,故有"垂衣裳而天下治"之说。柳诒徵认为:"文采之多寡,实为阶级之尊卑,而政治之赏罚即寓于其中,故衣裳为治天下之具也。"④柳氏的说法虽然有不少猜度,但不能否认,人若有羞耻之念,略加警示,已经惕然自愧;人若无耻,虽日日桁杨桎梏,亦不自知。儒家倡言中庸之道,就是要求一言一行无不准于礼法。中庸之道讲求化育,"唯天下至诚,为能尽其性;能尽其性,则能尽人之性;能尽人

①　《习近平谈治国理政》第一卷,外文出版社 2018 年版,第 164 页。
②　《习近平谈治国理政》第一卷,外文出版社 2018 年版,第 162 页。
③　《习近平谈治国理政》第一卷,外文出版社 2018 年版,第 64 页。
④　柳诒徵:《中国文化史》(上),中国社会科学出版社 2008 年版,第 40 页。

之性,则能尽物之性;能尽物之性,则可以赞天地之化育;可以赞天地之化育,则可以与天地参矣。"①这是说教育之功在于尽物性、参天地,不只为一时一地而谋。儒学价值观的实践,随着时代变化和思想变迁也有很大变化,从罢黜百家、独尊儒术到纲常名教再到程朱理学,曾经出现多次论争,如朱陆之辩,天理与人欲之辩别,心、性之辨等,表面上思想杂凑、行为漫举,但内在的哲学理念极其深刻。

封建纲常伦理规定的行为范式大体是中庸之道,主张中不偏、庸不易,指人生不偏离,不变换自己的目标和主张。这是一个持之以恒的言行之论,所谓"中庸之为德也,其至矣乎!"②即是此意。中庸之道要求中正、平和,如果失去中正、平和,意味着喜、怒、哀、乐太过。儒家推崇的境界是"极高明而道中庸",这一价值观规定了社会的诸多行为和理念。中庸之道规定下的"仁"与"礼"经常表现在宗法社会关系中,又延伸为"忠""孝"互译的价值,这是亲代关系和君臣关系的互释,它在中国伦理观中占据重要地位。"孝"强调了亲代关系的相互责任,基本的形式是父慈子孝,汉代以后"移孝作忠"成为儒家和统治者关注的事情。"孝"作为家庭理论过渡到政治生活,其中又被掺入"忠"的观念,尊尊与亲亲互相渗透,君权之光折射到价值权威上,形成以亲亲同化尊尊、以尊尊强化亲亲的宗法伦理体系,"三纲五常"是基本的表现形式,就连宗庙祭祀的价值设定中,也渗透了宗君合一以及神权与君权合一的观念。

儒家观念的发展中,"礼俗相沿,人重伦纪,以家庭之肫笃,而产生巨人长德,效用于社会国家者,不可胜纪"③,这种效果进一步激励了人们的忠孝观念,鼓励世人劳身焦思而不避艰险,"立身行道,扬名于后世,以显父母"。儒家伦理中,道德修养占据重要地位,这是通过耻感之他律和良心之自律来展现的,集中体现在义利关系的摆置上,其中有不少极具价值的德目,如:"人而无信,不知其可也";又如:"君子无终食之间违仁。造次必于是,颠沛必于是。"④在很多儒家看来,个体私欲是非道德的行为,无私是高尚的行为,耻于言利是社会常态,即使逐利,也要遵奉"君子爱财,取之有道"。因此,"行己有耻"显示了耻感道德特征,且被逻辑化到社会运行中。然而,孟子主张舍生取义,这可能是人生最大的议题和难题,他所说的"义利之辨,人禽之分",乃是一种二分法的伦理构建,其实践情形极为复杂。宋明理学

① 王国轩、张燕婴译注:《论语　大学　中庸》,中华书局2013年版。
② 《论语·雍也》。
③ 柳诒徵:《中国文化史》(上),中国社会科学出版社2008年版,第79页。
④ 《论语·里仁》。

中,宗法伦理被置于人性之上,在形式上实现了道德自律,以宗法伦理安身立命的人是具有道德责任感或有良心的人,但其中的悖论经常被质疑。儒家的价值观念合流与整合的结果,使儒学思想拥有了强大的话语权力,并进入政治权力,从而国家和社会层面上控制约束着人的行为。

2. 修齐治平中体现的人格自信

儒家倡言独立不倚、高尚豁达的人格,"温柔敦厚而不愚,则深于《诗》者也;疏通知远而不诬,则深于《书》者也;广博易良而不奢,则深于《乐》者也;洁静精微而不贼,则深于《易》者也;恭俭庄敬而不烦,则深于《礼》者也;属辞比事而不乱,则深于《春秋》者也。"①《礼记·大学》中说:"古之欲明明德于天下者,先治其国;欲治其国者,先齐其家;欲齐其家者,先修其身;欲修其身者,先正其心;欲正其心者,先诚其意;欲诚其意者,先致其知。"②可见,正心、诚意、致知、格物既是儒家修身之法,又是儒家学理之端绪。在对待家国的态度上,儒家提倡"在邦无怨,在家无怨";在人际关系上,儒家提倡"亲亲为大","仁者爱人","己所不欲,勿施于人",而且"己欲立而立人,己欲达而达人"③;在个人修养上,儒家强调自我约束,达到"克己复礼",通过外在的强制力量和内心的修养达到"仁"的境界。修齐治平的品格来自内在品行的外展和后天的教育,在孟子看来,人性天生是向善的,他在社会中的各种良行不过是这种"善"的外显。而荀子却主张性恶论,他认为,桀纣率性之极,尧舜怫性之至,皆是两端之为。性善论和性恶论都源于社会生活和经验主义,尤其在荀子那里,重形式之教育,已超越前贤之德政思想。

儒家修齐治平的人格要求,给社会主体提供了行为规定性:一是修己之道,在于正心正行,养成良好习惯,端容貌,顺辞气,"非礼勿视,非礼勿听,非礼勿言,非礼勿动"。由礼而正心,是圣人之微旨,即使"人莫我知,而我胸中浩然,自有坦坦荡荡之乐。无所歆羡,自亦无所怨尤,而坚强不屈之精神,乃足历万古而不可磨灭"④。这种通过道德的提升和完善,达到理想人格的途径,强化了中华民族注重气节和德操的文化性格,也激励世人"为天地立心,为生民立命,为往圣继绝学,为万世开太平"。格物穷理的学理意识规定了获取知识与思想的途径,穷理尽性的探究取向选择了内在超越的思想取向,预示了中国主流知识、思想与信仰世界的走向,也是重建社会秩序和思想秩序的一种策略。二是成己之法。儒家认为,勤勉与自制是成就

---

① 《礼记·经解》。
② 《礼记·大学》。
③ 《论语·雍也》。
④ 柳诒徵:《中国文化史》(上),中国社会科学出版社2008年版,第282页。

自己的重要途径,财富和幸福皆源于人的勤奋追求,人生的价值在于事业而不在年寿。孔子所谓"逝者如斯夫",道出了人生之短暂,生有涯知无涯,如果胸中岑寂无聊,那无异于独居沙漠。一个人,年登耄耋,可能因其醉生梦死而不为世人记忆;中年丧逝,可能因其卓然成就而忘其早夭;饱食终日,则会因逸乐而流于游惰;鄙猥邪僻,则会因滋蔓而难图大业。孔子的成己之法中充满心性之本能,以至于从心所欲不逾矩,其觉世牖民之方,亦从此处显现出来。

孔子由礼而悟道,认为天道远,人道迩,开启了天道与人道关系认识的新时代,而协调天道与人道关系的方式就是"内圣外王"。这一思想的价值取向可以归结为两个方面:一是以人道精神来规范人的行为,以便梳理社会秩序;二是强调宗法社会的道德实践,为官僚政治作论证。修齐治平的行为方式与内圣外王的伦理规范,将人生价值与政治价值相互关联,构成了儒家文化的核心要素,官方的为政目的和大众文化观念最终以有利于社会规范的方式被选择和定格。因此,儒家价值观既是行为观,又是文化观,它在很大程度上是一种软实力。虽然《列子·说符篇》所言:"孔子之劲,能拓国门之关,而不肯以力闻。"《淮南子·主术训》也说:"孔子之通,智过于苌弘,勇服于孟贲,足蹑于郊菟,力招城关,能亦多矣。然而勇力不闻,伎巧不知,专行教道,以成素王。"但从儒家的价值理想看,总体上是尚文德而远武力,"君子之事君也,务引其君以当道"①。儒家思想融入社会的状况,还要看君主的行为状况,即儒家思想的制度化是以社会政治的秩序化为基础的,因此儒家政治道德化就成了中国政治文化的显著特征。不过,儒家虽然主张积极参与到现实的政治活动中,但这种参与以君主行为是否符合儒家政治理想为前提。

3. 家国同构中孕育的民族自信

儒家的社会构造中,"家"与"国"的秩序及结构是一样的,家是国家的缩影,国是家族的放大,宗法伦理是二者互通的桥梁。在忠孝观念的支配下,将父子关系换算为君臣关系,将对族权的敬畏变成对皇权的遵从。封建社会的家国同构有力地维护了旧社会的秩序,科举制度是实践这一思想价值的基本途径,知识分子从家族怀抱流入政治秩序,告老还乡以后以士绅身份管理家族,形成家、国成员之间的对流,在思想观念和政治制度上巩固了家国共同体。在社会的未来取向上,儒家强调,大道之行也,天下为公,未来世界将是大同社会。后来,《礼运》正论历史事实,由大同降为小康,细化了

———————————

① 《孟子·告子下》。

社会的理想目标;《春秋》悬想文明世界,由升平而至太平,表达了悠远的社会寄托。

家国同构作为一种思维定势,使"家天下"的模式向外推延,形成一种持续的排斥力。"天下观"是中国传统儒家的世界秩序观,它首先是在空间上对世界地理以及对中国地理位置的认识,其次是在文化上对世界体系的观念、制度和秩序的认识以及对中国文化所处位置的认识,"天下"是一个融汇地理、心理和政治理想的综合理念,天下、天道、天理、天命、天子、天人合一等,是其中的关键词,大一统的思想深入其中。天下观体现了中国人的身份认同,是古代华夏文化之根本,它既与个人的归属感和依赖感相联系,又与国家命运和未来相贯通。在"中国"观念的支配下,"四夷"之说和"夷夏之防"也渐成思绪,"华夏"与"四夷"的关系在很多世代受此思维的支配。华夏意味着尊贵、正统和中心,《尧典》有"蛮夷猾夏"之说,《左传》有"夷不乱华"之语,仓葛云"德以柔中国,刑以威四夷",《诗经》有"惠此中国,以绥四方",其中包含的观念是文明中国与蛮荒风俗的截然差别。中国天朝模式的世界观要点是:中国是居于平地中央的国家,上覆苍穹;中国的文字、道德、礼仪、制度均优于四夷;中国是政治中心,万方来朝;中国物产丰富,不假外夷以通有无。这样的世界观,"不是靠客观的事实来支持;而是靠主张者的自信力,靠往昔文化上的傲慢惯性来支持,靠筑起一道价值的围墙挡住外来的挑战来支持"①。夷夏之分的延伸是如何看待中国与外国的关系,在历史上,一些周边小国曾经是中国的保护国或附属国,他们每年向中华朝贡,显示出"四夷宾服"之景象。然而,当中国封建社会经济衰退、地位衰落时,天朝上国的梦境被打破,夷夏之防问题便凸显出来。

"从夷夏观念的产生到孟子提出的'夷夏之辨'或'夷夏大防'理论,再到统一王朝时期,夷夏问题逐渐由一种观念发展为一种完整的对外价值系统。"②这种价值系统的要点是:华夏文化处于自尊地位,是中国文化的主流,社会运行靠这一思想维系;以夏变夷,用中国思想教化和改造异邦,"礼失而求诸野"的思维又显示了天下观的弹性、宽容性和调适性。但是,儒家认为夷夏性不可移易,在"非我族类,其心必异"和"王者不治夷狄"的心态支配下,又有了"尊王攘夷"的观念,这一方面强化了价值认同,另一方面成了诸侯夺取权力的借口。"以中国为中心的文明已经远播四裔,虽然从中心向边缘有文明的级差,但是在这个文明的磁场中,多多少少也会粘上一些

---

①　殷海光:《中国文化的展望》,生活·读书·新知三联书店 2009 年版,第 5 页。

②　李扬帆:《涌动的天下——中国世界价值观变迁史论》,知识产权出版社 2012 年版,第 73 页。

文明的余泽,所以直到八世纪,他们还在自信满满地相信中国文明的优越性必然会无远弗届,而异族也一定会'修职贡之礼,受藩落之寄'。"①

4.体用之辨中体现的价值自信

按照早期儒家思想,应该是本末兼赅、有体有用,而实际上这个问题难以合理摆置。明末耶稣会来华之前,华夏农耕文化曾经面对两次文化交汇,第一次是儒家文化与中亚游牧文化的交融,第二次是魏晋时代佛教文化与儒家文化的碰撞。在不同时期,宗教文化对儒家价值观形成不小的冲击,面对"处处成寺,家家剃落"的景象,一些儒者不无忧虑。刘勰认为,佛教入国而破国,入家而破家,入身而破身,危害极大,而"沙门不敬王者说",遭到更多的抵制。后人认为,此种观点有失公允,"指江河为旁流,而反引断沟绝港,蹄涔杯水为沧溟,坚持门户之见,党同伐异,牢不可破,岂非世道人心之患哉!"②争论的结果是,一方面是佛教对王者的附和及维护;另一方面是王者对佛教的接纳和认可。但是,当二者观点相去较远时,或者与社会要求不适应时,就会出现了另一种情况。历史上的"三武一宗"法难,就是极端的事例。基督教在中国的传播曾遭遇更大的阻力,"君权独尊"与"神权至上"的伦理价值观形成明显的对比。基督教伦理强调"凡我人类,皆亲如兄弟",正统儒生士大夫认为,这一宣传有违尊卑差别的宗法伦理原则,"乱我国至尊之大典",破坏了"不孝有三,无后为大"的伦理法则。《四库全书总目》中有一段精辟的阐述:"欧罗巴人天文推算之密,工匠制作之巧,实逾前古;其议论夸诈迂怪,亦为异端之尤。国朝节取其技能,而禁传其学术,具存深意。"③"节取其技能"与"禁传其学术"是当时基本策略,这可能是中体西用的思想源头。从历史发展看,康熙后期出现的"礼仪之争",强化了中国儒学价值观,雍正时期严厉的禁教政策,延缓了西方价值观在中国的传播。

正统儒家认为,儒学是中国传统社会的本位文化,在长期的发展中占据主导地位,是文化之"体",相比之下,外来文化只是枝节内容,是"用"的部分。体用之争是近代以来现代思想与传统思想交汇中的价值冲突,反映了儒学价值的稳固性和保守性。从儒家价值观的创始,经过独尊儒术后的固化,虽然其后有不少思想争执和冲击,但都未能动摇儒家文化"一统天下"的格局。然而,近代以降,面对西方的技术发展和船坚炮利,一些学者提出

---

①　葛兆光:《中国思想史》(下),复旦大学出版社2009年版,第33页。

②　焦循:《良知论》,载《雕菰楼集》卷八,商务印书馆1936年版。

③　《四库全书》。

中学为体、西学为用的主张，"以中国伦常名教为原本，辅以诸国富强之术"，这显然是想将中西文化嫁接起来。张之洞的《劝学篇》称："新旧兼学。'四书'、'五经'、中国史事、政书、地图为旧学，西政、西艺、西史为新学，旧学为体，新学为用。"①对于这一观点，开新者目为哲语，守旧者给予痛挞，其目的各异。早期改良派用此观点是为了让"西用"在"中体"有所存身，洋务派是以"西用"来捍卫"中体"，维新派的中体西用是为自己的变法主张寻找出路。不管有何目的，在顽固派看来，都必然导致"礼义廉耻大本大原令人一切捐弃"的价值灾难。方浚颐的一段话具有代表性："以技艺夺造化，则干天之怒；以仕宦营商贾，则废民之业；以度支供鼓铸，则损国之用。"②在那个时期，形而上与形而下的矛盾动摇了中国传统文化的"道""体"和价值基础，明眼人也看到，仅仅学习西方的"坚船利炮"是"仅袭皮毛，而即嚣然自以为足，又皆因循苟且，粉饰雍容，终不能一旦骤臻于自强"。于是，为了缓解心理震撼，"把这种异文明当作实用知识与技术来看待，要么就在激烈的对抗中使用由'器'而'道'、从'用'到'体'的思路，……，在拒斥新知的同时，把门整个地关起来。"③另一方面，在中国深厚的历史传统与知识资源中，"西学中源"的思路能缓冲文明冲击带来的思想震撼，遇到思想冲突时，只要在传统资源中翻检寻觅就足以应对变局，剩下的工作不是在思想上改弦更张，而是在技术上寻求对接。

与之相联系的还有对"天下观"的颠覆，这是一些保守儒家难以接受的。按照儒家价值观，"天不变，道亦不变"，但是，中国人的"天"和西方人的"天"有很大差异。西方观念的输入完全打乱了中国原有的价值观，使以前的话语体系、价值边界、思想结构发生很大变化。"天下一家"的价值理想和"心同理同"的普世追求，显示出特殊价值观在世界主义理念中的适应性问题。随着中西方的往来发生不可否认的事实——"天下"逐渐变成了万国，"众星拱月"变成"星空迷离"，"朝贡"方式变成了"贸易"往来，这意味着"天圆地方"的时空观念和"中华上国"的地位观被颠覆。然而，一些人依然沉湎于"宗主国"对"朝贡国"、"中国"对"四夷"的思维定式中，在他们看来，"西人言：日大不动，而八行星绕之……窥其用心，止欲破我天地两大，日月并明，君臣父子夫妇三纲而已"④，此种行为，离经叛道，是儒家价值观所不容。

———————————

① 张之洞：《劝学篇·外篇·设学第三》，湖北人民出版社 2002 年版，第 144 页。
② 方浚颐：《机械论》，《洋务运动》(一)，上海人民出版社 1961 年版，第 454 页。
③ 葛兆光：《中国思想史》(上)，复旦大学出版社 2009 年版，第 333—334 页。
④ 《蠡庵集》。

春秋时期,立德、立功、立言被认为是人的行为要求,"太上有立德,其次有立功,其次有立言。虽久不废,此之谓不朽"①。"太上"指最有价值的,而德是最高位置,故立德为先,立功、立言都是不朽行为。孔子认为,"君子义以为上"②,"好仁者无以尚之",人的行为要符合"仁","仁者安仁,知者利仁"③。"安仁"是要安于仁,"利仁"就是以仁为利,突出了"仁"的内在价值。孔子把"仁"作为最高价值,"志士仁人,无求生以害仁,有杀身以成仁"④。在孔子看来,物质获取方式的"道"与"义"影响着财富的性质,他希望人拥有"以其道得之"的富贵,而不是"不以其道得之"的富贵,前者符合道义,后者则有悖道义。因此,道义与富贵的关系问题就是道德原则与物质利益的关系。墨子以"国家百姓人民之利"为最高价值,提出"兴天下之利","除去天下之害"。墨子认为:"凡言凡动,利于天鬼百姓者为之。凡言凡动,害于天鬼百姓者舍之"⑤。墨子也讲"义",而且"万事莫贵于义"。他认为,事物有用处才有存在的价值,因此,墨子的价值观可以称为功用价值论。孟子认为,人人都有自己固有的价值,就是"良贵"或"天爵"。人有物质要求和精神要求,它们是有价值差别的,"体有贵贱,有小大。无以小害大,无以贱害贵。""耳目之官不思,而蔽于物,……心之官则思,思则得之,不思则不得也。"这就是说,如果一个人仅仅追求饮食,就是一个无价值的人了。物质利益是养护身体的,道德是培养心灵的,在身体之中,心灵最贵,所以道德具有更高的价值。人必须有道德的自觉,这种道德的自觉依靠心的思维作用。孟子明确肯定了人的价值,他更强调精神生活的价值。董仲舒提出的"正其道不谋其利,修其理不急其功",成为义利之辩的法则。宋明理学家继承了孔孟学说,极力宣扬人生的价值和道德的价值。道宋提出"物无贵贱"的相时价值论,认为美丑、善恶都是相互依存的,没有绝对的差别。王充的"德力具足"价位观,认为治国之道应德力并重,"治国之道所养有二:一曰养德,二曰养力。养德者养名高之人,以示能敬贤,养力者养气力之士,以明能用兵。此所谓文武张设,德力具足者也。"⑥法家认为道德无用,仁义道德不足以治国。

---

①　《左传》。

②　《论语·阳货》。

③　《论语·里仁》。

④　《论语·卫灵公》。

⑤　《墨子·贵义》。

⑥　《论衡·非韩》。

二、中国传统文化的优秀品质及其制度化

中国传统文化的优秀品质及其形成,表现在中华优秀传统文化中的目标定位、行为选择、品质塑造、人格追求等方面。中华传统文化历史悠久,既有吃苦耐劳、生生不息、自强奋发的优点,也有自给自足、开放不足、保守因循的缺点,它的主流思想是以封建国家和传统农耕社会为基础通过儒家学说确立的,其中有值得我们引以自豪的方面,也有需要我们审慎选择的方面。"中华优秀传统文化的丰富哲学思想、人文精神、教化思想、道德理念等,可以为人们认识和改造世界提供有益启迪,可以为治国理政提供有益启示,也可以为道德建设提供有益启发。"①但是,这些启迪和启发作用不是自动生成和自发实现的。

1. 秩序观以及儒家思想的制度化

中国古代,从西周到春秋基本上是宗法性体制,社会的价值观是以亲属关系为结构建立起来的,亲属关系的原理和准则是社会价值取向的基础。一切社会关系都家族化了,宗法关系就是政治关系,政治关系就是宗法关系,在性质上体现为伦理本位的价值关系,其主导原则不是法律而是情义,不是权力而是义务,其中等差、秩序、情分占据重要地位。尽管宗法社会渐趋解体,它的文明气质和文化精神被复制下来,其影响被植入长期的封建专制社会中。从文化哲学视角看,传统的中学观包括明显的秩序特征、一统特征、精英特征,是对世界秩序的规划、对未来形式的描述以及对人格精神的建构。中学观包含了对中华传统文化的总体性归纳,但也存在很多空灵的想象成分,包含着人类同源的自信以及对历史存在规律的认识。孔子说:"夫礼,先王以承天之道,以治人之情。故失之者死,得之者生。"②诗曰:"相鼠有体,人而无礼,人而无礼,胡不遄死。"③因此礼具有正统性、正当性和合法性,不能违背,作为秩序象征的礼仪,是有深厚背景的,它不证自明,"明明上天,照临下土","明明在下,赫赫在上",宇宙就是古代中国思想的意义世界和价值来源。由于四季交替和日月轮回,中国古代思想世界中又有了阶序式的和差序式的秩序规范,《禹贡》中的"五服"之说就是"东渐于海,西被于流沙"的秩序之说。"差序格局"中包含着很多文化哲学思想,这样的格局中,中国是天下的地域中心,天子是世界的权力中心,占据中心可

---

① 习近平:《在纪念孔子诞辰 2565 周年国际学术研讨会暨国际儒学联合会第五届会员大会开幕会上的讲话》,《人民日报》2014 年 9 月 25 日。
② 《礼记·礼运》。
③ 《诗经·相鼠》。

以统御八方,祭天祭地都有明确礼仪秩序。宇宙天地的秩序就是人间的秩序,天行有常,人行有规,不越法度,不凌人伦,是礼仪秩序的基本要求。一统特征源于归一思维,"万物齐一"以及对"一"的理解,是中国古代文化中最抽象和神秘的方面,甲骨文中"予一人"大体上指作为"王"的"一人",是作为与"中心"相对应的"核心"。至于"道生一,一生二,二生三,三生万物"中的"道"更为抽象,其哲学意味极其复杂。太极、两仪、阴阳、四方、八卦、十二属相、十二月份中的数字,都包含着一整运行规范和互映互生内容,关于食物存在和运行的二元论倾向,已经明显包含了对社会规律的理解,一统之理也蕴含在数字之中。"大一统"的原意并不是"统一"含义,该词最早出现在《春秋公羊传》,原文是"何言乎王正月,大一统也"。《春秋》开篇第一句话"王正月",意即"大一统也"。"大"有推崇、尊重、重视之意,"大一统"字面意思是"尊崇正统",因为周礼制作强调秩序。

儒家思想制度化的要点是:1.礼——价值规范;2.法——行为规范;3.刑——赏罚标准。儒学制度化的得失是纠缠在一起的。这种制度化,说到底是以"独尊儒术"这一制度设计为根基的。然而,这个制度设计在确立儒学作为主流意识形态而存在的同时,也造成了儒学依附君主专制的弊端,从而遮蔽、消解了原本存在于其中的某些优良传统。这主要有三方面:首先,"独尊儒术"使得儒学以经学的形态而存在,这种形态有两面:一面是尊崇儒学,另一面是"罢黜百家"。儒学原先是先秦诸子之一,当其因独尊而被称为经学时,与此相同步的,则将其他诸子作为异端予以排斥,如董仲舒所说的:"诸不在六艺之科、孔子之术者,皆绝其道,勿使并进,邪辟之说灭息。"[1]因此,作为制度化的经学借助极权而实行思想专制。最突出的就是把孔子说的"攻乎异端"(《论语·为政》),解释为攻剿危害正统的邪说。其次,"独尊儒术"使得儒学的经典解释越来越趋向于为现实君主专制提供合法性根据。董仲舒把《春秋》的"王正月"解释为"王者必受命而后王",即君权受命于天,具有不可侵犯的神圣性。刘歆认为:"伏羲为圣王始祖,为百王先",即帝王出自同一家族血缘世系,天下是一家人的永久私产。可见,独尊后的儒学,明显地在阐释君权独尊上做文章。再次,"独尊儒术"使得儒生热衷于依附专制政权而获取功名利禄。"独尊儒术"制度设计的重要方面,是把研习六艺五经作为进入仕途,享受某些优惠(如免去徭役)的唯一通道。

---

[1]　《汉书·董仲舒传》。

2. 天下观以及中国传统中心观的动摇

中国社会步入近代后,一些敏感学者已经察觉到中国的落后,开始正视西方科技,并提出具有新意的思想。如李光地接受地圆说,承认"中国不可言地之中","地至圆,无有上下,周遭人皆戴天履地,无有偏侧倒置。"①他还认为,地圆说源于中国。谢济世认为:"天积气,气扛地。地似球悬,人如蚁丽。凸者山,凹者海。海水演而为山泉,山泉漉而仍为海水。"②"中心之我"变成了"天下之我"的国中之国,体用关系成为敏感的问题,经世致用价值观盛行一时。当时的主流理解是,经世不仅是一种研究目的,也是一种情感、精神和责任,更是一种学术的担当。"位卑未敢忘忧国"的经世学者针对两个方面提出问题:一是明代空疏浮躁的学风;二是晚明空谈误国之行。顾炎武主张反对"置四海之困穷不言,而终日讲危微精一之说",倡导"文须有益于天下"。纪昀突破了"修身齐家治国平天下",高度重视经世之学:"今不讲体国经野之政,捍灾御变之方,而曰吾仁爱之心,同于天地之生物。果此心一举,万物即可以生乎? 吾不知之矣。"③18 世纪的经世思想的发展路径有二:一是以章学诚为代表的以史经世派,对当时的史学和边疆史研究影响很大;一条是以陆耀为代表的"实用"派,带有强烈的功利色彩,强调学术服务于现实。体用之争,自洋务运动以来,已有百余年,有人割裂它们的联系,有人抹杀它们的区别,也有人想调和它们的差异,实际上都是偏执一端、一厢情愿。张之洞提出:"新旧兼学,四书五经、中国史事、政书、地图为旧学;西政、西艺、西史为新学,旧学为体,新学为用。"④对于这一观点,开新者目为哲语,守旧者给予痛挞,其目的各异。早期改良派用此观点是为了让"西用"在"中体"有所存身,洋务派是以"西用"来捍卫"中体",维新派的中体西用是为自己的变法主张寻找出路。不管有何目的,在顽固派看来,都必然导致"礼义廉耻大本大原令人一切捐弃"的价值灾难。在那个时期,形而上与形而下的矛盾动摇了中国传统文化的"道""体"和价值基础,明眼人也看到,仅仅学习西方的"坚船利炮"是"仅袭皮毛,而即嚣然自以为足;又皆因循苟且,粉饰雍容,终不能一旦骤臻于自强"⑤。"体用者,即一物而言之也。有牛之体,则有负重之用,有马之体,则有致远之用。未闻以牛为体,以马为用者也。中西学之为异也,如其种人之面目然,不可强谓似也。故中学

---

① 李光地:《榕村语录　榕村语录续集》(上),李玉昆点校,商务印书馆 2019 年版,第 366 页。
② 谢济世:《梅庄杂著》,黄南津等校注,广西人民出版社 2001 年版,第 194 页。
③ 纪昀:《阅微草堂笔记》,沈清山注,崇文书局 2018 年版,第 463 页。
④ 张之洞:《张之洞全集》卷二七一,河北人民出版社 1998 年版,第 9739 页。
⑤ 王韬:《弢园文录外编》,上海书店出版社 2002 年版,第 10—11 页。

之有中学之体用,西学之有西学之体用,分之则并立,合之则两亡。"

3.西学观的认识误区及理解偏差

一则对西方学科分类和知识体系曲解,往往附着意识形态方面的解释,也比较牵强。如:雍正谈到天主教时说:"凡中外所设之教,用之不以其正,而为世道人心之害者,皆异端也。如西洋人崇尚天主,天以阴阳五行化生万物,故曰万物本乎天,此即主宰也。自古有不知敬天之人、不敬天之教乎?如西洋之敬天,有何异乎?若口天转世化人身以救度世,此荒诞之词,乃借天之名,以蛊惑狂愚率从其教耳,此则西洋之异端也。朕意西洋立教之初,其人为本国所敬信,或者尊之如天。倘谓立教之人居然自称为天主,此理之所无也。释氏以清净无为为本,明心见性为功。所以自修自全之道莫善于此。若云必昧君臣之义,忌父子之亲,弃置伦常,同归寂灭,更有妄谈祸福,煽惑凡庸,借口空门,潜藏奸宄,此则佛教中之异端也。"①伴随着西洋军舰、商船而来的,是天主教为代表的西方文化,由此生出的文化交流和价值碰撞也是必然的。雍正元年,闽浙总督觉罗满保奏:"西洋人杂处内地,在各省起天主堂,邪教遍行,闻见渐淆,人心渐被煽惑。请将各省西洋人,除送京效力人员外,余俱安置澳门。其天主堂改为公廨,误入其教者严行禁饬。"②随着禁教的推行,知识分子对天主教的批评变得无所顾忌,甚至变得无以复加。谢济世说:"自利玛窦入中华,异教又有耶苏。其教遗二亲,藐百神。曰天有主,天主戒有十,受其戒,死则升天堂,享清福。不则入地狱,受火厄。吾尝闻彼天文家言,天体:火、地、水、土。允若是,是升天者受火厄,入地者享清福也。况地之有狱也,谁入之又出之而述之?天之有堂也,谁升之又降之而言之?"③二则对西学特别是知识地理采取了轻率否定之态度。如明时西洋人艾儒略所著《职方外纪》,"所纪皆绝域风土,为自古舆图所不载"。但是,清代编撰《四库全书总目提要》时,对其价值茫然不知。南怀仁的《坤舆图说》,也有类似的遭遇。《四库全书总目提要》将此书与《神异经》相比附:"疑其东来以后,得见中国古书,因依仿而变幻其说,不必皆有实迹。"④前清时,"西学中源说"很流行,主要由于中国知识界狭隘的民族文化优越感。这像一把双刃剑,一方面阻挠中西文化交流,另一方面有助于人们调整心态,不宜将之简单地斥为愚昧落后。三则妖魔化、鸟兽化或鬼怪化的描述大量存在,表现出极端物质的愚昧心态。如:《海国见闻录》曾这样描述土

---

① 王之春:《清朝柔远记》(卷三),赵春晨点校,中华书局1989年版,第56页。
② 王之春:《清朝柔远记》(卷三),赵春晨点校,中华书局1989年版,第56页。
③ 谢济世:《梅庄杂著》,黄南津等校注,广西人民出版社2001年版,第213页。
④ 《四库全书总目提要·吏部·地理类四》。

著人:"又有一种男女,名谓尸罗蛮,与人无异。但目无瞳子,人娶之亦生男女,夜眠魂变为狸狗,率类向水厕,嗜食粪秽。将明附魂。若熟睡,翻复其身,魂不得附归……,又有一种共人,共者咒法名也,刀刃不能伤,王养以为兵卫,犯事应刑,令番僧以咒劝化之,使其自退共法,方与受刑。"①再如:阮葵生的《茶余客话》关于"西方绝域诸国"部分有两段荒诞不经之语:"西海中有女国,无男。山有神木,一抱之则感而孕。有狗国,生女如人,生男皆狗。"又云:"阿谛国在西海中,与控噶尔相接。人长三四丈,弓矢及一二里。性怯,畏锣鼓之声,生女高数尺,男高数丈。喜生食人兽。"②关于这些思维,不能简单地说是排外现象,也不能简单地归结为刻意而为,因为"交通不广"的情况下,"见识不全"是常有的事。

三、马克思主义与中华优秀传统文化的结合方式

马克思主义与中华优秀传统文化的结合上,习近平同志的有关重要论断,是我们必须坚持和把握的:一是"结合论"。明确提出实现马克思主义同中华优秀传统文化的结合,这是对马克思主义的新贡献,其中包含着对中华优秀传统文化的理解和定位,在如何实现二者的结合上,要求对中华优秀传统文化做出甄别判断。二是"契合论"。中华优秀传统文化"同科学社会主义价值观主张具有高度契合性"③,这一论断一方面提出了对中华优秀传统文化内涵的价值观的认识,另一方面把科学社会主义价值观作为一个根本的参照物,明确提出二者在价值观上的契合及融通贯通路径,为马克思主义与中华优秀传统文化相结合提出了更充分的理据和理解基础。三是"适应论"。积极推进中华优秀传统文化与社会主义社会相适应,这一个论断更多地体现在实践方面,但是,对于二者"相适应"的内涵、内容的理解,又需要对中华优秀传统文化做出全面的审视。

1. 把握中华传统文化"动"与"静"、"变"与"不变"的逻辑

马克思、恩格斯对传统文化的批判性阐释,是基于历史长河中的文化发展进行的。文化内容的相对静止和绝对运动一直在进行着,自我更新和自我保持中的物质交换、能量交换、信息交换是一个永不停歇的过程,马克思所说的世界历史进程包含着传统文化的动进过程。"静"的方面体现了传统文化发展的稳态形式,这是自我保持的基本形式和必要前提,这种"保

---

① 李长傅:《李长傅文集》,河南大学出版社 2007 年版,第 358 页。
② 阮葵生:《历代笔记小说大观　茶余客话》(下),上海古籍出版社 2012 年版,第 323 页。
③ 习近平:《高举中国特色社会主义伟大旗帜　为全面建设社会主义现代化国家而团结奋斗——在中国共产党第二十次全国代表大会上的报告》,人民出版社 2022 年版,第 18 页。

持"是在社会有机体内进行的,是传统文化影响力的表现;"动"的方面体现了传统文化发展的活态形式,这是适应变化的重要表现,是传统文化保持生命力的方式。"统之有宗,会之有元"的变通和守持都有其内在依据和外部因素,"动"与"静"是在传统文化的自我保持和自我更新中达到统一的。在这里,秉持先进的思想和理念,是一个基本的保证,"落后的或发展上落后的经济关系,往往使那些拥护工人运动的人只能领会马克思主义的某些方面,只能领会新世界观的个别部分或个别口号和要求,而不能坚决与资产阶级世界观的特别是资产阶级民主主义世界观的一切传统决裂。"①这在传统文化的"动""静"关系上也表现出类似的道理,对传统文化的保护和更新不能只看到某些方面。钱穆对此也有深刻的见地:"文化俨如一生命,他将向前伸舒,不断成长。横切一时期来衡量某一文化之意义与价值,其事恰如单提一部门来衡量全体,同样不可靠。我们应在历史进程之全时期中,求其体段,寻其态势,看他如何搭配组织,再看他如何动进向前,庶乎对于整个文化精神有较客观、较平允之估计与认识。"②"静"是中华传统文化保持自身品质的前提,绵延不绝的中华文化之流中,总是有稳定的元素和基因被延续下来,"动"是中华传统文化保持适应能力的前提,生生不息的中华文化之脉,都在不断适应社会发展中承续下来。

马克思、恩格斯在对东方文明及文化传统的分析中,论及西方文明对中华传统文化的影响。当中华传统文化遭遇西方文化的冲击时,"变"与"不变"被提出来,传统的"天下观""世界观"发生变化,中国不在"中心",中国的"天下"变成了"天下的中国"。"变"与"不变"的依据在于社会需要、群众需要和生活需要,那些枝节内容,是可以根据需要与场景而变化的,那些影响"根"与"魂"的内容是不能动摇的。萧一山曾说:"吾国自宋明以来受佛道影响,专究性命之学,走入静寂琐碎、无为、无用之境域,文化丧失活力,社会何殊死水,学而不能利济苍生,使匹夫匹妇受其泽,徒以为士大夫吟风弄月之娱乐品,升官发财之敲门砖,百姓细民,日处苦难之中,谋生救死不暇,'奚暇治礼义哉'?……。于是国人顿失自尊之信心,一变排牴而为谄媚,竞事摹仿,盲目崇拜,固有文化之价值,泯然殆尽。"③这种状况是要改变的,自我保持与自我更新都与自信心联系在一起,使自我更新和自我保持达到动态平衡状态,体现精神平衡与健全心态的统一,是中华传统文化传承与

---

① 《列宁全集》第20卷,人民出版社2017年版,第64页。
② 钱穆:《中国文化史导论》(修订本),商务印书馆1994年版,第6—7页。
③ 萧一山:《清代通史》第一卷,华东师范大学出版社2006年版,第8页。

发展的重要课题。关于"动"与"静"、"变"与"不变"的辩证统一,有人用卡西尔的描述说明这一现象:"不是结果的统一性而是活动的统一性,不是产品的统一性而是创造过程的统一性。"①就当下的现实看,我们有理由把这句话改为:不仅是结果的统一性,也是活动的统一性,不仅是产品的统一性,也是创造过程的统一性。

2.把握中华传统文化"新"与"旧"、"古"与"今"的关系

马克思、恩格斯把伟大的认识工具交给了我们,使我们在中国特色社会主义实践中有了坚实的方法论基础。正如马克思、恩格斯在描述人类社会不同阶段中的传统文化的相对性一样,中华传统文化在中国历史长河中也有相对性和独立性的特征,不同阶段的比较内容和意义经常使中华传统文化在"传统"与"现代"的互动中演变。新旧之分在于文化的阶段性发展差异,古今之别在于文化的现代性转化差异,中国历史上的"法先王"与"法后王"、"师古"与"师今"都与当时的环境和需要有关。传统文化进化中"变古"与"趋时"总是交织在一起,如果一种传统文化不想在时代大潮中被遗忘,就要面对时代变迁做出合适的选择;如果"常立于一定不易之域,寸地不进,跬步不移,未尝知过渡之为何状也"②,则会丧失文化的活力与生机。文化之"古"与文化之"新"构成一对经常性的矛盾,马克思、恩格斯在《共产党宣言》中描述传统社会生活变迁时,也惊叹于技术之变、经济之变、交往之变和各民族文学之变,他们在论述东方村社传统及其文明时,也感叹于不同文明碰撞引起的传统价值观之变。

在中国特色社会主义实践中,中华传统文化的"新"与"旧"、"古"与"今"如何合理地对接起来,是一门大学问。从历史与现实看,马克思主义与中华传统文化有很多契合之处,马克思和恩格斯从来不反对德国的传统文化,他们明确表示要继承德国的传统文化,并且把工人阶级作为继承传统文化的主体。中国共产党成立之初,就面对中华传统文化与马克思主义的契合与对接问题,马克思主义之所以能够在中国的大地上为广大民众接受,不仅是中国共产党领导下的广大群众的追求问题,也有广大群众在传统心理上的接受问题。马克思主义中国化的每一个巨大成果,都要求对中国传统文化再度进行全面的审视,如何找到合理的结合点尤其重要。在马克思、恩格斯看来,传统文化的延续和发展,都是在现实的经济、政治、制度的关照中进行的,体现在中国特色社会主义实践中,要求把"双创"的两个方面有

---

① ［德］恩斯特·卡西尔:《人论》,甘阳译,上海译文出版社1985年版,第90页。

② 张品兴主编:《梁启超全集》,北京出版社1999年版,第465页。

机地结合起来,让传统文化"动起来""活起来""新起来",使枯枝绽放新芽,使古意增添新意,使传统文化成为现代文化发展的深厚资源并成为留住乡愁的不竭灵感。

黑格尔在《历史哲学》中把中国文化称为"永无变动的单一",是用"一种终古如此的固定的东西代替了一种真正的历史的东西",中国文化只有在外力作用下才有"活泼生动的进步"。可以说,黑格尔只是触及了中国传统文化的外在因素,他忽视了中国传统文化发展的内在动因。中国传统文化现代化的依据和力量植根于现实土壤中,这就像马克思、恩格斯所说的西方传统文化的社会基础一样。"按照历来的本来面目反映中国文化现代化的进程,便不应如同'冲击——反应'模式那样陷入外因决定论,而必须深入探究西方工业文明同中国传统的农业文明之间既相冲突又相融汇的复杂过程,具体考察这两大文明系统间的各种层面上的冲突所在,以及彼此融汇的结合点和结合机制。"①在国内,中华传统文化的传承应该与现代文化是合理对接的,在国际上,中华优秀文化与世界优秀文化也应该是合理对接的。不论是西学东渐,还是中华文化的对外传播,都有追赶世界潮流的意向,在这方面,不能将之看成文化成分之间的掺杂或混合,而应该是各种优秀元素之间的有机结合。

3.把握中华传统文化创造性转化和创新性发展的关系

中华文化既是"民族的"又是"世界的",它在百年未有之大变局中适应全球化和世界交往的变化,成为中华传统文化的必修课程。马克思曾把历史上的民族征服概括为三种形式:一是征服民族把自己的生产方式和文化理念强加于被征服民族;二是征服民族维系被征服民族的生产方式而自己从中渔利;三是征服民族的生产方式和文化理念,与被征服民族的生产方式和文化理念以一定的方式结合,形成一种新的形态。这三种方式都以一定的形态反映出对被征服民族文化传统的影响,通过"发生一种相互作用,产生一种新的、综合的"文化形态,会打破旧式的文化传统面貌。中华文化不能自外于世界文明,更不能自绝于世界文明,文化的世界性与民族性并不矛盾,普遍性的世界文化与地域性的民族文化之间的张力经常地存在着,"各民族文学"与"世界文学"之间的互动是文化发展的动能和动力。中华传统文化和现代文化能够为世界文化提供更多的个性内容,世界文化能够为中华文化提供普遍的规律性启示,我们讲对传统文化的创造性转化、创新性发展,也包含对世界优秀传统文化的"双创"思路。

---

① 冯天瑜等:《中华文化史》(下),上海人民出版社2005年版,第924页。

　　中华文化既是"传统的"又是"现代的",在传统与现代之间并不是隔着一道万里长城的,二者之间总是有着千丝万缕的联系。现代文化的大厦就建立在传统文化的根基之上,现代的价值观念、理性精神、道德信仰并不是一下子形成的,制度系统、知识系统、心理系统等也不是一下子形成的,未来的思想体系也建立在现代的文化大厦之上。我们讲传统文化的"双创",既不能离开传统也不能拘泥于传统,既依托传统文化又超越传统文化,孙中山曾提出:"能用古人而不为古人所惑,能役古人而不为古人所奴"①,是对待传统文化较好的思路。实际上,我们还可以对此进行延伸,不仅不为古人"所惑"和"所奴",还能从古人所说、所想、所做中引申光大,不仅能"用古人"和"役古人",也能超越古人、超轶前贤。毛主席说过:"从孔夫子到孙中山,我们应当给以总结,承继这一份珍贵的遗产。"②以传统激励现代,以现代扬弃传统,借鉴"原型文化",审视"次生文化",发展"现实文化",是对传统文化"双创"的又一思路。

　　中华文化既是"精神的"又是"物质的",其中有与物质文化相联系的物质文化遗产,有与精神文化相联系的非物质文化遗产,它们共同存在于中国现实的社会生态环境中。古语说,天地为炉,造化为工。文化是在自然与社会的烘炉中锻造的,自然生态和社会生态都会引起传统文化的变化。面对现实,文化保守主义不可取,文化虚无主义不可取,文化自大主义也不可取,为了顺应需要,我们的传统文化必须进行合适的现代性转换。当今世界,中华文化既在中国特色社会主义土壤中茁壮成长,又受到资本主义物质生活和价值观念的侵扰,中华传统文化中的主体精神能否站得住脚跟,能否保得住立场,需要在顺应潮流中坚持以我为主、自觉开新。社会主义制度和资本主义制度的对立,不能作为拒绝人类优秀文化的理由,二者在文化生态上的差异不能作为"老死不相往来"的理由,在世界文化交流的总体生态环境中,通过对中华传统文化的传承促进世界物质文化和精神文化的协调发展,并使文化成果的多样化与精神需求的多样化相适应,也是对传统文化"双创"的重要思路。

四、推动中华优秀传统文化同社会主义社会相适应

　　推动中华优秀传统文化同社会主义社会相适应,基本意向是在党的领导下以马克思主义为指导,使中华优秀传统文化成为中国特色社会主义的

---

① 《孙中山全集》第六卷,中华书局 1983 年版,第 179—180 页。
② 《毛泽东选集》第二卷,人民出版社 1991 年版,第 534 页。

有机组成部分,实现二者的合理对接并为社会主义社会服务。"相适应"的基本前提是以社会主义社会为主体,也就是社会主义理论和实践基础上的适应,不是社会主义社会适应中华传统文化,而是中华传统文化适应社会主义社会,这是一个主从关系和原则问题,不能颠倒过来。"相适应"不是消极适应,并不意味着中华传统文化无所作为,也不意味着中华传统文化可以自动地适应社会主义社会,这需要发挥广大群众的主观能动性,通过积极的引导达到目的。"相适应"的基本目标是,使中华优秀传统文化成为社会主义社会的重要力量,全面提升文化自信和历史自觉,增强中国特色社会主义理论力量和实践效力,为建设社会主义文化强国增加内能,为中国式现代化增强动力。推动中华优秀传统文化同社会主义社会相适应,可以从富有哲理性、现实性和思想性的方面做出阐释。中华优秀传统文化是中华文明的智慧结晶和精华所在,是中华民族的根和魂,是我们在世界文化激荡中站稳脚跟的根基。"推动中华优秀传统文化同社会主义社会相适应"是文化发展的必然要求,是社会主义的必然要求,是民族复兴的必然要求,任何社会发展都不能剪短传统的脐带,无视传统就会丢掉根与魂。

1."推动中华优秀传统文化同社会主义社会相适应"之应然

"推动中华优秀传统文化同社会主义社会相适应"不是空穴来风的命题,是由社会思想的发展规律决定的。人类社会的文化总是具有封闭和开放的二重特征,哪一个方面起主导作用,对于这种文化的自身发展具有很大的影响。一般而言,那些主动适应社会变化、顺应现实需要的文化总能有更多的回旋空间,而那些封闭僵化的文化,总是面对各种困局时经常会存在襟肘之窘。文化的依存状况受到主流意识形态的影响,按照马克思主义观点,统治阶级的思想在任何时候都是占统治地位的阶级的思想,这是一个基本规律。一种文化要想得到社会的认可并在社会中延伸发展,必须与社会的主流意识形态相适应并为这种意识形态服务。在资本主义社会里,各种文化是从属于资产阶级思想的,在社会主义社会里,各种文化应该服从社会主义思想。在我国,社会主义是被广大人民接受和认同的主流意识形态,对各种思想文化具有规范和约束作用,传统文化必须服从和服务于社会主义,这是一个应然的事实。旧社会主义社会而言,它是一项前无古人的事业,其道路和实践都是在已有的优秀历史基础上探索的。恩格斯指出:"所谓'社会主义社会'不是一种一成不变的东西,而应当和任何其他社会制度一样,把它看成是变化和改革的社会。"①但是,社会主义的变化有不少随心所欲的,

①　《马克思恩格斯文集》第10卷,人民出版社2009年版,第558页。

它在坚持马克思主义基本原理的基础上,又要从现实出发。中国共产党自从揭示了马克思主义之日起,就有了如何对待中华传统文化的问题,社会主义实践不能离开传统文化,社会主义改革也不能离开传统文化。中国社会主义建设和改革中,对待传统文化存在偏差的时候,往往是思想领域存在混乱的时候,而在文化健康发展的时期,也总是传统文化得到合理关注的时期。中华文明五千多年发展史,是推动全党全社会增强历史自觉、坚定文化自信的必要素材,而坚定不移走中国特色社会主义道路,为全面建设社会主义现代化国家、实现中华民族伟大复兴而团结奋斗,也需要汲取中华传统文化的丰富养料。中国特色社会主义建设进入新的时期,对传统文化的发挥更应该成为理论和实践中的现实课题,这是一个道理和规律。

2.“推动中华优秀传统文化同社会主义社会相适应”之必然

任何一种优秀思想文化都不拒绝吸收其他外来优秀思想文化,中华优秀传统文化思想在长期的传承与光大中被继承下来,成为中华民族赖以生存的精神支柱。它曾经多次与外来文化接触并能够以自己独特的文化为外来文化所叹服,同时中华文化也吸收了外来优秀文化而使自己的文化不断融合壮大。不论是佛教文化的引入,还是基督教文明,抑或是伊斯兰文化,在与中华的交流中总是斗则两伤、合则两利的发展规律,至于历史上儒释道合流的状况也包含着相互吸收优秀充分的意向。博大宽容的胸怀不仅给中华文化提供了接纳外来优秀思想文化的基础,也是中华文化历久弥新的自觉与自信。社会主义是人类文明进程中的优秀思想,它本身就是在吸收人类社会的优秀思想成果的基础上产生发展起来的,它在社会中不断充实、修订和完善,表现出接纳优秀、超越自我的理论品格。具有开放胸怀的中华优秀传统文化,与进取精神的社会主义相遇时,定能够将二者的优势和优点集中发挥出来,形成一种“强强联合”优势。“推动中华优秀传统文化同社会主义社会相适应”的必然性,可以从中国社会中传统文化与社会主义文化及其相互关系得到证明,二者都是中国特色社会主义土壤和环境中的客观内容,一个是传统的内容,一个是现代的形态,是中国特色社会主义的影响因素,中国式现代化就建立在这种传统基础上。“我们坚持把马克思主义基本原理同中国具体实际相结合、同中华优秀传统文化相结合,不断推进马克思主义中国化时代化,推动了中华优秀传统文化创造性转化、创新性发展。要坚持守正创新,推动中华优秀传统文化同社会主义社会相适应,展示中华民族的独特精神标识,更好构筑中国精神、中国价值、中国力量。在推动中华优秀传统文化创造性转化、创新性发展的过程中,我们要坚持马克思主义的根本指导思想,传承弘扬革命文化,发展社会主义先进文化,从中华优秀传统文化中寻找源头活水。"①

3."推动中华优秀传统文化同社会主义社会相适应"之实然

从历史和现实看,中国社会主义理论和实践都不是在新的空地上进行的,也不是把过去的一切推倒重来。"新的阶级及其文化,并非突然从天而降,大抵是发达于对于旧支配及其文化的反抗中,亦即发达于和旧者的对立中"②,马克思主义来到中国,有一个如何适应中国社会的问题,马克思主义遇到传统文化,有一个如何结合的问题。一方面,中华优秀传统文化是一种具有成就推动作用的文化力量,是体现历史自觉和文化自信的基础内容,它不仅是维系中华民族团结的基因,也是中华民族引以自豪的资源。中华优秀传统文化生生不息、增强奋发、追求日新、刚健有为的品质,在中国革命、建设和改革中转为巨大的精神力量,形成一个不断延伸的精神谱系,这既是中国共产党领导下开创社会新局面的业绩和成就,也不断以事实表明中华传统文化所蕴含的巨大能量。中华文化不是游离于社会主义制度之外的东西,它内在地包含于社会主义社会之中,是要与社会主义社会相适应的。另一方面,社会主义社会制度及其主导地位,也是客观事实,不容置疑也不容争论。但是,社会主义社会要想超越过去超越自我,要想引领中华民族实现伟大复兴,就不能不对优秀传统文化做出恰当的判断和定位。在国内,中华优秀传统文化就是社会主义社会的组成部分,千百年来勤劳的中华民族对社会形态的探索是一种不竭的智慧源泉;在国际,中华优秀传统文化能够成为古老文明中的一员并且贡献着中国经验,是中国特色社会主义为基础线外辐射的。缺少这个基础,就难有强大的彰显效力,缺少这个基础,就少了走出国门走向世界的能力。回溯中国近代历史,灿烂的中华文明不是不优秀,古老中华文明不是不想走向世界,而是缺少焕发强大生机和能力的制度基础,缺少推动中华优秀传统文化外展的力量,封建制度的闭关自守理念人为地禁锢了自己。在今天,中华优秀传统文化也不是独自标榜个性而孤芳自照的文化,有着雄健生命力的文化,在社会主义条件下才会成为垦殖新生产力的土壤,也只有社会主义社会,才能使中华优秀传统文化焕发出更大的文化生产力,才能既无愧于中国人民也无愧于现代世界。

---

① 习近平:《把中国文明历史研究引向深入　增强历史自觉坚定文化自信》,《求是》2022年第14期。

② 鲁迅:《集外集》,中国文史出版社2002年版,第291页。

第四章　文化符号论与新时代中国特色社会主义文化符号

文化是具有一定规则的意义系统和符号系统,多样化的流动符号在衣食住行等方面都司空见惯,人们甚至忘掉了文化符号的原初意蕴而表现出对新内容的关怀,一些文化符号借助技术成为最有活力的因素,以至于让人无时无刻不感到生活在符号世界中。中国特色社会主义文化型构中包含着具有丰富意义的符号体系,对中国社会发展具有全方位的影响。

第一节　文化符号及其一般表现形式

文化符号是表征文化内容、文化价值以及用来简化交流的一种形式,是在社会变迁和生活需要中逐步形成的。人们在既定的符号体系中交流着,又不断创造出新的符号体系。作为一种思想寄托,文化符号经常受到生活的纠缠,"语言和意识具有同样长久的历史;语言是一种实践的、既为别人存在因而也为我自身而存在的、现实的意识。语言也和意识一样,只是由于需要,由于和他人交往的迫切需要才产生的"①。文化符号给交流和表达带来了便利,既给表达对象以意义赋型,也会因主客观因素不同而产生理解上的歧义。文化符号总是在一定的社会环境中产生的,生活的样法就是符号的生成样法,从古代社会到现代社会,人们的社会实践是文化符号最强大的推动力,为计算和丈量土地面积而出现的数学符号,为记事和保留记忆而产生的工具符号,为交流意见和表达思想而产生的语言符号,都与社会生活有关。生活内容之演变就是符号形式之演进,人类考古发现的陶器、石器、青铜器等上面的图案符号,并不是人们所猜想的充满神秘感的"达·芬奇密码",而是包含生活意义和愿望的文化符号。交往能力是人的最突出的禀赋,语言是交往的工具,语言之中包含着引导人们打开生活奥秘之门的钥匙。语言文字、艺术制作、宗教仪式等都有用符号表达的形式,有的演变为衣食住行中的生活符号,有的演变为制度惯俗中的行为符号,有的演变为交流沟通的工具符号,有的演变为服务社会的工具符号。拿精神生活方面的

---

① 《马克思恩格斯选集》第 1 卷,人民出版社 2012 年版,第 161 页。

符号来说,可以分为理论的、伦理的和审美的三种,它们都可以进一步细分。埃及人的文字书写最初可以在陶瓷、骨器和雕刻的木器上看到,中国古代的仰韶文化、大汶河文化、红山文化等符号也有相似的表现。象形文字符号的出现大致有四个阶段,即:图画记号时代、象形文字时代、行书曲线文时代、简化速写文时代。音节和语言的出现是文化符号产生的又一个有力证据,劳动促进了器官的分化,使发音有了器官依托和基础,这是具有决定意义的符号生成起点,是人们的交流与进步中不可缺少的环节。令我们产生遐想的是,为什么不同地域的语言文字有很多差别,为什么不同的语言包含的音节不同,站在今天的基点上,如果没有语言世界会是什么样子。随着社会的发展,文化符号的构建中产生出很多意义分支,自然科学和社会科学都有自己的符号体系。西方建筑艺术也是艺术符号,是在生活中出现的。当我们把目光转向现代时,我们看到文化符号与社会生活的联系更为密切了,我们就生活在符号体系及其象征意义之中,文化和文化符号就是一种现实——一种覆盖生活的现实,一种囊括科学的现实,一种摆脱僵化统一原则的现实。文化符号的社会性是一根永远割不断的纽带,没有社会性就没有文化符号的现实意了,社会生活推动文化符号产生和变化,文化符号因社会需要而出现,两者一开始就是一对割不断的意义关系。按照卡西尔的观点,人生活的世界是一个功能和象征支配的世界,物质性的实体存在于神话、艺术和科学之中,文化符号的变迁就是神话、艺术和科学符号在生活中的变迁。在他看来,符号是对于人类本质的一种提示,其中不仅浓缩了人的思维和行为,也体现了人类生命的独特色彩,并且人类文化的全部发展都依赖于这些条件。

一、文化符号的学理意蕴及社会功能

早期文化符号大体是为了计数或记事而创设的,尽管形式简单,但却是具有划时代意义的事项,因为有了符号就有了寄托意义和思想的最简单办法,符号可以表意、抒情、记载或述说,"立字为据"是基本的意向。杨朱曰:"太古之事灭矣,孰志之哉? 三皇之事若存若亡,五帝之事若觉若梦,三王之事或隐或显,亿不识一。当身之事或闻或见,万不识一。目前之事或存或废,千不识一。太古至于今日,年数固不可胜纪。但伏羲已来三十余万岁,贤愚好丑,成败是非,无不消灭,但迟速之间耳。"[①]"亿不识一""万不识一""千不识一"的原因大抵有二:一是早期无文字方面的记载,以口传言说的

① 《列子·杨朱》。

内容会造成很多舛误,正应了空口无凭;二是早期缺少器物方面的证据,以至于依靠主观猜度,也应了不足为据。随着社会发展和认识深化,符号化成为一种趋势,学科描述需要符号,社会交流需要符号,经济发展更需要符号,便利的交流、简洁的表达皆赖符号之功。古代文化符号蕴含的内容,充满神秘感、幼稚感、愚妄感、荒唐感和矛盾感,但蕴含的经验和启迪不容否定,文化符号所寄托的理想色彩和对未来的渴慕,通过符号意义追忆过去的创造精神,通过符号寄托把遥远的物事拉近为眼前的镜像,会有一种期待感和自信心。"地球不过微小之物,各时代之人,常有迁徙,无可置疑;而人之信史、讹言、秘传医方、宗教表记、装饰题旨以及巧妙事物等,传播之速且远,谅尚甚于游牧部落之迁徙或民族之移居。"①为记事、为娱乐、为想象、为抒情、为表意等目的而产生的符号,是生活方式多样的表现,包含着拨云见日的洞察意向和意义之光。

从考古历史看,符号的起源大抵沿着两个主要路向发展起来,第一个路向是人类早期的自然崇拜、生殖崇拜、图腾崇拜、祖先崇拜中的意义承载,最常见的方式是拟人化。第二个路向是器物的使用及事项的记录,不同石器时代的工具上的图案形式,洞穴和石壁的图符,是最早的一批符号形式,在不同民族或部落中有不同的意义指向。周易的卦象、爻辞是用不同的符号表示的,《序卦》曰:"有天地然后有万物,有万物然后有男女,有男女然后有夫妇,有夫妇然后有父子,有父子然后有君臣,有君臣然后有上下,有上下然后礼仪有所错。"②生活的秩序和符号便在这个过程中孕生和发展,相伴生的语言、音乐、舞蹈都可以看成符号体系,"字性之别,在今世数种言语中,似只累人记忆,并无何用;然考其由来,实为初民所留贻;盖昔尝有一时期,其时初民之宣扬巫术,及信奉拜生教,均着重在男女两性之辩,至少亦着重在有生物与无生物之分类,遂觉取各种事物之名,加以详细之辨别,为大有益于实用。"③音符与音乐是与社会进化发展相联系的文化符号形式,但并不一定呈现正相关的联系,思想文化上的"第一提琴手"并不一定是经济上的"第一强国",即使是那些古朴落后的民族也能创造出精美的文化符号。个人的衣食住行是常见的符号表现,其历时久远,迁流繁多,体现拜生教、拜物教、拜祖教的符号,其寓意往往由直白而至复杂,由古朴而至现代,其中的心灵慰藉、愿望寄托、精神期待也是多样化的。充满神秘感的巫术、禁术、邪

---

① [美]林恩·桑戴克:《世界文化史》(上),冯雄译,东方出版社2012年版,第27页。
② 《易·序卦》。
③ [美]林恩·桑戴克:《世界文化史》(上),冯雄译,东方出版社2012年版,第27—28页。

术、先知术、占星术,涉及的符咒、图谶大多是想象出来的,但在生活中可以找到一些线索或联系,有人说宗教文化出于巫术,是有一定道理的,因为无数的形成过程已经孕育着一些文化创造因素。禁术是生活、行为、语言方面的禁忌,不得看视之物体,不得触犯之物体,不得言说之物事,皆为此类,故又被称为反巫术。"此种思想,似与视神道为庄严隐秘之思想相连,盖初民以为庄严之物,不可手触;隐秘之事,不可纵任好奇之心,窥求底细也。"①文字与算符的产生最具时代意义,象形文字、楔形文字等源于自画式符号或记录符号,偏重于事物的描写和过程的记录,是一个生活区域和一定时期的独创,所处的环境、生活状况、理解程度都存在很大差别。最早的代际传承中,符号起着传递内容和信息的作用,纸张的发明使符号有了承载媒介而便于固定和流传,报纸的诞生使图文符号传播日新月异,信息媒介、网络技术又将符号构建及表达推向新境地。一路走来的文化符号,从中世纪的口头传承,到近代文明的书面表达,再到现代数字符号,其形式已经从单调的状态走向多姿多彩的体系。

社会发展到今天,亚文化符号也成为必须关注的内容,这是有别于主流文化的一类文化形式,主要寄托群体是青少年。由于亚文化涉及社会的未来发展和青少年群体的健康成长,也成为社会以及文化哲学研究的重要对象。亚文化的产生及其重要表象最初都源于西方发达社会,青春偶像本身就是一种文化符号,他们的一举一动都成为显示自身存在的符号,但这种符号因迅速变脸而只有片刻的荣光。对于这些青年人来说,少年男女的青春萌动、单亲家庭的心态影响、丁克群体的文化模式,都成了亚文化及其符号的酵母,对正统生活、正统文化、正统行为方式的反叛,则成为亚文化及其符号的心理倾向。他们自身的思维中,青年人从来不缺少活力,从来不需要掩饰自己,以"青春期"的激情来塑造"放荡"之态,并为自己量身定制一种合适的"符号"型体,把独特的青少年文化风格通过独特的传播方式展现出来,媒介、唱片、录音带、网络都曾是亚文化符号赖以传播的主要渠道。还有一种日常生活符号,处在高雅文化符号与亚文化符号的中间地带,包括空间符号、装饰符号、体态符号,是社会中最具多样性的部分。就我们现在所接触的状态看,文化符号的一般功能有三:

第一,文化符号是知识沉积过程中形成的具有象征意义的符码体系。只有当人们具备了一定的知识基础,才具备创造符号的能力,有了符号体系和符号意义,才具备了系统地表达社会认知的能力。在古代,文字、巫术、图

---

① [美]林恩·桑戴克:《世界文化史》(上),冯雄译,东方出版社2012年版,第32页。

腾是最早的符号形式,代表着比较简单的认知体系,在今天,形形色色的符号构成了复杂的知识体系。还有一些特定的符号形式,在长期的意义演变中被固定下来成为神圣的和庄严的表达,如:"中国"一词,具有多重意义赋型,如果追溯其词源,最早大抵可以从《禹贡》中看到,《史记》中有"中国锡土姓",郑康成认为"中即九州也",孙星衍认为"邦"是"国"之意,大致可以认为《禹贡》的"邦"是从《史记》改为"国"的。后来就被沿用了,《左传》中有"德以柔中国,刑以威四夷",《礼记·王制》中有"中国戎夷五方之民,皆有其性也,不可推移",《诗经》中有"惠此中国,以绥四方",《毛传》认为"中国"是指京师。章炳麟在《中华民国解》中说:"中国之名,别于四裔而言。"古代"中国"一词还有文明之地的意思,"不与夷狄执中国也"即此意,因中国乃礼仪之邦,夷狄乃蛮荒之地。"中"的意义还有中庸、公允、公正之意,如:《论语》之"允执厥中",《礼记》之"而用其中于民"。再如:"华夏"之起源,《尧典》有"蛮夷猾夏"之说,就是夏代之人,另外一个意思是说"夏"是象形字,意指古之图画。《说文》有:"夏,中国之人也。从夊,从页,从臼。臼,两手。夊,两足也。古文夏。"其意为"中国之人"与边夷之民区别。"羌,西戎羊种也,从羊,羊亦声。南方闽,从虫。北方狄,从犬。东方貉,从豸。西方羌,从羊。此六种也。"此外,《左传》有"戎狄豺狼,不可厌也;诸夏亲昵,不可弃也",但"夷不谋夏""夷不乱华"。

第二,文化符号体系包含着一系列秩序规则。"中夏之文明,首以冠裳衣服为重,而南北之别,声教之暨,胥可于衣裳觇之。"[1]这个过程也经历了复杂的变化,中国古代讲"垂衣裳而天下治",盖当时之人很多裸体纹身,"衣服"的出现是人类进化的标志,《王制》曰:"东方曰夷,被发文身。南方曰蛮,雕题交趾。西方曰戎,被发衣皮。北方曰狄,衣羽毛穴居。"[2]中国古代祭祀仪式上天子、公侯、大夫的服饰是不一样的,所谓"天子穆穆,诸侯皇皇,大夫济济,士跄跄,庶人僬僬"[3],古代冠服进化有不同的意义象征,"五服"之说不仅是服装的变化,也是意义结构的寄托。"五服,侯、甸、绥、要、荒服也。服,五百里"[4],《书·益稷》有"弼成五服"之说,代表着五种界限,服饰之别,是文采多寡、阶级尊卑之标志,是政治赏罚的标准和社会阶序的体现。"衣裳之治"有表德劝善,以别尊卑之效。拿冠服之制来说,阶序也是极其明显的。如:冕旒的出现,《世本》有"黄帝作冕旒,垂旒,目不邪视

---

① 柳诒徵:《中国文化史》(上),吉林出版集团股份有限公司 2016 年版,第 45 页。
② 柳诒徵:《中国文化史》(上),中国文史出版社 2015 年版,第 50 页。
③ 《礼记·曲礼下》。
④ 《书·益稷》。

也",有谦谦君子、正人先正己之义,劝善之心,寓于生活之中。这样看来,文化符号也是一种力量形态。古代人类认为有一种神秘力量存在于自然之中,如果能掌握支配神秘力量的法则或密码,就能开启宇宙的神秘之门,这种被涂上神秘色彩的力量与符号创造者的心灵感应有关,其内容有不少是暗示性的。当这种思维的表达权力由多数人转向少数人时,一些人就垄断了对神秘力量的解释权,神秘的力量就转化为现实的力量而成为统治阶级的重要工具。政治符号、经济符号、文化符号和社会符号都以具体的显性的方式运行着。

第三,符号是社会意象的表达,代表着社会的意义结构。与社会生活相联系的文化符号是关于生活空间的图谱,中国社会中的人情、关系、面子,就是一种隐形的符号集合,在中国道德磁场中具有强大的结合力,生活于其中的人,对熟人关系的期待、对人情事理的尊重和对面子的追求,是西方国家难以理解的。西方社会的集体意象的变化对符号变迁做出的诠释,也以神秘观念述说着遍布山川的精灵,来势凶猛的洪水,难以预测的日蚀,都被认为是神秘力量支配下的结果,而现代社会中符号的祛魅和解蔽功能,是以理性解读自然和科学认识社会为基础的。现代社会中,文化符号的意识形态功能成了不容忽视的方面,一些"先锋派"艺术、后现代主义艺术、艺术虚无主义也成了亚文化及其符号的滋生源头,甚至过去被认为很有格调的诺贝尔文学奖,现在也掺入很多亚文化因素,成为政治虚无主义的"良好品牌"。

二、文化符号与话语的逻辑关联

"语言、文字、思想是反映客观实际的,但是,客观实际的规律要反映成观念形态的规律,需要有千百次的反复,才能比较正确。要反对主观主义,反对妄自尊大。"①思想和知识通常是用语言符号表达自身的内涵和意义的,而当人们使用语言符号传递思想时,这种思想就进入了社会的现实领域。"我们的语言承载着符号,这些符号使得我们去面对我们与过去、现在和未来之间的关系,使得我们去面对那些我们不能够控制的内在和外在的一些方式,使得我们很大程度上认识到导致世界反抗的真理和我们各种各样超越自我的召唤。"②人们设定某一符号总希望它能具备清晰的范围、内涵和特色。语符所表达的内容与其内在含义应当是一致的,但在实际上并

---

① 《毛泽东文集》第三卷,人民出版社1996年版,第74页。
② [澳]韦恩·克里斯多德:《力、爱与恶——剖析我们如何相互摧毁的哲学》,王曦影译,浙江大学出版社2012年版,第204页。

非完全如此,"语言是一个自足的、创造性的符号组织,它不仅指无需借助语言而获得的经验,而且实际上界定我们的经验;凭借其结构、凭借我们接受语言影响我们的经验的能力,语言为我们形塑符号的意义。"①人们在沟通中使用各种符号时,总希望拥有尽可能多的共识内容,共识性的内容与一般的符号精神应该是琴瑟和谐的。如果符号意义寄托不当,会成为质疑的对象,主要是质疑文化符号的适当性,文化符号蕴含着意义的有效性,以及文化符号所表达思想的实用性,这一方面会对业已形成的文化符号造成一种威胁,另一方面又成为文化符号更新的动力。不论是描述性的语言还是阐释性的语言,都希望提高话语影响力,"各种话语通过一系列的分支发展起来,其中选择进步的各种可能性是显而易见的,被遗忘的方式('逝去的分支')在这里可以被重新引入,迄今相互分离的平行线在这里可以结合起来。"②在任何环境中都不存在普遍接受和绝对标准的话语体系,话语符号的使用前提不能自相矛盾,语言差异和符号差异与生活环境很密切,其分层和象征作用体现了语言的力量,现代景观中的各种标志都有特定的意义寄托,是包含某种权力支配愿望的东西。语言是一个具有复杂表意功能的符号系统,语言规则的变化意味着所表达的事物及意义也会变化。"在文化史中,一种或另一种经验模式总是作为观念源泉而处于主导地位。是语言中的变化——抽象思维模式的扩张——加剧了我们经验的分裂。"③符号选择被一些学者看做语言游戏规则,所有的话语符号都是元叙事的形成及再生过程,语言符号的选择是一定游戏规则影响下的活动。文化符号选择的一个重要意向是简化或转化文本,这可以使不同阶层的人获得相似的解读效果,基本方法是借用古典思想、历史口号、社会标志等,通过"建构"或"解构"达到设定的目标。"解构"的过程是将整体分解成不同的部分并用通俗化的符号连接成一体,"建构"是将不同的模块以符号链接有机地结合起来,"解构"和"建构"都有自己的优势和不足,"建构"或"解构"之后的文化符号,会发生很多转义和喻义。

　　人们经常追问符号背后的意义,但官方的符号意义和民间的符号意义并不一致,民间依附官方,而官方又从民间汲取活力。拿古代科举制度来

---

① 〔美〕迈克尔·H.普罗瑟:《文化对话:跨文化传播导论》,何道宽译,北京大学出版社2013年版,第84页。

② 〔荷〕马歇尔·范·林登:《西方马克思主义与苏联》,周穗明译,江苏人民出版社2012年版,第321页。

③ 〔美〕丹尼尔·贝尔:《资本主义文化矛盾》,严蓓雯译,江苏人民出版社2012年版,第100页。

说，"唐代科举，所重者专在一种文字的考验。其先亦曾注重考验其对于实际政治问题之理论方面，亦曾考验其对于古代经籍之义解方面，但这两种考验，皆易陈腐落套，皆易抄袭雷同，因此以后考试，遂专偏重于'诗赋'一项。一则诗赋命题可以层出无穷。杏花柳叶，酒楼旅店，凡天地间形形色色，事事物物，皆可命题。二则诗赋可以薄物短篇，又规定为种种韵律上的限制，而应试者可以不即不离的将其胸襟抱负，理解趣味，运用古书成语及古史成典，婉转曲折在毫不相干的题目下表达。无论国家大政事人生大理论，一样在风花雪月的吐属中逗露宣泄。因此有才必兼有情，有学必兼有品。否则才尽高，学尽博，而情不深，品不洁的，依然不能成为诗赋之上乘。唐代以诗赋取士，正符合于中国传统文化一向注重的几点，并非漫然的。"①文化符号作为观念内容的转换形式，每一种符号都以独特的方式描述和划分意义，使生活在符号体系中的人能自然地接受它所表达的内涵。文化模式与文化符号是紧密联系的事项，"若干变体文化中所共同具有的那种稳定的构成要素和稳定的结构方式，它应该在变体文化中保持着某种大体相同的特征和功能，以维持一个民族或群族的绵延不断的基本的文化传统，凭此传统应足以认定不同民族或群族的不同特征"②。这些变体经常通过符号显示出来，文化模式包含的文化符号代表着一种生活方式和习俗形态，是因寄托民族情感和心理因素而形成的表现形式。文化符号和文化叙事是互为表里的方面，两者都受到社会多种因素的影响，不能把它完全看成主观自生的因素，也不能静态地理解两者的关系。这里谈三个视角和方面：

从文化符号包含的主客体关系来认识。社会主体的思想影响着符号的选择和运用方式，人们在寻找符号来寄托思想内容时，不能脱离其内在的价值取向。"每一种叙述都反映了作者的知识结构、环境和兴趣，并被他生活和行动于其中的世界的观念和目标所塑造。"③当社会的价值意向随时代而变化时，长期以来被普遍尊重的、广泛共享的合理性观念开始动摇，与此相应的组织社会生活的传统方式不再拥有原来的信服力。尽管一些西方马克思主义者对马克思、恩格斯的话语持有不少异议，也不得不承认作为生产力语言的革命话语，确实在思想领域和社会实践中起到了巨大的作用，甚至可以说"没有任何革命能够以其他符号替代生产力的革命话语。生产的爱欲

---

① 钱穆：《中国文化史导论》（修订本），商务印书馆 1994 年版，第 160 页。
② 刘敏中：《文化模式论》，《学习与探索》1989 年第 4—5 期。
③ ［美］费利克斯·吉尔伯特：《历史学：政治还是文化》，刘耀春译，北京大学出版社 2012 年版，第 20 页。

成为普遍的公式"①,因为马克思、恩格斯的话语代表了广大工人阶级的利益和当时阶级斗争的方向,使无产阶级作为革命主体在资产阶级社会客体中发生了不可替代的作用,在今天依然光彩照人。"生产主义的话语支配着一切,不管这种生产力具有客观的目的还是为了自身而发展,它都构成了自身的价值形式。"②这样的文化符号和话语选择是以市民社会的广大主体为基础的,在中国共产党的话语中是服务于劳苦大众的,相应的主体及客体关系是在唯物史观中设定和体现的。

从文化符号的价值寄托来认识。符号的价值是在差异性中体现的,不同符号之间的对比和交换,往往能体现自身的缺陷和优长,不同文化符号也提供了具有多元价值蕴含的工具材料和修辞材料。一定意义上说,人们主动地选择符号的过程也包含了被动地适应符号内容的过程,这种双向选择中构建的意义系统是同构的或异构的。这种现象从经济学的角度应验了索绪尔的话语:"政治经济学是一种语言,那种影响语言符号、使这些符号丧失参照身份的突变,也影响到了政治经济学的各个范畴。"③从价值选择到符号定位,是人们审美观念和消费心理的跃迁,但是,"利用各种记号手段来表情传意是一回事,对记号表达行为及其效果进行系统的反思和考察则是另一回事"④。因为选择一种符号并不意味着一定完全表达某种价值,两者的错位是经常出现的。借助语言来表达文化形式,可能是"一种经典的、美文学式的、意识形态语言",但其中的价值寄托却不一定是配套的。

从文化符号的环境依赖来认识。"语言不是某一个社会内部这种或那种基础,旧的或新的基础所产生的,而是千百年来社会历史和各种基础历史的全部进程所产生的。语言不是某一个阶级所创造的,而是整个社会、社会各阶级世世代代的努力所创造的。语言创造出来不是为了满足某一个阶级的需要,而是为了满足整个社会的需要,满足社会各阶级的需要。"⑤语言所联系的文化符号有其特定的社会属性和阶级基础,恩格斯曾指出,工人在生活中说一套方言,而资本家说的是另一套方言,尽管处在同一个社会中,不同主体的文化语汇并不完全一样。苏维埃社会主义国家建立后,社会主义、共产主义、战时共产主义、新经济政策、文化革命、星期六义务劳动等,在一定程度上反映了新社会的面貌,"俄语的词汇发生了某种程度的变化,这就

① [美]让·鲍德里亚:《生产之境》,仰海峰译,中央编译出版社 2005 年版,序言第 1 页。
② [美]让·鲍德里亚:《生产之境》,仰海峰译,中央编译出版社 2005 年版,序言第 2 页。
③ [美]让·鲍德里亚:《象征交换与死亡》,车槿山译,译林出版社 2009 年版,第 24 页。
④ 李幼蒸:《历史符号学》,广西大学出版社 2003 年版,第 270 页。
⑤ 《斯大林文集》,人民出版社 1985 年版,第 549 页。

是说,由于产生了新的社会主义生产,由于出现了一种新的国家、新的社会主义的文化、新的社会观点、新的道德以及由于技术和科学的发展,增加了一大批新的词语;许多词语获得了新的含义而改变了意思;若干陈旧的词从词汇中消失了。"①同样的语言素材被重组成新的语言符号。现代社会中景观和橱窗展示出一系列的消费文化意向,麦当劳、肯德基、阿迪达斯、可口可乐、好莱坞、摇滚夜、星巴克、牛仔裤,体现了西方消费文化倾向。网络文化符号也不甘寂寞,层出不穷的网络新词,把人们引向具有广泛潜能的符号创造之中。

三、文化符号的意义链接和内容承载

按照符号学的观点,文化是一种符号和意义的解释系统,表征着社会的各种变化,语言、文字等是最常见的符号形式。"文字之功用有二,通今及传后也。草昧之世,交通不广,应求之际,专恃口语,固无需乎文字。其后部落渐多,范围渐广,传说易歧,且难及远,则必思有一法,以通遐迩之情,为后先之证,而文字之需要,乃随世运而生。"②这是讲文字符号的功用,其符号意义也因需要而变化,是与社会需要及人的心理需求有关。"以一地一族表示语言之符号,行之千百里外,必致辗转淆讹,不若形象之易于辨识,虽极东西南朔之异音,仍可按形而知义。"③指事、象形、会意都是为了表达主体的思想内涵,比如:"来自基督教思想的神学语言浸透了象征——十字架、弥赛亚、主显节、圣餐礼——而且这种语言强调神秘和个人性:仁慈、超凡魅力、良机、激情或痛苦、仪式。"④这只是一种类型的文化意义和价值的显现,社会"存在之巨链"上的事项都可以有自己的符号存在。

文化符号的想象色彩源于现实社会的启示,记载中华文明的汉字符号,是中华民族实践和创造的结晶,其价值不仅仅在于可以用符号代替博大精深的思想体系,更在于可以用符号体现绵延不断的思想进路。"各种纷纭复杂的现象世界在思想上的分类,在古代中国不仅常常可以通过联想、借助隐喻,然后由表示同类意义的意符系连起一批汉字。也常常可以由一个汉字内涵延伸贯穿起一连串的意义,使它们之间似乎也有某种神秘的联系。"⑤汉字作为思维的产物以及逻辑运算的符号,与西方社会相比较,其最

①　《斯大林文集》,人民出版社1985年版,第548页。

②　柳诒徵:《中国文化史》(上),吉林出版集团股份有限公司2016年版,第29页。

③　柳诒徵:《中国文化史》(上),吉林出版集团股份有限公司2016年版,第36页。

④　[美]丹尼尔·贝尔:《资本主义文化矛盾》,严蓓雯译,江苏人民出版社2012年版,第101页。

⑤　葛兆光:《中国思想史》(中),复旦大学出版社2009年版,第45页。

明显的特征体现在语法规范上,其独立的表意功能在于,凭着语言发出者和接受者的交流而体现出复杂的意义承载。

语言代码是常见的符号形式,它能将遥远的故事转换眼前的事项,能通过想象寄托丰富的思想内涵,能把当下的心境转化为遥远的期待,能把幻想世界的内容转化为现世的目标。"公元前第二个千年后期发明的简单的字母文字,就是影响除中国以外整个古典世界文化发展的一个十分重要的因素。在此之前,只有少数书吏能够阅读和书写结构复杂的美索不达米亚的楔形文字和埃及的象形文字。"①文化符号为文化传播提供了支撑,"语言是人类独有的能力。其他任何物种都没有真正表征性的交流手段;无论物质文化多么简陋,没有任何人类社会缺乏发达的语言遗产。语言是其他文化特质积累和传输的先决条件。"②语言符号就是一定的心理习惯和一定的活动环境中铺设的桥梁,起着展示文化特征和价值内涵的作用,人"借语言的发展与不断丰富而得到了异常坚强的社会的结合力,及社会本能(行动)以得到极大的增进与更加自觉。语言的放大又造成另外一种结果:促进人更容易地获得知识,并将其传给后代;促成便于思考的科学概念的形成。语言的放大引起了科学的发达,以科学的发达而征服自然界。这样就使得人类开始能战胜自然界,才能骄然独立,不为外势力所牵制而发生自由意志的观念。"③生活中流淌的语言和符码,世界各地的文字形式和字母,在意义链接上具有述往思来之功效,能给现实赋予未来的憧憬,能给现实注入流连的思绪,能够滤出不愿回味的内容,能够确立一个引人思考的意义系统。社会交往中的符号形式和意义表达是对周围物事的思考及表现,它具有连接主体和客体的功能。鲍德里亚认为,符号的意指是传统交换逻辑层面上的表现,符号的暗指是用"隐喻"式的语言表达。"希腊的宇宙起源说给了我们最基本的抽象词汇。苏格拉底前的哲学引进了隐喻;柏拉图以蒂迈欧的观念引进了象征;亚里士多德引进了类比观念。"④抽象意义上的文化符号具有隐喻性,其意义链接与环境因素有密切关系。隋唐时期,蒙古风俗为汉人所鄙,蒙人"杂坐喧溷,上下同食,举杯互饮,不耻残秽",被本族视为豪爽慷慨,而被汉人视为龌龊不洁,然而,马可波罗却大为赞叹。对此,柳诒徵先生这样解释:"当时汉族文教制度远轶鞑靼,故深恶其野蛮;欧洲文教制度不

---

①　[美]斯塔夫里阿诺斯:《全球通史》,董书慧等译,北京大学出版社2005年版,第91页。

②　[美]迈克尔·H.普罗瑟:《文化对话:跨文化传播导论》,何道宽译,北京大学出版社2013年版,第77页。

③　[德]卡尔·考茨基:《伦理与唯物史观》,董亦湘译,上海新文化书社1926年版,第103页。

④　[美]丹尼尔·贝尔:《资本主义文化矛盾》,严蓓雯译,江苏人民出版社2012年版,第100页。

及中国,故大惊其宏伟。"①符号所涉及的自然事实就是话语事实,"话语场景并不是其他对象中的一个对象,而是一种理论视域。所以,有关话语观点的某些问题是无意义的,因为只能在视域范围内提有关对象问题,而非视域本身。"②

第二节　技术时代的网络文化具象及其符号意蕴

通常情况下,现象学主要关注意识界的种种经验类"本质",是通过对意识现象描述和分析观念的构成过程和发生方式,获得具有的规定性和实在性的明证,这对于认识网络文化也具有方法论意义。网络文化作为一种现象,是社会现实在虚拟空间的映射和反映,网民价值选择的多样性是造成网络文化多变的主观因素,现实生活的复杂性是造成网络文化多变的客观因素,这些主客观因素在网络技术作用下构成了复杂的镜像关系。网络文化的多重具象就是社会多样性在虚拟空间的写照,由此产生的不同意义寄托也在虚拟空间里流衍着,人们在感受网络文化的多姿多彩和美的享受的同时,也经常受到不良文化的袭扰。

一、空间具象:网络文化的复杂景观及主要表现

网络文化的技术景象、网络文化的生活气象、网络文化的审美意向及其二重作用,是网络文化的常见表现。现实社会里的各种事项延伸到虚拟空间时,发生了前所未有的结构变异和形式变化,通过数字技术和信息技术将文化元素重新组合之后,其形态比以往任何时候更灵活多变。网络主体的自由性、网络空间的虚拟性不仅给网络文化提供了超越现实的可能,也可能使网民的思维局限在一个技术空间里,网民可能因技术而获得的创造灵感,也会因过度"自由"而造成"毫无拘束"的状况,多样化的文化景观与复杂的思想状况构成当下网络文化的双重映现。

1. 网络文化的技术景象及其影响

网络技术对人类生存空间和思维方式都有深刻影响,它超越了现实社会的"区域"关系而跨出了"地理疆界"。但是,新媒介在思想上造成的新的区域分割,使人们的对话形式具有更明显的多边特征,赋予网络文化以更多的公众效应,正能量得到发挥的同时负能量也有了前所未有的作用空间。

①　柳诒徵:《中国文化史》(下),东方出版社2008年版,第53页。
②　E.Laclau, *New Reflection on the Revolution of Our Time*, Verso, 1990, p.104.

以前的任何时候都没有像今天如此深刻的影响,以至于技术的人化和人的技术化之间的边界越来越模糊。"甚至科学的纯洁光辉仿佛也只能在愚昧无知的黑暗背景上闪耀。我们的一切发明和进步,似乎结果是使物质力量成为有智慧的生命,而人的生命则化为愚钝的物质力量。"①网络文化依靠互联网技术而存在,其传播也离不开网民的交流,网民通过网络交往寻求需要的网络文化并进行甄别,由此形成了暧昧的网络文化景观。技术更新换代实现了人自身机能所无法完成的事项,扩展了人们的实践范围和运动空间,同时也在一定程度上削弱了人自身的能动性。网络技术也如鸦片一般给一些人以精神上的满足,以"舒适"的方式来融化人的意志力和决心,"温柔体贴"地奴役着人心。体现个性化色彩的时尚潮流之所以迅速变脸,甚至有时还有一些滑稽搞笑的成分存在,是因为追逐个性、追逐时尚从起始便带有一种反讽意味,崇尚时髦的人在表象上显出与众不同,实际上又被无数双眼睛所统摄,变成了屈从别人眼色的"奴隶"。尤其是青少年群体,喜欢装扮自己的空间、为人物形象穿衣,但并非是为自己的审美作出的独自选择,而是用虚无的外表装点独特的审美和炫酷的追求。在网络技术的影响下,不少网民从文化消费走向文化生产,社会知识和社会关系通过网络符号转变成彼此交流的工具。引人深思的是:人到底是技术的创造者还是技术的追随者? 技术为人服务还是人给技术打工? 人是在创造网络文化还是在被网络文化奴役? 一系列的错位让人们感受到网络文化的二重影响是无时不在、无地不在的,享受技术成果的同时又摆脱不了技术的负面影响,创造和使用网络文化的同时又难以消除其中的价值困扰,"魔高一尺"与"道高一丈"的悖论交替地演绎着。

　　2. 网络文化的生活气象及常见形态

　　虚拟空间里,有很多"日用而不知""日用而不思""日用而不察"的网络文化形式,打卡文化、直播文化、饭圈文化、包装式文化,形成具有多元价值取向的扰攘状况。多样的网络文化产品随着互联网技术的发展呈现出开放特征,在文化生产和传播中将内心的欲望发掘出来,满足了部分网民对个性文化产品和非主流文化产品的诉求。由于更新换代速度快,一些文化产品还来不及进行深层积淀便被新的潮流所淹没,难以形成历经锤炼打磨的有质感、有力量的形态,而那些快速出现又尚未经过检验的文化则极易造成文化乱象。尽管网络文化创作的初衷是体现个性、展示独特,但在狂欢中又会造成文化上的趋同与跟风,趣味相投的粉丝聚集在一起,以体现共同爱好

---

① 《马克思恩格斯文集》第2卷,人民出版社2009年版,第580页。

的网络文化产品为纽带,形成一种互动关系并构成粉丝经济的基础支撑。"网络空间是亿万民众共同的精神家园。网络空间天朗气清、生态良好,符合人民利益。网络空间乌烟瘴气、生态恶化,不符合人民利益。谁都不愿生活在一个充斥着虚假、诈骗、攻击、谩骂、恐怖、色情、暴力的空间。"①网络空间的娱乐事项给人们带来了很多欢愉,但"娱乐至死"现象不容忽视,吃瓜的群众经常表露出很多无奈,各路粉丝构成的"饭圈"已经不只是一群单纯的追星的队伍了,他们用各种方式绑架公意,为维护自己的崇拜对象和粉丝圈而以各种形式站队划片。还有一些网络公司以发展企业文化为名,蓄意打造和编织低劣的网红事项,把价值底线、道德底线放在一边,造成经济"红利"与文化"哀鸿"共生的局面。网络投票和网络拉票也成了一种文化现象,设置网络投票程序的企事业单位和社会组织,让网民、亲戚、朋友甚至路人参与投票,有的投票一次还不行,要连续投票一个星期甚至更长时间,发起者和当事人不厌其烦地提醒,投票者不胜烦扰地应付。在很多时候,投票者对投票对象既不认识也不了解,这种网络投票文化实际上是一种压抑式的体验,其中包含着价值困扰和道德绑架的成分,是明知虚假却又故意弄虚作假的行为,对社会诚信具有很大危害。微信群和QQ群的出现使得个人交流及群体交流大大便利,对于群里的好人好事给予点赞是良好的举止和友善的态度,但是群落中经常出现言不由衷或身不由己的点赞,甚至还有一些阿谀之辞,既让人感到很无奈,也让人感到很虚伪,是以技术手段过度消费他人情感的不良行为。这种现象就如我们抵制的一些企业的刷单行为一样,它实际是一种感情刷单,企业刷单刷出的是虚假的业务流量,拉票刷单刷出的是虚假的人情关系,一个为利,一个为名,但都不是社会主义核心价值观倡导的诚信行为。不少网民认为网络游戏是愉悦身心的休闲方式,但很多人切身感受到网络游戏就是"浪费时间""浪费生命"的"精神鸦片",是在"休闲"中增加精神负荷。

3. 网络文化的审美意向及其表现

快速批量的复制和网红效应带动了网络文化生产,他们大多遵循相同的套路:以标异的方式吸引眼球,造成轰动效应,进而增加流量或点击率,但表现的形式五花八门。一些人的审美意向不是基于合理的选择,而是紧跟网络论坛、博主的"审美潮流",从反向说明了网红潮所带来的审美压抑,但这些行为却成了竞相模仿的套路,最为直接开放、展现自我的交流渠道中充满曲折的内容勾连。从传播学的视角看,媒介的变迁以及由此带来的传播

---

① 《习近平谈治国理政》第二卷,外文出版社2017年版,第336页。

途径变化,是人类技术史上的里程碑。每一个网络文化主体都受人瞩目,成为英雄的梦想在网络游戏得到部分满足,美图软件可以让人在"颜值"上充满"自信",不断更新的数字化产品也带来精神上的刺激,但却是以假乱真的结果。互联网在将人与人相互联结的同时,也通过大数据分析来定制相应的基于个性愿望的方案,让所发布的新闻、娱乐、产品都符合预设的审美标准,从而使个人在网络空间中享受到精神盛宴。最近炒得沸沸扬扬的元宇宙概念及其事项,似乎在更逼真的虚拟空间里将"虚幻"转变成"现实",涉及产品和娱乐项目将人与自然的对话切换到新的空间,人们在感受新奇的文化或文化创造的同时,也会有不知"此身何在"或不知"今夕何夕"之感,其未来影响如何,还要拭目以待。可以说,网络时代更应该是书写真相的时代,但在实际上,真相、怪象、俗象在网络空间里五味杂陈,圣俗之间、美丑之间、真假之间的界限变得模糊了,书写怪象与表达俗象成了家常便饭。脸谱的怪象中,有竞显风流的各类网红、长相奇特的各色星爷、胡言乱语的各种疯人;在思维的怪象中,搞怪有理、成名有招、霸屏有方、仿真有术、造假有理之说,充斥其间;在表达的怪象中,有不良的音频形式、不良的视觉冲击、不良的愤青行为。人们也在其中雕塑"形象",希望通过良好的精神形象的树立、优秀的传统文化的延续、积极的社会事项的塑形,形成网络净土和清朗空间,这种庄严意向与那些轻薄行为构成明显的反差。就这方面的问题而言,要压实各级各类文化主体的责任,"积极培育和践行社会主义核心价值观,推进网上宣传理念、内容、形式、方法、手段等创新,把握好时效度,构建网上网下同心圆","决不能让互联网成为传播有害信息、造谣生事的平台"①。

二、生活具象:网络文化的生产方式及其价值流衍

生活具象包含网络文化的意义寄托及其表现方式,每一种网络文化都有相应的价值寄托,创新性的文化经常引起社会的视觉兴奋,重复性的文化经常引起社会的视觉疲劳。网络文化生产最突出的载体基础是数字技术,价值寄托方式的扁平化和泛化现象,是造成网络文化思想变化的重要原因。

1. 网络文化生产的虚拟化及其存在形态

网络社会的新奇现象以及网络文化生成方式的变化,给马克思主义生产方式理论提出了新的解释任务。马克思主义的传统生产方式理论是一种行动性的理论,它坚持实践的基础性地位,坚持主体与客体、物质与意识、现

---

① 《习近平谈治国理政》第三卷,外文出版社2020年版,第306页。

象和本质之间的辩证关系,坚持用宏大叙事的方式描述文化生产目标和过程。传统的文化生产方式中,人们所结成的关系通常是具体而有形的,文化的历程表现为人们在具体生活中相互协作的进程,其中占统治地位的阶级意识是整个社会文化的决定因素,其价值寄托比较直接地集中在文化产品和文化活动中。在这里,社会的政治中心、文化中心、价值中心是一体的,它们在服从经济建设这个中心的同时,又对经济建设起着导向性的作用。习近平总书记强调:"要推动依法管网、依法办网、依法上网,确保互联网在法治轨道上健康运行。"①这是将政治中心、文化中心、价值中心统一起来的法治手段。国家、社会、个人层面的价值总是在现实的活动中体现出来,一旦出现价值流散,文化生产的意义也会大打折扣。数字时代的到来,使得虚拟与现实交织的传播链发生颠覆性变化,通过数字技术链接全球知识的自媒体,把网民的内心视像热烈地或孤独地表达出来。这样看来,一种新的信息式的文化生产方式的呈现就成为必然,文化的大众生产方式在网络空间里被拓展成分众方式。社会主体的文化表达方式有了很多变化,自由性、自创性明显加强,当现实的内容转入网络空间时,经过网民加工改造形成的网络文化被打上虚拟社会的印记,这种以信息流、数字流为特征的文化不仅反映社会的客观事项,也寄寓更多的主观色彩,吸引社会成为最主要的目标,标新立异成为最受欢迎的方式。从语言到文字,文字到印刷,印刷到广播、电视、电脑……文化传播史上媒介的更新换代速度的不断加快,新型的现代化大众化媒介不断兴起,以互联网技术为代表的新兴媒介对文化生产造成深远影响。网络文化生产的虚拟化让网民感受到了"无尽"的创作自由,往返于虚拟与现实之中,穿越于古代和现代之间,使得网络文化既多样又多彩,既真实又玄幻。最受影响的可能就是青少年儿童了,他们在课本上学的是一种话语表述,在网络空间里看到的是另一种话语方式,让他们在心中有所疑问,而在涉及历史故事、英雄故事、英模事迹的叙事时,则会造成价值混乱,是消解历史自信和产生历史虚无主义的重要原因。

　　2. 网络文化意义的扁平化及其流衍形式

　　拒绝深度、不求深解似乎是网络文化的"标配",一些网民在追求自我表达的过程中,对背后的意义理解是不那么深刻的,或者说在很多时候是肤浅的。"深度"已经成为网民的奢侈品,一些人有时候也讲深度,但却是"深度无聊"。一些网络作品自我标榜为"心灵鸡汤",但却不断地往其中注水,使人们感到淡寡无味。在网络或现实社会中售卖的"网红"作品,自我抬举

---

①　《习近平谈治国理政》第三卷,外文出版社2020年版,第309页。

甚高,实际上是在胡言乱语地解读历史和现实,用"奇谈"掩饰乱谈和怪谈,用"靠谱"包装离谱和失谱。用没有"思想"的"个人思想"蛊惑网民和社会,用温水煮青蛙的方式收割粉丝和观众。那些不明就里的人其实也是在"矮子观场,随人说妍",被欺骗了很多次还脑残式的鼓掌欢呼,这些所谓的心灵启迪者是以浅薄的意义赋型来表达个人私利的。为了吸引社会眼球和公众注意,一些人把意义寄托摆在次要地位,平面化或扁平化的思维形式以及用数字技术勾兑的心灵鸡汤,总是在昙花一现中落下帷幕,很少有人深究其来路,也很少有人关注其去路。信息形式的文化生产中,很多人把它与自己的切身利益挂钩并赋予信息崇拜以拜物教特征,其价值寄托各有所指。但是,信息方式的文化生产带有更多的符号交换内容,按照符号意义进行的信息编排使网络文化交换存在很多便利但也造成很多歧义,对于同一个文化现象和社会事项,人们在进行信息编码的文化生产时往往没有从前那样具体和深入,这样的网络文化符号比以往更肤浅化。尤其是一些网民通过俗语、方言、套话生造出来的网络内容,有很多斧凿和捏造痕迹,寄托的价值有时是无厘头的,有时是残缺不全的。

3. 网络文化话语的多样化及其越轨现象

不论是建构某种意义,还是解构某一思想,信息方式的文化生产在极力对现实进行自我诠释。网络空间的历史虚无主义、民粹主义、宪政主义、精英主义都祭出言论自由的旗子,用西方话语、虚构话语、"草根"话语、"精英"话语肆意"点评"党和国家的行为,用猜度的心态妄议党和国家的大政方针,不怀好意地将中国特色社会主义建设成就与经验推测成称霸世界的野心。个别网民也以研究为名,打着解构历史、重构历史或建构历史的旗号,在网络空间肢解中华五千年文明,甚至将中华文明摆在二流或末流地位。为了晃人眼目任意打扮中国历史,为了招徕关注不惜曲解民族精神,为了显示"才学"而罔顾客观事实,真实历史的天空被不良网络的天空覆盖上很多假象。民族英雄为人民和国家作出了贡献,是历史和时代的丰碑与坐标,任何篡改民族英雄形象、恶搞民族英雄的现象都不允许,但在网络文化中,恶搞人民英雄的事件却屡禁不止。虚拟空间的占星、卜卦等也成了网络文化,"科学"被迫与"迷信"结合起来。还有一些网民以自娱自乐为借口,在网络空间用一些搞怪事项,将网络话语弄得流里流气,这是对社会主义核心价值观建设的极大冲击。网络话语越轨的危害是多方面的:它造成一些不良示范效应,让其他网民觉得网络就是法外之地,谁想干什么就干什么,它瓦解社会意志,让很多人感觉无奈和无助,似乎这种兴怨又由不得个人,即使不想接受,也跳不出这个圈子,可谓"几家欢喜几家愁",这种情景使得打造风清气正的网络空间尤为紧迫和必要。网络文化崇尚新奇、独特、非主流的风格特征,以解构权威、挑战主流文化为"卖点"和"看点",过度自由的状态使一些人感到网络社会似乎是一个没有中心的社会空间。网络时代思想上的开放性超越以往任何时候,其中的文化创造似乎是一个没有终点的过程,其语境、语法以及构建策略都在发生变化,多维的立体互动构成了一个多向辐射的空间。但是,"利用网络进行欺诈活动,散布色情材料,进行人身攻击,兜售非法物品……要坚决管控,决不能任其大行其道"①;"利用网络鼓吹推翻国家政权,煽动宗教极端主义,宣扬民族分裂思想,教唆暴力恐怖活动……要坚决制止和打击,决不能任其大行其道。"②网络管理形式不能因袭传统思维,不能固守已有成见,要积极推动媒体融合、方法融合、思维融合,使网络话语保持健康向上的活力和生机。

三、符号具象:网络文化的存在形态及其意义迁转

一定意义上说,符号具象是社会事项的反映,网络文化符号的演进与数字技术、社会关系以及人类思想的发展是一致的。人们在沟通中使用各种符号时,总希望拥有尽可能多的共识内容,这一方面会对业已形成的文化符号造成一种冲击,另一方面又成为文化符号更新的动力。网络文化本身就包含着一系列的符号形式,是网络时代最能体现生活新样式的就是各种符号的创新,人们仿佛生活在一个庞大符号体系之中。社会事项的每一变化都会引起符号具象的变化,网络空间的短视频、直播、微信、微博等的出现,体现了网络文化及其符号在表达方式、创作观念、传统体系和盈利模式等方面的变革,也包含着对文化符号的重新定位。

第一,变异的网络文化符号与迷失的标准。价值标准的迷失,首先是一些网民的自我迷失,诚信缺失了,思想迷茫了,行为失范了,是非观念也淡薄了。网络主流文化是代表大众的文化,也应该是反映民情、体恤民心的文化,是国家和民族精神的重要支柱。一些网民对本民族文化不屑一顾,对先进文化置若罔闻,对舶来文化称赞有加,这是一种文化迷失。一些网民缺乏诗书熏陶和优秀文化的浸润,观念庸俗、思想媚俗和欲望低俗,把人生的价值与自我享受连接在一起,沉溺自我之中忘却了人生的价值。一些人陶醉于网络游戏之中,这些人看似领悟到了人生真谛,实际是将自己置身于低级趣味之中,这种网络文化价值迷失现象与社会主义现代化文化强国是格格

---

① 《习近平谈治国理政》第二卷,外文出版社2017年版,第336页。
② 《习近平谈治国理政》第二卷,外文出版社2017年版,第336页。

不入的。当人们的思想观念发生扭曲,价值的天平偏向私利一边,物欲就变成了第一追求;当经济发展成为文化发展的首要目的时,会导致低俗文化泛滥,变异的网络文化扭曲了人们正常的文化价值,在通过网络技术的打扮和改变后,成为一些人自立形象、自证行为的方式,以丑为美、以次为良、以俗为雅的心理取向,颠覆了信、达、雅的文化叙事标准。网络文化符号所表现的标准迷失有多种多样,思想疏离、价值迷茫、态度游移、理想淡薄、消极浮世是最常见的表现。不少网络文化符号表达的是窥视心理、意淫心理、占有心理、猎奇心理,还有一些纯粹出于搞怪的文化符号,不仅成了网络文化交流中寄托个人思想倾向的方式,也给网民之间的情绪预设了一些不良倾向。

第二,粗鄙的网络文化符号与迷失的高雅。网络文化粗鄙化是一些网民价值迷失的常见表现,罪感和耻感已经被放在一边,为了名利可以抛弃道德和法律,甚至可以抛弃国家和民族,追求高雅只是"谈词",向往崇高只是"口语",背后另有玄机。现代信息处理方式具有明显的去中心化特征,它在揭示社会内涵和解释社会的过程中,既有连贯性又有断裂性,对意义的理解也经常"各取所需",这对社会主义核心价值观的培育和践行是一个不小的挑战。由于审美教育的缺失和对高雅文化的亵渎,再加上各种不良思潮的渗透,致使浮躁之风兴起,颓废之风盛行。低俗文化往往可从反面通过感官的刺激来消解人们的精神意志,体现"庙堂之高"的雅文化和体现"江湖之远"的俗文化,其影响是不一样的。网络狂欢是迷失高雅的常见诱因,由于网络文化的符号特征及其意义寄托,网民的狂欢行为也和符号联系起来,从民宣事项的推波助澜中,从网络推手的拍砖灌水中,社会看点的追捧迷狂中,都有过于轻狂的举止言行。高雅的寄托、深沉的思维、理性的审读,让位于浮词浪语、轻薄表达、斗鸡走马式的欢愉。回避社会关怀,抽取意识形态,挖掉价值内涵,用民间游戏代替官方规则,用戏说、大话、穿越等包装本来就很空洞的题材,让网民满足于一时之乐,在狂欢中达到"调剂身心"和"解脱思想",这种网络文化就像"杂耍"中的表演,嬉笑之后没有留下深刻记忆。网络文化符号的"过度渲染"现象,造成"言在此而意在彼"或言不由衷现象,甚至不同的文化符号相互掐架,其结果可能是先进文化的规训力和国家政治约束力的下降,无秩序的因素和无方向的快感占据思想空间,狂欢之后一地鸡毛。

第三,畸形的网络文化符号与迷失的方向。网络文化符号在语言叙事、审美情趣和风格样式等方面具有自身的特色,依托于互联网技术而生成的新型网络文化符号,是广大网民用于传递信息、情感交流的常见方式,其背后既有网民的自发创造,也蕴含着商业化追求。从效果和影响看,网络文化符号主要有以下几个类型:一是宣传社会的主流价值观的网络文化符号,代表党和政府倡导的思想方向;二是讴歌生活和赞美生活的网络文化符号,在中国特色社会主义理论和实践中具有良好的审美意象;三是体现不良行为嗜好的网络文化符号,包括为满足猎奇心理而生搬硬造出的符号形式,其中隐含着违背社会公益的私人欲望;四是与政治取向有关的文化符号,一些网民蓄意构造的违背主流价值观符号形式,常常隐含着反党反社会主义的意向。伴随着信息化和自媒体的发展,传播兜售色情、低俗、恶搞的现象也显现出来,一些媒体为博眼球,以暴力为看点,以"裸"为筹码,以"性"为卖点,以"丑"为基调,想方设法为自己"填饱口袋",这是网络文化的常见负面表现。以电子媒介为基础的符号交换,尤其是在互联网上的交换,使文化生产者与消费者之间的信息交换越来越非中心化了。还有一些怪诞的网络文化符号,有的是希望舒缓压抑的心情,有的是间接地抵制社会现实,有的是违背日常生活的戒律,用肢体表情、语言方式、粗俗俚语寄托个体的"解放"心志。一些不良价值寄托的网络文化,不是寻求真正的人类的解放叙事,而是寻找个人心灵的避难之所,不是要走向"诗和远方",而是在心理上作茧自缚。

四、主体具象:网络文化中的网民诉求及其解放愿望

网络文化的主体具象包括直接主体和间接主体及其文化活动,直接主体就是处在网络文化生产第一线的人,间接主体是能够为网络文化提供现实素材的处在现实社会中的人,直接主体和间接主体的划分是相对的和流动的。网络文化的主体具象实际上就是虚拟主体与现实主体的合流形态,他们用网络文化表达自身的价值诉求,其中包含着人类解放愿望的宏大叙事,也包含着少数群体对社会事项的具体叙事,人们在面对新技术带来的变化并积极寻求应对之策时,其文化也带上了与社会发展潮流相适应的力量。马克思、恩格斯虽然没有经历过网络时代,但对科学技术发展的预见给我们很多启示,在他们看来,科技造成的悖论是人类社会中的必然现象,它在扩大人类"前景"的同时也对人类的"背景"重新诠释,它在提出新的可能性的同时也把文化创新提上日程。网络文化具象中的个体生存愿望和人类解放叙事,向我们展示了一个虚拟的或者仿像的世界,这个世界与日常生活既相互交叉又互为镜像,在延伸现实文化的同时又把触角伸向灵魂深处,在人们面前展示出一个超越现实世界的"超现实"世界,把人类解放的思绪拓展到更大的空间。

1.网络文化在一定程度上体现了社会主体对自身解放的思考

网络文化"充分"表达了人的自由意向,这种充分性也使人们饱尝了过

度自由的苦果,因为网络技术为网民提供的能力有可能从过去的局限中解放出来,以往的每一个问题都被重新排列。网络空间的裂痕如何修复、网络文化的伤痕如何治愈、网络社会的未来朝向何方,是很多人思考并致力于解决的问题。人类创造的网络空间又在相互影响中受到网络文化的影响,他们在意义上以及相互理解的基础上领悟其共通性,并且致力于扩大其空间意义和自身的解放意义。通过一体性的网络文化,人们既感到自由和无拘无束,也感到了等级、压抑和不自由,"人之存在"的理由和"人之解放"的理由受到质疑。网络技术也是反映人类尊严的一个重要工具,也具有照亮人类世界的魅力,但是一些网民所表现的非科学的盲目、自大和狂热,又是把人的思维和行为引向悖论的酵素。一些网民知道网络文化的力量却没有真正发挥其正向作用,他们不是用充满生活之爱的意识来观想和顺应社会的潮流,而是借助网络文化实现个人的私欲,技术的公共性被个人的私利性代替了。特别是那些包含网民复杂愿望的网络行为,所体现的文化既面向美也面向丑,既面向善也面向恶,由此使一些网民也生活在自由与束缚的悖论中。人类追求解放的关键之一在于既清楚地了解所知道的东西,又明确地意识到它的界限所在,这是有效避免对科学的迷信或者憎恶的前提。网络技术所包含的力量能够颠覆人们心中已有的思维程式和文化模式,进而影响到内在于社会的生产力的发展,对自然力和人力都产生巨大的影响。用于使人获得解放的技术,却无时无刻让人们生活在枷锁之中,给人带来自由的网络,却无时无刻不在技术困扰之中,似乎对自由的向往成了虚假的故事,对解放的追求成了乌托邦的想象,网络文化的各种具象还没有完全集中良性发展的方向上。整个网络似乎是一个无底的深渊,人们在其中不断地寻求解脱和救赎,在意识到自身力量的局限性时,又为自己设定崇高的目标,希望能够在未来实现自我超越和自我完善,希望能够在有限中把握无限、在暂时中把握永恒。这个话语空间成了"希望的空间"与"失望的空间"的集合体,播撒了具有生机的思想内涵,也衍生出充满邪念的思维形式,一些良好的发展愿望既锁定人们的注意力,也把一些不良因素纳入视野,不少人在追求文化产品的供应量时,却忘记了把满足整个社会健康的精神需求放在首位。网络文化主体也经常处于悖论之中,其中的一些功能被沦为实用主义和理论乐观主义,甚至出现官宣遭受民宣碾压的现象,更不用说彻底解放的遥远预言了。

2. 网络文化在一些方面体现了数字时代生存方式的新变化

网络技术是人类对自然社会的又一个新的接近,技术之美与新的世界意识给"人之存在"和"人之解放"以新的定位,诗性、理性和魔性在技术之中都有映现,其思维方式蔓延到人的行为的各个领域或方面。网络技术改变了人类的生存方式和思维方式,在这个空间里,对权利的追求、对自由的渴望以及对自我身份的确证都被打上时代印记。网民在文化创造中将自己的价值选择和追求方式注入其中,既显示了技术的魅力和社会影响,又把思想的触角伸向网络虚拟社会。单个的或者聚集的网络文化创造显示出多重化、碎片化和流散化的特征,是个人在网络空间生存状态的写照,改变了原有的文化形态并形成了新的叙事方式。这种叙事方式包含的主要是个人对社会的反映状况,有很多时候是主观的悲情叙事或杯水风波,还有一些家长里短和生活琐事,在格调和情感上都难以与个人解放联系起来。从个体层面上看,一些网络文化显示的生存方式比较狭窄,个人思绪经常与局部话题相联系,所追求的个人解放也是在较低的境界上显示的。这样的网络文化追求的是一种有局限意义的内容,所体现的人的解放愿望也被一些人称为"权力游戏"。多重化的身份代表了多样化的意识流,一个用户拥有多个身份并同多个对象交流时,网络身份与现实身份有了很多的错位,文化行为也出现悖论和矛盾,在很多时候与其说这是身份的解放,倒不如说陷入了身份的困境,就像金庸笔下的欧阳锋,自己和自己的影子打架,这也不是真正的和完全意义上的解放叙事。信息和数字技术的即时性和便捷性就是网民存在的即时性和暂住性,主体在随信息流、数字流而流动,其思想消散在网络空间的语义场中,去中心化和去自律化的形态使很多人不得不随大流,人的解放及其叙事经常处在被动的范围内。一些人认为,在网络虚拟社会里,人的解放不是通过对传统意义上的社会改造来实现的,这是指思想方式、表达方式上的变化,网民个人的自由而全面的发展是以融入社会的状况为主要标准的,离开社会和群体来实现个人的绝对自由,只能是一句空话。在追求人的解放过程中,每一个个体也都有守土有责、守土尽责的义务,网民行为的群体影响经常成为具有链式效应的一个环节和阶段,人的解放是以每一个人的自觉而健康发展为前提的。可以设想一下,如果那些拥有数以万计粉丝的网红和明星们,都能在网络空间发挥正能量的话,那将是一个巨大的合力,其带动效果就是健康的话语叙事,也是促进人的发展的重大推动力。

3. 网络文化在虚拟空间表达体现了社会生活的新形式

"网信事业要发展,必须贯彻以人民为中心的发展思想"[1],"我们的目标,就是要让互联网发展成果惠及 13 亿多中国人民,更好造福各国人

---

[1]　习近平:《在网络安全和信息化工作座谈会上的讲话》,人民出版社 2016 年版,第 5 页。

民"①。这是在充分认识网络技术发展与人的发展关系基础上做出的论断，"以人民为中心"的网络观是马克思主义唯物史观和党的群众路线在网络文化建设中的具体运用。网络文化的技术含量表明了人类社会在改造自然以及处理人与自然关系时的积极能动愿望，自从人类社会产生以来就面对如何应对社会问题以及如何能够更好的生存问题，相应的文化形式都具有宏大叙事特征。不论是宗教神学的文化想象，还是乌托邦的文化遐思，抑或是马克思主义的文化思想，都以自己的方式对人类解放及其未来发展提出目标要求，其文化表现有的曲折、有的直接、有的隐晦、有的明确，都是关于人类未来发展的叙事形式。在这个问题上，文化叙事总是与技术紧密地联系在一起，科技影响下的文化关系成了"人之存在"状况的历史性标度。当早期的技术将人与动物分离的时候，已经隐含着人类理解自然和掌握自然的宏愿，今天的网络文化将人的思维和活动延伸到虚拟空间，加深了人们对自然、对社会的理解，网络文化拓展了人类关于文化的元叙事，用更宽广的眼光看待人的本质力量的对象化活动，用更深邃的眼光审视人的解放的本质。技术时代，我们面临理论化的技术文化带来的深刻影响，也面对实践化的技术手段带来的全新效果，网络文化既触及了人类社会发展中最现实的问题，也触及了人类社会生存中最深刻的问题，通过网络技术进一步表达人类关于社会未来的追问，已经将人类提问问题的水平提升到一个新的高度，过去对问题的局部理解转变为较为全面的理解。在这里，技术悲观主义和技术乌托邦主义都不是我们赖以走向解放的思想，前者将技术视为与人类相异化的力量，认为技术的发展将会导致主体的消解以及自身能动性的削弱，后者将自己置身于技术的迷人和魅力之中，陶醉于暂时的愉悦而忽视技术影响的另一面，甚至希望完全依赖技术的应用来实现人的解放，两者实际上是在不同的方向瓦解人的解放的美好意愿。"哲学必须看到这一现实。这一现实尽管只能产生思想、内在的态度、价值判断以及个体的可能性，但这些个体会成为时代发展中无法估量的重要因素。"②在数字技术影响下，人的思想转型是网络文化健康发展需要的"内部转型"，而社会技术导向引起的空间变换是网络文化发展需要的"外部转型"，物理形式的"国土"或"阵地"构成的特定区域，不仅是人们生活的重要空间，也是追求人的解放的重要依托。这个空间的文化出现危机时，就要在价值与思想上进行修复，

---

① 习近平：《在第二届世界互联网大会开幕式上的讲话》，《人民日报》2015 年 12 月 17 日。

② ［德］卡尔·雅斯贝尔斯：《论历史的起源和目标》，李雪涛译，华东师范大学出版社 2018 年版，第 144 页。

最主要的是在空间意义上进行合理的修复。对于人类来说,要通过网络文化表达真正的人的解放意图,需要一场思想文化上的和价值观念的革新。"互联网发展是无国界、无边界的,利用好、发展好、治理好互联网必须深化网络空间国际合作,携手构建网络空间命运共同体。"①今天的网络文化承载着更多的意义内容,它必须卸载掉那些有碍人类社会健康发展的因素,以科学、公正以及充满正能量的方式鼓足风力向前迸发。事实上,数字技术是为摆脱生存困境和认识困境而产生的,在使人得到部分解放的同时也带来新的问题,在使人理解世界的同时又产生新的困惑,这是悖论也是常态,人的解放之路从来不会是笔直的。

---

① 习近平:《在第三届世界互联网大会开幕式上的视频讲话》,《人民日报》2016 年 11 月 17 日。

第五章　文化话语论与新时代中国
特色社会主义文化叙事

文化的修辞方式中包含很多思想倾向,历史的悲喜剧、讽刺剧和滑稽剧都有其意义指向。文化思想的话语结构及叙事特征是现实社会的映照和折光,是对社会的意识形态、科学技术、文学艺术、思想道德等的态度的分析。马克思主义文化思想的叙事方式是以社会的基本矛盾为线索展开的,关于人的依赖阶段、物的依赖基础上人的独立性阶段、人的自由而全面发展阶段的阐释,都是以生产力为基础展开的。这一话语方式为中国特色社会主义文化叙事提供了思想基础,反映了文化与经济、政治的适应状况。

第一节　文化话语的生活具象和思想意象

文化话语具象是指文化话语的外部表现形式,文化话语意象是指文化的内在意蕴。在生活中,语言是最明显的人类标记,包含着非凡的力量,一个群体一旦失去了语言,就失去了自己独立的身份。赫尔德把语言视为人的自然属性并认为人和语言是互塑互生的,人塑造了语言,也借助语言为事物命名、为思想立照、为品行立范。文化话语的表达形式受到多种因素制约,话语主体、话语对象、话语环境都对文化叙事产生影响,浪漫式的话语、喜剧式的话语、悲情式的话语、转喻式的话语、讽刺式的话语,都是寄托一定含义的表达策略。

一、神话与传说:作为历史记忆的古朴话语

神话和传说伴着人类发展的脚步迤逦而来,是人们对自然的认识结晶以及对历史事件的记忆,拿希腊神话来说,马克思认为:"希腊神话不只是希腊艺术的宝库,而且是它的土壤,成为希腊人的幻想的基础。"①著名的《荷马史诗》是以希腊神话为基础创作的,赫西俄德的《神谱》是用长诗对希腊神话进行的系统整理,古希腊悲剧诗人大多以希腊神话为素材,西方大量的艺术作品也以神话为素材。神话为艺术的产生、发展及辉煌输送了源源

---

① 《马克思恩格斯文集》第8卷,人民出版社2009年版,第35页。

不断的营养。在马克思看来,困难不在于如何找到希腊神话同历史的联系,而在于认识它为何以及如何给人以艺术享受并且作为"一种规范和高不可及的范本",因为神话再现了人类的童年的真实,也使处在历史发展高阶段的成年人感到愉悦,使他们由于回忆童年的生活而兴奋,在神话与传说之中总是蕴藏着一种不朽的魅力。

1. 具有修补功能的记忆方式

对原始民俗和思想的记载,最初是通过极其粗陋和简单的形式实现的,正像史前时期的幽晦和朦胧一样,其话语表述也处于迷离状态。那个时期的习惯、理想、神话和迷信是最常见的文化"残留物",良好的轶事、传说成为引领社会价值的重要内容。萨皮尔认为,这种最初的想象力和领悟形式,比精致的散文式的言语更为古老,而且即使是原始语言,也有很多丰富的语汇,许多原始的语言都有一种形式的富丽和辞藻的繁华,因而把近世文明语言中所熟悉的任何事物都掩蔽了。中国古代社会有开天辟地神话、人类起源神话、氏族和民族神话、天体神话、英雄神话等,其中有切身的经验体会,也有充满想象的猜测,包含着早期的宇宙观和世界观。神话对历史的记载是最早的叙事方式,它以史诗、传唱、故事讲述等形式,将人们心中的神、英雄、武功、磨难和光荣,编成歌谣,汇成故事,一代代传承下来。不管是幽默风趣还是离奇荒诞,都试图以伟大而崇高的方式叙述神性和人性,这种史诗不是市井鄙俚或日常套话,而是精心打磨或不断磨合而形成的话语,其音节充满韵味,其内容充满寓意。通过具有韵律的话语形式描述英雄故事或神话故事,与日常叙事相比较,平添了很多庄重以及对遥远往事的崇敬之感,也包括对那些历史传颂者的敬重心理。不论是西方的《伊利亚特》《伊甸园》之类的神话史诗,还是东方的《山海经》《搜神记》之类的话语形式,都取材于现实社会的记忆并进行反复的加工。

列维—斯特劳斯认为,神话思想的形成类似于原始部落的修补过程,原始神话是原始人认识世界的一种方式,具有"修补功能",借助过去使不同元素以自己的方式进行思维上的组合。这些"修补匠"在心理上比较清楚每一个零部件处在什么位置以及有何作用,一旦组合起来,原来作为能指的不具备特殊意义的"零部件",便获得了所指意义。神话系统中的每一部分是以符号形式出现的,其意义表现通常是以仪式来完成的。神话中包含着最古老的认识世界方式,宗教语言是神话语言的重要延伸形式,不同宗教的语言各具禀赋,以至于在外表上"一望而知",但又不是"水火不侵"的,它们经常从不同的方向汲取内容,并且以不同的话语方式影响着文化格局。吕思勉认为,先秦诸子的学术源于两个方面,其一是从古代宗教哲学中蜕化而出,其二是在各个专门的官守中孕育而成,前者偏重玄学,后者偏重社会政治。从古代宗教中蜕化的哲学思维主要是:自然的阴阳、事物的五行、两仪和太极;质与力是事物的隐显,隐显的变动是一种动力,一旦发达,其方向就不易改变,于是有了谨小、慎始之义;自然之力极其伟大,只有随顺而不能抗拒,因此要法自然,此即贵因;万物的原质只有一个并且变化不已,万物齐一,物伦可齐;因为万物就是一物,因此有杂多之象,可以推出其总根源。这一思维有助于理解神话的起源和发展。

2. 舒缓社会情绪的表达工具

巫术和神话被认为是"原始社会的张力测量计",对缓解心理紧张具有积极作用,是通过语言和仪式引导作用对人的心理产生影响,至今犹有记忆留存。泰勒认为:"即使在低级的文化水平上,人们也醉心于思辨哲学。"[1]斯宾塞认为,"原始人"也是理性的,但他们的文化中科学知识不够发达。"一切宗教的原初形式乃是邀宠于死去的祖先,他们被设想仍然存在,并有能力对其子孙进行善或恶的活动。"[2]神化的和圣化的话语叙事指向是那个时代的政治和道德,希望为大众寻觅出路和构建一个更好的生存环境,用神的力量或圣王之功为社会提供一个坚实的政治依据和道德依据。这些神话内容通常有朴素与华美之特色,说它朴素,是因为它保持古拙敦实的特征,不崇尚虚有其文的外表;说它华美,是因为它把日常生活升华为一种富有诗意的审美方式和追求方式。朴素与华美之间是相互交叉和呼应的,"其中每一种朴素与华美都可能与其它任何一种朴素与华美互动,这使得朴素与华美的交响是一种多声部齐鸣的混响。表现出来,就是中国古人既哀叹贫苦性质的朴素生活是非人性的,又自觉追求淡泊宁静的诗意的朴素生活;既痛斥上层人物华美生活'淫'的恶质,又对文饰的诗意生活心向往之,情难自禁。"[3]但是,由于语意的错位,以神话和传说来表达问题的本相,经常会出现自相矛盾的困境,这使他们对原始时代的诗意性与反诗意性的认识纠缠在一起,当很多意识碎片拼接在一起时,其中的信息经常处在剪不断、理还乱的纠结中。

其实,不论是"神的逍遥"还是"神的烦恼",都是人间苦乐的折射,英雄的历史将世界简化为英雄的世界,在荣誉召唤下的激情总是掺杂着神性的光环。这种话语中也包含着对"卑贱者"的鄙视,个人主义的崇高只属于个

---

① ［英］泰勒:《原始文化》,连树声译,上海文艺出版社 1992 年版,第 368 页。
② ［英］埃里克·J.夏普:《比较宗教史》,吕大吉等译,上海人民出版社 1988 年版,第 43 页。
③ 刘朝谦:《技术与诗》,中国社会科学出版社、华龄出版社 2004 年版,第 367—368 页。

别人物而不属于大多数的普通人,即使个别普通人要上升为英雄人物,那必须以神的喻示或帮助才能达到。史诗之中经常流露出对人事流转的慨叹,日出日落,如之奈何,生老病死,如之奈何,冬去春来,如之奈何,一连串的发问是对社会和人生的忧思。一些没有时间顺序的理想和美德,也被注入到史诗之中。赫西俄德的《神谱》提出把人类的过去分为五个时代:"黄金时代,那时的人类过着像神一样的生活,无忧无虑,不知苦难和辛劳,并且在未经衰老的情形下平静地死去;白银时代,那时的生活以极度的残忍和毫无节制的尚武好战为标志,人们反叛一切神圣事物,最终过早地死去;青铜时代的人类具有异乎寻常的体魄和精力,这也使得他们在绵延不断的战争中毁灭了自己;英雄时代(它不以任何金属为标志)充满高贵的人类和半神的英雄,但不幸的是,他们在战争中毁灭了自己,其中的一场战争就是荷马笔下的特洛伊战争;最后是黑铁时代,也就是赫西俄德的时代、普通人的时代,这个时代除了苦难、不公、仁爱的普遍缺乏、衰老和死亡之外几乎没有别的东西。"①可以说,神话和传说是从人类哲思原地中萌生的一朵奇葩,无论是暮色苍茫中逐渐隐去的落日,还是渐渐升起的新月,无论是不断轮转的四季,还是国家民族的兴替,都在时间的流淌中见证着人世沧桑。神话与传说的话语建构中隐含着对社会发展的关注,中国远古时期的开天辟地、射日治水、部落征战,都生动地展示了充满创造的历史图景,神性与人性的妙合,给中国传统文化注入了很多神秘的气息,神权为人权服务,人权为神权注解,敬鬼神而远之与崇鬼神而亲之,构成那一时期的复杂心态,其中不乏理性的思考,而这正是宗教话语的常见理路。

3. 体现思想接力的延续方式

神话是用幻想的形式以不自觉的方法加工自然和社会,表现了人类借助想象征服自然力和支配自然力的愿望。后代人从前代人的幻想中了解他们"对自然观点和对社会关系的观点",体现了现代人本身的自我关照。神话以及神话语言并不都是"卑劣物质的野蛮元素",其表达方式和思想观念受到古代话语方式的制约,古老的语言中蕴含着神话的建设基础。因此,要领略神话传说的原本意义以及其中的文化哲学韵味,就要认识关于该神话起源的那一语言特质。按照麦克斯·缪勒的观点,语言构成有三个时期:第一个阶段是"语词的形成期",构成神话产生的最初基础,但还不足以产生神话;第二个阶段是语言的方言期,古代宗教就是人类语言中的神圣的发言;第三个时期就是神话时期,表现为一种无意识的诗歌,其中的诗意在现

---

① [美]恩斯特·布赖萨赫:《西方史学史》,黄艳红等译,北京大学出版社2019年版,第10页。

代语言中大多湮没了。一些人类学者和社会学者认为,神话阶段的语言是处于疾病状态的,因为神话的发生是由于人们古时候遗留下来的名词遗忘所致,而词语的遗忘使内容失去了本义而成了神话,一些意义因词语的遗忘而生出歧义,遗留下的古语也会生出很多混乱和误解。最早的诗歌之花绽放出来的意义有不少是隐喻的,语源的真义被遗忘后,人们会通过自己的主观想象赋予一些新意。语言的"疾病"造成了语义的飘落,甚至一些荒谬的内容让人感到可笑的同时,又觉得内容实在不可信。但是,很多神话的价值是不能忽视的,长期流传的故事体现了一代又一代的思想接力。尽管过去年代的传说显得奇妙、粗野,有时甚至伤风败俗、荒诞不经,但每一代人都欣然接受并加以改造,从而使这些神话得以再生,能够揭示真理或揭示更为深刻的意义。神话语言与早期的宗教语言有密切的关系,神话语言曾经是"人类语言中的神圣方言",不管是何方神圣,也不管是何种神圣,都为早期宗教提供一种思维和词汇启示,但是,光怪陆离的信仰形式给诸多宗教提供了病态的或歧义的语汇,很多信仰崇拜依据的是神话而不是自然现象,兽类崇拜的基础主要是从神话发展出来的各种象征。语言学派认为,神话发展是语言衰退的产物,人类学者认为,神话是与之适应的语言环境里的思想反射。但在总体上,神话是人类思想和人类语言的结合,是自然地必要地产生的奇异寓言,是人们在口传过程中丢失原有语义之后留下的东西。

二、诗歌与诗性:作为生活方式的浪漫话语

诗歌与诗性包含着语言艺术的逻辑特征,尽管有时显得比较散乱,但在形成中的对应律、齐整律与长短律经常在意境创造中表现出来,构成独特的"诗化"语言和诗歌"语法"。荷尔德林认为,诗歌与诗性源于人的诗意生存,因为"人诗意地栖息在大地上",它就有了诗性地表达生活的愿望。但诗歌与诗性中究竟埋藏了多少诗意,既要看表达者的情感寄托的成效,又要看它对诗意生活的理解程度。在今天,人们充分贴近自然的过程中,很多曾经寄托深厚魅力的事项被祛魅了,人文关怀和浪漫情怀的丧失使得诗意栖息、诗意生存显得更直白了。互联网时代下"从前慢的日子"已成记忆,人们在感受辛波斯卡所说的"通晓地球到星辰的广袤空间"的同时,却在"地面到头骨之间迷失了方向",很多体现诗意栖息的浪漫话语成了历史记忆。

1."泉林"之语:诗歌与诗性中的格调之美

如果说神话传说的表达形式还处在较为粗糙的状态,那么,诗歌的美学特征就非常明显了,它采用比较精致的形式抒发心理情感。黑格尔曾说,诗歌的对象不是事实本身及其冥想之中的存在。具有逻辑性和充满象征意义

的散文语言通常产生于诗歌语言之后,诗歌语言要比科学语言古老的多,尤其是史诗,更适合表达人的心理状态和内心感受。"言在耳目之内,情寄八荒之表",意在向世人及子孙后代传达历史事实,诗化的押韵句子以朴素的形式传达带有明确目的的内容,诗性表达包含着内在的理想性意识。在那个时代,生活的平淡内容充满全部意识之中并被以一定的方式实现了升华,诗歌艺术承担起构设全新世界的任务。因此,不论是史诗的、抒情的还是戏剧性的,都担负着整合思想的任务,要求用诗的想象达到消解张力和实现主客体的统一。但它们的话语目标是不一样的,史诗为展示了一部外部世界更为广泛的图景,抒情诗更适合于多样化的表达模式,戏剧诗则倾向于表达外部现实世界与内部世界的联系。这一过程是历史、修辞和诗的合奏,思想和理想的表达都借助诗的语言呈现出来,史诗不能满足于"用特殊事实"构建的文字排列,它必须将材料编入一个整体之中,通过特定思想或特定人群的生活表达社会的一般规律。成功的历史叙事,经常在事实材料的"共同联合"中寻求减少悖论的路径,既能把事实结合在一起,又能把事实背后的精神显露出来。史诗的多样性、偶然性和主观性都影响着人们的思维和判断,它需要经常性地保持着在任何时代都有效的内容和真实,这一点与散文或小说的离奇变化是有很多区别的。史诗体现的元史学式的综合想象方式,具有普遍性、实用性和批判性,而普遍性是最有诗意的,它将已知的历史世界作为主体,在与已知的历史理想形式相适应的基础上,塑造出一个具有整体性的诗性体系。后世延续和发展的诗词歌赋都成了表达心绪的重要工具,可以借此抒发胸臆,可以借此浇心中块垒,可以借此表达人生意义,可以代国家立言,可以为圣人立传。通过话语表达诗意栖居和山水之美不仅是审美意识的进步,也是将山水之美再度凝练的方式,这已经和原始社会中的图腾描绘有了很大差别,既不同于奴隶社会器物上刻铸的饕餮画面,也不同于封建时代的泰山封禅境况,这些过往的文化表达还不是完全意义上的"智者乐水,仁者乐山",因为自然形态的山水不过是道德伦理的对象化物事。如果说《诗经》中的比兴话语方式只是把自然看成没有独立价值的存在,如果说《楚辞》中"袅袅兮秋风,洞庭波兮木叶下"只是发挥了抒情效应,它们都没有成为独立的美学意识,那么后来的自然意向大大地增强了山水情怀。但不能把前者的影响一笔勾销,因为它在审美之路上是通向万里江河不可或缺的滥觞,是后代山水诗文审美意象的肇端,只是由于在汉赋话语表述上的词语堆砌淹没了山水风光,语言的功利色彩降低了审美格调。

2."风骨"之语:诗歌与诗性中的意境之美

诗歌语言的浪漫色彩是很多人关注的,理想与现实、艺术与自然、文化与生活之间的弥合与裂痕都在诗歌语言中流出来,现代艺术的夸张式的描述总是与"自然世界"有一定距离。席勒认为,"朴素的诗"与"伤感的诗"表达了两个方面的倾向,"古希腊的(朴素的)诗歌依然没有跨越现实与人以随性的方式融入其中的自然之边界,而伤感的诗则视自然为在自身通向'无尽'过程中需要克服和铲除的边界,因为'无尽'就是完美之人的理想形态。"①但这还不是浪漫主义的真实成分,没有真正把自然幻化为诗歌灵感的对象。歌德不赞成席勒关于"朴素的诗"与"浪漫的诗"的分类方式,他认为伤感是病态的标志,朴素是健康的证明,浪漫主义世界观包含着人类的进取精神,这是"浮士德文化"式的艺术审美之路,其创作母体是争取幸福和自由的愿望。诗性话语中,语言的雕饰成为意义寄托的重要方式,追求华丽、雕琢词章成为语言创作的必备功课,语言夸饰的功能、价值和意义被提升到空前的地位,并且逐步覆盖社会生活层面,以至于有生活处皆有诗意的装饰,甚至走向奢靡和滥用。唐代陈子昂有一段话论及此事:"文章道弊,五百年矣。汉魏风骨,晋宋莫传,然而文献有可征者。仆尝暇时观齐、梁间诗,彩丽竞繁,而兴寄都绝,每以永叹。思古人,常恐逶迤颓靡,风雅不作,以耿耿也。"②诗意生存与华美生活的追求不是等同的。中国古代社会对华美的生活和形式的认识大致如下:华美是生活的文饰,会走向奢靡,是一种浪费,对它的过度追求会走向毁灭,其中的审美意象经常会被不良文化现象遮蔽。诗意话语更多地考虑社会的优美方面,品质或品位是优先关注的事项。因此,在话语的表达上唯美生活的话语与诗意生存的话语是有不少区别的。客观地说,原始社会生活中虽然流露出很多诗意的元素,这种诗意并不是以自觉的质朴性为特征的形式,在落后的生活状态下,原始人身处"文"外,自然无法对"文"的意蕴做出情感价值上的判断。中国古代社会思维中,朴素和纯真是极致的诗意,诗与诗意都毫无例外地把这一点作为追求的对象。"中国古代话语谈论的代表世界诗意的朴素,主要是作为最高人性的朴素,是与华美生活相对立的、真正诗意盎然的生活方式。"③但是,代表中国儒家思想诗意特征的不是朴素本身,而是对朴素内涵的美化和诗意化,或者是对朴素的意义延伸和文饰,"行则鸣佩玉",表达了诗性生存的价值理念,被儒家看成增加生活之美的重要方式。比较好的解释是,朴素的即是诗意的,诗意的即是朴素的。从缺少诗意的话语描述到充满诗意的话语形式,既包含

① [俄罗斯]瓦季姆·梅茹耶夫:《文化哲学——文化哲学概观》,郑永旺等译,黑龙江大学出版社2018年版,第104页。
② 陈子昂:《与东方左史虬〈修竹篇〉序》。
③ 刘朝谦:《技术与诗》,中国社会科学出版社、华龄出版社2004年版,第367—368页。

充满理想主义激情,也可能"机械诈伪莫藏于心"。这种话语在一定程度上限制了物欲的膨胀,将诗意生存定格在较低的生活水平上,似乎越贫穷越质朴、越有诗意。物质的贫困居然成了诗意生存的重要条件,这与社会发展和人的追求是存在悖论的。

3."意境"之语:诗歌与诗性中的生活之美

历史叙述的诗学模式,还有一个相关联的话题:诗意生存,充满诗意和想象的生活以及追求期待远方的生活,乡愁和历史记忆都是构设未来图景的素材。想象的诗意之境不过是朴素生活品质的升华形式,诗意栖居之维中包含着人的本质的张扬,以实际物事构建一个充满诗化哲理的乐园并不全是乌托邦的想象。诗意栖居的话语包含着对人与自然的关系的体认,不仅有审美价值坐标的定位,也有审美对象和审美重心的确立,不仅有对生命不永、凋落无期的伤感,也有对寄寓思想、忘情山水的境界。个人的追求内化于自然之中,既包含了对生命意义的终极思考,又从时序变迁中感悟生命之短促,从自然的阔达中感受个体的渺茫,用诗意栖居的愿望打破悲怆,把自然之美与田园诗意结合起来,构筑起风景秀美、充满诗意的美好空间。很多古诗词表达了人生苦短的无奈,"人生天地间,忽如远行客""人生寄一世,奄忽若飙尘""人生忽如寄,寿无金石固",孔子将时光流逝比作流水,理性而深刻地表达了生也有涯、知也无涯的人生意义。当人们面对喧嚣的世界和充满纷争的境况时,当人们在物质和精神上无法走出无奈时,寻找心灵的栖息之所就成为诗歌与诗性关注的主要内容,看破红尘、老于世故、归于山林、韬光养晦就成为人生哲学的追求目标,于是以寄情山水表示清高,以无畏之论宽慰自己,以适意逍遥为初始哲学,以荒诞不经为生活追求,于俯仰之间打发人生时光,于思维驰骋中想象未来社会。正是在这些思维的综合影响下,自然山水和田园诗意结合起来了,人们构想中的世外桃源也被勾勒出来了。注重意识的做法在魏晋文学、六朝文化中有了明显的表达,一些隐遁山林的文人墨客,用自己的审美话语表达了对自然之美的升腾和超越,赋予纯粹精神的享受以无上和形上的价值,出世的感觉甚至超越了"入帝王之门"的荣耀,由此使得中国文化中积淀的审美精神归入了对自然的体悟,对艺术本身的探究也升华了文化话语的审美含量。

三、祛魅与施魅:孕育文化活力的创新话语

话语施魅的基本意思是我们过去拥有过而现在没有了,希望以一种方式重拾记忆并增强它的吸引力,话语施魅并不是宗教的魔法和符咒,而是通过有吸引力的表达提供一种纯真的美好事物。强调用施魅方式增加生活魅

力,和利用祛魅减少事物的神秘感和虚幻感,可以看成一个问题的两个方面。如果说,话语施魅是用来对付思想病症的解药,那么,话语祛魅则是理解事物的一把钥匙。韦伯把"施了魅的世界"看成"渴望的对象",他透过"乡愁的薄暮"来看待施魅,乡愁成了获得话语灵感的重要源泉。同样,话语祛魅也不是将世界转化为一个暗淡、疏远和没有意义的状态,在"理性的牺牲"中寻找新的意义返魅。话语的施魅、祛魅和返魅都是要消除迷魅的意义模糊状态,使社会的意义结构变得清晰而有魅力。采取一种话语方式消除无意义的空虚和孤傲,或者用表面上妙不可言而实际上意乱神迷的暗示表达不合理的物事,都不是话语施魅或祛魅的主旨。话语祛魅的方式是多种多样的,世俗主义话语对宗教的祛魅,市井俚语对严肃话题的祛魅,在冲击"崇高"的同时也赋予很多便于理解的形式,是在一定程度上把世界交给了感情和想象力。泰勒的祛魅话语中也有自己的乡愁,他认为对神学的祛魅是因为上帝的观念有缺陷,当宗教神学把上帝的话语抬出来的时候,各种神学概念的世俗化不过是创造更多的神学,从道德、自然和现实中体现神的谕旨,世俗主义话语成了改进宗教信仰的手段。在对理性思想的祛魅中,韦伯把"理性化"看成使道德败坏的力量,而且成了许多竞争对手在竞争中体现何者更具有优越性的内容,其中隐含话语上的"官僚体制"的范式。

1. 文艺创作中的话语祛魅和施魅

艺术家是话语的生产者,但不是唯一的生产者。从话语活动或行为模式看,传统文化是由话语生产者—文本—接受者构成的动态模式,文艺工作者的话语经常保持着对社会进行批判反思和启蒙民众的角色。传统艺术家是作为唯一的话语生产者出现的,他们在提供社会审美方式的同时,也不可避免地在其中加入意识形态元素,社会的政治需要和伦理观念也被纳入其中。这种由文化生产者主导的话语生产方式,在今天的市场经济以及技术影响下变得多样化了。人人都有一个话筒,也都有自己发言权,这造成了文化表达中不同的祛魅与施魅方式。现在网络文化和网络作家成了文艺创作的一个风景,其方式经常表现为从文化赋魅到祛魅再到返魅,是从建构到解构再到建构的否定性发展过程,也是从本体论到认识论再到价值论的认识过程,以及从客体到主体再到主客合一的存在过程。甚至通过虚构的夸饰方式给某一主题进行施魅,"穿越""返祖""戏说"等内容让人们感受既觉得荒诞不经又感到恋恋不舍。历史地看,商代文化体现了对上天的神秘感和恐惧感,东周时期这一文化根基有了很多松动,而在秦汉时期又确立了上天的尊严地位,这一个较长的时期内,敬天畏神一直是话语叙事的主题。魏晋时期的文化话语开始把人的意识提升到新高度,人试图与天亲近、与自然亲近,天人关系的冷峻局面开始被打破,贴近自然、倾听天意成为一些人的追求。天的崇高政治象征开始动摇,成为人们欣赏的自然物象,大气磅礴的自然气度使人洗却猥琐,从对神的依附转向关心自身价值,走出感情误区而带来的思想解放愿望通过审美意识表达出来了。这是对神的祛魅和对自然施魅的过程。

2. 文化消费中的话语祛魅和施魅

近年来,文化"消费方式"成为与文化"生产方式"密切联系的形式,它所表现的赋魅和祛魅也成了解释"新的消费方式"的重要思路。连锁店、快餐店、娱乐场、网购、快递、外卖等,成为具有魅力的消费形式或活动,整个社会用科学和技术保持消费方式赋魅能力并不断翻新,商业模式需要面对的则是如何让首次"祛魅"来得慢一些,或在创造新的消费景观而延长其生命周期。在现代数字技术和网络技术的推动下,平民话语不仅有机会与精英话语竞争,并且可能因其"草根性""民粹性"而表现出更多的魅力,那些吃惯了文化大餐、看惯了文化风物的人,也愿意享受一下"乡巴佬"式的文化口味,因此在传统文化被祛魅的同时,网络文化却被以一定形式施魅了。"由于媒介手段的普及,文学的大门几乎向所有人开放,作家不再是什么神秘的、具有特殊才能的精英群体。于是,文学被'祛魅'了,作家也被'祛魅'了。"①

3. 文化宣传中的施魅与祛魅

公共话语和私人话语之间的界限模糊的同时,官宣和民宣同样在生活中产生了影响,只不过一个是依靠国家的公共传播机构来实现,一个是通过网络社会中网民的追捧来实现,这两个方面包含话语影响机制是有区别的。官宣的内容经常定格在民众心中并成为社会实践的思想指导或政策引领,其话语魅力不言而喻,民宣的内容经常保留在娱乐和新闻层面并且很快降温,甚至变成负面的娱乐素材,其话语魅力是暂时的。如何赋予思想文化一定的魅力,如何使有关内容更容易接受,是文化宣传中必须考虑的事情,这个施魅和解魅的过程是需要认真研究的。在国家政治思想建设层面上,必须使宣传的内容具有一定的吸引力,让受众感受其中的话语意义正是他们所需要的,但是,在表达的过程中又不能是原本不动地单项传授的,还要考虑到受众的接受力,这又需要把体系化理论化的内容转化为大众化生活化的形式,通俗易懂是语言祛魅的需要。我们现在倡导全媒体时代的话语创新,不是借助技术把语言变成花哨的形式,不是把它变成一个什么都可以装

---

① 陶东风、周宪:《文化研究》,广西师范大学出版社2008年版,第13页。

的框,无边界地谈论文化创新是没有意义的。比如:我们现在提倡课程思政,这本来是拓宽思想教育领域和增强思想政治教育魅力的形式,初衷是好的,一些做法也是值得肯定的,但是,还存在一些把课程思政过度包装、牵强思想与政治教育内容联系的做法,给人的印象不是自然而然引入内容和开展思想宣传,而是生拉硬扯地编织思想教育过程,是不遵循话语规律、思想传播规律的表现,也没有真正理解课程思政的实质和要求。

第二节　马克思、恩格斯文化思想的修辞方式及现实转换

文化的内涵和意义既可以通过思想、行为体现出来,也可以通过修辞方式表达出来。历史文化叙事主要关注和认识文化发展的历程、变化,话语表达通俗而朴实;思想理论文化叙事主要涉及社会问题以及有关内容,话语形式端庄而严谨;行为文化叙事主要涉及风俗人情和社会礼仪,话语形式灵活而有气息。马克思、恩格斯文化思想修辞主要涉及三个层面:对文化形态的叙事、对文化存在的叙事、对文化行为的叙事。马克思把文化描述成"人的本质力量的对象化"的活动结果,是以唯物辩证法为基础的修辞方式。恩格斯在《路易·波拿巴的雾月十八日》中描述的文化上的混杂状态,是以批判形式揭示不良文化现象的修辞形式,认为:"浮夸的空话同实际上的犹豫不决和束手无策相混杂,热烈谋求革新的势力同墨守成规的顽固积习相混杂,整个社会表面上的和谐同社会各个成分的严重的彼此背离相混杂。"①马克思、恩格斯文化思想的修辞方式,在当下既有指导和借鉴作用,也需要进一步转化和创新。

一、语法基础:马克思、恩格斯文化思想的修辞方式

马克思、恩格斯的文化修辞有自己的语法形式,其中的"文理"是由文化思想的内容决定的,其中的"语脉"是由文化思想的结构决定的。马克思在描述欧洲革命的历程和状况时,使用过悲剧、喜剧、滑稽剧等话语形式,其理据和依据也是多方面的。对工人阶级的支持、对农民阶级的期待、对资产阶级的批判,都在他们的文化叙事中表现出来,这也使得马克思、恩格斯的思想中充满丰富的意义寄托。不管是批判性的思想描述,还是阐释性的理论分析,抑或是比较性的叙述思辨,都有独具特色的文化修辞方式。

---

① 《马克思恩格斯文集》第2卷,人民出版社2009年版,第477页。

1.唯物史观是马克思、恩格斯文化思想修辞方式的哲学基础

在文化思想史上,阐释文化问题的思路,有经验主义的,有唯心主义的,有唯物主义的,这些方式在不同时期都曾引起人们的关注或青睐。马克思、恩格斯使用的文化修辞方式,不同于唯心主义和机械唯物主义的话语形式,他们不赞成用纯粹的推理来把握文化问题,也不主张对文化问题做临时性的描述,而是致力于寻求合乎规律的言说形式,致力于在社会基本矛盾运动和时空关系变化中选择合适的修辞方式。文化的多样性决定了修辞叙事的多样性。在文化发展中,文明与野蛮共生、进步与落后共存,尤其是资本主义文化中,躁动着文化气息却又经常极度分化,充满文化愿望却又盛行卑劣,渴望有序运行却又混乱异常。"文化每前进一步,不平等也同时前进一步。"①辩证看待文化发展对社会的影响,是马克思、恩格斯文化思想修辞的重要品质。尽管马克思、恩格斯描述文化问题的方式不尽相同,但他们在回答文化本质时所坚持的哲学立场是一致的。他们认为,文化是人与自然进行的物质交换和能量交换的结果,语言的内容、形式都在这一过程中孕育发展。文化作为社会历史的积淀或思想升华,是人们的审美内涵、创造精神以及价值取向的沉积形式,不管是无声的历史遗存还是有形的社会创造,都是文化意义的寄形方式,要把文化用合适的语言表达出来,不能脱离社会环境和交往形式,修辞方式的选择也要以体现与物质生产相适应的成果为目标。马克思、恩格斯文化思想的修辞方式建立在实践基础上,"根据唯物主义观点,历史中的决定性因素,归根结底是直接生活的生产和再生产。但是,生产本身又有两种。一方面是生活资料即食物、衣服、住房以及为此所必需的工具的生产;另一方面是人自身的生产,即种的繁衍。"②这两种生产是决定文化修辞方式的最重要因素,为我们提供了洞悉社会文化、家庭文化以及个人行为文化的重要途径。以物质生产方式为内容构建文化的话语形式,不是从观念出发叙说文化,而是通过历史事实描述文化。由于文化的起源和发展是一个复杂的过程,对它的描绘也是综合考量的。从氏族、部族到民族和国家,人的创造思维、人的活动状况以及人的主观意志不断地注入社会之中并以历史的形式积淀下来,在叙事方法上经常体现为宏大叙事与微观透视的结合。马克思、恩格斯在叙述文化问题时,以社会的物质关系、交往关系、分工关系为基础,以人与自然的物质交换和能量交换为主要形式,表达了社会的文化内涵。

---

① 《马克思恩格斯文集》第9卷,人民出版社2009年版,第147页。
② 《马克思恩格斯文集》第4卷,人民出版社2009年版,第15—16页。

2. 辩证思维是马克思、恩格斯文化思想修辞的方法论基础

一是社会主体决定的文化修辞方式。社会主体对现实问题的感知以及解决问题的愿望是推动文化发展的重要动力,文化的表述方式也取决于现实的人及其活动,因为社会主体是理解"真正历史的钥匙"。这是文化修辞的"语法学",是通过透析人的社会存在表达其在历史发展中的作用。不论是物质形态的文化,还是精神形态的文化,都是人们在现实生活中按照思维规律和实践要求创造出来的,文化发展过程就是社会的物质创造和精神创造结合的过程,当人们确立自身的活动方式并付诸实践时,就有了文化创造及其表现形式。以主观见之于客观的形式描述文化想象,从社会实践认识文化问题,是马克思、恩格斯文化思想修辞的起点和基线,"文明是实践的事情,是社会的素质"①,文化、实践、人的活动是一个整体。尽管文化的产生离不开思维创造,但在整体上看,"随着劳动的社会性的发展,以及由此而来的劳动之成为财富和文化的源泉,劳动者方面的贫穷和愚昧、非劳动者方面的财富和文化也发展起来。"②这是对文化产生和发展的一般规律的表达。文化主体可以是单个人,也可以是群体,但文化一经产生就为社会共同拥有了。资本主义社会的文化也具有特定的修辞方式,在马克思、恩格斯看来,"一个除自己的劳动力以外没有任何其他财产的人,在任何社会的和文化的状态中,都不得不为另一些已经成了劳动的物质条件的所有者的人做奴隶。"③处在这种状态下的人的创造能力和创造动力都不是充分的,这是资本主义文化的表现形态。在马克思、恩格斯的文化修辞中,劳动是另一个重要因素,人的劳动意识、协作意识对文化的生产具有决定意义,它与人在社会发展中结合成现实的力量。

二是科学技术影响的文化修辞方式。马克思、恩格斯指出,文化是社会的一切改进的结果,而技术作为文化的重要生产方式和生产能力,"一旦被自觉地运用并为大众造福,人类肩负的劳动就会很快地减少到最低限度"④。技术对文化具有跃迁性的推动作用,旧文化的沉积和新文化的发生,都与技术的革新和改进有密切的关系,那些与技术潮流不适应的文化形式总是在人们的记忆中淡出生活或成为失落的记忆,而那些积极适应社会潮流的新的文化形态,则会成为社会生活的重要部分。一定意义上说,对技术的描述就是对文化的描述,技术语境中的文化修辞,与经济发展、生活变

---

① 《马克思恩格斯文集》第1卷,人民出版社2009年版,第97页。
② 《马克思恩格斯文集》第3卷,人民出版社2009年版,第430页。
③ 《马克思恩格斯文集》第3卷,人民出版社2009年版,第428页。
④ 《马克思恩格斯文集》第1卷,人民出版社2009年版,第77页。

迁、交往形式相联系。马克思、恩格斯所提及的"冲突"包含着科技对传统文化变迁的影响，"智力的发展"成果是文化的另一种表述形式。马克思、恩格斯对科学技术影响下的文化表述没有脱离资本主义社会的语境，资本主义工业所造成的人的对象性存在及其结果，包含着带有政治特征的文化形态，对其中的阶级性视而不见或将文化说成普世的内容，是不符合历史事实的。技术引领下的物质文化追求，通过可靠的话语描述和表达人的本质力量的内在品质，揭示科学技术对文化的推动作用，是马克思、恩格斯关注的重要方面。这就使文化修辞带有了更多更新的科学品质，科学技术给文化带来新动力，文化为社会带来新气象，文化修辞与科技新潮的交替互现是经常性的社会现象。在马克思、恩格斯的文化修辞中，科学技术是推动知识创新的动力，它在自然科学领域和社会科学领域内的表现都是日新月异的。

　　三是思想道德影响的文化修辞方式。由于文化产生于社会并影响社会，社会话语就与文化话语形成共生关系，两者在交叉重叠中以自身的内聚力对社会发生作用。因此，描述文化不能脱离社会环境，恩格斯在谈到这一问题时曾说，德国人以其唯灵论思维而走向哲学革命，法国人以其唯物主义信仰而选择政治革命，两者的文化叙事都受到社会环境的影响。至于社会中的文化变迁，与人际关系、价值观念以及人的本质具有更密切的联系，是文化演进中的现实具象。社会道德作为人类文化中最通俗的留存形式，人类社会学家关注它，历史文化学者关注它，马克思、恩格斯也关注它，在众多的话语注目中，文化的修辞形式也在多样化展开。其中，道德叙事以行为惯常影响着人们的日常生活，还在约定俗成中影响着人的言行，因为这些方面是确立社会行为准则的重要标杆，是表征国家或民族特色的重要内容。在马克思、恩格斯看来，文化思想的修辞形式是社会生活的映现，当人们以自身的活力和激情实现文化创造时，其中的道德考量、价值诉求、生活习俗经常被作为文化的重要指标。在资产主义社会中道德与经济的错位经常使文化修辞发生矛盾，它在社会道德上采取一种尺度，在国民经济中采取另一种尺度，这种实用加功利的原则是资产阶级文化修辞的重要特征。文化表达离不开社会的知识素养，知识接力和思想更新经常给文化修辞提出新内容，但由于文化的起源、区域、人群有很大差别，它所包含的道德因素也有很多差别，要用同一种语言描述文化的全部内容是很不容易的。马克思、恩格斯承认道德"拥有最多的能够长久保持的因素"，也承认在不同的区域和人群道德形态的相似性和道德起源的差异性，而道德认识的偏差经常会造成文化修辞差别。

3. 社会生活是马克思、恩格斯文化思想修辞的基本场景

社会生活是陶冶人的品质的环境,它不仅是维系社会关系的基础,也是蕴生话语元素的场所。文化越是贴近事物本质,"它所固有的内在规律就越是以自然的必然性在这种偶然性中去实现自身"①。如果话语不能贴近生活,如果不能把内在的东西表达出来,如果不能把历史材料用合乎辞章的形式体现出来,就无法描绘出社会文化的真实图景。历史进程中的文化,是那个时候的社会具象,受到生产力发展规律、商品经济规律、思想认识规律的影响,对文化的阐释也不能脱离这些因素。文化不全是主观运作的东西,更不是盲目发展起来的,其特征是非线性的,用所谓的"纯粹理性"话语包装,经常会出现内容与形式不相对应的状况。我们讲到日常生活对文化的影响时,也经常感受文化的多样性存在,并能体会到它给文化话语提供的灵感。马克思主义视野中,关于文化问题的叙事不仅阐释人类如何获得解放,也揭示了社会运行的重要动因。社会生活中的喜怒哀乐、悲欢散聚、成败得失都掺杂着很多文化意向,日常生活的悲剧和喜剧,革命宣传中的转喻和隐喻,阶级斗争的激烈与缓和,都与文化事项密切地结合起来,它们在锻造一个新的生活空间的同时,也在创造一个新的话语空间。恩格斯在《德国革命与反革命》中严厉指出传教士们的"浅薄的空谈""既缺乏哲学的敏锐,又缺乏实际知识",也对官方的公文和报告中骗人话语做出批判,认为"这是一部卓越的、道地的讽刺小说,是为法兰克福国民议会及其政府树立的永久性耻辱纪念碑"②。在马克思的文化修辞中,"解释世界"和"建设世界"是统一的,解释世界的话语是在建设世界中生成的,不理解现实社会,就无法解释世界。物质存在决定的语法修辞,是以生活方式为叙事基础的表现。封建时代的文化修辞离不开"手推磨"决定的生产方式,工业革命时代的文化修辞离不开"蒸汽机"决定的生产方式。生产方式不断更新着文化的积聚方式,具有决定意义的社会活动贯穿于文化变迁的整个过程,社会生活是承载文化意义的最直接最前沿的空间,生产力和交往形式的递进关系是构建文化叙事方式的重要基础。文化修辞中的话语表达,必须体现社会历史的客观性并能阐明这种客观性,其原则不是任意设置的,不能随意更改由意义确定的符码,否则就不是文化修辞而是在演义文化了。与社会历史相适应的文化,是在社会进步、交往扩大、观念更新中演进的,相应的修辞方式也是在不断变化的,尽管不同文化形态的衔接或断裂都会引起修辞方式的变

---

① 《马克思恩格斯文集》第4卷,人民出版社2009年版,第194页。
② 《马克思恩格斯文集》第2卷,人民出版社2009年版,第422页。

化,但文化的自然规定性和社会规定性仍然是文化修辞不能忽略的事项。

二、句法形式:马克思、恩格斯文化思想修辞方式的建构逻辑

社会实践和主体意向为文化修辞预设了一套逻辑规则,这是文化的"句法"形式。符合文化修辞规则的句法,总是与一定的生产方式、一定的活动方式以及一定的时期紧密联系着,在生产力与生产关系的矛盾运动中孕育出文化话语和文化符号,并提供了文化思想修辞的基本元素。马克思、恩格斯文化思想修辞方式的逻辑形式,表现在他们对文化的产生、发展和功能的描述中,这些方面共同构成他们文化思想的句法格式。历史的复杂性与多样性孕育出不同的话语风格。马克思经常以转喻模式对设定历史的话语叙事,历史过程就是"罪恶与苦难的全景",而摆脱这一过程的努力或话语叙事目标,就是现实地期待历史领域中那些力量和对象的最终融合。在马克思看来,这种融合应该是基于大多数人利益为基础的,而不是建立在少数人利益基础上。因此,马克思的文化话语不是把对社会救赎理解为从时间之中解放出来,而是从实践之中解放出来,他期待通过人与自然协调的形式,克服令人恐惧的邪恶力量而达到一个真正的共同体。"马克思的历史观念代表着一种完美的提喻,即部分融合为整体,该整体本质上优于构成它的任何实体。"①马克思、恩格斯的文化叙事中,"社会不再或者是被围困的人性和混乱的自然之间惟一的保护性屏障(像柏克认为的那样),或者是个人及其真正的'内在本质'之间的障碍(像卢梭和浪漫主义者认为的那样)。"②在马克思看来,人是在辩证地发展获得自身的现实存在的,人战胜自然的过程中又与自然疏离,人解放自己的时候又束缚自己。

1. 由文化的层次性和相对性构成的修辞逻辑

恩格斯指出:"只要我们的原则还没有从以往的世界观和以往的历史中逻辑地和历史地作为二者的必然继续用几部著作阐发出来,那就一切都还会处于半睡半醒状态,大多数人还得盲目地摸索。"③文化修辞也遵循这样的道理,其句法结构因起源和存在形式不同而有差异,话语叙事的内容和方式也不一样,由社会文化差序造成的语言阶序也呈现多样化状态。马克思、恩格斯都认为,文化修辞不能离开社会事实,在一定程度上说,历史的逻

---

① 〔美〕海登·怀特:《元史学——19世纪欧洲的历史现象》,陈新译,译林出版社2013年版,第352页。
② 〔美〕海登·怀特:《元史学——19世纪欧洲的历史现象》,陈新译,译林出版社2013年版,第352页。
③ 《马克思恩格斯文集》第10卷,人民出版社2009年版,第17—18页。

辑也是文化的逻辑。不同"文化的果实"造成的话语的层次性,形成一种差序,其核心部分是为社会的政治经济服务的文化话语,再向外推分别是生活话语和对外交流的话语,但它们之间并没有严格的边界,要想找到精确的"文化"叙事起点和绝对的"文化"叙事标准,是不大容易的。利用文化修辞表达不同社会、不同时期的创造活动和成果时,试图穷尽或囊括所有文化问题,基本上是徒劳无益的。突出重点、反映核心是文化修辞的努力方向,由此引起的话语的层次性是对社会发展的客观表达,其中的探索精神不断激励人们为之努力。话语的层次性揭示了社会文化在质态和形态上的差异,从蒙昧时代到野蛮时代以及更高生产力水平状态的社会,文化的进展程度及其对社会的影响是以当时社会存在状况为基础表现出来的。文化的阶段性提供了跨越式发展的可能性,也是话语表达的差序性的基础,特定主体按照特定形态并在特定时期提出的总结方式,既包含着一般规律又包含着特定内涵。

文化话语的象征性是一种常见的修辞形式,直白的表述之下会有不少隐喻的意义,它可以在历时的空间中反映社会状况,也可以在共时的环境中表达人的生活。马克思、恩格斯使用的"文化时代""文化时期""文化国家""文化社会""文化民族""文化世界""文化人""资产阶级文化""共产主义文化"等语汇,不是随意的遣词造句,而是表达一定内涵的叙述形式。文化内容的开放性与话语表达的开放性是一致的,但国家层面的文化修辞方式与区域层面的文化修辞方式是有区别的,城市文化的修辞方式与乡村文化的修辞方式是有差别的,而当新观念植入人的思维时,当社会的文化、道德、艺术和风俗交替更迭时,就会有新的素材为修辞方式提供支撑。对此,马克思这样描绘道:"在人的外在的眼睛和内心的眼睛前面,都展开了无比广大的视野。"[①]由环境和心理引起的文化修辞差异很常见,鲁滨逊式的话语包含孤寂的文化求索和对资本主义文化的不满,喧嚣物质世界背后的心态落寞,构成内心视像和外在视觉的明显反差,"是野蛮人具有能被动使用于一切的素质,还是文明人自动去从事一切,是大有区别的"[②]。在工人阶级和资本家阶级之间有不同的修辞表述,他们各有一套话语体系,资本主义为之赞歌的文化,工人阶级却不能完全接受。"文明时代是在'恶性循环'中运动,是在它不断地重新制造出来而又无法克服的矛盾中运动,因

---

① 《马克思恩格斯文集》第4卷,人民出版社2009年版,第94页。
② 《马克思恩格斯文集》第8卷,人民出版社2009年版,第29页。

此,它所达到的结果总是同它希望达到或者佯言希望达到的相反。"①这种现象造成了特定的话语逻辑,资产阶级文化是一回事,工人阶级文化是另一回事,两者的文化指向因"外在形态"及"内在原则"的差别而有所不同。在那个时候,恩格斯还注意到了德国文坛上出现的鼓吹"不成熟的立宪主义和不成熟的共和主义"的现象,因为他们"用一些定能引起公众注意的政治暗喻来弥补自己作品中才华的不足,越来越成为一种习惯,特别是低等文人的习惯"②,把对社会主义曲解的只言片语掺混在一起,用晦涩的哲学语言将读者弄得昏头昏脑,也蒙蔽了检察官的眼睛。马克思、恩格斯是站在工人阶级的立场上确立文化叙事方式的,为无产阶级革命做论证,为共产主义事业做论证,是其确立文化修辞方式的逻辑前提。

2. 由文化的进步性和阶段性构成的修辞逻辑

在马克思、恩格斯看来,资本主义文化的进步性与阶段性对话语表达提出了全新的要求,文化话语既要反映这种进步性与局限性的关系,又要用前瞻的眼光看待这种关系。与"羊吃人"的野蛮行为相对应的文化,与资本主义伪善行为相对应的文化,本质上是一样的,华美约言掩盖的伪装面孔是资本主义文化的常见形式。如果对这些现象的认识停留在表面上,那还不是真正的文化叙事,如果只停留在对文化的哀叹或赞叹上,也不是真正的文化修辞,因为他们都没有触及文化的全部本质。马克思、恩格斯对资本主义文化的进步性与局限性有一句精辟的描述,即:"一半是天使,一半是野兽。"资本主义社会的诸多异化导致文化的内容与形式的错位,工人在这个环境中以自己的劳动创造的文化,不过是人的本质的畸形表达,"工人创造的对象越文明,工人自己越野蛮"③。资产阶级经济学者用自我麻痹式的话语体现虚假的心理满足,把粗陋的物质享受当成整个社会的愿望,实际上是对物质文化和精神文化的片面理解。资产阶级文化的局限性是资本主义本身不能完全消除的,它造成了社会内部革命因素的积累,也使工人阶级革命话语有了明确的形式,阶级解放和消灭私有制的文化意义被凸显出来,资本主义所创造的一切手段不断成为自己的对立面。

资产主义文化造就了一种特殊的话语形式,生产关系、精神追求、社会生活、价值选择都带有资本和商品的印记,在工业革命的推动下使商品、资本与社会生活密切地结合起来,形成具有支配作用的话语逻辑。"新的工

---

① 《马克思恩格斯文集》第9卷,人民出版社2009年版,第276页。
② 《马克思恩格斯文集》第2卷,人民出版社2009年版,第361页。
③ 《马克思恩格斯文集》第1卷,人民出版社2009年版,第158页。

业已经成为一切文明民族的生命攸关的问题""民族的片面性和局限性日益成为不可能"以及"未开化的国家从属于文明国家",是马克思、恩格斯以比较的视角得出的结论。马克思、恩格斯看来,这是社会文化赖以表达的基础,正如资本主义物质生产方式的两重性一样,文化对二者的影响也是广泛存在的,把资本主义文化描述成"童贞和白璧无瑕的状态",不符合实际,但要把它完全贬斥为历史发展中的"倒车",也不符合实际,资本主义文化有精巧的外衣也有龌龊的内容,对它的认识要有辩证的逻辑思维。马克思、恩格斯认为,文化叙事规则中不能少了城乡关系,处在生活前沿的社会文化碰撞总能擦出语言创新的火花,不论是关于"历来的习俗把一切都安排好了"的文化阐释,还是对"两个决裂"的文化理解,都需要以尊重客观实际为基础。在利己主义欲望牵引下,"商品崇拜交"和"资本拜物教"给社会文化提供了既有极大创造性又有极大破坏性的力量,文化的生长也显示出两面性特征,进步与落后共存,伟大与鄙俗同在。马克思、恩格斯文化思想修辞的任务之一就是解释资本主义社会的虚伪性,认清资本主义社会的真面目。当我们拥抱技术的力量并对文化的积极作用欢呼雀跃时,文化叙事中的话语魅力也会与之俱增,当我们对资本主义社会道德恶化与社会行为堕落做出批判性阐释时,话语中又会流露出对现存资本主义制度的疏离感,用科学的逻辑剥去"自由、平等、博爱"涂抹的虚假色层,是马克思主义文化思想修辞的重要功能。

3. 由文化的复杂性和多样性造成的修辞逻辑

马克思、恩格斯生活的时代,正是人类社会处于激烈动荡的时代,如"初生之日"的资本主义文化正以强大的生命力推向世界各地,而东方文化正在传承自身文化和引进外来文化的纠结中审视着自身的命运。用资本主义的话语来说,西方文化是强大的而东方文化是衰落的,而用马克思话语来说,东西方文化是复杂的而又多变的,东西方文化都能以自己的方式走向更高类型的文化形态,二者可以在一些方面相互补充、相互超越。对东西方"两极相联"的认识和表述,是马克思确立文化修辞方式的重要视角,恩格斯认为,俄国农村公社式的文化具有两种可能性,"假如俄国革命将成为西方无产阶级革命的信号而双方互相补充的话,那么现今的俄国土地公有制便能成为共产主义发展的起点。"①这是马克思、恩格斯关于东西方文化联系的叙事要点,其逻辑关系存在于世界历史发展的客观规律中。资本主义发展中的文化成就为世界国家树立了一个示范,在客观上使人们看到了未

---

① 《马克思恩格斯文集》第4卷,人民出版社2009年版,第460页。

来文明的发展方向,但是民族国家的多样性经常成为文化发展多样性的依据。历史走着曲折的路,文化之路也不是笔直的,马克思、恩格斯关于社会文化多样性和复杂性的阐释,是基于当时的总体形势而做出的,东方的农业文化与西方"私人企业"文化构成复杂的话语环境。追风赶潮式的迷恋西方文化,或者因循守旧式的留恋东方文化,都是文化追求上的极端行为,不加分析地褒扬资产阶级的"勤奋"与封建阶级的"懒惰",也只是文化修辞选择上的"愤青"行为。马克思主义不是空想社会主义,也不把社会描绘成没有阴暗面的现代图景,在马克思、恩格斯看来,东方的专制文化与西方现代文化会给文化修辞增添很多素材。东方的专制制度,"使人的头脑局限在极小的范围内,成为迷信的驯服工具,成为传统规则的奴隶,表现不出任何伟大的作为和历史首创精神。"①西方的市民社会中,公民意识和社会激情不同构成明显的反差,文化进程中的一般规律和特殊形式既有密切联系又存在张力。马克思、恩格斯对亚洲原始土地公有制的文化阐释,遵循东方社会的一般规律和专属特征,文化修辞的逻辑结构中充满求实精神。就文化发展的共同逻辑而言,"在实行土地公有制的氏族公社或农村公社中(一切文明民族都是同这种公社一起或带着它的非常明显的残余进入历史的)"。② 就文化发展的特殊环境而言,"亚细亚生产方式"也可以上升为带有普遍性的文明形态。"卡夫丁峡谷"的跨越是以当时社会的思想认识为基础的,至于能否实现,则是一个具体的实践问题。共产主义文化"是以现代文化社会的一般情况为前提所必然得出的结论",这是历史唯物主义的话语形式。我们没有理由将东西方文化完全对立起来,也没有理由将其他优秀文化排拒一边,每一种优秀文化都可以是走向人的解放的一个界碑或驿站,其脚步有快有慢,其影响有浅有深,但最终都是向着人类社会的总目标挺进。

三、意义承递:马克思、恩格斯文化思想修辞方式的现实转换

　　马克思、恩格斯文化思想的修辞方式有其历史场景和社会背景,其出场方式和在场方式都与当时的现实有关,语法、语境和语义是在时代背景中统一起来的。这种叙事方式在新的社会实践中又会有新的意义赋型,由生活实践孕育的语义也有了更新的表达方式。马克思、恩格斯生活的时代,正是资本主义迅速发展和无产阶级革命的时代,工人阶级掀起的一次又一次的

---

① 《马克思恩格斯文集》第 2 卷,人民出版社 2009 年版,第 682—683 页。
② 《马克思恩格斯文集》第 9 卷,人民出版社 2009 年版,第 154 页。

革命高潮,极大地推动了社会主义事业的发展。因此,马克思、恩格斯的文化修辞也充满革命性。社会主义革命胜利后,马克思主义文化修辞的重心有了转移,尤其是在当今社会两种制度的共存与竞争中,文化修辞方式也有了很多变化。历史与现实的交织中,全面体现马克思、恩格斯文化思想修辞的方法论原则,将文化的真实意蕴用合乎实际的修辞方式表达出来,需要有符合时代发展的话语转换和衔接。

1. 文化思想修辞的思维转换

一个国家、一个民族,要走在人类社会发展的前列,没有科学的理论思维是不行的;一个思想、一种理论,要想获得广泛的接受,没有科学的话语表达也是不行的。科学理论是马克思、恩格斯确定文化修辞的思想前提,社会实践是马克思、恩格斯表达文化思想的现实基础。缺少前者会造成思想依据的丧失,缺少后者会造成现实根据的丧失。坚持马克思、恩格斯文化叙述的修辞原则,最基本的就是把上述两个方面结合起来。马克思、恩格斯为文化研究提供了新的修辞方式,其文化修辞中对于人与社会复杂关系以及文化的构象的表述,揭示了文化的内在精神和外部影响,这一修辞方式在列宁那里有新的发展形式,在中国共产党人那里也有新的发展形式。马克思、恩格斯文化思想的修辞方式,不仅仅是一个学术问题,也是方法论问题和实践问题。在方法论上,它提供了认识文化问题的基本理路,提供了克服绝对主义和唯心主义的思路方法。"理论感"是党和群众提升思想认同和拓展话语思维的前提,恩格斯认为:"如果工人没有理论感,那么这个科学社会主义就决不可能像现在这样深入他们的血肉。"①在今天,我们同样可以说,如果广大群众没有理论感,就决不可能有对中国特色社会主义的广泛认同。经历了100多年的历史变迁,人类思想轨迹、认识理路、话语内容都有了很大变化,叙事形式和表述方式也需要跟上形势,套用马克思主义经典和照搬书本上的论述固然是最具"正统"的面孔,但不一定符合变化了的实际,任意裁剪和拼接马克思、恩格斯文化修辞的只言片语,也难以有效地说明现实社会的问题。文化上的空谈,"不是行动,而是词句;甚至不是词句,而是使词句显得生动的腔调和手势"②,新时代中国特色社会主义的文化叙事,既要体现马克思主义的基本要义,又要体现中国共产党人的初心和使命,还要表达科学社会主义的前沿态势。社会主义文化强国的话语叙事适应了这种要求,其话语场景是中国特色社会主义实践,它作为当下文化实践的重要依

①　《马克思恩格斯文集》第2卷,人民出版社2009年版,第217页。
②　《马克思恩格斯文集》第2卷,人民出版社2009年版,第145页。

托,延续和拓展了马克思主义文化思想修辞方式的源流。

2. 文化思想修辞的时空转换

时空转换对于文化表达具有颠覆性影响,是我们理解文化问题和开展文化建设的不能忽视的方面,每一个重大历史变迁都要求对文化叙事重新审视。时空的历史性就是社会文化的历史性,是文化修辞中传承接力的对象,时空的可变性就是社会文化的可变性,是文化修辞变化发展的动因。中国特色社会主义文化建设的背景、环境、空间都被贴上时代标签,其语境、语法、语义、句法都在新的时空关系中重塑,新的时空赋予马克思主义文化修辞以现实意蕴。时空转换造成的形势对文化修辞的"语法""语义""句法"都提出了新要求,在语义上适应时空变换的新态势,不能借维护思想的完整性而固守某些条文,形式上的忠诚不能代表马克思主义文化话语的全部内涵,也难以将内在机制和外部条件统合起来,话语的连续性与思想的衔接性亦无法协调。在中国特色社会主义文化建设中,不能期待马克思、恩格斯为所有问题提供现成的答案,也不能期待其文化思想完美无缺。但在时空流转中,最基本的方面是不能丢掉的,对主体的关怀和对客体的辩证认识不能丢,问题式、开放式、创新式是继承发展马克思、恩格斯文化修辞的重要方式,也是促进中国社会主义文化话语创新的动力。马克思、恩格斯文化修辞是在欧洲的资本主义国家中体现的,不仅在那个时候存在着如何在中国现实中转换的问题,在今天更要考虑时空的衔接问题,水土不服就不能生根发芽,甚至会生病的,更谈不上发展壮大了。我们也经常说,马克思主义与中华优秀传统文化具有契合性,那么契合的机制在哪里,契合的形式如何表达,都存在一个时空和内容的转换问题。这样看来,对马克思、恩格斯文化修辞的转换,不能只停留在文字表意上,也不能依样画葫芦,要根据传播对象和思想结构的变化挖掘真意、体现新意和突出创意,充分体现马克思主义文化修辞的现实功能,解决因时空变化而造成的缺乏针对性的问题。新时代中国特色社会主义文化叙事,是对马克思、恩格斯文化修辞方式的合理变换,是在审视历史场景和思想意境的基础上,对马克思主义文化修辞方式做出的全面创新。马克思、恩格斯从来没有把文化进程概括成线性递进模式,中国特色社会主义文化话语没有排斥人类文化的一般规律,从马克思、恩格斯关于世界历史性交往的修辞方式,到中国共产党关于人类命运共同体的修辞方式,都没有脱离社会发展的时空环境。

3. 文化思想修辞的思维范式转换

在马克思、恩格斯看来,原始文化、封建文化、资本主义文化的矛盾变迁,是推动文化修辞变化的重要动因,人们不仅可以感受到由物质生活引起的修辞变化,也可以感受到由精神文化引起的修辞变化。马克思、恩格斯文化思想的修辞方式清楚地表达了文化发展的状况,阐释了文化变迁的复杂因素,其中包含着因地制宜的道理,我们可以从马克思基本原理中找到很多转换理据。中国特色社会主义文化话语叙事中充满自信,其文化修辞谦恭而又包容,它在保持马克思、恩格斯文化思想修辞实质的基础上注入了很多新内涵,其中的修辞链接在意义和形式上都是承前启后的。中国古代所说的"师其意而不师其辞""惟陈言之务去""文章言语,与事相侔""其事信,其理切",对我们创新发展马克思主义文化表达方式具有启示和借鉴作用。当马克思、恩格斯文化思想修辞的原初形式与中国文化发展的现实链接起来时,就在中国的现实土壤中有了依存空间,关于文化修辞的叙事形式有了新的范式。但不能否认,我们的文化建设中会有结合上的裂缝,有时甚至是断裂的。面对这种现象,一方面是没有必要大惊小怪,另一方面是冷静应对,不能掉以轻心。我们可以看到,在马克思、恩格斯文化思想修辞中,通过价值内涵寄托对未来的渴慕,通过文化修辞形成巨大的思想共鸣和文化和声,有助于破除教条主义迷雾和片面主义迷障。以人民为中心的修辞表述贯穿于中国特色社会主义文化实践的全过程,广大群众的生动实践为文化修辞提供了丰富的素材,文化的语义学、修辞学被极大地扩展了,它既在社会发展动力上构成巨大的话语支撑,也在社会的共同意志上提供了深厚保障,人民群众的文化素质、道德修养、精神面貌是话语修辞的重要参数。

　　4.文化思想修辞的实践路径转换

　　马克思、恩格斯文化思想的修辞方式,是在坚持人类思想文化发展一般规律的基础上,对资本主义文化做出的具有历史性和现实性的描述。在经历了科学社会主义理论到实践的变化、经历了社会从一国到多国的变化、经历了从高潮到挫折的变化、经历了传统形态到现代形态的变化之后,众多的深思的心灵也在对时代话语提出自己的思考,这是基于思想和实践变化而做出的选择。这个实践路径不是旧路、邪路,而是新路、正路,是"沧桑正道"和"社会正理",相应的话语实践,不仅由心而生,更是由理而发,是合于时、合于事的转换形式。文化生产力、文化软实力、社会主义文化强国、革命文化、建设文化、社会主义先进文化,都是对马克思主义文化思想修辞的延伸发展,这不仅仅是表述方式上的转换,更是实践方式上的转换。我们生活的时代,不论是社会发展的层次,还是社会发展的质量,都已经超越了马克思、恩格斯所处时代的水平,不仅思想语境在变化,实践环境也在变化,这给马克思主义文化思想修辞提供了很多新材料、新线索。马克思主义从来不制造乌托邦,也不在纯粹的遐思中设想未来,他们对社会革命和群众实践提出的要求,总是以当时的历史条件为转移的。正如习近平总书记所说:"这是一个需要理论而且一定能够产生理论的时代,这是一个需要思想而且一定能够产生思想的时代。"①马克思主义文化思想的修辞方式,在中国特色社会主义中会有更多的时代特色。新时代中国特色社会主义文化建设中,文化修辞的任务,是把社会主义先进文化、中华优秀传统文化、文化自信、社会主义文化强国有机地科学地表述出来,把马克思、恩格斯关于文化修辞的基本方法与当下的文化建设实际结合起来。马克思主义文化叙事被应用到现实社会时,关于文化问题的"说法""想法""做法"要统一起来,关于文化建设的"经验""教训""思路"要统一起来,关于文化历程的"过去""现在"和"未来"也要统一起来。

第三节　大众传播时代马克思主义意识形态话语建构

现代意义上的大众传播是通过文字、电波、影视、网络以公开方式向社会传递信息的方式,现代技术是大众传播的重要推动力,其特征是多维性、多向性、灵活性、技术性,官方渠道与民间渠道互融,主体客体化与客体主体化互融,技术的意识形态化与意识形态的技术化互融。在现代传播技术的推动下,过去的单向灌输被现在的多向勾连代替,过去的地域性存在转化成现在的全域性存在,过去的历时性形态转化为现在的共时性形态。"轻轻按触几个键,远隔千山万水的人们就可以彼此交谈。最实际的效果,则在缩短了城乡之间的文化差距,以往城市占有的文化优势从此完全消失。"②在大众传播时代,意识形态话语具有多样的表意形式,描述性话语、论战性话语、批判性话语、宣传性话语,都具有自身的述说特征。就马克思主义意识形态的提出过程及其语义变化而言,意识形态曾经是与青年黑格尔学派论战的各界工具,曾经是提高工人阶级觉悟的工具,也曾经是包含丰富精神寄托的社会追求。新时代马克思主义意识形态的话语叙事,既有一般的表现形式,也有特定的思想寄托,它在现实生活中具有生动多样的表达方式。在国内学术界,有关研究主要是以马克思主义、新时代中国特色社会主义为指

① 习近平:《在哲学社会科学工作座谈会上的讲话》,《人民日报》2016年5月19日。
② [英]艾瑞克·霍布斯鲍姆:《极端的年代:1914—1991》,郑明萱译,中信出版社2017年版,第15页。

导展开的,研究者对大众传播时代意识形态话语特征、方式、内容、影响等方面做出探讨分析,对大众传播时代意识形态话语的现实形式、一般特征及特殊形态做出的判识,主要是:1. 新时代马克思主义意识形态话语建构要求,认为互联网、大数据、云计算、人工智能、区块链等技术,为意识形态话语表达提供了新思路、新技术、新方法;2. 在全面认识马克思主义意识形态的基础上做出最新概括,对大众传播时代马克思主义意识形态话语的形式、内涵、功能进行分析;从时代和历史的视角,在世情、国情、党情的变化中彰显马克思主义意识形态的思想特色;3. 对当下思想文化发展目标做出分析,探索传递中国声音、讲好中国故事、展示中国形象、提升中国魅力的新形式。国外的相关研究主要有三类:一是用"趋同论"话语、"意识形态终结论"话语为资本主义唱赞歌,弗朗西斯·福山、丹尼尔·贝尔是其中的代表,主张资本主义意识形态一统天下;二是西方马克思主义的意识形态话语,对"晚期资本主义""全球资本主义""技术资本主义""数字资本主义""后福特主义""后工业社会""后帝国主义"的意识形态话语做出分析,其中有不少独到的见解,但局限性也洞若观火;三是西方独立左翼人士对意识形态话语的主张,认为现代技术给资产阶级统治提供了新契机,社会主义要战胜资本主义,就必须紧跟时代变化。本节是在借鉴已有研究成果的基础上,对大众传播时代马克思主义意识形态话语样态做出分析。

一、大众传播时代马克思主义意识形态话语的赋型方式

大众传播时代马克思主义意识形态话语担负着守土有责、守土负责、守土尽责的使命,"适应社会信息化持续推进的新情况,加快传统媒体和新兴媒体融合发展,充分运用新技术新应用创新媒体传播方式,占领信息传播制高点",要在话语叙事形式、依存形式和逻辑形式上体现马克思主义意识形态传播要求。

1. 大众传播时代马克思主义意识形态话语的叙事形式

不论是体现价值功能的主导性话语,还是体现解释功能的阐释性话语,抑或是体现传承功能的日常话语以及体现未来发展走向的话语,都是为自己的主张寻找"场所"和"对象"。如果"场所"不适宜,就会有时空错位;如果"对象"不适宜,就会是"鸡对鸭讲","场所"和"对象"都不适宜,就是空对空的废话。这可能是因为技术变化而造成的不适应状况,也可能是思维方式不对头而产生的不科学状况。任何一个追求现实魅力和说服力的意识形态话语,思想寄托和作用对象必须是明确的,空谈理想、虚化未来是没有意义的。正如马克思所说:"在政治上利用一切社会领域来为自己的领域

服务,光凭革命精力和精神上的自信是不够的。"①在意识形态话语史上,有"君权神授"的话语体系、宗教形态的话语体系、"天赋人权"的话语体系、封建主义的话语体系、资本主义的话语体系、社会主义的话语体系,它们各具自己时代的特征和机理,也各有自己的影响空间。要把每一个时期的非马克思主义意识形态话语都说成反动的或有碍历史潮流的,也不符合实际,因为每一种思想和话语都有自身的理据或说辞,就连现代宗教也运用科学技术包装自己,也打出"科学传教"的旗号来迷惑广大群众。马克思主义认为,在宗教意识形态的话语中,"物质带着诗意的感性光辉对整个人发出微笑。另一方面,那种格言警句式的学说却还充满了神学的不彻底性"②,它不过是"洗涤贵族肝火的一种圣水罢了",为了增强自身的影响力,宗教话语方式也依靠科技传媒实现"与时俱进",但是,"我们的生活需要的不是玄想和空洞的假设,而是我们能够过没有迷乱的生活"③,科学的意识形态话语要担负起澄清思想迷雾的任务。随着时代发展和社会的需要,那些落伍的意识形态话语会退出舞台而让位于新的意识形态话语,而革命话语、建设话语、改革话语及其内在转换都有了特定的技术语境,但由于实践坐标和出发点不同、实践目标和立足点不同、依赖对象和未来诉求不同,在不同时代的技术含量也不同,使得意识形态话语的效度也不相同。任何意识形态话语都有自身的寄托方式,通过灵活的叙事方式在社会中贯彻自己的思想主张是一个技巧,不管是直白的还是含蓄的,都是为了获得更多的支持。如果马克思主义意识形态话语不能担负起宣传和贯彻科学社会主义的任务,如果不能适应现代科技发展的潮流,那么它的说辞与它自身的意义都可能是隔离的,马克思主义意识形态话语选择不是单纯为了美观和取悦人心,更重要的是通过大众传媒寄托思想情怀和指导社会行动。

2. 大众传播时代马克思主义意识形态话语的依存形式

一是马克思主义意识形态话语与社会物质生活相依存。社会的物质生活水平在很大程度上取决于科学技术水平,对物质生活的诉求是以技术发展水平为前提的。"政治词句和法律词句正像政治行动及其结果一样,倒是从物质动因产生的。"④物质决定意识和意识对物质的能动作用是一个问题的两个方面,马克思、恩格斯讲的精神一开始就很倒霉,它总是受到物质的"纠缠",这是一个普遍的客观的事实。这种"纠缠"是以物质的决定状况

①　《马克思恩格斯文集》第 1 卷,人民出版社 2009 年版,第 14—15 页。
②　《马克思恩格斯文集》第 3 卷,人民出版社 2009 年版,第 503 页。
③　《马克思恩格斯全集》第 1 卷,人民出版社 1995 年版,第 57 页。
④　《马克思恩格斯文集》第 2 卷,人民出版社 2009 年版,第 598 页。

为基础的,"纠缠"的形式、程度和结果,都与物质的存在状况有关,这在现代技术的影响下也变得更为复杂。马克思主义意识形态话语不能脱离已有的客观存在,否则就会变成"用头立地"的话语方式;马克思主义意识形态话语也不能离开现代技术支撑,否则就会变成远离生活的话语。马克思主义从来不否认"精神之花"的社会魅力,但要把精神力量说成对物质具有支配能力的绝对形式,就颠倒了物质与意识的关系。唯心主义话语还经常表现为主客体的颠倒、与自身的对立以及与历史事实的对立,把"后来的阶段"强加于"先前的阶段",它把"历史的观念"说成"观念的历史"。社会上的不良思潮也在运用各种传媒对抗马克思主义话语,用不同的方式诋毁我们的意识形态和价值观,实际上是要消解社会主义意识形态的影响力。二是马克思主义意识形态体系与社会主体相依存。社会主体对社会思想的理解方式,与社会提供的技术条件有关,很显然,手推磨时代、蒸汽机时代、电气化时代、数字化时代的理解形式和理解能力是有很多差别的。话语叙事总是要有一定的关注对象或人群,但是,光靠主观努力还不够,如果它不能代表一定社会的集体意志,就可能有两个方向的结果,要么被认为是乌托邦的代言形式,给人的印象不是"生活化"的,要么被认为是代表少数人意志的话语形式,给人的印象不是"大众化"的。"资产者的假仁假义的虚伪的意识形态用歪曲的形式把自己的特殊利益冒充为普遍的利益"[1],这在现代社会中具有更隐秘性和欺骗性,而"现代社会主义意识,只有在深刻的科学知识的基础上才能产生出来"[2],不仅公然申明为无产阶级利益服务和社会主义建设服务,也从来不拒绝现代技术引起的新变化和新手段。资本主义意识形态话语代表的是资产阶级群体,社会主义意识形态话语代表的是广大群众,对主体关怀的差别也造就了两种意识形态话语的差别,马克思主义意识形态话语建立在为广大群众的革命和建设论证的基础上,人民群众对革命、建设和改革的愿望是基本的阐释目标,这个时代的意识形态话语与传统社会的意识形态话语,是有明显区别的。三是马克思主义意识形态话语体系与社会利益关怀相依存。意识形态不是一种仅仅呈现意识现象的思维存在,其中的说服力在于对利益的合理表达。在一般形态上,由意识形态话语与主体结成了一种召唤、质询和应答的关系,通常把"特殊利益"说成"一般利益",但这只是一个表现形式,本质差别在于代表哪些人的利益。"共产党人为工人阶级的最近的目的和利益而斗争,但是他们在当前的运动中

---

① 《马克思恩格斯全集》第3卷,人民出版社1960年版,第195页。
② 《列宁选集》第1卷,人民出版社2012年版,第326页。

同时代表运动的未来。"①马克思主义意识形态话语中的阶级关系、革命力量、生产力都是在物质利益的关照中展开的,物质生产领域中意识形态建设的必要性和意识形态领域中物质利益的客观性,构成相互依存的关联形式。大众传播时代的意识形态话语依存形式发生了深刻的变化,仿佛其中的每一个因素和元素都难以摆脱数字技术的关照,音频、视频、文字等都成了马克思主义意识形态话语建构的因素。在大众传播时代,对利益的关注也被推向新的高度,思想与利益有机结合成为意识形态话语表达的至上原则,由现代技术提供的结合方式及其可能性,对于大众传播时代马克思主义意识形态话语创新至关重要。

3. 大众传播时代马克思主义意识形态话语的逻辑形式

一是大众传播时代马克思主义意识形态话语的建构逻辑。在哲学层面上,意识形态话语体系有两种方式,即唯物主义方式和唯心主义方式,前者是马克思主义意识形态话语体系的生成基础,在逻辑上是按照物质与意识关系的原理来体现的,后者是在颠倒物质与意识关系基础上形成的。利用马克思主义意识形态建构逻辑的基本点是为无产阶级革命代言,为人的解放代言,这是由共产党人的使命和工人阶级的性质决定的,大众传播和现代技术为之提供了全新的话语方式。在逻辑关系上,马克思主义意识形态话语体系的结构性、互文性都与科技水平相关,技术向度及其诗学向度成了现代意识形态话语借重的方式,这也是马克思主义意识形态话语建构的逻辑基础。二是大众传播时代马克思主义意识形态话语的批判逻辑。大众传媒时代,马克思主义意识形态话语发生很大变化,对资本主义社会中"技术理性"及其绝对化现象的批判,对技术造成人的单向度发展状况的批判,对资本主义文化工业造成的语义断裂的批判,展现出技术时代马克思主义意识形态话语的转向。这种转向在现代社会中经常以新的符号形态呈现出来,在社会主义社会中则表现为思想的革命性和对未来目标的建构性。可以说,正是技术提供了无产阶级革命的新思路,提供了马克思主义意识形态话语表达的新形态。三是大众传播时代马克思主义意识形态话语的生活逻辑。意识形态看似高冷,但经常以贴近社会需要为目标。在大众传播时代,马克思主义意识形态更需要大众化、生活化,以群众生活为话语素材,以社会实践为话语内容,这又是一个重要转向。就中国特色社会主义实践来说,大众传播时代马克思主义意识形态话语是以获得全面的影响力和引领力为目标的,这需要适应最广大群众的话语要求和具体语境。

① 《马克思恩格斯文集》第2卷,人民出版社2009年版,第65页。

4.大众传播时代马克思主义意识形态话语的镜像形式

一是大众传播时代马克思主义意识形态话语的空间关系。意识形态的话语符号代表一种能量积蓄,包含着特殊的影响力,是对特定思想的自我表述,与它相联系的话语符号是关于社会空间和思想的图谱。意识形态的话语符号是意识形态内涵的沉积结果,这个符号体系既是知识系统,又是意义结构,也是一套建构秩序。马克思主义意识形态话语是在特定的空间里孕育和形成的,但在不同时期有不同的符号形式,在革命时期对资产阶级意识形态的批判有一套语系,在建设时期对社会主义意识形态叙事有一套语系,在改革时期对新时代中国特色社会主义意识形态叙事也有一套语系。上述的话语形式并不是孤立的和截然分离的,它们之间的协调衔接与一致是我们经常强调的。二是大众传播时代马克思主义意识形态话语的价值映射。在有了明确的政治方向以后,使用什么样的技术形式构建意识形态话语,就成了一个艺术问题和策略问题,基本的价值取向是增强话语感染力。技术的多样性提供了意识形态话语表达和思维方式的多样性,要做到这一点,就不能千人一面而没有特色,也不能光讲政治而不考虑策略,如果把"占统治地位的思想"与各种生产关系分开,进而得出"历史始终是思想占统治地位"的结论,那就把意识形态抽象为"自我规定"的"一般思想"了,意识形态话语所蕴含的特定价值也被抽象为"一般价值"了。在革命时期,马克思主义意识形态话语,"要彻底同旧的、反动透顶的世界观决裂,深刻领会关于'被奴役者'的学说,这个学说保证的不是沉沉酣梦,而是朝气蓬勃的生活。"①恩格斯认为,资产阶级的意识形态话语及价值寄托与无产阶级截然不同,"工人比起资产阶级来,说的是另一种习惯语,有另一套思想和观念,另一套习俗和道德原则,另一种宗教和政治。"②在建设时期,语言符号代表的逻辑与生活环境的关系更为密切,马克思主义意识形态话语不仅要讲好本义,也要讲好延伸意义和拓展意义。我们可以看到,不论是革命时代还是建设时代,意识形态话语都不能离开当时的语境。马克思主义意识形态是话语灵魂,技术则是意识形态话语的重要载体,二者的良好结合是实现良性运行的前提,我们所说的诗性生活,首先是以技术支持的意识形态话语为引领的。三是大众传播时代马克思主义意识形态话语的意义链接。意识形态话语在意义传播中起着重要作用,它能将遥远的期待转换成现实的行动,尤其是在大众传媒时代,以影像、音频为载体的符号流动,在被广泛运用到意

---

① 《列宁全集》第 22 卷,人民出版社 2017 年版,第 424 页。
② 《马克思恩格斯全集》第 2 卷,人民出版社 1957 年版,第 410 页。

识形态话语之中时,使得意识形态话语内容及其互为注释关系表现出前所未有的复杂景观。马克思主义意识形态话语要在思想、形式、目标等方面起到有效链接作用,就要在时代的发展中接受技术检阅,就要在技术的进步中追踪社会潮流。

二、大众传播时代马克思主义意识形态话语的功能定位

马克思主义意识形态话语的重要功能可以概括为以下方面:常性和人民性相统一的政治功能论、理论和实践相统一的阵地守护论、教育群众和服务群众相统一的思想导向论、抵制不良意识和净化社会环境相统一的价值功能论。这些方面是我们在大众化传播时代确立马克思主义意识形态话语功能的依据。

1.大众传播时代马克思主义意识形态话语的思想功能

马克思主义意识形态一经产生就担负着对社会问题的解释任务,通过长期的提炼和概括而形成的话语体系,包含着改造世界和建设世界的宏远目标,在大众传媒时代,其解释方式也在发生变化。马克思、恩格斯生活的时代,没有电脑、没有视频、没有数字传媒,他们是在那个时代的技术背景中勾勒意识形态话语轮廓的。马克思主义意识形态最初的功能主要是为无产阶级革命和工人阶级的解放论证,不仅话语要具有说服力和鼓动性,更要讲清楚其中的道理,让群众感到不是镜花水月而是贴近生活,不是远离社会而是就在眼前。恩格斯曾说,拉萨尔式的宣传不适合科学社会主义思想的传播,所谓"反动的一帮"的说法看上去陈词激昂,但"这一鼓动性的词句,犹如一个刺耳的不谐和音,破坏了措辞简明的科学原理的全部和音"①。拉萨尔没有看到社会变迁造成的策略变化,看似极为"革命"的语气,实际上是把自己摆在管理者的境地,与马克思、恩格斯主张的团结一切积极力量的观点背道而驰。马克思、恩格斯都要求意识形态话语的思想性和目标性相统一,体现社会实际和表达群众意愿相统一,如果不能运用当时的技术表达手段意识形态话语,那会有"关公战秦琼"的时代悖谬。科学技术是严谨的,其严谨性与科学社会主义的严谨性结合,就是一段为人类社会发展论证的佳话。但是,我们不是板着面孔的教师爷,颐指气使的态度是不受群众欢迎的。恩格斯曾说:"即使掌握了从一个大民族本身的生活条件中产生出来的出色理论,并拥有比社会主义工人党所拥有的还要高明的教员,要用空谈

---

① 《马克思恩格斯文集》第 10 卷,人民出版社 2009 年版,第 618 页。

理论和教条主义的方法把某种东西灌输给该民族,也并不是那样简单的事情。"①技术时代也是给想象插上翅膀的时代,不能把思想打扮成没有内涵的技术空壳,不能只是给理论披上靓丽的技术外衣而忽视其内在品质。大众传媒时代,马克思主义意识形态话语既要认清时代之问、时代之困、时代之思、时代之需,凸显中国特色社会主义的感召力、引领力和说服力,更要讲清楚党和人民的心声,讲清楚中国特色社会主义的自信,讲清楚中国共产党百年历程中的成就经验,讲清楚中国共产党第二个百年奋斗目标。我们也可以看到,运用技术消解马克思主义思想的影响力,是西方国家借助技术而发起的意识形态攻势,技术传媒被渗透到文化霸权之中,渗透到"普世价值观"的传播之中,渗透到思想领域的竞争中。马克思主义意识形态的话语也面对如何坚守思想边界的问题,如果说过去的传统的灌输方法很直接很有效,那么在现代技术传媒中,马克思主义意识形态话语选择面临很多灵活性。这样的背景下,留住科学社会主义的理论"乡愁",守住马克思主义思想的"根与魂",就成了马克思主义意识形态话语的重要功能。在大众传播时代,话语目标在于表达我们过去拥有过而现在希望继续拥有的期待,而且希望以新的方式重拾记忆并增强它的吸引力。马克思主义意识形态话语不是宗教的魔法和符咒,"法术"和"魔幻"不是我们的"技术"依托,马克思主义的生命力就在于与时俱进。我们不期待用落后的方式固守过去的思维,也不沉醉于过去技术条件下的成就,而是通过有吸引力的表达提供一种纯真的美好时光,是强调生活的现实魅力和减少事物的虚幻迷离。如果说,马克思主义的话语曾经是用来医治思想病症的良药,那么我们在今天还可以把它作为理解事物的一把钥匙,它可以通过"乡愁的薄暮"来增强马克思主义话语魅力,并运用现代传媒增强"理论乡愁"的感染力。

2. 大众传播时代马克思主义意识形态话语的政治功能

国家的政治、经济与技术状况紧密联系,现代的国家治理状况也和技术水平密切关联。现代资本主义的文化霸权、景观霸权就是技术影响下的隐蔽的意识形态表达形式,不仅给资本主义国家的群众提出了新的语境,也给我们的意识形态话语选择提出了严峻挑战。以技术之长优化话语影响力,进而突出马克思主义意识形态话语的政治引领力,是我们必须考虑的。马克思、恩格斯要求把"解释世界"与"改造世界"统一起来,这对于无产阶级来说,打碎一个旧世界是真正的政治革命的第一步,而建立一个新世界也是真正的政治革命的关键内容。"解释世界"的意义在于,通过意识形态话语

---

① 《马克思恩格斯文集》第 10 卷,人民出版社 2009 年版,第 575 页。

进行政治动员,也离不开当时的技术条件;"改造世界"的意义在于,把意识形态内容付诸实践,这也离不开技术支撑。"批判的武器当然不能代替武器的批判,物质力量只能用物质力量来摧毁;但是理论一经掌握群众,也会变成物质力量。"①"批判的武器"与"物质力量"都与当时的技术条件有关,马克思主义意识形态作为"批判的武器",其政治功能在于让群众掌握这个武器并转化为物质力量,这要求把意识形态话语建立在群众的理解能力基础上。大众传播时代,广大群众面临的环境发生了很大变化,物质诱惑多了,价值困惑多了,思想疑虑也多了,在网络传媒和数字技术的影响下,还有很多新的问题摆在党和群众面前,马克思主义意识形态话语如果不能有效地应对挑战,如果不能将习近平新时代中国特色社会主义思想有效地贯彻到广大群众之中,就难以实现在新时代的引领功能。新媒介、新技术赋予马克思主义意识形态话语以新方法和新思路,"只要进一步发挥我们的唯物主义论点,并且把它应用于现时代,一个强大的、一切时代中最强大的革命远景就会立即展现在我们面前。"②中国共产党百年历程中意识形态建设的成就和经验表明,意识形态的力量不是自动体现出来的,意识形态不会自动地满足群众的要求。"世界不会满足人,人决心以自己的行动来改变世界。"③中国共产党在过去能够以自己的思想提高意识形态话语的政治功能,也必然能够成为运用大众传媒提高意识形态话语功能的行家里手。实现意识形态话语的政治动员功能,不能脱离群众利益和群众的理解水平,在贴近现实中引导群众理解党的理论政策和方针,在增强认同中调动人民群众参与新时代中国特色社会主义建设的积极性,是运用马克思主义意识形态话语把思想贯彻到群众之中并发挥作用的机理。在话语的影响下,"人民一旦开始独立思考,摆脱了旧的社会主义学派的传统,很快就会找到一些社会主义的和革命的准则,同各种体系的创立者和夸夸其谈的领袖们为人民臆造出来的一切相比,这些准则能更明确地反映人民的需要和利益。"④这是马克思、恩格斯对意识形态话语机制的理解。无产阶级革命时代的问题"不是在于骗人的花言巧语",而在于用实际的利益吸引群众,大众传播时代的问题不在于维持经典意义上的宣传,而在于运用新技术新传媒把中国特色社会主义的最新成果表达清楚。过去的意识形态话语功能建立在对旧社会的批判和打碎之上,新时代马克思主义意识形态话语建立在对社会

① 《马克思恩格斯文集》第1卷,人民出版社2009年版,第11页。
② 《马克思恩格斯文集》第2卷,人民出版社2009年版,第597—598页。
③ 《列宁全集》第55卷,人民出版社2017年版,第183页。
④ 《马克思恩格斯全集》第10卷,人民出版社1998年版,第445页。

的创新发展上,时代变化赋予了马克思主义意识形态话语更鲜明的创新功能。

3. 大众传播时代马克思主义意识形态话语的批判功能

大众传播时代也是各种思潮最活跃的时期,这一方面为马克思主义意识形态话语提供了可供借鉴的素材,另一方面又要求马克思主义意识形态经常在自己的话语中保持明确的边界,并且在捍卫自身的思想边界的同时又能不断地扩大现有的思想阵地。大众传播时代,公私生活的边界被技术模糊了,国家的意识形态在私人空间里如何有效传播成为重要的课题。面对各种思想的侵袭,阵地不能萎缩,思想不能褪色,话语不能弱化。私人生活的技术内容可以在社会领域中呈现,国家意志的技术含量也在社会领域中传播,但是技术造成的"公私一体"形式并不能完全抹去思想边界的存在。在过去,公私领域是公开对隐私、可见对不可见的形式,随着技术的发展,这种严格界限一再被打破和重构,给意识形态话语边界的划定带来一些随机因素。传媒化的公共事件与传媒化的私人事件都成了意识形态话语建构中不能忽视的因素,由于大众传媒的发展改变了现实社会的公共特征和表现方式,破坏了一些空间的严谨性和整体性,使得私人空间也成了意识形态表达的场所。但是,大众传媒没有取消公共领域,相反又催生出新型的公共领域并且改变了人们在这个领域中的参与方式,给各种社会思潮提供了复生和复活的机会。马克思主义意识形态产生之日,就面对各种社会思潮的挑战和冲击,《共产党宣言》中提到的各种社会主义流派,在当时都是与科学社会主义对立的思想派别。那个时候,马克思主义意识形态还没有占统治地位,资产阶级政治家用各种言辞对"共产主义幽灵"进行全面的思想文化围剿,而无产阶级在阐明自己立场的同时也对不良社会思潮进行批驳,这是马克思主义意识形态话语在那个时候的批判功能及其表现。"要真正地、实际地消灭这些词句,从人们意识中消除这些观念,就要靠改变了的环境而不是靠理论上的演绎来实现。"①马克思主义本身就是在批判旧世界和描绘新世界中产生的,对旧式哲学思潮的批判、对资产阶级思想的批判、对空想社会主义的批判、对宗教神学的批判,都表现出革命特征。大众传播时代,马克思主义意识形态已经处在"改变了的环境"之中,也积累了应对不良思潮的经验。现实生活中的很多不良思潮是以唯心主义为基础散布其论调的,其中缺少了对历史与现实的敬畏,用辩证唯物主义来揭露不良社会思潮的唯心主义实质,是马克思主义意识形态在大众传播时代的任务。"有

① 《马克思恩格斯选集》第1卷,人民出版社2012年版,第175页。

人说,当下中国存在'两个舆论场',一个是以党报党刊党台、通讯社为主体的传统媒体舆论场,一个是以互联网为基础的新媒体舆论场。有人说,现在是'资本为王'的'资本媒体'、'商业媒体'时代,是'人人都有麦克风'的自媒体时代,再提坚持党管媒体没有意义。有人说,坚持党管媒体,主要是对党和政府主办的重点新闻媒体而言的,对其他媒体并不适用。这些看法是错误的。"①"舆论场"就在当下的空间中,"资本运作"不能冲击社会主义价值观,党管媒体适用于思想文化建设的一切方面,这是大众传播时代马克思主义意识形态话语必须坚持的。

三、大众传播时代马克思主义意识形态话语的建构策略

大众传播时代的马克思主义意识形态话语建构,是以人民主体为基础展开的,利用大众传媒宣传党的方针政策、提升广大群众的思想觉悟和价值认同,是基本的目标,用好传媒、用好技术是实现这一目标的关键。打造新型主流媒体,在融合创新中坚持内容为王,不能满足于传统媒体和现代传媒的简单嫁接。这是我们在大众传播时代意识形态话语构建的基本策略。

1. 科学描绘大众传播时代马克思主义意识形态话语的现实具象

一是马克思主义意识形态话语的技术具象。现代意识形态话语的常见特征就是借助技术来表达思想上的宏大叙事,在抵御不良思想的同时,从深层次上体现大众传媒的象征功能。在现代传媒造就的传播空间里,意识形态话语不能忽视既有的技术因素,它不但是象征形式的流通和传播内容,也是时空延伸中体现的新型社会关系,因此大众传播时代的意识形态话语既包含了传媒机构的象征形式,也包含了传播者与接收者之间的互动背景。意识形态作为有特定意义的象征形式,还有一些重要的背景。人们不仅用现代传媒来解构思想,也用现代传媒建构思想,现代社会中意识形态话语的任何一种形态,都没有脱离现实的技术支撑。大众传播激起了人们多维度的想象,也使得意识形态从精英进一步走向民间,数字媒体与传统媒体的多方式结合,使得大众时代的意识形态话语带上技术变迁的印记,传播的速度、广度、向度都因技术变化而被颠覆。"因为在官方认定的'最低识字能力'与一般对精英阶级期待的读写程度之间——前者与'功能性文盲'常有着极为模糊的界线——存在巨大的鸿沟,而且日益加深。"②叙事形式变得

---

① 《习近平关于社会主义文化建设论述摘编》,中央文献出版社 2017 年版,第 42 页。
② ［英］艾瑞克·霍布斯鲍姆:《极端的年代:1914—1991》,郑明萱译,中信出版社 2017 年版,第 15 页。

生活化,思想传播变得技术化,运行方式变得机制化,它改变了以往的互动模式,也影响到广大民众对意识形态话语的理解方式。大众传播赋予马克思主义意识形态话语以新的特征,可以通过传统方式与现代方式结合、现实社会与虚拟社会结合,打造具有时代面貌的话语形式以及具有现代技术含量的话语形式。二是马克思主义意识形态话语的时空具象。大众传播扩展了意识形态话语的影响范围、影响速度和影响程度,使意识形态在时间和空间上有了更大的动能和势能。网络技术的发展使意识形态话语的流通越来越摆脱具体的地域共享状态,如果只是埋头于抽象的意义建构,那就会造成思想与现实脱节的现象。技术发展的每一个时序都给意识形态话语注入了新思绪,使意识形态话语突破了时间的一维性和单进性,甚至过去的思想意识也在技术的包装下显示出时代韵味。大众传播时代的意识形态话语也打破了原有的空间模式,以前的具象中被注入很多空幻内容,甚至出现了用虚拟怀疑现实、用虚拟颠倒现实的现象。三是马克思主义意识形态话语的信息具象。现代数字技术给意识形态注入了更多信息内容,主体之间、客体之间和载体之间的联结都是通过信息实现的,尤其是网络虚拟社会中的信息流动,使人们感到既新奇又多样。根据传媒机构的特征和信息传播的特点来解释意识形态话语选择方式,是一种常见形式,但是如何追踪信息变化、如何适应信息变化、如何反映信息变化,都是意识形态话语选择时需要思考的内容。这个时代的全媒体发展和媒介融合,使信息传播突破了传统的时空尺度,“全媒体不断发展,出现了全程媒体、全息媒体、全员媒体、全效媒体,信息无处不在、无所不及、无人不用,导致舆论生态、媒体格局、传播方式发生深刻变化”[1],这是数字时代意识形态话语的鲜明特征。在这样的信息流中,要突出意识形态话语的辨别能力,认清哪些是有助于马克思主义意识形态建设的,哪些是不利于马克思主义意识形态建设的。还要有一个思想标准,就是把坚持马克思主义意识形态的政治灵魂放在话语的突出位置,在回应现实社会的大量信息时,以理服人而不是以势压人。

2.科学定位大众传播时代马克思主义意识形态话语的建构维度

传播者与接受者是大众传播时代马克思主义意识形态话语建构的主体维度。一般而言,话语选择不是将现实转化为一个暗淡、疏远和没有意义的状态,而是在理性中寻找新的意义形态,使社会的意义结构变得清晰而有魅力。采取一种话语方式表达无意义的空虚和孤傲,或者用表面上“妙不可言”实际上意乱神迷的暗示表达不合理的物事,都不是话语建构的好办法。

----

① 《习近平谈治国理政》第三卷,外文出版社 2020 年版,第 317 页。

话语方式是多种多样的,体现"崇高"的同时也赋予很多便于解释和理解的方式。泰勒认为,对神学的祛魅是因为上帝的观念有缺陷,当宗教神学把上帝的话语抬出来的时候,各种神学概念的世俗化不过是创造更多的神学,从道德、自然和现实中体现神的谕旨,世俗主义话语成了改进宗教信仰的手段。韦伯把"理性化"看成使道德败坏的力量,理性化成了许多竞争对手获得更多拥护的重要标志,其中隐含的范式制度是话语上的"官僚体制"。流动的时代、流动的技术、流动的思维、流动的生活,都使意识形态话语建构外在动态之中,但大众传播时代的意识形态话语不完全是变动不居的,它在多种参数的影响下确立自己的述说方式,通过社会互动重构现代思想传播的体系和方式,重构公私生活的界限。实现跨越时空的话语互动,通过技术媒介可以实现不同时空的思想互动,象征形式在话语表达中的有效性备受关注。大众传媒时代的意识形态话语传递还有一个明显特点,即脱离了对场所的共享,以新的方式实现了话语交流和互动,这种社会互动与物质场所相分离的状况,影响到社会个体实现的自我展示方式,新媒体为传播者及接受者在处理自我展示方面提供了创新性手段。传播与回应也都有了新技术手段,它确立了接收和取得信息的方式和互动形式,在这个时代的思想传播中,没有比控制媒体更重要。今天,马克思主义意识形态话语站在了新高度上,不仅要破除宗教迷信的方面影响,还要祛除神秘主义、历史虚无主义内容。现代技术在模糊公共话语和私人话语界限的同时,也在生活中赋予官宣和民宣以新的意义,前者依靠国家的公共传播机构来实现,后者通过网络社会中网民的追捧来实现。这两个方面包含的话语影响力是有区别的,官宣的内容经常定格在民众心中并成为社会实践的思想指导或政策引领,其话语魅力不言而喻,民宣的内容经常保留在娱乐和新闻层面并且很快降温,甚至可能变成负面的娱乐素材。如何赋予马克思主义意识形态话语以强大的魅力,如何使有关内容更容易接受,是需要认真研究的。在国家思想建设层面上,必须使宣传的内容具有一定的吸引力或魅力,让受众感受到其中的话语意义正是他们所需要的。但是,在表达的过程中又不能是原封不动地单项灌输的,还要考虑到受众的接受力,社会生活维度的话语如何创新,不在于借助技术把语言变成花哨的形式,不在于把它变成一个什么都可以装的筐,无边界地谈论意识形态是没有意义的。

3.科学定位大众传播时代马克思主义意识形态话语的价值取向

一是在文化生产中实现马克思主义意识形态话语的创新。艺术家是话语的重要生产者,但不是唯一的生产者。从话语活动或行为模式看,传统文化是话语生产者—文本—接受者构成的动态模式,文艺工作者的话语经常保持着对社会进行批判反思和启蒙民众的角色。传统的艺术家是作为唯一的话语生产者出现的,他们在提供社会审美方式的同时,也不可避免地在其中注入意识形态意向,社会的政治需要和伦理观念也被纳入其中。这种由文化生产者主导的话语生产方式,在今天的市场经济以及技术影响下变得多样化了。一段期间,"伤痕文学"作为特定的表达符号流行一时,一方面改变了模式化的创作思维,另一方面以文学的方式对时代进行了广泛的祛魅活动,甚至通过虚构的夸饰方式,给某一主题进行施魅,后来的"穿越""返祖""戏说"等内容,让人们觉得既荒诞不经又恋恋不舍。文化创作不能只讲经济利益不讲社会效益,不能只讲一己悲欢而不顾国家利益,不能只讲吸引眼球而不顾社会效应。讴歌时代、追随时代的文艺才是好作品,体现思想创新思想的文艺才是好文艺。在党的领导下,文艺的发展方向应该是群众需要的方向,其思想寄托就是马克思主义和中国特色社会主义,文艺的价值选择就是社会主义核心价值观,它是以马克思主义意识形态话语为指导来歌颂共产主义理想和道德的,是以中国特色社会主义话语来体现广大群众的社会主义实践的。二是在文化消费中体现马克思主义意识形态话语的创新。"消费方式"成为与"生产方式"密切联系的形式,连锁店、快餐店、娱乐场、网购、快递、外卖等是常见的形式,保持消费能力的方式并不断翻新,现代商业消费模式的基本理念是如何让首次"祛魅"来得慢一些,或者让新的消费景观更引人注目。马克思主义意识形态话语不能随波逐流,要有效应对"娱乐至死"的心理欲望,要有效应对"饭圈文化"的话语策略,不能迎合低级趣味,不能迁就不良价值。在涉及价值边界、思想立场的文化生产和文化消费上,处理好市场属性和意识形态属性的关系,处理好文化产品数量与文化产品质量之间的关系,用具有内涵、具有深度、具有魅力的话语表达马克思主义意识形态的真精神。

4.科学规划大众传播时代马克思主义意识形态话语的实践路向

我们的基本主张是,利用大众传媒科学建构大众传播时代的意识形态话语,处理好思想引领和坚守底线的关系,处理好传播和接收的关系,守住阵地、占领高地,以立为本、展示自我。大众传播时代的意识形态话语不能是无序的思想排列,不能是无病的呻吟之语,不能是无魂的词语堆积,它需要在技术维度中全面构建自己的话语方式。一是通过大众传播促进原则的坚定性与方法的灵活性结合。意识形态话语构建首先是一个原则问题,不管大众传媒是有墙的还是无墙的,不管是有界的还是无界的,意识形态话语首先要坚守自身的政治格调,话语之中的政治含义与话语目标的引领功能,是优先考虑的事情。任何社会的意识形态表达,都与国家政权或统治阶级的意向结合在一起,它的语言表达可能是比较刚性的,也可能是比较柔性的,最终的目标就是把统治阶级的思想尽可能多地灌输到社会之中,这是确定不移的原则。但是,如何达到目标,在不同社会中的方法选择又是不一样的,封建社会的"饥饿政策"、资产阶级的"欺骗手法"同社会主义的教育方针,是有着根本差别的。我们在网络时代的意识形态话语定位也有不同的方式,如果板着面孔用严苛的说教方式构建意识形态话语,如果还是以高高在上的姿态指手画脚,那是很难深入人心的。大众传播时代的意识形态宣传,方法应该是灵活的,话语应该是多样的,思路应该是宽广的,在坚持立场和原则的基础上选择合适的话语表达,是一个基本定位。二是通过大众传播促进思想的边界性与话语的适用性结合。每一个社会的主流意识形态都不可避免地与其他社会思潮打交道,既要与一般的社会思潮保持距离,又要与不良的社会思潮划清界限。主流意识形态的边界划定是自身的价值选择决定的,马克思主义意识形态是我们的旗帜,它与其他社会思潮的区别在于是否代表人民群众的利益。因此,在意识形态话语选择上,符合新时代中国特色社会主义建设需要是第一位的,表现为激励广大群众的爱国之志和报国之情,动员国内外一切可以团结的力量,为中华民族伟大复兴提供话语支撑。三是通过大众传播促进价值的导向性与表达的真实性结合。尽管马克思、恩格斯都赋予意识形态以"虚假性"特征,但在具体的社会制度下的意识形态目标和表达方式都有其真实具象,社会主义意识形态的价值选择和价值导向都是以实践为基础提出的。革命年代,它是引领人们为之献身的力量,建设年代,它是引领人们为之奋进的力量,在新时代,它是激励社会潜能的力量。马克思主义意识形态话语所包含的价值导向在于用精神励人、思想感人、话语动人,在于将眼前的理想与未来的目标充分结合起来,表达这一价值的语言,不能只顾词义优美而忽视意义寄托,不能脱离大众而只面向小众。"今天,宣传思想工作的社会条件已大不一样了,我们有些做法过去有效,现在未必有效;有些过去不合时宜,现在却势在必行;有些过去不可逾越,现在则需要突破。'不日新者必日退。''明者因时而变,知者随事而制。'做好宣传思想工作,比以往任何时候都更加需要创新。"①在意识形态话语精神方面,也要推进实施网络强国战略和国家大数据战略,拓展网络话语空间,支持基于互联网的马克思主义意识形态话语创新,推动互联网、大数据、人工智能和马克思主义意识形态话语的深度融合,打造具有国际竞争力的意识形态话语体系。

---

① 《习近平关于全面深化改革论述摘编》,中央文献出版社2014年版,第84页。

第六章　新时代中国特色社会主义文化的阵地与守护

第一节　中国特色社会主义文化哲学的鲜明立场

马克思主义从最初的理论形式,成为国际工人运动的一面旗帜并在社会主义国家高高飘扬,不是仅凭哲人心思的闭门构想就能达到的,也不是仅凭几句漂亮的词汇和口号就能实现的。马克思主义是对资本主义现实的批判性发现,是激荡于理想与现实之间、传统与现代之间、守望与开拓之间的永恒精神。

一、对"幽灵论"的批判与反思

马克思主义自产生以来,就面对来自不同方面的评说,支持者视为珍品,反对者目为异端。无论是衷心的褒扬,还是激烈的攻伐,都是对马克思主义的现实影响作出的回应。关于"共产主义幽灵"和"马克思幽灵"的论调,也一直在政治领域和学术领域中回荡。

1. 欧洲反动势力关于"共产主义幽灵"的污蔑及实质

"幽灵"一词是马克思恩格斯借用欧洲反动势力的说法,《共产党宣言》的首句就写道:"一个幽灵,共产主义的幽灵,在欧洲游荡。"①当时的反动势力把共产主义看成危害社会的幽灵,不遗余力地进行"神圣的围剿"。对于马克思,"各国政府——无论专制政府或共和政府,都驱逐他;资产者——无论保守派或极端民主派,都竞相诽谤他,诅咒他。"因此,关于"共产主义幽灵"的说法,只是欧洲旧势力扑灭共产主义思想的借口:其一,既然是一种幽灵,那就是与正统思想格格不入的异端邪说,是必须被清除的,因为它会腐蚀人们的心灵。它要消灭私有制,这会妨碍资产阶级的生存,诛之乃是"顺天理"或"替天行道"。资产阶级将之归入"幽灵",就给自己的恶行披上了"合道"的外衣。其二,既然是幽灵,它的存在就是不合理的或有害的,

---

① 《马克思恩格斯文集》第2卷,人民出版社2009年版,第30页。

消灭幽灵是顺理成章的,因为它是不合"常理"的社会存在,因为它要"消灭一切教育"。资产阶级将之归入"幽灵",就给自己的行为披上了"合理"的外衣。其三,既然是幽灵,也必然是一种危害人心的说教,并且给人以虚幻的印象,因为它要取消一切家庭,要取消祖国,取消民族,这也是必须去除的。资产阶级将之归入"幽灵",就给自己的行为披上了"合情"的外衣。其四,更主要的原因是,反动势力认为它鼓吹阶级斗争,为无产阶级代言,为推翻资产阶级统治做论证,并与传统所有制和传统观念做最彻底的决裂,它攻击了一切"圣物",这是当时的各种旧势力最不能容忍的。资产阶级将之归入"幽灵",就给自己的暴力行为披上了"合法"的外衣。这样看来,欧洲的反动势力对"共产主义幽灵"进行全面围剿,是把共产主义及其传播者作为怪物来对待的,将之归诸思想迷见和妄想,原是为自己的行为提供合法化借口。过去的历史和今天的现实都表明,科学社会主义实践已经完全破除了关于"共产主义幽灵"的说法,精神的力量和思想的种子都有了现实的结果。以赛亚·伯林说,在19世纪,没有哪一个思想家像卡尔·马克思那样,对人类有如此直接的、深远的和强有力的影响。伯尔和列宁都写过《卡尔·马克思》,前者是非马克思主义者心目中的形象,后者是马克思主义者心目中的形象,却都对马克思表现出无比的敬佩,也都对马克思的历史功绩表示由衷的赞美。哲人其萎,我们缅怀马克思的功绩时,不难感受到思想的力量和理论的魅力,马克思主义不是幽灵,它是在实践和认识中总结的真理,是我们的生活引领。

2. 德里达关于"马克思的幽灵"的论调及批判

德里达的《马克思的幽灵》一书的出场,是由时代造就的客观条件和自身的逻辑思维决定的。按照德里达的说法,《马克思的幽灵》一书意在解构资产阶级意识形态对马克思的围剿,解构各种集权和集团主义对马克思的围剿,意在突破非马克思主义的资产阶级的"神圣同盟"。在此意向的基础上,他试图找出马克思文本中哪些是可以直接继承的,哪些是需要解构的。德里达认为,马克思曾经区分幽灵和精神,但没有达到目的,当人们戴上死人的面具时,既可以成为革命的精神,也可以成为反动的盾牌,即使革命精神得到实践,幽灵也无法去除。"一切已死的先辈们的传统,像梦魇一样纠缠着活人的头脑","借用他们的名字、战斗口号和衣服,以便穿着这种久受崇敬的服装,用这种借来的语言,演出世界历史的新的一幕。"①精神的错乱使各种死去的幽灵被保守势力重新搬上舞台,作为自身利益的面具和挡箭

① 《马克思恩格斯选集》第1卷,人民出版社1995年版,第585页。

牌。西方资产阶级在 1848 年革命中模仿过 1789 年的革命传统,也模仿过 1793—1795 年的革命传统,而在 1789—1814 年的革命中又穿上了罗马共和国的服装,"在复杂的形势下,人们的每一次革命行动似乎都在同时对着过去的镜子照自己,而从镜子里就会飞出各种各样的幽灵,当下的革命行动注定要纠缠于过去的革命,与过去革命中的幽灵们打交道,这正是德里达反复强调的幽灵的悖论:越要驱逐它,就越是被它纠缠。"①德里达认为,马克思恩格斯对待"共产主义幽灵"时也面临同样的困惑:他们想把"共产主义幽灵"驱散却未能完全消除幽灵的悖论,他们去除"共产主义幽灵"的方式是将其转化为在场。德里达为了说明自己的论点,不惜曲解《共产党宣言》的内容,认为《宣言》所说的全世界无产者和国际精神,就是共产主义幽灵的化身和在场形式,"全世界无产者,联合起来"就是"共产主义幽灵"的终结。德里达区分了幽灵与幽灵化,他把马克思恩格斯的文本打碎,然后糅进幽灵性内容,将马克思恩格斯的文本也幽灵化了。这种"幽灵性政治学"不再把马克思列入西方伟大的哲学家之列,而是主张将马克思的著作经院化和去政治化,由此抹杀了马克思主义的革命精神。"让马克思的幽灵多样化和异质化只是一种通往马克思幽灵性的道路,德里达真正要继承的其实不是马克思的幽灵,而是马克思的幽灵性,在德里达眼里,幽灵性才是马克思的真正遗产。"②这是我们不能接受的。

　　3. 对"幽灵论"的批判及反思

　　对于幽灵,历来是有不同的立场和态度。"世人多以己所不知者为妖怪,故甲所妖怪者,乙或不妖怪之;乙所妖怪者,丙或不妖怪之。"③马克思对落后的、反动的和对社会发展起阻碍作用的"幽灵"(思想或精神)是不赞成的,对宗教神学等各种唯心主义"幽灵"(思想或精神)是坚决批判的,对于"没有历史"的资本主义"幽灵"(思想或精神)是主张坚决驱散的,而对于所谓共产主义"幽灵"(思想或精神)是抱着极大的革命热情予以支持的。在反对虚无的幽灵的同时,马克思极力呼唤"共产主义"的出场。尽管马克思恩格斯都不主张对未来共产主义社会做具体的描述,这并不表明他们要将社会引向乌托邦的虚无幻象,人们的社会实践是思想在场的重要方式。无产阶级的阶级斗争和政治革命是共产主义思想推动的,社会主义革命和建设也是马克思主义指导的,如果把共产主义看成镜花水月式的想象或幽

① 　张一兵:《当代国外马克思主义思潮》下卷,江苏人民出版社 2012 年版,第 124 页。
② 　张一兵:《当代国外马克思主义思潮》下卷,江苏人民出版社 2012 年版,第 129 页。
③ 　[日]井上圆了:《妖怪学讲义录》,蔡元培译,中州古籍出版社 2016 年版,"绪论"第 3 页。

灵,显然不符合事情的本源和真相。德里达等一些人关于"马克思幽灵"的怪想,是由于误解及曲解文本而产生的。一些学者满怀重建哲学的思想冲动,但由于依赖没有在场性空间的历史,钟情于没有结构和内容的历史,希冀通过思想"延异"来解构和说明"马克思幽灵"的在场和缺场,以所谓"开放性和历史性"否定事物在场和现实形式,得出的结论也不符合实际。马克思从来不否认现实性和开放性,而且正是在这个基础上认识资本主义社会的历史进步性和过程性,他把历史开放性作为现实运动的根据和现实的物质力量。

马克思反对任何形式的虚无缥缈的幽灵性,也拒绝任何形式的思想杜撰。一定程度上说,德里达试图为遥遥无期的革命未来打开另一扇希望之窗,尽管他的主张与马克思主义有很大距离,却是公开与资产阶级意识形态叫板,以知识分子的责任担当探索社会发展出路。然而,德里达《马克思的幽灵》一书所提出的观点,与马克思的思想并不吻合,甚至存在颠覆马克思主义的倾向。他所谓的马克思的幽灵性内容,与马克思的政治解放理论有很大差别,在方法论和思想建构上也存在着难以弥合的鸿沟。他无视马克思的思想的实践特征和在场方式,将马克思文本用主观方式解构并将之归诸"幽灵性",把解放的希望托付于没有在场形态的弥赛亚性,表明其批判作风与其对现实权力关系的处理是矛盾的。

"幽灵论"也是一些学者思维中的怪想。他们所谓的根据有三:一是将马克思主义的一些内容看成乌托邦。在质疑马克思主义合理性的基础上,把阶级斗争理论看成主观构想,把意识形态理论看成主观编造,认为共产主义终将人类引向虚无,用幽灵论取代马克思文本的主题内容,甚至把马克思恩格斯与神学家相提并论。这种宗教普世主义式的思维,在现实生活中的悖论是很明显的。二是在把马克思主义看成幽灵的同时,又把苏联社会主义看成另一种形式的幽灵。认为无产阶级将一种幽灵变为现实,却又迎来另一种不受欢迎的幽灵。这种苏联式的新幽灵让一些马克思的拥护者难以接受的主要原因是它惧怕自我批评和自我革命。不同时期的意识形态中为何有如此差别的特征,马克思主义的批判精神如何释放出来,也是一个费解的问题。三是对于"幽灵"与"幽灵性"、"在场的空无"与"缺场的现实"、"解构"与"延异"等学术内容,用"作为幽灵在场的马克思"来解释,有很多不通顺的地方。在德里达看来,没有幽灵的"幽灵性",与没有弥赛亚的"弥赛亚性",有相似之处。"幽灵在传说中已经具体化为一种幽灵性,一种没有成为现实性(共产主义本身、共产主义社会)的幽灵性之后,便实现了自身,在这一模棱两可的事件中,将会有某个令人恐惧的'东西'"。① 这个"东西"为何让人恐惧,如何消除恐惧,"幽灵论"也没有说清楚。当思想被幽灵缠结不清时,就借助符号和话语建构进行模仿,通过"召唤亡灵"或使"死人复生"寻找某种精神。在这里,马克思的原初文本与资产阶级"消毒"过的文本以及被一些学者肢解的文本,是截然不同的。

4.走出"幽灵论"的误区

作为文化形象的马克思精神是显示社会风貌的重要形式,社会的思想建设和理论建设都与一定的文化形式有关,马克思主张的思想的变革,列宁倡导的文化革命实践,都是社会主义的重要理论和实践形式,马克思所关注的意识形态革命、科学技术革命、文学艺术革命都不能归于"幽灵"。作为政治形象的马克思精神,也不能被视为"幽灵"。在《共产党宣言》中,马克思恩格斯对资产者和无产者、无产者和共产党人的论述都不是主观的臆想和猜度,即使是那些不赞成马克思主义的人,也不能否认马克思的世界影响及历史贡献,对于切实从马克思主义思想中获得现实利益的无产阶级,更不能采取虚无主义态度,伯尔所说的"一部进步史乃是一部忘恩负义史"不应该在工人阶级身上演绎出来。如果真像他描述的"工人运动、社会主义这样的词语甚至使人连哈欠也打不起来:人们几乎不知道,这些词语意味着什么,只是想象这大概是红的左的东西,因而这已经足够令人怀疑的了"②,那就是对马克思的现实影响视而不见。"幽灵论"会引导人们产生两个极端的想法:一是将马克思主义转化为神灵,把马克思奉上神坛;二是将马克思主义妖魔化,把马克思主义打入地狱。在历史和现实中两种倾向都有市场,我们不能完全认同伯尔在《卡尔·马克思》中的结论,他说:"马克思逝世时,他的学说还没有在战术的意义上发挥政治作用;它还在发酵;许多东西尚未发酵充分,有些已在爆炸;交到政治家手中,他的学说成了血腥的工具;也许只是因为这个世界对马克思尚未回答,利用他的失误,用来掩盖他的真理。"③马克思是革命者但不是憎恨者,是思想的启蒙者但不是幽灵的布道者,他不仅是德国公民,更是世界公民,他不仅属于那个时代,更属于千秋万代。

---

① [法]雅克·德里达:《马克思的幽灵——债务国家、哀悼活动和新国际》,何一译,中国人民大学出版社2008年版,第100页。

② [德]维克多·伯尔:《伯尔文论》,袁志英等译,生活·读书·新知三联书店1996年版,第60页。

③ [德]维克多·伯尔:《伯尔文论》,袁志英等译,生活·读书·新知三联书店1996年版,第80页。

二、实践中的精神家园守望

20 世纪 50 年代,苏联大国沙文主义及霸权行为,让世界对这个以马克思主义为主导的社会主义国家产生了另一种看法,东欧新马克思主义的产生和崛起,英国新左派与传统左派的决裂,凸显出教条主义的马克思主义的深层危机以及对社会主义国家的美好形象和社会主义未来的美好期待。在一些人看来,原来统一的整体的马克思主义形象被打破了,马克思主义的政治立场和解放前景变得模糊了,随之而来的信任危机比以往任何时候更明显。那些坚定的马克思主义者在苦闷和焦虑中期待新的希望,那些不坚定的马克思主义者在思想上发生了转向。苏东剧变造成的国际范围内意识形态动荡是史无前例的,不仅马克思主义的合法性、合理性受到质疑,世界社会主义向何处的问题也摆在人们面前。在资本主义及其学者欢呼"意识形态终结"之时,人们对马克思主义的未来前景的关注尤为迫切。当今世界,两种意识形态的竞争和较量从来没有停止过,社会主义国家在改革开放中遇到了正统马克思主义与开放的马克思主义之间的争论,也遇到了西方资产阶级意识形态的挑战,"社会主义终结"的观点、"马克思主义死亡"的观点也甚嚣尘上。现实的马克思主义不能无视这些质疑,不能不对这些问题做出回应,这是世界社会主义面临的大问题。二是"去政治化"对马克思主义的消解。一些马克思主义学者退回到书斋之中,他们不是以明确的政治意识形态看待马克思主义,而是在纯学术的层面上予以关注,革命意志衰退和政治激情消歇,造成对马克思主义关注的热度下降。在中立化和去意识形态化的名义下,他们将马克思的革命服装换成燕尾服,在学术领域把马克思主义经院化,将马克思主义塞进远离政治舞台的象牙塔,用陈腐的话语把人类解放理论演绎为平淡的街谈巷议。三是现代性语境中的马克思主义表述危机。后现代主义作为一种文化景观进入人们的视野,全球化的话语竞争中,马克思主义原来的宏大叙事面临着弥散化裂变,马克思主义研究中的表面繁荣与深层危机,给学术研究注入很多矛盾性动力。叙事语境在变化,叙事内容在变化,叙事方式也在变化。原来的革命话语、斗争话语、阶级话语转变为建设话语、和平话语、日常生活中的大众话语,现代技术提供的媒介功能,要求马克思主义关注公共事务与政治现象,关注市场影响和消费主义意识形态。坚持马克思主义基本立场,创新马克思主义话语叙事,以符合时代的语言阐释人的解放问题,是马克思主义面临的现实任务。

马克思恩格斯认为:"不管阶级对立具有什么样的形式,社会上一部分人对另一部分人的剥削却是过去各个世纪所共有的事实。因此,毫不奇怪,各个世纪的社会意识,尽管形形色色,千差万别,总是在某些共同的形式中运动的,这些形式,这些意识形式,只有当阶级对立完全消失的时候才会完全消失。"①任何思想总是产生于现实并在现实中发生作用,在充满现代性的社会中,马克思主义要获得生命力并摆脱幽灵论者的论调,必须在思想上适应时代变化,在现实上适应社会变迁。"实践的马克思"与"理论的马克思"相结合的方式,体现在对现实祛魅的过程中,体现在探索非资本主义道路的广阔视野中。在思想上,它必须建立稳固的理论基础;在实践上,它必须能负载大众的活动。《共产党宣言》的政治诉求策略,就是具有理论和实践相结合特征的表达方式,对反动的社会主义、保守的或资产阶级的社会主义、批判的或空想的社会主义的剖析,对无产阶级的目标及共产党人任务的规定,都不曾托付给狂热的思想认识。《共产党宣言》评论的这些社会主义文献都有其背景,但由于它们脱离了现实环境,思想的悖论难以避免。在对德国的或"真正的"社会主义的分析中,马克思恩格斯指出:"德国的哲学家、半哲学家和美文学家,贪婪地抓住了这种文献,不过他们忘记了:在这种著作从法国搬到德国的时候,法国的生活条件却没有同时搬过去。在德国的条件下,法国的文献完全失去了直接的实践的意义,而只具有纯粹的形式。"②看来要把实践理性、哲学理性和革命理性有机地结合起来,并不是一件容易的事情,尤其是处在多种思潮交汇作用的时期,处在思想变革的转折时期,人们对未来的把握更需要通过实践来判定。

马克思主义是共产党人原初的思想旗帜,是无产阶级寄托解放心志的理论故园,也是体现共产党人初心的理论原点。如果没有马克思,世界的格局和面貌绝不是今天的样子;如果没有马克思,思想领域也会缺少具有勃勃生机的内涵。东方世界应该感谢马克思,"没有工人运动,没有社会主义,没有他们的思想家,他的名字叫卡尔·马克思,当今六分之五的人口仍然还生活在半奴隶制的阴郁的状态之中;没有斗争,没有歧义,没有罢工,这需要发动,需要引导,资本家连半步也不让。"③"西方世界理应感谢卡尔·马克思,尽管东方世界宣布信奉卡尔·马克思,不过,似乎有一种远比争取如下的远景更复杂的想法:维护卡尔·马克思,不要让我们的子孙认为他是可怕的幽灵。"④面

---

① 《马克思恩格斯文集》第2卷,人民出版社2009年版,第52页。
② 《马克思恩格斯文集》第2卷,人民出版社2009年版,第58页。
③ [德]维克多·伯尔:《伯尔文论》,袁志英等译,生活·读书·新知三联书店1996年版,第60页。
④ [德]维克多·伯尔:《伯尔文论》,袁志英等译,生活·读书·新知三联书店1996年版,第60页。

对马克思的伟烈功业,我们不能忘恩负义。现实的理论和实践中形形色色的"终结论"似乎都指涉马克思的有关思想,"意识形态终结论""马克思主义终结论""社会主义终结论""哲学终结论"等,以形式不同而实质相近的话语来否定马克思主义的科学性,把马克思主义思想描述成特殊时代的过客。发人深思的是,各种各样的"终结论",到底要"终结"到哪里? 思想上的"归一"或"归零"是否符合思想史的规律? 共产党人的理论"乡愁"是对马克思主义的一种坚守,"回到马克思""回到列宁""回到经典"都是思想怀旧的表现,其中有对传统的追思和对历史的依恋,但更多的是对过去的事项作出深刻的审视和凝视,从中获得新的精神坐标,不忘初心,才能开拓未来。"幽灵论"的观点可能会把马克思送上神坛,也可能把马克思思想归为虚无,其效果殊途同归,都会断送马克思主义的生命力、影响力和引导力,结果是:"那些我们矢志不渝为之奋斗的革命目标不过是一种语言游戏规则下的元叙事,而共产主义之类的许诺始终是这种元叙事营造出来的美丽的幻影,在这个美丽的肥皂泡下,人们如同飞蛾扑火般地扑向这个幻想,而他们最终只能得到幻想的破灭。"①这种怨艾情绪与彷徨心理,已经远离了初心,妨碍着人们走出"希望的荒原"。

　　马克思无意制造乌托邦,也无意构造在任何时空中都能使用的理论形式,马克思只是提供了人类解放的一种思路和策略。从时空观审视,以摩尔为代表的传统乌托邦思想,是与牛顿的时空观并行的结构,机械主义特征很明显。走出乌托邦的怪圈,用一种切合实际的理想来代替乌托邦的幻想,从静态和动态意义上体现人的解放的完美形式,是马克思恩格斯致力其中的事情。《共产党宣言》在运思策略上体现了时空与思维的变换,它在高度创意化和多样化的世界形式中,提出了无产阶级统一行动以及达到全世界联合的思路。今天的全球秩序以及解决全球问题的愿望,是人们编织未来图景的依据,不同的政治诉求既为世界社会主义提供了正面的或负面的借鉴材料,也让人们看到了现代社会造就的社会主义新思维新内容新因素。如果我们把马克思描述的资本主义社会的商品现象看成资本主义社会的商品霸权或物化霸权,那么后来葛兰西提出的文化霸权、德波的景观霸权、拉克劳和墨菲的话语霸权,都是对社会新现象的注目和解释,哈维提出的"辩证乌托邦"和布洛赫提出的"具体乌托邦",也都是一定时期对社会发展的思索。在当今社会中,要跳出乌托邦的怪圈,必须在立足于自己的"剧场"的同时也观照其他"剧场",在立足"局地"的同时还要放眼"全球"。"全世界

---

① 张一兵:《当代国外马克思主义思潮》下卷,江苏人民出版社 2012 年版,第 237 页。

无产者,联合起来!"的口号,充分表达了马克思的世界眼光,它要把许多目标相异力量汇集到反对资本主义的大目标上来,这无疑是最激动人心的事情。

三、初心与使命的表达及常态化的价值守望

建立不忘初心、牢记使命的制度,是对新时代中国共产党人提出的明确要求。不忘初心、牢记使命的制度包含着国家层面的规定、社会层面的规定和个人层面的规定,是用生活化大众化机制化的方式把初心和使命贯彻落实到实际工作中。不忘初心、牢记使命的制度构设建立在明确的思想指导、坚实的社会基础和丰厚的实践经验基础上,是立足时代、依靠群众表达初心和使命的体制机制保证。

1. 强化阵地意识

建立不忘初心、牢记使命的制度,在共性层面上遵循一般的思想教育及其实践规律,在个性层面上遵循中国特色社会主义的特殊要求。初心表达了我是谁、代表谁,使命表达了举什么旗、走什么路。理解初心和使命的内容,才会知道要依靠谁、要服务谁;建立不忘初心和使命的制度,才能更好地知道要干什么、如何干得好。不忘初心、牢记使命,不能丢掉"老祖宗",这是我们的看家本领;不忘初心、牢记使命,不能丢掉党章精神,这是共产党人的入门功夫;不忘初心、牢记使命,不能缺少根基,这是提升个人素养的要求。要通过学习把"初心"常态化,变成"平常心";要通过学习把"使命"生活化,变成"第二生命";要通过理论学习与实践表达的结合,把"初心"和"使命"体现在日常工作中。生活中,一些不良思想的主要表现就是否定马克思主义和党的领导,其运思逻辑是以假设演绎历史、以臆断推导历史、以主观编造事项,其表现套路是颠倒是非、以偏概全、歪曲事实、断章取义、故弄玄虚、崇尚西方,这些思想异见表明了坚定信念的必要性和紧迫性。在学习中践行不忘初心、牢记使命,是一个体悟机理和寻找机制的过程,是总结规律和提升境界的过程。"要在常学常新中加强理论修养,在真学真信中坚定理想信念,在学思践悟中牢记初心使命,在细照笃行中不断修炼自我,在知行合一中主动担当作为,保持对党的忠诚心、对人民的感恩心、对事业的进取心、对法纪的敬畏心,做到信念坚、政治强、本领高、作风硬。"[①]习近平总书记的这段话对我们构建不忘初心、牢记使命的制度至少有四个方面的要求:对初心和使命的理解是常学常新的,通过学习要达到更深入的

---

① 《习近平谈治国理政》第三卷,外文出版社 2020 年版,第 518 页。

认识,学出新意,悟出新理;对初心使命要真学真信,不做叶公好龙之态,不做巧饰诈伪之象,要体会精髓,提升境界;学思践悟中的理论修养,细照笃行中的实践砥砺,知行合一中的内功修炼,是表达初心使命的基本条件;忠诚心、感恩心、进取心、敬畏心是一个有机体系,也是靠学习和提高来保证的。在这里,学与思、知与行构成以学为起点的修身活动的基本结构,不忘初心和牢记使命的制度基础就在马克思主义真理中,就在共产党人的"真经"中,就在中国特色社会主义实践中。

初心和使命源于中国共产党人对广大群众追求幸福生活的愿望的承诺,源于共产党人为中华民族谋复兴的愿望的承诺。中国共产党自成立之日起,就把马克思主义写在自己的旗帜上,这个旗帜上的内容之所以越来越丰富和丰满,是因为中国共产党的理论成果和实践成果越来越丰厚。对于中国共产党人来说,学习党章是经常性的和生活化的内容,活到老学到老是思想建设的规律性要求,即使是老党员也没有不学习党章的理由,"退休不退党""离岗不减志"不只是口头禅,更是保持革命动力和活力的基础。纵观中国共产党成立100多年的历程,那些用鲜血染红党旗的英烈,那些为共和国奉献的英模,从来都是把党章党性摆在自己生活的最重要地位的。对于共产党员来说,党章就是个人准则和行为规范的章程,是必须经常重温并且牢记在心的。不忘初心、牢记使命的制度建设,首先是弄懂党章是如何表达和体现初心和使命的,弄懂党章对初心和使命表达的依据,弄懂党章对初心和使命表达的践行要求。初心和使命包含着对人民的忠诚和对马克思主义的笃信,不学习,难以理解初心和使命的思想源头和历史依据;不学习,难以理解共产党人不竭的意志之源和价值之脉;不学习,难以认知初心和使命的思想寄托和意义存在。新时代对党章的学习具有新特色,需要做到三个方面:一是结合习近平新时代中国特色社会主义思想学习党章精神,体会二者的统一性,做到思想理论认识上的融会贯通;二是结合不忘初心、牢记使命主题教育活动学习党章精神,体会二者在实践上的统一性,做到实知行合一;三是结合本职工作学习党章,从党章中寻找精神激励,在实际工作中提升思想境界,使不忘初心、牢记使命真正成为个人生活的铁律和制度。

建设不忘初心、牢记使命的制度,要通过常态化的学习活动促进思想觉悟提升。具体地讲,一是把思想建设与提升业务水平结合起来。在专业知识方面,得其英华,穷其枝叶,是理想的目标,然人生有涯、学识无边,以有涯之生命应无涯之学识,固然有所不及。"与时迁徙,与世偃仰"是积极追随潮流,通过文字并穿透文字,把知识还原为精神,把固定的程式还原为规律,把僵化的内容还原为灵动的东西,是理解初心和使命的基本路径。少阳之学、秉烛之学，都是应知识之变和提升自我的方式，应该是常态化的过程并与思想修养融为一体的。马克思主义理论是专业知识的有机组成部分，也是学习专业知识的重要思想指南。要用马克思主义提高辨识能力，深入认识中国特色社会主义的科学性，深入认识人类命运共同体的合理性，深入认识普世价值观和西方民主宪政的历史误区和局限性。人类之初心与共产党人的初心、人类之使命与共产党人的使命，既有区别又有联系，我们提出构建人类命运共同体，就是要寻找人类社会在价值观上的最大公约数，这是共产党人初心和使命的外延形式。二是把向书本学习和向群众学习结合起来。拜师群众、服务群众，用热情、真情、激情和感情做好群众工作，做到政绩观要端正、求实观要实在、事业观要真诚、价值观要稳定。要经常在学习中培养个人品格，不忘初心、牢记使命为我们提出了明确的行为标准，要求我们不断提高反对不讲科学讲神学、不讲使命讲天命、不讲初心讲私心的自觉性。要用初心激励信心和决心，用使命激励责任和担当，坚决戒除"撞钟和尚""无过即功""得过且过"心态。三是学习历史知识和马克思主义唯物辩证法。共产党人的初心和使命决定了它必须经常应时势之要、合潮流之需、顺环境之变，通过学习提高查察事变、理解社会、沟通人心的能力，这是表达共产党人初心和使命的基本前提。

2. 捍卫阵地边界

初心和使命表达中的随意化现象，主要是运动式的做法、大呼隆式的做法、行政命令式的做法、数字政绩式的做法、表格痕迹式的做法，这些做法追求的是表面效应，忽视了初心和使命建设的长期性、连续性和规律性。克服这种现象，要把"说的"与"做的"协调起来。克服运动式做法，改变把初心和使命看成单纯的理论内容的倾向，通过长期性、全面性的活动消除隔空喊话多、现实作为少的状态；克服应急式做法，改变把不忘初心、牢记使命主题教育活动转化成几个"亮点"和"特色"的方式，改变以"共建"名义装点"片面政绩"的方式；克服强制式做法，消除官僚面孔和形式主义作态，改变随意肢解不忘初心、牢记使命的意义结构的状态；克服放任式做法，消除"蓬生麻中，不扶自直"的麻痹意识，改变思想上解缆放绳、行为上放任自流的做法。要把内容与形式协调起来，消除上级布置、下级应付的不良现象，消除临时抱佛脚的应付心理，在实际工作中正心诚意而不是三心二意，笃思豁达而不是无稽放达，在制度建设上鼓励"原创性"和"独创性"，减少思想认识上因"少知"而迷茫、因"不知"而文盲、因"无知"而瞎忙的现象。

常态化的宣传制度起着彰一策千之功效，是用经常性的、规律性的表达方式把初心和使命贯彻到群众之中，把初心和使命与生活哲理结合起来，摆脱不遵规律、不切实际的做法。初心和使命宣传中的非理性化现象经常表现为一阵风、一刀切的做法,造成思想宣传不衔接、实践活动不连贯、落实效果不坚决,这是我们建立不忘初心、牢记使命制度的一大障碍。为此,一是克服思想认识上的偏常现象。消除一些人存在的思想漂泊、心无定所、精神迷失的状态,增强践行初心和使命的决心和信心;克服一些人存在的精神散乱、定力不足和思想不够集中的状态,明确重心、把握核心、突出中心;克服一些人存在的思想凌虚、价值倒错、灵魂出位的状态,形成思想一致、行动一致的全民行动。二是克服实践方式上的偏常现象。在一些党员干部中还没有完全达到内化于心、外化于行的自觉状态,存在着内容浅薄化、目标功利化、形式粗俗化的现象,降低了不忘初心、牢记使命的意义境界,消解了不忘初心、牢记使命的精神结构。三是克服方法选择上的偏常现象。消除实际工作中存在的不遵规律的运动式做法,把不忘初心、牢记使命保质保量地体现出来;消除实际工作中存在的无视群众愿望的应急式做法,把不忘初心、牢记使命不折不扣落实在群众之中;消除实际工作中存在的强制命令的高压式做法,把不忘初心、牢记使命有条有理地体现在各项工作中。建立不忘初心、牢记使命的制度,是显社会之大善,建社会之大德,彰社会之良知。

从历史上看,靡靡之言乃亡国之兆,低俗之言乃伤国之具,邪恶之言乃毁国之语。初心和使命宣传中的粗鄙化现象,包括语言粗俗化、落实粗俗化等方面,使本来高雅的内涵变得平庸无奇,本来高尚的格调变得淡寡无味,降低了不忘初心、牢记使命的价值意蕴,减损了不忘初心、牢记使命的精神气象。初心和使命的表达中,"失语"的缺憾、"无语"的窘境、"乱语"的作态,很多时候与我们的叙事策略不当有关。好经没完全念好,好事没完全办好,不仅仅是因为一些人的素养问题,也有我们的制度不够健全的问题。消除此种弊端,一是用合理的话语形式宣传初心和牢记的要义。克服好为空言、不嫌词费的现象,克服专务夸饰、缺少真意的现象,克服虚逞谈锋、论题无涉的现象,选择雅俗共赏的话语、选择符合群众需要的话语、选择具有积极导向的话语;二是用科学的话语叙事表达不忘初心、牢记使命的真意,克服搬弄无聊话题、渲染庸俗事项的状态;三是创新不忘初心、牢记使命的话语叙事方式。"陈情"与"说理"结合,话语叙事与价值寄托结合,在思想内容上陶冶性情,在言语形式上匠心独具,充分体现不忘初心、牢记使命的价值逻辑、现实逻辑、运行逻辑。

不忘初心、牢记使命的制度建设中,存在着很多非制度化现象,不是遵照思想建设规律,不是遵照现实社会要求,而是从主观愿望出发、从应付心理出发、从随机拼凑形式出发,来选择和确定管理方式。一些思想工作者知之不深，理解不透，为了应付，让群众死记硬背某些内容，用表面热闹掩饰落实不足，这种表面化和过场化现象不合常态，是必须克服的。一些人在原则问题上思想游移、态度不坚，削弱了初心和使命的凝聚力，这种淡化和弱化不忘初心、牢记使命内涵的现象，不是常态化形式，是必须克服的。一些宣传者说问题远离本质，讲内容流于皮相，摆事实滞于浅表，就如"粤人咏雪，但言白冷"，严肃的话题被转化成无聊的笑谈，高雅的内容被转化成低俗的言辞，宏伟的目标被贬低为庸俗的取向，这种浅薄化和戏说化方式造成了不忘初心、牢记使命意义的散落，不符合常态化要求，是必须克服的。一些领导干部把初心使命教育看成纯粹的行政任务，通过层层加码追求数字效应；一些地方"传者"与"受者"需求不协调，内容与形式不协调，投入与产出不协调，这种格式化和模式化造成的僵硬现象，是必须克服的。一些部门刻意将不忘初心、牢记使命主题教育活动转化为"墙上的风景"和"办公室里的规章"，造成重表象轻内涵、重表象轻实质、内容和形式两张皮的现象，造成讲台与看台两面孔、表现与愿望两相违的结果，这种过度景观化和口号化造成的凝滞现象，也是必须克服的。不忘初心、牢记使命的制度建设，有一个"集成"与"总装"的问题，"集成"不能只"集"不"成"，否则就是大杂烩，"总装"不能只"总"不"装"，否则就是配件厂。我们提出"自主创新"和"综合创新"，如果具体到不忘初心、牢记使命的制度建设上，不能是创而不新的"换汤不换药"，不能是综而不合的"新瓶装旧酒"，不能是"掰开成四片，全不相关通"的支离状态。

3. 涵养阵地主体

"学"有所得、"思"有所悟、"行"有所依，是体现"学思践悟"的重要表现，是入脑、入心、入法的深度结合，是话语表达和理论宣传的深度结合，也是生活化、日常化的深度结合。在初心和使命的理论与实践关系上，要将理论之魂与实践之用建立在"形神相即""神质形用"的基础上，把初心活化在生活之中，把使命熔铸在实践之中。对初心和使命的学思践悟，就是学习中国特色社会主义的理论和现实问题，思考如何练好内功与外功，体悟如何将理论化为行动并身体力行，体悟中国特色社会主义理论与实践统一性，把"四个意识"贯穿到实际工作中，形成比、学、赶、超的递进发展局面。

不忘初心、牢记使命的制度构设，最基本的是言行一致、名实相符。古语说"行不美则名不得称"，务实是初心和使命的重要品质。要把初心和使命落到实处，从人民群众最关心的事情出发，恪守为民之责、善谋富民之策、多行利民之举。对个人，将正身、治身、洁身与修身结合起来，动以国家之典规，事念为民之忠笃；明"舟水之喻"，用初心养宗旨，明"鱼水之情"，用使命正行为。建立不忘初心、牢记使命的制度,对于共产党人来说,首先是正心旌德的事情,在社会中以正德临民,犹如树表望影,使广大群众知所趋鹜。要以蝼蚁之穴、溃堤千里的忧患之情约束自己的一举一动,勇挑重担,"临难毋苟免",洁身自好,"临财毋苟得";要以如临深渊、如履薄冰的谨慎之心对待自己的一言一行,将初心兑付在自己的言行中,将使命践行在为人民服务中,当其位、守其分、司其责;要以爱国之心、报国之愿对待国家的一草一木,除放浊以彰节信,戒望空以显勤恪,把初心与使命用居正的心态和力行的方式表达出来;要以公仆之志,赤子之行对待群众的一思一念。

规矩意识是建立不忘初心、牢记使命的基础,因为践行初心和使命不是一哄而上的事情,要有规章,要讲纪律。不忘初心、牢记使命的制度构设,首要的是把党的章程作为总规矩,这是确保政治方向的刚性约束。在初心和使命的宣传上必须遵守政治纪律,在党内不管是成文的规矩,还是不成文的规矩,都应该作为一种优良传统、一种良好范式和一种现实要求来遵守。建立不忘初心、牢记使命的制度,必须把维护中央权威、维护党的团结、维护党的纪律摆在最主要的位置,这是铁定不移的要求。不忘初心、牢记使命的制度构设,还要遵循国家的法律制度,精神文明建设的法制化、思想道德建设的法制化、社会主义核心价值观培育和践行法制化,都是思想与制度的互映。坚持和完善中国特色社会主义制度,推进国家治理体系和治理能力现代化,也包含着不忘初心、牢记使命的制度建设,包含国家思想文化治理体系和治理能力的现代化,是我们体现规矩意识的表现。建立不忘初心、牢记使命的制度,还必须尊重群众意愿和社会约定俗成、行之有效的好习惯,这是在生活中表达良思、体现良行的重要方式。

4. 优化阵地管理

把不忘初心、牢记使命与牢固树立群众观点结合起来。共产党人要将鱼水之情、血肉关系融入初心和使命的表达中,把人民群众作为表达初心和使命的动力基础,用群众的力量汇聚正能量,淘汰负能量。共产党人应该设身处地为群众着想,群众安危挂在心,群众冷暖装在心,群众愿望记在心。把群众路线内涵与不忘初心、牢记使命的根本要义结合起来,从"一切为了群众,一切依靠群众"理解为中国人民谋幸福、为中华民族谋富强的主体基础,从"从群众中来,到群众中去"理解为中国人民谋幸福、为中华民族谋复兴方法论基础。可以说,群众路线表达得好,就意味着不忘初心、牢记使命践行得好。群众路线这个生命线是靠初心和使命保障的,群众路线这个根本工作路线是靠初心和使命来体现的,群众路线这个传家宝是靠初心和使命完成接力和传承的。

　　不忘初心、牢记使命,重在实践而不是口头标语,重在落实而不是贴在墙上的文字,需要用实事求是的精神来贯彻,需要把科学原理与求是精神结合起来,需要把理论研究与现实需要结合起来。要把主流意识形态融入社会生活中,把初心与使命的高尚性、思想性、具体性与实践性结合起来,通过现代技术把思想贯穿生活的各个方面,消除"左手一只鸡,右手一只鸭"的隔离状态,形成自然地融入生活、自觉地接受生活考验、自信地表达生活内涵的思想宣传方式。初心和使命总是与时代密切结合,过时守旧的思想形式会因跟不上潮流而落后于形势,盲目超前的思想形式会因冒进而失去指导意义。我们讲量体裁衣,就是要因景而动;我们讲融合创新,就是要因时而变。任何一个民族要想站在时代的峰巅,没有科学的思想指导是不行的;任何一个国家要想走在世界的前列,没有正确的行为导向是不行的,初心和使命是推动党和国家的声音落地、焕发群众的力量的推进剂。即使是在对外交流中,一方面要看到别家的优长与不足,另一方面要看到自家的优势与不足,各执一端无益于相互沟通,也不是放弃原则无端妥协。要有我们的主阵地和主心骨,不能沉溺于"酒香不怕巷子深",更不能盲目自大。

　　初心和使命的表达也有一个守土尽责问题,建立不忘初心、牢记使命的制度,需要达到思想协调和行为协调。对于社会中的不同思想形态,要具体形态具体分析,实现协调有理、协调有据、协调有力,对于不同的思潮,要认清其思想实质、政治观点、唯心主义基础,认清其两面性及其思想根源,认清它和社会主义的历史勾连及现实区别,要认清它在西方思想中的特殊性以及在中国的不适应性。在初心和使命的表达中,用初心和使命激励精神,用一元引领多元,用主流规范支流,在实际工作中把握各种思潮的走向和态势,用马克思主义立场、方法辨识各种思潮的演绎方式。人心齐泰山移,人心不齐则分崩离析,社会发展中往往有"共患难易,共富贵难"的悖谬,也有"心念不一、不战自乱"的事例,也有"上下同欲、共赴国难"的事迹。思想不一,就难以编织共同的梦想;理想不坚,就难以构筑牢固的精神家园。"不忘初心、牢记使命"是固守理论家园和留住乡愁的最重要保障,是经常性的要求和社会协调工作。如果说学习初心和使命是认识思想和解释理论,那么践行初心和使命则是兑付初心和奉献社会的过程,是"学而信、学而用、学而行"的综合表达,需要运用时代精神和民族精神激发自信心和自觉性,这是经常性的协调事项。精神孕育自信,时代模铸风采,思想打造觉悟。初心和使命寄托着革命精神、创业精神、奉献精神等构成中华民族自强不息的文化符号,它的表达需要我们的主流意识形态来引领;初心和使命是中国社会精神气象的反映,它的弘扬也需要我们的责任意识作保障。

第二节　中国特色社会主义文化
哲学的主体考量

中国共产党百年历程中,"人民""群众""工人""农民"是最受关注的群体和语汇,群众路线是党的生命线,人民主体是党的工作着力点。从建党之初,中国共产党就秉持马克思主义群众观并且不遗余力地践行之。在革命中,群众是真正的铜墙铁壁;在建设中,群众是真正的中坚力量;在改革中,群众是真正的创新主体。"牢记初心使命,坚定理想信念,践行党的宗旨,永远保持同人民群众的血肉联系,始终同人民想在一起、干在一起,风雨同舟、同甘共苦。"①这是中国共产党100多年历程的写照,国家富强和人民幸福总是与群众路线的实践状况联系在一起。

一、中国特色社会主义文化哲学中对
群众立场及人民主体的定位

马克思主义唯物史观和群众观是中国共产党100多年历程中坚守的根本原则,唯物史观确立了群众路线的哲学基础,人民群众以自己的创造性实践证明了马克思主义历史观的正确性。坚持唯物史观和反对唯心史观,坚持群众史观和反对英雄史观,在中国共产党的群众路线的实践中得到鲜明的体现和全面贯彻。

1.人民群众是历史的创造者以及中国共产党的有关诠释

五百年来谁著史? 按照马克思主义观点,"历史是人的真正的自然史"②。一切有记载的历史成就,都是以人民群众为主体取得的。宗教神学观念中的上帝被设想得具有无边的法力,但对历史的推动却无济于事,因为虚幻的精神体现不了群众的意愿,最终还会将民众引向镜花水月般的幻景。唯心主义对社会发展做出另一种虚幻的解释,这个"不结果实的花朵"经常以绝对观念的形式表现出来,"人类的历史变成了抽象精神的历史,因而也就变成了同现实的人相脱离的人类彼岸精神的历史"③,其基本特征是用观念史代替人类史,用心灵史代替群众史,在思维方式上是"用头立地"或"用脚思考"的形式,结果也是颠倒是非的。"只要他一转到社会和历史方面,

---

①　习近平:《在庆祝中国共产党成立100周年大会上的讲话》,人民出版社2021年版,第22页。
②　《马克思恩格斯全集》第3卷,人民出版社2002年版,第326页。
③　《马克思恩格斯文集》第1卷,人民出版社2009年版,第292页。

以道德形式出现的旧形而上学就占支配地位,于是他就像骑在一匹真正的瞎马上,由这匹瞎马驮着无望地兜圈子。"①群众力量发挥的程度、资源的利用程度、对环境的适应程度,都影响着人民群众的历史作用。人民群众的作用是一个长过程,不以一时成败论全部历史,不以个人成败论社会得失。中国共产党对唯物史观的守持是一贯的,在百年历程中实现了群众观的思想和实践的大飞跃。毛泽东认为唯物史观是"吾党哲学的根据",是党的思想理论的基础和出发点,他认为"人民,只有人民,才是创造历史的动力",人民群众是变革社会第一位的力量,他在《湘江评论》上说"民众联合力量最强"。在土地革命时期,毛泽东指出:农民是成就革命大业的"元勋",是动摇封建社会根基的主力;在抗日战争中,他把群众比喻为真正的"铜墙铁壁";在解放战争中,科学地归纳和总结了"群众路线"工作方法的内涵实质。这些观点是对马克思主义群众观中国化的最初形式,是唯物史观应用在中国大地上的最早的一批成果。"马克思主义向来认为,归根结底地说来,历史是人民群众创造的。"②在社会主义建设时期,毛泽东提出依靠群众开展人民战争以及建设社会主义现代化国家的任务。邓小平的群众路线以党的拨乱反正工作和推进改革开放为重点,实现了群众路线中的角色转换,以广大群众作为中国"第二次革命"的主体,把毛泽东的实事求是观、群众观推向新的境界。江泽民、胡锦涛都是群众路线思想与实践的重要接力者,在依靠群众进行接力长跑的过程中,把为人民群众谋利益、依靠人民群众建设国家的群众观点推向新高潮。习近平在坚持马克思主义唯物史观的基础上,赋予马克思主义群众观以新的时代内涵,认为"人民是我们党执政党最大底气,是我们共和国的坚实根基,是我们强党兴国的根本所在"。③ 中国共产党在100多年历程中,形成了群众观阐释上的时代特色和实践特色,把群众主体观、群众利益观、群众动力观、群众实践观、群众价值观等有机地体现在中国特色社会主义实践中。马克思主义唯物史观在中国的土壤中生根发芽后,蕴生出的群众路线、群众观点在中国革命和建设中产生了巨大精神力量和实践动力,中国共产党之所以能够冲破各种艰难险阻,靠的就是群众的支持和群众的力量。

  2. 英雄史观的局限性及其在中国社会发展中的思维矫正
  马克思恩格斯承认历史人物的作用但不赞成英雄史观,尽管英雄人物

---

① 《马克思恩格斯文集》第 10 卷,人民出版社 2009 年版,第 418 页。
② 《邓小平文选》第一卷,人民出版社 1994 年版,第 217 页。
③ 《习近平谈治国理政》第三卷,外文出版社 2020 年版,第 137 页。

有时在社会进程中可以起到举足轻重的作用。历史上,有神学式的英雄史观,有虚构式的英雄史观,有夸张式的英雄史观,它们给天才人物附着上神话色彩,把历史人物说成社会救世主,将风云人物描述成无所不能,这是英雄史观的共性特征。尼采的上帝观、鲍威尔的权威观、黑格尔的绝对精神观,都设想了能够用无形之手操纵社会运行的英雄,在他们那里,群众是惰性的、盲目的、被动的可供英雄使用的"材料"和"试验品",是一堆毫无意义的"零"或实数后面的一串"零",这个实数就是天才人物或英雄,没有这些实数的作用,群众就成了"多余的废品"和"瓦砾场"。对此,马克思恩格斯做出严正批驳:"如果要去探究那些隐藏在——自觉地或不自觉地,而且往往是不自觉地——历史人物的动机背后并且构成历史的真正的最后动力的动力,那么问题涉及的,与其说是个别人物,即使是非常杰出的人物的动机,不如说是使广大群众、使整个整个的民族,并且在每一民族中间又是使整个整个阶级行动起来的动机;而且也不是短暂的爆发和转瞬即逝的火光,而是持久的、引起重大历史变迁的行动。"①社会发展的决定力量是人民群众而不是个别英雄人物,人民群众这个庞大的力量群体不仅是社会存在的基础,也是社会运行的重要动力,英雄人物在一定时期尽管可以表现出极大的影响力,但在历史的过程中也不过是沧海一粟,在人类社会的发展中不过是一段历史而已。"具有优秀精神品质的是少数人,而决定历史结局的却是广大群众"②。人民群众是大海,杰出人物是沧海一粟。历史的活剧是由人民群众编导和演出的,历史的悲喜剧中,群众是主要的角色。在中国共产党的百年历程中,人民群众一直是革命、建设和改革的"剧中人",他们在革命中的不怕牺牲精神、在建设时期的艰苦创业精神、在改革中的创新进取精神,是永不褪色的精神财富;人民群众作为历史的"剧作者",绘制了一幅幅丰富的剧幕、编写出一个个丰富的历史故事,用自己的智慧谱写了中华民族最壮丽的诗篇。历史上的很多戏剧把王侯将相说成无所不能的救世主,把人民群众说成草芥盲流,王侯将相是主宰,贫民百姓是跑龙套的,这完全颠倒了主次关系。因为"历史的活动和思想就是'群众'的思想和活动"③,群众是历史发展中永恒不变的主角,历史的长卷由群众书写,广大群众书写的剧本来表演,就少了内容,撇开社会舞台来表演,就少了展示空间。在中国革命、建设和改革的过程中,人民群众的作用是在自主精神的呵护下、在党的

---

① 《马克思恩格斯文集》第4卷,人民出版社2009年版,第304页。
② 《列宁专题文集　论社会主义》,人民出版社2009年版,第333页。
③ 《马克思恩格斯文集》第1卷,人民出版社2009年版,第286页。

方针的引领下体现出来的,中国共产党"来自于人民,为人民而生,因人民而兴",党的伟大与人民的伟大是一致的,党的百年伟业是与广大群众共同打造的,习近平总书记指出:中国人民是具有伟大创造精神的人民,是具有伟大奋斗精神的人民,是具有伟大团结精神的人民,是具有伟大梦想精神的人民,"人民是历史的创造者,人民是真正的英雄。波澜壮阔的中华民族发展史是中国人民书写的! 博大精深的中华文明是中国人民创造的! 历久弥新的中华民族精神是中国人民培育的! 中华民族迎来了从站起来、富起来到强起来的伟大飞跃是中国人民奋斗出来的!"①

　　3. 群众的"位能"和"动能"及其软实力蕴蓄

　　人民群众是一个能量体系和力量体系,恩格斯在谈及俄国革命时说:"只要火药一点着,只要力量一释放出来,只要人民的能量由位能变为动能(仍然是普列汉诺夫爱用的、而且用得很妙的比喻),那么,点燃导火线的人们就会被炸得粉身碎骨,因为这种爆炸力将比他们强一千倍,它将以经济力和经济阻力为转移尽可能给自己寻找出路。"②人民群众的力量是有大小和方向组成的矢量,群众的"动能"和"位能"的激发,是需要实践准备和物质基础的。恩格斯的历史合力论认为,在推动社会发展的力的平行四边形中,每个人的作用都不等于零,由人民群众构成的巨大合力在自然情况下可能是无序的,一旦置于强大的思想磁场中,就会被整合成有序的力量,这个力量的强弱取决于思想整合能力的强弱。实践表明,人民群众的力量与其理论素养是一个问题的两个方面,"思想要得到实现,就要有使用实践力量的人。"③这是群众力量表达的理论前提。如果没有理论武装,群众的头脑就像一张白纸,"只有当群众知道一切,能判断一切,并自觉地从事一切的时候,国家才有力量"④;如果配上理论色彩,就可以画最新最美的图画,理论的力量取决于群众掌握理论的程度。理论不是万能的,政党不是万能的,"无产阶级的百万大军才是万能的"。群众力量又是取得胜利的保证,并且这个保证是在实践中体现出来的,"只有相信人民的人,只有投入生气勃勃的人民创造力泉源中去的人,才能获得胜利并保持政权。"⑤百年以来,坚持人民主体地位始终是我们党立于不败之地的强大根基;百年以来,人民群众始终是中国新民主主义革命史和社会主义建设史的书写者。革命时期,

　　①　《习近平谈治国理政》第三卷,外文出版社 2020 年版,第 139 页。
　　②　《马克思恩格斯文集》第 10 卷,人民出版社 2009 年版,第 533 页。
　　③　《马克思恩格斯文集》第 1 卷,人民出版社 2009 年版,第 320 页。
　　④　《列宁全集》第 33 卷,人民出版社 1985 年版,第 16 页。
　　⑤　《列宁全集》第 33 卷,人民出版社 1985 年版,第 57 页。

"工人阶级必须依靠本阶级的群众力量和全体劳动人民的群众力量,才能实现自己的历史使命——解放自己,同时解放全体劳动人民"①;建设时期,"人民是决定我们命运的根本力量"②。在百年的总体历程中,"党的群众路线、不可分离的党群关系和干群关系,这是我们国家最为重要的软实力。"③这个软实力就在群众的思想与实践中,群众路线是软实力的寄托,群众实践是硬实力的表达。这是一个系统过程,群众的参与作用与和党的引领作用是一个整体,共产党人"既以完全科学的冷静态度去分析客观形势和演进的客观进程,又非常坚决地承认群众(当然,还有善于摸索到并建立起同某些阶级的联系的个人、团体、组织、政党)的革命毅力、革命创造性、革命首创精神的意义"④。群众路线的软实力特征表明,物质资料的生产要依靠人民群众的力量,精神产品的创造也要依靠人民群众的力量。

二、中国特色社会主义文化哲学对群众
路线作用机理及表达机制的理解

100多年历程中的中国共产党群众路线的形成和实践,是一个不断推陈出新的过程,原则性与创新性结合是最基本的特征,具体表现是:一是充分体现"从群众中来"的现实路径,探索依靠群众开展工作的机制;二是充分体现"到群众中去"的现实要求,探索服务群众意愿的工作机制;三是充分体现群众路线的运行机理,探索循环往复和螺旋式上升的机制;四是充分体现群众路线的实现方式,探索思想和实践相统一的机制。这些方面是机制与机理的探索,与中国共产党的执政规律、社会主义建设规律也是一体的,探索的路径很艰辛,成就很巨大,以后的路还会更长。

第一,群众路线包含着软实力的培育和实现机制,是群众力量的凝结和积淀。社会主义文化强国以及国家的文化软实力与群众路线的软实力相互映照,形成了既体现数量又体现品质的质量强国的意识。就文化方面,群众路线对马克思主义文化思想的发展和推动力在于,以不同于资本主义时代的文化元素和文化实践丰富了马克思主义文化思想的内容,以群众为主体推动了马克思主义文化思想的内涵和意义;群众路线实践中对中华传统文化的双创也丰富了中国共产党政党文化理念,共产主义理想、社会主义核心

---

① 《中共中央文件选集(一九四九年十月～一九六六年五月)》第24册,人民出版社2013年版,第133页。
② 《十八大以来重要文献选编》(上),中央文献出版社2014年版,第697页。
③ 严书翰:《群众路线是最为重要的软实力》,《北京日报》2013年6月17日。
④ 《列宁专题文集　论马克思主义》,人民出版社2009年版,第140页。

价值观、社会主义精神文明建设的群众性内容益发凸显。马克思恩格斯曾说:"哲学把无产阶级当做自己的物质武器,同样,无产阶级也把哲学当做自己的精神武器;思想的闪电一旦彻底击中这块素朴的人民园地,德国人就会解放成为人。"①群众路线也是思想的闪电,当它照在新时代中国特色社会主义的土壤时,当它撒播广大群众的心田时,就产生了极大的能量,使广大群众意识到了自身的力量,使中国社会生活都打上人民群众的实践印记。在这个过程中的文化成果又成为广大群众新思想的起点。马克思在描述工业革命时代的文化成就时说:"工业的历史和工业的已经生成的对象性的存在,是一本打开了的关于人的本质力量的书,是感性地摆在我们面前的人的心理学。"②在一般意义上,这部"关于人的本质力量的书"和"摆在我们面前的人的心理学"是人的力量的外显,工业文明的成果是外在的,它的影响却是深刻的和内在的,在自然社会中的烙印与在心理空间的烙印是不完全协调的。在资本主义社会中,社会的畸形发展及其对群众的负面影响,使资本主义工业文明黯然失色,广大群众并没有过上像资产阶级政府许诺的理想生活。在新时代中国特色社会主义建设中,这部"关于人的本质力量的书"和"摆在我们面前的人的心理学"不仅有了政治方向上的特色,也充分体现了社会主义制度的特征,人民群众不仅享受了自己的创造带来的美好生活,也看到了更美好的前景,一代又一代群众实践接力的方式既生动又灵活,人民群众的"历史创造者"地位充分地显现出来。离开中国革命和建设的土壤,群众路线就失去了根基,"随着人们历史创造活动的扩大和深入,作为自觉的历史活动家的人民群众在数量上也必定增多起来。"③在这个过程中,群众路线的实践质量极大提高,群众观点表达的自觉性极大提高。

　　第二,群众路线包含着社会主体思想的表达机制,有利于中国共产党长期保持良好的党风和政风。在净化党员意识方面,群众路线要求在思想上高度纯洁,这是关乎国运、染乎世情的事情,共产党如果脱离群众,就谈不上全心全意为人民。党风政风与此关涉极大,清正廉洁和遵纪守法也与此牵连极多。群众路线的动力机制在于,用思想纯洁激励广大党员经常保持对群众的崇敬之心。其中的动力体现在强化共产党人的理想信念、强化人民至上的服务理念以及强化为民奉献的责任观念上。事实表明,群众路线就

① 《马克思恩格斯文集》第1卷,人民出版社2009年版,第17页。
② 《马克思恩格斯文集》第1卷,人民出版社2009年版,第192页。
③ 《列宁选集》第1卷,人民出版社1995年版,第127页。

是一面镜子,能照出共产党人身上的问题;群众意见是最好的医生,能医治共产党人存在的疾病;群众路线是一杆秤,能称出共产党人的斤两。群众路线的动力机制在于,以远大理想激发共产党人的学习热情,向群众学习,向书本学习,向经典学习,这是强基固本、练好内功的基础性工作。群众路线和群众观点的实践活动中,存在着官僚主义和形式主义影响,官僚主义者高高在上,把自己打扮成官老爷,到处用官样面孔对群众指手画脚,听不进群众意见;形式主义采取走过场、表面化的方式,不深入群众。纠正这些不良现象,首先通过学习提升思想觉悟,通过学习鉴古知今、明兴废变迁之理,通过学习开阔眼界、辨荣辱崇明之别,通过学习提升觉悟、真正理解"权为民所用、情为民所系、利为民所谋"。群众路线的动力机制在于,警示共产党人谨言慎行,养成服务群众的底气、甘为公仆的心气、勇挑重担的豪气,经得住诱惑、耐得住寂寞、守得住品节,要经常反省自己、检查自己、警示自己。

第三,群众路线内在地规定着社会发展的协调机制,是实现理论和实践的协调、思想和现实的协调、社会生活中各种关系的协调的重要方式。尽管在中国社会主义建设中有不同的策略和目标,但人民的主体地位和人民利益至上原则都是首先要考虑的事情。思想和现实的协调机制在各个时期都是最主要的问题,我们党有完善的思想体系和理论体系,是我们做好各项工作的指南,但是这个思想和体系能否管用、能否用得好,还要看它与实践的结合情况,如果与实践不能有效地结合在一起,那就无法体现应有的指导意义了。"理论在一个国家实现的程度,总是取决于理论满足这个国家的需要的程度。"[1]群众路线和群众观点是我们党的理论精要之一,它的作用是在实践中体现的,群众路线和群众观点提出了工作要求,群众实践实现这种要求,这个过程不是纯粹的思维运动,也不是一时的思想冲动。但是,"在政治上利用一切社会领域来为自己的领域服务,光凭革命精力和精神上的自信是不够的。"[2]这需要一个机制经常性地保证群众路线的有效贯彻和群众观点的合理表达,不仅群众路线和群众观点贴近现实,关键的一点是形成良性的互动机制。"群众生产,群众利益,群众经验,群众情绪,这些都是领导干部们应时刻注意的。"[3]这需要一个合理的社会关系协调机制,最主要的是协调全面深化改革与提高坚持群众路线效能的关系,把"从群众中来"作为切入点,解决好"如何改革"的问题,把"到群众中去"作为改革的落脚

---

① 《马克思恩格斯文集》第1卷,人民出版社2009年版,第12页。
② 《马克思恩格斯文集》第1卷,人民出版社2009年版,第14—15页。
③ 《毛泽东著作专题摘编》(上),中央文献出版社2003年版,第273页。

点,解决好"为谁改革"的问题。群众路线与国家命运息息相关,践行群众路线是一篇大文章,要有大手笔、大气势、大格局,这里的关键是如何体现以人民为中心的理念。

第四,群众路线包含着社会发展的动力机制,是社会发展合力中的重要力量。按照马克思主义历史观,人类社会发展的动力有不同的形式,社会基本矛盾是最经常性的力量,是人类社会深层的内在的力量,任何社会都难以脱离这一矛盾的影响;阶级斗争是阶级社会中的经常性力量,它有时激烈有时缓和,总是对社会起到推动或阻碍作用,尤其是在资本主义社会中,阶级斗争是无产阶级推翻资产阶级的重要形式;科学技术是社会发展中另一种形式的生产力,在社会发展中是具有最高意义的革命力量,不仅推动了社会的发展,也是提升社会知识水平的决定性力量;革命或改革是社会发展中形成性的力量,可以在社会的不同层面起到变革社会的作用。上述几个方面作用因素都离不开人民群众直接或间接的参与作用,没有人民群众的作用,科学技术的产生和作用也没有了依托,阶级斗争也就缺少了主体。因此,群众路线包含着社会发展的动力机制,是社会动力中具有基础地位的力量。

三、中国共产党百年历程中群众路线实践的经验

"从中国共产党的百年奋斗中看清楚过去我们为什么能够成功、弄明白未来我们怎样才能继续成功,从而在新的征程上更加坚定、更加自觉地牢记初心使命、开创美好未来。"[1]100 多年历程中群众路线实践也是这样,"依靠人民创造历史伟业"是最具生命力的思想和实践,依靠群众路线解决理论和实践问题是最靠得住的办法,依靠共产党人的坚韧毅力实现初心使命是最有效的方式之一。

1. 人民是我们党执政的最大底气

中国共产党因人民而兴,源于人民,根子在人民之中,血脉在人民之中,力量也在人民之中;中国共产党因人民而起,依靠人民、服务人民、回报人民,底气也在人民之中。习近平总书记讲的"三个不能"就是根据这一现实总结出来的:"在任何时候任何情况下,与人们同呼吸共命运的立场不能变,全心全意为人民服务的宗旨不能忘,群众是真正英雄的历史唯物主义观点不能丢"[2]。在面对多重考验时,我们依靠群众和群众路线来解决的,在面对各种困难时,我们也是依靠群众和群众路线来解决的,在关系国家生死

---

① 习近平:《在庆祝中国共产党成立 100 周年大会上的讲话》,人民出版社 2021 年版,第 10 页。
② 《习近平谈治国理政》第三卷,外文出版社 2020 年版,第 367 页。

存亡的大问题时,我们更是依靠群众和群众路线来解决的。"始终把人民放在心中最高位置",是我们在群众路线上的一个重要经验。民心向背决定事业的成败,得民心就会如鱼得水,失民心就会如履薄冰,民心不可欺,民意不可违。纵观历史上政权兴替,那些得民心者总能在激烈的竞争中占据优势,那些失民心者总是在社会潮流中被淘汰。中国共产党从石库门、嘉兴走到延安,从西柏坡走到北京,是以"赶考"心态向前走的,能不能交上一份满意的"答卷",或者说这个答卷是否合格,是需要人民评判的。中国共产党百年历程中,没有辜负群众的殷切期待,没有辜负马克思主义唯物史观,没有辜负人民选择的社会主义道路。"为什么历史和人民选择了中国共产党",是因为我们党是最尊重历史的,是真心实意为他们解决问题的。"'半天被子'的故事让人民群众认识了共产党","延安作风"让群众理解了共产党,党群关系是在革命和建设中凝成的,群众路线是在实践和创新中发展的。"人民是我们党执政的最大底气",是因为人民之中有无限的力量和正气,以人民为主体的民族精神力量、理想信念力量、改革精神力量、爱国主义力量等,都是极大的力量蕴蓄和能量贮存,共产党人的力量由此而生,共产党人的底气由此而存。我们坚持以人民为中心推进群众路线实践,取得了巨大成就和经验,但这不是一劳永逸的事情。坚持群众路线永远在路上,"过去先进不等于现在先进,现在先进不等于永远先进;过去拥有不等于现在拥有,现在拥有不等于永远拥有"①,这是群众路线和群众观点实践的辩证法。中国共产党从成立时的 50 多名党员,经历了无数次磨炼和摔打之后,到今天已经成为拥有 9800 多万名党员、领导着 14 亿多人口大国、具有重大全球影响力的世界第一大执政党,并且领导全国人民取得了令人刮目的业绩,极大地提升了国际地位,靠的是民心和底气;100 多年前,中华民族呈现在世界面前的是一派衰败凋零的景象,而今,中华民族向世界展现的是一派欣欣向荣的气象,靠的是民心和底气;中国共产党向人民、向历史交出优异的答卷,并且团结带领中国人民又踏上了实现第二个百年奋斗目标新的赶考之路,靠的也是民心和底气。"百年恰是风华正茂",民心就是底气之源,中国共产党以自己的卓越成就在为人民谋幸福、为国家谋富强的道路上做出的丰功伟绩,也将在下一个百年中,"牢记初心使命,坚定理想信念,践行党的宗旨,永远保持同人民群众的血肉联系,始终同人民想在一起、干在一起,风雨同舟、同甘共苦,继续为实现人民对美好生活的向往不懈努力,

---

①　《习近平谈治国理政》第三卷,外文出版社 2020 年版,第 367 页。

努力为党和人民争取更大光荣!"①

2."群众路线是党的生命线和根本工作路线"

这一经验中包括两个方面,一是"党的生命线",二是党的"根本工作路线","生命线"决定"工作路线","工作路线"体现"生命线"。这个"生命线"的决定因素就是人民群众,这是被中国革命、建设和改革证明了的真理;"这个'根本工作路线'"就是体现一切为了群众。有了群众的支持,中国共产党就有了真正的铜墙铁壁;有了群众的信赖,中国共产党就有了载舟之水。从群众路线的实践看,历史进程既是人民群众的物质生产活动世代接力的过程,又是丰富多彩的精神生产过程。群众路线的百年实践表明,"只要我们党始终坚持人民利益高于一切,仅仅依靠人民,就能永远立于不败之地。"②在群众路线实践中,"解决好人民群众最关心最直接最现实的利益问题"③,是中国共产党百年历程中的又一经验体会。为人民的根本利益而斗争,是中国共产党长期的不懈的努力目标,正是在群众的实践和创造中,中国取得了新民主主义革命的胜利;正是在群众的实践和创造中,中国迈向了改革开放的新时代。

3. 共产党人的模范带头作用是有效实践群众路线的保证

"历史和现实都告诉我们,密切联系群众是党的宗旨和性质的体现,是中国共产党区别于其他政党的显著标志,也是党发展壮大的重要原因;能否保持党同人民群众的血肉联系,决定着党的事业的成败。"④打铁还要自身硬,要有效地贯彻群众路线,就要先练好内功。"自身硬"首先是思想过硬,这是最根本的"内功"。如果没有马克思主义这一看家本领,如果不掌握辩证唯物主义方法论,就会失去灵魂和政治方向,就会像"盲人骑瞎马"。摸不着头脑,摸不清路数,找不到核心,找不到重点,就会"眉毛胡子一把抓"。习近平总书记要求党员干部经常照照镜子、洗洗澡、正正衣冠、治治病,"照镜子"是为了检点自身的不足,"正衣冠"是为了端正自身的形象,"洗洗澡"是为了保持自身的清洁,"治治病"是为了达到自身的健康。共产党人要在这些方面作为修身、修心、修志的入门功夫。"自身硬"还在于作风过硬,这是修炼内功的重要保障。在当下,"四风"问题是消解群众路线的负能量,是消磨党员意志的致幻剂。共产党人一旦染上此风,就会涣散为民之心,瓦解为民之志,忘记为民之事,用形式主义应付群众,用官僚主义漠视群众,用

① 习近平:《在庆祝中国共产党成立100周年大会上的讲话》,人民出版社2021年版,第22页。

② 习近平:《论中国共产党历史》,中央文献出版社2021年版,第20页。

③ 《习近平谈治国理政》第二卷,外文出版社2017年版,第364页。

④ 《习近平谈治国理政》第一卷,外文出版社2018年版,第367页。

享乐主义代替艰苦奋斗,用奢靡之风代替朴素生活。共产党人一旦染上此风,就把群众路线吹得无影无踪,群众观点也随风飘逝。因此,共产党人的作风是关系人民事业的大事情。"自身硬"还在于工作能力过硬,练就一身本领是共产党人必修的功夫。群众路线实践不能光说不练,光有"嘴功"是不行的,共产党人的内容的重要方面就是实践能力。如果存在本领恐慌,就无法应对"黑云压城城欲摧"的局面,更不用说保持"我自岿然不动"的定力了。共产党人要时刻保持自警意识,经常保持赶考心态和补短板心态,要清楚在时代的大潮中如何才能在淘洗中愈见光彩,要清楚在岁月的磨砺中如何才能愈发有为,要清楚在人民群众的口碑中如何获得更多认同。时代不断地提出新问题,形势不断地提出新要求,习近平总书记在庆祝中国共产党建党一百周年大会上提出九个方面的"以史为鉴、开创未来"要求,都离不开人民群众的支持和参与。"初心易得,始终难守。"共产党人在实践群众路线中的模范带头作用,需要作为一项常态化机制持久地深入贯彻。

第七章　新时代中国特色社会主义文化的依循形式

"中国特色社会主义文化发展道路,揭示了我国文化发展规律,是推动社会主义文化繁荣兴盛的唯一正确道路。"①"我国文化发展规律"是何样态、有何禀赋、如何表达、如何体现,既是中国特色社会主义文化中的重大理论问题,也是实践中的现实问题。中国特色社会主义文化发展包含着一般规律及特殊表现,具有明显的层次性和递进性,体现在方法层面、实践层面、经验层面、哲学层面等方面,是与人们的认识维度和实践深度密切联系的。

第一节　思想递进规律:中国特色社会主义文化的理论层面

任何一种文化的发展都有自己的特定规律,这种由内外环境影响的运行方式,在中国特色社会主义文化发展中具有特殊的表现形式,其时代特色、地域特色和群众特色体现了求真和求变、求实和求是、求新和求强的良好结合。中国特色社会主义文化发展规律在当代中国的现实土壤中展开和运行,其表现形式、运行方式都带有现实社会的标记,是经验规律基础上的哲理蕴蓄、客观规律基础上的主体自觉、实践规律基础上的方法选择。人类历史在遵循一般规律基础上走着特殊的路,文化也是如此,它直接地或曲折地反映着人类社会思想和实践的进程。

一、中国特色社会主义文化发展规律的理论归纳及形态

中国特色社会主义文化建设的基本思路是"走自己的路",理性表达、制度规约、机制保障是新时代文化建设思考的重点,科学原理、科学方法是新时代文化建设的要点。坚持方向与尊重创造结合,统揽全局与把握态势结合,尊重差异与兼取众长结合,分类指导与全面协调结合,为我所用与体现特色结合,是基本的遵循。

---

① 《习近平新时代中国特色社会主义思想学习纲要》,学习出版社、人民出版社2019年版,第138页。

1. 体现物质文化发展的一般形式与特殊表现的生活律

追踪潮流是文化发展的一条铁律。物质文明及其成果是人类社会首要的关注对象,所谓"食色性也""饮食男女"等表述,是把物质作为人的存在和发展的最基础的追求,恩格斯提出的两种生产理论也把物质生产摆在重要位置,体现了人们对世界认知上的共性特征。与物质相联系的最早的文化形式大体是游牧文化、商业文化和农耕文化,前二者都因物质不足而向外流动,后者则是相对固定的形态。通常情况下,农耕文化被固定了一个地方,不事外求,无心外扩,因而是封闭的和静态的,显示出"天人相应""物我一体""安分守己""曰顺曰和"的平静心态,其发展形态是相对缓进和平稳的。农耕文化与固定的土地相联系,生于斯、长于斯、老于斯,不求空间之扩张,但求生活之稳定,不求人生之无限,唯望代际之绵延。这一思维影响着农业文化的动进方式和发展规律。游牧文化与自然的变易有更密切的关系,逐水草而居的生活方式使得文化也是流动的,水草丰盈的地带常常成为争夺的对象,使得自身的文化具有极大的空间扩展力量和向外延伸的力量。商业文化和游牧文化有独特的"财富观"及获得方式,对文化影响很大。按照钱穆的观点,上述文化的发展都是由于"刺激"而表现出来的,这种"刺激"有多重形式。"向前动进的文化,必以向前动进为刺激。战胜克服的文化,必以战胜克服为刺激。富强的文化,必以富强为刺激。然动进复动进,克服复克服,富强益富强,刺激益刺激,而又以一种等比级数的加速为进行,如是则易达一极限。动进之极限,则为此种文化发展之顶点。"①这是文化发展的一般规律。他对中国农业文化发展表现出忧思和信心,认为:"今日则新的商业文化继起,其特征乃为有新科学新工业之装备,因此中国虽以大型农国封之,不免相形见绌。于是安足者陷于不安足,而文化生机有岌岌不可终日之势。然此非农耕文化不足与商业文化相抗衡。苟使今日之农业国家,而亦与新科学新工业相配合,而又为一大型农国,则仍可保持其安足之感。而领导当前之世界和平者,亦必此等国家是赖。"②中华文化生长的巨大空间使之有更多的回旋,既能保持勤奋朴素的美德,又能经常保有尚新之气概,这不仅是中华文化向前发展的一种潜能,也经常以规律性内容体现出来。若把眼光再放远一些,可以看出中华文化与欧洲文化各有自己的发展规律。欧洲文化从希腊开始,然后到罗马,北方蛮夷入侵后辗转变更,他们合唱一台戏,戏本不变,角色在变,其文化发展就像接力跑,文化的旗子不断

---

① 钱穆:《中国文化史导论》(修订版),商务印书馆1994年版,"弁言"第4页。
② 钱穆:《中国文化史导论》(修订版),商务印书馆1994年版,"弁言"第5页。

地传接下来,后来又到了拉丁、条顿人手中,造成多中心的文化发展态势。而他们这面旗子一开始也不是自己的,是从埃及人手里接过来的。中国的文化发展中,演员不变,剧本不变,场景也不变,就像一个人在跑马拉松。因此,与欧洲文化的多样化多中心状态相比,中华文化是趋向于一体的和完整的,理想和思维是按照一致的要求串接起来的,一统的观念孕育出一统的思想。

　　回到中国特色社会主义文化上,我们可以做出以下判断:其一,当代中国文化发展体现了普遍性的物质创造,这个一般性表现为:推动中华民族伟大复兴是中华民族长期的不懈的奋斗,世世代代勤劳的中国人一致致力于中华民族站起来、富起来、强起来。在中国共产党领导下以马克思主义文化思想为指导得出的结论,直接体现实践和规律的内容,包含规律和价值双重特征的内容,显示人的发展规律方面的内容,都是自然规律和社会规律的综合反映。中国特色社会主义文化建设对物质生产的文化意义是作为人的现实存在和未来社会发展的依托来理解的。其二,当代中国的物质文化在从计划经济到社会主义市场经济的过程中其创造路径是开创性的,中国特色社会主义的物质文化建设具有明确的创新特征,它因特殊时代、特殊环境而具有其特殊的优势,包括集中力量进行重大物质文化创造的优势、确保物质文化创造的政治方向的优势以及中国特色社会主义文化创造的主体优势。其三,当代中国的物质文化建设是物质硬实力与文化软实力协调发展的过程。"人类社会与动物界的最大的区别就是人是有精神需求的,人民对精神文化生活的需求时时刻刻都存在。"①物质保障是社会的稳定器,文化发展是社会的内蕴力,精神所蕴含的价值内容和物质所包含的生活意向,构成物质硬实力和文化软实力相互辉映的方面。

　　2.体现精神文化发展的一般形式与特殊表现的涵养律

　　任何一种文化都是精神的文化,任何一种文化都有其精神基础,都是人类征服各种自然力量的创造性活动的产物。精神文化是最能体现文化意蕴的方面,其构成因素、创造方式、表现形式都遵循人类文化的一般规律,在模铸自然、涵养精神方面都表现出相似的规律,但在新时代中国特色社会主义文化建设中又有其特殊形态。它与当下主流意识形态建设是一致的,新时代中国特色社会主义思想、中国共产党的文艺观,都是体现先进文化方向的内容,其意义在于坚守马克思主义意识形态阵地,体现了"两个巩固"、"革

---

① 中共中央文献研究室:《习近平关于社会主义文化建设论述摘编》,中央文献出版社2017年版,第8页。

命理想高于天"、增强文化自觉和文化自信等方面的要求。它与社会主义核心价值观建设是一致的,它在社会发展中的规律性表现是实现经济与文化有机结合,使人们有能力对文化行为做出合理选择,在中国特色社会主义文化发展的内涵和外延、内容和形式、目标和方向等方面实现科学的结合。我们的文化发展总是与民族精神、时代精神、改革开放精神密切联系,"只有站在时代前沿,引领风气之先,精神文明建设才能发挥更大威力。"①时代精神、革命精神、民族精神、改革开放精神、艰苦创业精神等,被熔铸在中国特色社会主义之中,而与精神涵养相联系的文化自信、理论自信、道路自信、制度自信,都要求把人民的意志放在比经济效益更高的地位上。

3. 体现制度文化发展的一般形式与特殊表现的规范律

文化发展所遵循的规范主要是通过文化制度表现出来的,如果说价值约束是中国特色社会主义文化发展的"软规定",那么制度约束就是中国特色社会主义文化建设的"硬规定"。因为制度文化不仅在一般形态上对文化发展做出规定,也在特定内容上对中国特色社会主义文化发展做出规定。党的十九届四中全会提出的"坚持马克思主义在意识形态领域指导地位的根本制度""坚持以社会主义核心价值观引领文化建设制度""健全文化权益保障制度""完善坚持正确导向的舆论引导工作制度""建立健全把社会效益放在首位、社会效益和经济效益相统一的文化创作生产体制机制",都是新时代文化发展的制度体系和实践要求的具体表现。在制度化贯彻方面体现的文化发展规律,是具体的表现形式,包括理想信念教育常态化制度化,齐抓共管和诚信建设长效机制、文化创作与文化生产的传播机制、群众性文化活动机制、新兴文化业态发展机制,这些方面,既有利于把社会的道德观、价值观、伦理观规范化,也有利于把价值观念和意义准则上升到社会规约高度。对不良文化事项的防范是制度文化的重要任务。健康的文化是人们思想行为内化和外化的双重过程,并能够自觉利用制度矫正文化行为中的偏差,自觉抵制文化发展中的不良现象,真正将成风化人、引领风尚体现在社会之中,保护文化权益、保护知识产权、打击黄赌毒,就是要用制度防范为文化发展营造良好的发展生态。

4. 体现人的本质的一般形式与特殊表现的递进律

文化作为人的本质力量的对象化活动,毫无例外地与人的存在和发展、

---

① 中共中央文献研究室:《习近平关于社会主义文化建设论述摘编》,中央文献出版社2017年版,第11页。

人的创造能力和创造水平相联系。这种主观见之于客观的活动,自身思想愿望刻画在自然和人类社会中,形成厚度不一的文化印痕和结构不同的文化图案。中国特色社会主义文化建设包含着对文化发展规律的全面实践,并随着时间的深化而逐步深入。人以何种形式呈现以及以何种方式表达文化内容,是与人的客观创造以及社会发展需要紧密关联的,其中包含着人的本质以及价值尺度。人民群众是文化发展的"剧中人"和"剧作者",它把人的发展与文化发展的实质提高到了空前的地位,体现了文化主体能动性的递升过程。中国特色社会主义文化发展也是坚持群众观点和走群众路线的过程,文化发展的良差是由群众来评判的。我们的文化建设中,在由不够自信到充满自信的过程中,人们对文化规律的认识也从不深刻、不够充分的状态转向比较深刻、比较充分的状态。我们的文化建设中,曾经受到机械主义和经验主义的困扰,但是,在经历了从粗糙体验到全面把握的过程之后,在经历了价值比较到价值自觉之后,在经历了从封闭走向开放的实践转换之后,越来越占据了主动地位,也越来越远离了被动状态。对中华优秀传统文化的自信体现在"双创"之中,对革命文化的自信体现在中国共产党领导下的文化创建中,对社会主义先进文化的自信体现在社会主义建设的各个时期。我们还可以看出其中的比较意义,对中华优秀传统文化的自信是在历史与现实中比较得出来的,对革命文化的自信是在借鉴和吸收中通过革命成败的比较得出的,对社会主义先进文化的自信是在社会建设的经验与挫折的比较中得出的。有了对过去文化的比较优势,才有了中华优秀传统文化的自信;有了对中国革命成败经验的比较,才有了对革命文化的自信;有了对中国特色社会主义事业比较优势的认识,才有了对社会主义先进文化的自信。这三个方面体现了中国共产党领导下的广大群众对文化建设不断提升的自觉性,体现了广大群众的认识能力、实践能力、适应能力、交往能力递进发展的过程。在总体上看,社会主体的文化行为是逐步走向自觉的,圣西门、傅立叶、孔德、康德等人都宣称要有一个新的发展来延续社会的思想文化,康德曾说,发现文化运行规律需要在社会科学领域中的开普勒和牛顿,需要寻找道德世界规律,就像万有引力维系天体世界的运行一样。这些哲人对人们精神世界的关注绝不是偶然的灵感和臆想,而是对文化发展内在规律的自觉性认识。孔德用"三个阶段的规律"将人的心理选择与文化发展结合起来,将心理活动规律、文化演进规律、社会运动规律统一起来,尽管具有明显的唯心主义及形而上学特征,但在一定程度上表达了文化的主观性和客观性共存的规律。

二、对中国特色社会主义文化发展规律的表达方式及深化

文化思想的引导,文化问题的解决,文化矛盾的处理,文化事务的管理,都要遵循这一规律。经验层面的规律是在中国特色社会主义文化建设中不断完善和探索的;哲学层面的规律是体现人的本质、展示人的实践能力和达到人的解放的追求;方法论层面的规律是中国特色社会主义文化常态化、制度化、机制化的重要表现。

1. 求实律:求真务实、立足当代

中国特色社会主义文化建设规律中最关键的方面就是实事求是,实事求是地面向群众、面向生活、面向实践,是文化建设的基本要求。一是面向新时代建设新文化。凸显中国特色社会主义的影响力,凸显人民群众的创造力,凸显中国共产党竞显风流的革新力,是中国特色社会主义文化的现实表现。不论是马克思"更切实地加以讨论"共产主义思想的要求,还是列宁提出的"根据经验来谈论社会主义"的思想,都是基于现实做出的判断,这一实事求是的哲学方法论在中国社会主义实践中表现为"走自己的路,建设有中国特色的社会主义",在文化上体现为满足人民群众不断增长的精神文化需求,进而达到精神生活的共同富裕。在对马克思主义方法论的认识上,我们经历了"民族化——大众化——通俗化"的认识,经历了"引入——继承——消化——应用"的实践,经历"比较——反思——认同——创新"的过程,经历了"探索——总结——归纳——完善"的认识,中国特色社会主义文化在解放思想、实事求是、与时俱进、创新发展之路上取得了很多新成绩、形成了很多新思想。二是把握新思路建设新文化。中国特色社会主义文化建设路子是我们自己摸索出来的,而且在不同时期又有特定的表现方式。新中国成立之初有不少措施是从苏联借鉴来的,在当时既有必要又有些无奈,"总觉得不满意,心情不舒畅",这也从另一个方面促使我们探索自己的文化之路。我们克服了文化建设的短视现象、片面现象、照搬现象,形成了关于文化产业、文化事业、文化自信、文化软实力、社会主义文化强国方面的理论与实践特色,克服了文化建设中的"全面的肤浅"和"片面的深刻",实现了从注重文化成果数量向注重文化发展质量的飞跃。三是追踪新态势建设新文化。这是中国特色社会主义文化与时俱进的发展过程,既在人类社会时空之维中追赶世界潮流,也在当下的实践之维中提升了社会主义的影响力。在国际文化交流中,我们采取积极稳妥又主动包容的策略,赢得了大多数国家的欢迎和支持,"一带一路"实践是一个生动的经济交流和文化交流事例。

2. 求同律:和而不同、尊重差异

在中国传统文化中,"和而不同"不只是处世之道,也是以尊重差异为前提的,是为了提高中国特色社会主义文化建设效率。中国特色社会主义文化发展从来不排斥其他优秀文化的存在和发展,相反是以承认文化的多样性为前提的;中国特色社会主义文化也从来不与伪劣文化同流合污,相反是以坚守明确的价值底线为前提的。接纳多样性文化,是显示文化的胸怀和气度;尊重差异性,是显示文化的包容和涵养。求同律主要表现为:一是体用结合、尊重差异,形成古今文化、中外文化的合理对接;二是兼取众长、以为己善,形成自然交汇的融合局面;三是体现特色、综合创新,形成立足自身又吸纳外来的超越形式;四是内得于己、外得于人,形成利己利他的和谐局面。这一方法的良好意向是改变物质文化的两极分化、精神活动的两极分化以及实际存在的把文化建设公式化、格式化现象,消除非此即彼的绝对主义思维。"对我国传统文化,对国外的东西,要坚持古为今用、洋为中用,去粗取精、去伪存真,经过科学的扬弃后使之为我所用。"[1]借口文化的民族性而张扬其封闭意识和"光荣孤立"意识,是现代文化的思维悲剧。马克思曾期待人类社会的发展(当然也包括文化发展)建立在伟大的历史喜剧之上,他期待各民族优秀文化变成世界性的文学,没有求同存异的勇气是不能达到的。这也是中国特色社会主义文化建设秉持的理念。

3. 求是律:分类指导、循序渐进

分类指导是按照文化的多样性、层次性、结构性进行不同形式的实践,形成有梯度、有力度和有广度的全面建设效果。在把握文化的主流与支脉、核心与外围以及文化的东西方界分的基础上,凸显马克思主义意识形态的指导作用和社会主义核心价值观的引领作用;在文化形式上,科学界定文化产业和文化事业的关系、社会效益和经济效益的关系、物质生产与精神生产的关系、文化生产与文化消费的关系,引导社会的文化创作、文化表达、文化传承向着积极的方向运行;在文化主体的作用上,凸显中国共产党对文化建设的领导核心地位和广大群众的能动作用,处理好阵地与高低、局部与整体的关系,处理好党的领导、媒体宣传、理论研究、群众参与的关系,处理好守正与开新、传承与发展、普及与提高的关系,处理好渐变和突变的关系,形成稳中有升、好中选优,形成梯次推进的发展状态。纠正文化产业发展中的非制度化现象、非常态化现象和空壳化现象,纠正把文化发展看成获得奖项、把文化发展看成虚假现象、把文化看成社会外象的偏离文化建设规律的做

---

[1] 《习近平谈治国理政》第一卷,外文出版社 2018 年版,第 156 页。

法。文化建设的评判也要有科学合理的维度,科学方法是文化的批评性和诊断性维度,意识形态是文化的辩护性和辩解性维度,社会实践是文化的评价性和检验性维度,社会主体是文化的审美性、价值性维度,这些方面是文化积极关注社会并葆有健康思想意识的基础。

4. 求通律:入乎其中、出乎其外

通古今之变是中国古代文化的重要命题,"通变之谓道,执方之谓器。"①事有定规和时异事变是一个问题的两个方面。"入乎其中"是把握本质、透析规律,找出事物发展的内在关系和本质规定,"出乎其外"是在认清本质的基础上,运用规律把最根本的内容以合适的形式表达出来,这要求对文化矛盾有全面的把握。体现方法论的文化实践必须把握三个主要方面:一是作为主体的人,二是作为客体的对象,三是作为媒介的工具,借助主客体的统一实现对文化的完整表达和充分理解。中国特色社会主义文化建设的方法论在这些方面的体现是,突出了文化行为的规范特征,在尊重文化内在规律的基础上将文化建设目标付诸实践,在人类思想和道德建设中体现文化与法规、制度、规约的关系;突出了文化的外在表达和影响,将文化内涵外化为文明之物,使文化建设与社会文明融为一体。这个方法论包含着行为主体与认知主体的统一、行为目标与认知目标的统一、人类思想与人类社会的统一。入乎其中、出乎其外的求通律,在中国特色社会主义文化建设中还表现为文化思想的合理外化,摆脱经院派和书斋式的论说,形成普遍意义的实践方式。

5. 求新律:为我所用、体现特色

中国特色社会主义文化建设包含的国内交流原则是增进共识、提高认同,尤其是思想文化建设,我们一直强调保持底线意识、政治意识和大局意识,用马克思主义凝神聚气,用社会主义核心价值观积蓄力量;中国特色社会主义文化建设包含的国际交流原则是对外文化传播的重要依据,我们一直谨慎表达并保持国家意识、民族意识,用真情实意体现人类社会良好的价值追求,用硬道理体现软实力。文化交流的两条路径,以不同方式体现了我们的愿望,都是求新求强的过程,最基本要求是为我所用。习近平总书记强调指出的"解释一条规律是创新""要概括出有规律的新实践""尊重新闻传播规律""按照文艺规律呈现的艺术化的历史",都包含着文化发展的求新律。在这个过程中,文化意义如何表现,文化管理如何实现,看不见的意义表达与看得见的事务管理,构成文化发展中不可忽视的内容。以外表有序

---

① 《文中子集解·周公篇》,广益书局1936年版,第22页。

遮蔽意义表达,是文化建设中要引以为戒的教训,我们的方法是:"要以理服人,以文服人,以德服人,提高对外文化交流水平,创新人文交流方式,综合运用大众传播、群体传播、人际传播等多种方式展示中华文化魅力。"①

三、对中国特色社会主义文化发展规律的实践方略及方式

深层的文化规律经常体现在文化的哲学意义上,是对人类社会历史经验的表达;外层的文化规律经常体现在文化实践形式上,也包含着富有普遍意义的哲学情感。二者既有表里关系,又有递进关系,由外而内和由内而外惊醒地发生着。

1. 物质文化与精神文化的协调律

物质文化与精神文化的协调发展与社会的普遍运动是联系在一起的,二者的协调不仅是社会的理想,也是人类长期不懈的追求。"经济生活,只是整个文化生活最低从基层,若没有相当的经济生活作基础,一切文化生活无从发展。"②中国古代的大同世界是"仓廪实"的物质生活与"知礼节"的文化生活协调的状况,欧文所构想的新道德世界与积极的文化理念是融洽无间的状况。从"燧人氏""有巢氏""神农尝百草""大禹治水"等传说中可以看出人们对美好物质生活的向往和努力,住房、衣食、生存是最基本的考虑内容,"汤汤洪水方割,荡荡怀山襄陵"的境况,是很困苦的。于是乎物质丰盈就成了寄托理想的愿望,"日出而作,日落而息""泽无桥梁,不相往来"的生活状态是隔绝的,混沌而淳朴、朴素而真切、陌生而亲切,自给自足的田园生活,在这个恬淡宁静的时代,"民童蒙不知东西,貌不羡乎情,而言不溢乎行,其衣致暖而无文,其兵戈铢而无刃,其歌乐而无转,其哭哀而无声,凿井而饮,耕田而食,无所施其美,亦不求得。"③由于物质生活的匮乏,很多理想主义者常常用想象寄托思想,把眼前的心境转化为对未来的渴慕,把幻想中的遥远世界当成眼前世界的镜子。那是一个拥有理想生活条件的国度,是用虚幻的思维幻化出的迷人世界,而当尘世上出现理想国,并且促使人们为了实现理想国而付诸行动的时候,物质上的追求与精神上的慰藉就有了产生矛盾的可能性,物质文化和精神文化的协调愿望就进入了人们的思维和视野。尽管古代社会没有很好地说明二者的关系,有时甚至是偏颇的,但是他们对社会和谐目标的向往有很多启发。"人们能够以一种美梦般的理

---

① 《习近平谈治国理政》第一卷,外文出版社 2018 年版,第 161—162 页。
② 钱穆:《中国文化史导论》(修订版),商务印书馆 1994 年版,第 123 页。
③ 刘安:《淮南子》,杨有礼注说,河南大学出版社 2010 年版,第 386 页。

想生活的形式幻想出这样一个无忧无虑、补偿良多的地方,是极其重要的。"①当人们试图寻找答案、试图认识自己的使命和命运的时候,就产生了无数神话和传说、宗教教义、哲学体系,还有科学假设、荒诞幻想、乌托邦、反乌托邦等认识体系。"人文主义者创造出了花园,并以此对造物主创造行为所做的预言式解释,目的是更好地理解造物主的创造行为,而绝不是贬低花园的魅力,将花园作为消磨时光和与情人嬉戏的地方。"②这是古代社会特有的文化现象,甚至到了今天这种思维方式也在延续着,它既给文化发展带来生机,也给文化涂抹上虚幻色调。马克思指出:"法的关系正像国家的形式一样,既不能从它们本身来理解,也不能从所谓人类精神的一般发展来理解,相反,它们根源于物质的生活关系,……。"③这也是我们理解文化问题的重要思路,从物质关系中理解文化关系以及文化发展的走向,是唯物主义原理在文化研究中的应用。因为,"社会关系和生产力密切相联。随着新生产力的获得,人们改变自己的生产方式,随着生产方式即谋生的方式的改变,人们就会改变自己的一切社会关系。"④其中的文化关系也相应地蕴生出来,并且对物质生产产生影响,已经获得物质生产力影响着文化发展的水平,而已经获得文化生产力影响着物质生产的水平,这在技术相对落后的时代表现得不够明显。随着技术的发展,二者的关联度越来越密切,物质文化和精神文化越来越一体化,因此每一个时期的物质生产关系都有一定的文化关系与之相适应。早期社会、奴隶社会、封建社会、资本主义社会、社会主义社会的文化关系都与各自时代的物质水平有密切联系,从科学诞生之日起,它就对物质生产和文化关系产生极大的影响,而现代技术不仅是物质生活的推动力,也是文化关系黏结剂,其影响是双向的。文化规律在双重主要决定于对文化规律的掌握和利用情况。尊重文化发展规律,则对于文化发展具有积极的推动作用,能够较好地体现物质文化和精神文化的关系;违背文化发展规律,则对文化发展具有阻碍作用,就会背离物质文化与精神文化的内在关系。

2."双百""双创""二为"的互补律

"双百"方针是在尊重文化规律基础上的发展社会先进文化的措施。

---

① [荷]赫尔曼·普莱:《安乐乡——中世纪人类对完美生活的向往》,刘榜离等译,中国社会科学出版社2018年版,第3页。

② [荷]赫尔曼·普莱:《安乐乡——中世纪人类对完美生活的向往》,刘榜离等译,中国社会科学出版社2018年版,第22页。

③ 《马克思恩格斯选集》第2卷,人民出版社1995年版,第32页。

④ 《马克思恩格斯选集》第1卷,人民出版社2012年版,第222页。

各民族的优秀文化都有自己的特色,都是文化园地中的一段奇葩,也都可以自由地绽放;各种优秀文化形态,不管是文学、诗歌,还是戏剧、舞蹈,也都可以自由地表达。"百花齐放、百家争鸣"就是在文艺创作中允许不同风格、不同流派、不同题材、不同手法的作品共存发展,在学术理论上提倡不同学派、不同观点争鸣讨论,这是符合文化发展规律的方针。文化表达是文化主体精神世界的外现,是充满创造性的精神劳动,也是对社会生活感受、体验的升华,有了自由的外部环境,才能充分发挥创作者的内在潜能。"双百"方针的提出,既是对历史文化发展的经验总结,也是对现实文化发展规律的有益探索。我们的"双百"包含着容人之量的气度、启迪他者的力量、竞争发展中的自信,相信能与其他优秀文化和谐发展和共同进步,相信能主导和引领自身文化健康发展,而不是被其他文化稀释或降解,相信我们能够在其他文化共处竞争并能牢据主体地位。因此,"双百"方针的提出,包含着足够的底气和信心,是推动文化艺术健康发展的现实策略。

"双创"和"双百"有着密切的关联,但侧重点有所区别,如果说"双百"是针对文艺发展提出的要求,那么"双创"则是针对文化传承提出的要求。对于传统文化,保持辩证的和敬畏的态度是非常必要的。马克思主义既不全盘否定传统文化也不全盘肯定传统文化,对于"国故"中的优秀内容采取热情拥抱的方式去对待,而对于其中的糟粕则采取批判的眼光看待和处理。对中华优秀传统文化,我们可以看到不同的解释方式,有遗传基因说,有继承发展说,有资源利用说,其中的重要思路就是光大民族精神、激活文化元素、用好文化资源。因此,"双创"的前提是如何对传统文化内容做出判断和定位,如何把传统文化之"用"植入现代文化之"体"中。对于前一个问题,我们可以给出一个判断标准,就是"五看":看价值取向、看育人方向、看精神气象、看道德考量、看审美意象这些方面的内容的传承创新方法也是不一样的。对于后一个问题,要解决好传统与现代的对接问题,"接口"应该是自然的和平滑的,不应有太多的勉强,也不应有明显的错位,时间上的衔接、意义上的衔接、空间上的衔接,是"双创"必须考虑和体现的要求。

"二为"是保证政治方向和服务目标的,为人民服务是文化发展的目标,为社会主义服务是文化发展的方向,二者体现在中国特色社会主义文化建设中。面向群众、面向大众既是文化发展的灵感和资源,又是文化发展的基础和起点,群众之中蕴含着文化创造的活力和动力,缺少了人民群众的参与,就失去了最广泛的文化创造主体,也就失去了文化依托和服务目标。我们讲文化软实力,在文化发展中群众路线就是最大的软实力;我们谈文化的创造力,人民群众就是最大的文化创造主体。为社会主义服务是文化发展的现实目标,如果分解一下其中的内容,是为社会主义现代化服务,是为社会主义文化强国建设服务,这就决定了当下的文化建设中把巩固马克思主义意识形态的指导地位、培育和践行社会主义核心价值观、建设社会主义精神文明、大力发展文化产业和文化事业作为主要的任务,把思想引领、价值引领、社会引领作为中心工作。

3. 经济效益与社会效益的结合律

在人类历史的演进中,对经济效益与社会效益的偏重程度并不是始终如一的。最早的时候,由于生存需要而受到物质状况的困扰,文化的地位是次要考虑的,在人类最初的时候是谈不上文化的,社会效益也无从说起。"根据唯物主义观点,历史中的决定性因素,归根到底是直接生活的生产和再生产。但是,生产本身又有两种。一方面是生活资料即食物、衣服、住房以及为此所必需的工具的生产;另一方面是人自身的生产,即种的繁衍。一定历史时代和一定地区内的人们生活于其下的社会制度,受着两种生产的制约;一方面受劳动的发展阶段的制约,另一方面受家庭的发展阶段的制约。劳动越不发展,劳动产品的数量,从而社会的财富越受限制,社会制度就越在较大程度上受血族关系的支配。"[1]这里讲的两种生产都是物质方面的,它们构成人类社会发展的基本前提。恩格斯描述的"史前各文化阶段"是以物质文化的发展为重要标志的,蒙昧时代以获得天然产物为主,野蛮时代是通过人的活动增加天然产物的时期,文明时代是学会了对天然物进行加工的时期,这些时期尽管包含着文化内涵,但主要是以物质活动体现出来的。随着社会的发展,人们对物质利益的追求更加强烈,"最卑下的利益——无耻的贪欲、狂暴的享受、卑劣的名利欲、对公共财产的自私自利的掠夺——揭开了新的、文明的阶级社会;最卑鄙的手段——偷盗、强制、欺诈、背信——毁坏了古老的没有阶级的氏族社会,把它引向崩溃。"[2]这里包含两个倾向,前者使物欲追求达到空前状态,后者是道德沦丧的空前状态,物质文化的发展与精神文化的发展都出现极度的不和谐。这不仅对社会的精神面貌产生很大的影响,也对人们的关注点形成很大的约束,当社会对物质的追求遮蔽了人们的精神需求时,就可能形成物质欲望"疯长"而文化品位"矮化"的状态,也促使人们对思想方面的发展做出调整。

社会主义国家中,物质文化发展与精神文化发展相协调的愿望是非常明确的,但是由于急于改变"一穷二白"的面貌,由于要在百废待兴之中奋

---

① 《马克思恩格斯文集》第4卷,人民出版社2009年版,第15—16页。
② 《马克思恩格斯文集》第4卷,人民出版社2009年版,第113页。

起直追,对物质利益和经济效益的关注也是优先考虑的事情。新中国成立之初,毛泽东就满怀激情地提出:"在这个新社会和新国家中,不但有新政治、新经济,而且有新文化。这就是说,我们不但要把一个政治上受压迫、经济上受剥削的中国,变为一个政治上自由和经济上繁荣的中国,而且要把一个被旧文化统治因而愚昧落后的中国,变为一个被新文化统治因而文明先进的中国。一句话,我们要建立一个新中国。建立中华民族的新文化,这就是我们在文化领域中的目的。"①苏联社会主义国家优先发展重工业的决策,主要是基于物质方面的考量,在短期内取得了很大的成就,这对其他社会主义国家具有很强的示范作用。但是,当物质利益和经济效益出现问题时,当它对社会发展形成一些阻滞的时候,人们又将目光转向通过精神领域的发展解决问题,于是将主观能动性提升到空前的高度,甚至出现精神代替物质的做法。经济效益和社会效益之间的钟摆,时而偏左时而偏右,缺少一个灵活偏好的机制,这给社会的物质文明和精神文明协调发展带来很多困难。经济效益和社会效益的结合状况,受到价值引导、思想引领和技术水平的影响。高新技术的发展从根本上改变了世界经济的运行方式,是促使社会进步和提高人民生活水平的决定性因素。高技术的知识密集、技术密集特征使文化产业的生产方式和效率都发生很多变化,运用现代技术嫁接和改造的传统文化产业,经济效益大幅度提升。但是,过度复制和标准化的状态引起了人们对文化产品的视觉疲劳,而经济的富裕也使人们的文化"胃口"提高了,文化产业在适应这些变化的同时,经常把经济效益摆在较突出的地位。因此,无论从历史还是从现实看,这个结合律来之不易,经历了很长波折和认识历程。

　　4. 传统文化向现代文化转化的革新律

　　传统文化和现代文化是一对相对概念,任何一个时代都可以有这样的称谓,其中的革新变化规律一直延伸着,每一个时代的人们都可能感叹"人心不古",每一个地区的人们都可能面对"异端邪说"。"周虽旧邦,其命维新",是上古时期的文化变化愿望,也代表着后世之人的革新愿望。从变动的激烈程度和深刻影响看,有动摇社会根基的文化价值和文化理想变迁,也有移风易俗的社会改革和生活变化。"独尊儒术"的文化价值定位使思想界有了相对统一的价值观念,魏晋时期的山林文学寄托了另一种思想情怀,盛唐气象中胡风氤氲也不仅仅是生活上的交流。"未来的岁月上演的只是

---

① 《毛泽东选集》第二卷,人民出版社1991年版,第663页。

古老的人类戏剧的新花样,但这个戏剧的脚本早已被永恒的人性写好了。"①到了近代,传统文化与现代文化交替时的向前推进更为明显。从明末清初的文化态势看,气息奄奄之中的大明文化已经失去了昔日的辉煌,"从历史发展规律看,所谓的先进文化已呈弱势,而富有冲劲的野蛮文化在雄张。"②中国历史上和世界历史上都有过类似的现象,野蛮文化因吸收先进文化而膨胀,暂时取代了失去了活力的传统文化,这个过程是在相对"现代化"的比较中出现的。"它没有沉重的历史包袱而用强横的武力征服了已经削弱的王朝,它也因缺乏深厚的文化涵养而有一种自卑而自负的模样,它仰慕而艳羡那古老而丰富的文明,但它也抵抗并仇恨高度的文明给自身带来的巨大压力。它推动着或阻碍着历史的前进,关键就在于如何调适着自身是保守的坚持还是创新的发展。"③这种传统与现代交织中的复杂文化心态,已经不能用单纯的文化变化来解释了。拿西方文化史上的希腊化时代来说,城邦文化为希腊人提供了一个可以释放文化能量的环境,这种释放效应的明显表现是殖民运动,希腊人在地中海沿岸落足的状态"宛如池塘四周的青蛙",它与不同风俗和信仰的文化发生碰撞时,既影响了当地的文化认同,也促进了希腊文化的变革。

　　上述的变化规律与文化的势能及内在引力有关,每一个民族都有自身的传统习惯,生产方式、生活习惯、心理状态等都有其文化表现,而且是根深蒂固的,其变迁中既有一般规律又有特殊表现。中国历史上,当获得统治地位的北方民族要求中原汉族改变生活习惯时,也经常遇到阻力和反对,这是关于传统文化认可方式的变化。如果说赵武灵王采用"胡服骑射"是以积极主动被接受的,如果说隋唐时代北方民族与中原民族之间有很多主动接受的文化内容,那么,元明之际、明清之际的文化传统则对社会风俗造成巨大冲击,清朝的"发披左,衣冠更"的要求,被明末遗民讥讽为"金钱鼠尾,遍地腥膻",清洗中华传统文化中蔑视夷狄的观念而表现的"夷之改彝,狄之改敌",也反映了思想领域中的差异。尽管同在中华民族的大家庭中,但是在那个时候,历史的时代的民族的阶级的局限性却难以在短期内消弭。可以看到,在文化激荡的每一个时期,都有对社会发展的忧思寄托在其中,历史上的一些文化变迁走着相似的路子,它总是与国家的兴衰以及社会发展相联系。拿经商和商人来说,传统文化经常把它与见利忘义联系起来,但

---

① 　[美]恩斯特·布赖萨赫:《西方史学史》,黄艳红等译,北京大学出版社2019年版,第28页。
② 　张维青、高毅清:《中国文化史》(四),山东人民出版社、人民出版社2001年版,第424页。
③ 　张维青、高毅清:《中国文化史》(四),山东人民出版社、人民出版社2001年版,第424页。

是,随着社会发展需要,也有很多明眼人看到了商人和经商在社会中的重要性,这对于商业文化的发展是一个不小的鼓励。张居正认为:"商通有无,农力本穑。商不得通有无以利农,则农病;农不得力本穑以资商,则商病。故农商之势常若权衡然。"①李贽也为商人鸣不平:"商贾亦何可所鄙之有?挟数万之资,经风涛之险,受辱于官吏,忍诟于市易,辛勤万状,所挟者重,所得者末。"②这是观念上的变化。至于今天的社会主义市场经济,我们可以赋予它更多的文化意义和革新精神。

传统文化经常通过遗产的形式和内蕴的精神延续其生命,它在逐步被注入现代成分的过程中经常把文化遗产留在记忆中。精神传统能够穿越时空而承续下来,在历史长河中随时间再现的文化现象似乎成了不同民族游览的文化圣地,在现实生活中充当着活生生的教育素材。因此,我们经常说的文化遗产总是与现实意义联系起来,尽管时代对历史的选择有时是自觉的,有时是自然的,但它选择的总是贴近传统精神并在现实社会中具有服务功能的内容。欧洲历史上,古罗马人向古希腊人学习,文艺复兴时代对古典精华的吸收,19世纪的浪漫主义从中世纪传统中吸取精华,都是从传统向现代迈进的文化选择。这种保持传统文化生命力的思维前提,就是要努力维持生活经验在社会发展中的可靠性,但东方和西方保持传统的做法是有很多差别的。"东方主要利用自己的文字优势,对大量的史实进行详尽的记载,同时通过特有的口头传授的复杂体系使浩如烟海的史料耳熟能详;西方则把积累的所有经验浓缩成看起来容量不大,但实际容量相当大的一个原始资料体系并使之在理论的辩论制的基础上得以继续发展。"③当人们从传统的保护者变为传统的禁锢者时,进而使传统文化失去生活的意义时,那就只剩下空泛的外形了,其内容因为模式化而变成"一潭死水",当然也难以现代化了。这种境况会给神话、编造、虚无主义等留下孳生空间,文化虚无主义作为一种极端的怀疑主义,是对文化教条主义的反动,它一方面是对文化本体颓败的一种表现,另一方面也把文化视为杜撰和谬误加以全盘否定。俄罗斯的格利鲍耶陀夫在《智慧的痛苦》中描述的"要想除恶,就要收缴一切书籍并将之付之一炬",大致就是一个写照。龚自珍所说的"去其国者,必先去其史",也深刻地描述了历史虚无主义的实质。文化虚无主义之所以否定历史、否定现实、否定传统,一是因为面对文化动荡和社会转型而

① 《张太岳文集》卷八。

② 李贽:《焚书》卷二。

③ [俄罗斯]叶琳娜·斯克瓦尔佐娃:《文化理论与俄罗斯文化史》,王亚民等译,敦煌文艺出版社2003年版,第23页。

缺乏自信心,二是因为对社会不满而故意制造思想上的混乱来混淆视听,历史表明,那些忘记过去、忘记历史的人必然会重蹈覆辙。传统文化社会的重要稳定器,如果我们把时间和历史比作筛子,被筛下来作为传统的内容只是一小部分,这就是文化遗产或文化剩余物。它作为民族文化瑰宝而永远地铭记着历史,世世代代在浮生中拼搏的人们,既是传统文化的传承者和保护者,又是新文化的创造者和推动者。这是传统文化向现代文化递进发展的重要方式。

第二节　能量传递规律:中国特色社会主义文化的力量层面

文化力量具有软实力特征,意识形态、精神信仰、文学艺术都是文化力量的寄形方式。文化的力量源于自身的内能,马克思恩格斯把文化动力看成推动国家运行的重要力量,认为人民群众是文化力量的主体,统治阶级的意识形态是国家最主要的思想力量,理想信念、精神文明、文学艺术等是社会的基本力量。文化动力与国家治理体系和治理能力的关系越来越密切,它不只是社会发展的结果,也成了社会发展的重要动因。中国共产党提出的文化软实力、文化生产力、文化力,是对文化力量的深刻认识,包含着通过文化动力走向社会规序的思路和理路。文化既是国家治理体系和治理能力现代化的重要动力,也是国家治理的重要内容,文化软实力的发挥程度影响着国家治理的效度。

一、文化的能量内蕴和外显形式

文化是一个能量体系,文化产生、发展和社会应用都与力量和能量有关,文化的内在品质和外在形式也都与力量和能量有关。所有的关于文化影响的事项,都可以从文化力量中找到根据,所有的关于文化力量的社会影响,都可以在文化内能中得到解释。人们关注文化,并不是单纯地吟风弄月,也不是单纯地增加数量,背后的根源在于文化所具有的影响力。没有内能的文化是不存在的,没有力量的文化是无意义的,能量蕴蓄是文化存在的一般形式,力量表达是文化存在的外部表现。文化自信、文化边界、文化话语、文化价值等都与文化的能力和力量有关,这是文化哲学关注的深层问题。文化的影响无时不在,它有时是明显的力量,有时是潜在的能量,它存在于社会个体、社会群体、民族关系以及国家联系之中,存在于理想、信念、宗教、信仰、文学艺术和价值观之中,存在于经济、政治和社会的发展之中。

由于文化的浸润,生活中的各种元素都会表现出自身的影响,很多方面的内容由于重排而形成社会的驱动力或阻滞力。在现实生活中,文化软实力的出场,文化软实力理念的浮现,反映出人们对文化力量的理解不断深化。文化软实力的表现形态、生活方式、意识形式、国民凝聚力和国际运作机制等如何表达、如何实现,都是我国文化建设中的重大现实问题。从马克思主义经典著作中寻找文化动力依据,为提高国家文化软实力寻找原动力,有助于增强中国特色社会主义文化建设的理论自觉和理论自信;从文本出发揭示马克思主义关于文化力量的运行规律,有助于推动社会主义核心价值体系建设大众化、常态化,发挥先进文化的作用;从现实出发探寻文化"软实力"转化为经济"硬实力"的路径和方法,有助于增强中国特色社会主义文化建设的实践效能。

1.文化力量的存在形态

文化是我们看待世界的方式和改变世界的动力,是人们在社会实践中获得的一切能力以及精神产品,是人类对周围世界的体验形式和探索经验,它的发展和延续也与人类所处的生存环境、生活方式、心理习俗密切相关,其力量表现出二象性特征。阿多诺在《启蒙辩证法》中描述了基于对理性信任的两种动力,一种动力是造成生活的无情褪变,另一种动力是走向解放和保持幸福承诺的方法。两种力量汇合造成一种态势:"一种致命的技术主义把所有的经济和政治的努力都引导其中,仅仅用技术来解决由于对自然的剥削所造成的种种巨大问题。而消费主义是如此渗透在文化的感性之中,以至于幸福在商品欲望以及它的零售疗法的令人鄙视的满足之外,缺少任何充满想象力的空间。"①这种二重特征遍布于生活的各个方面并以强势力量延续着。

按照约瑟夫·奈的观点,文化是一种软实力,和物质力量的存在方式有很大差别。因为物质力量可以用硬指标和具体参数来体现,而文化力量不宜用具体的数据来表达;物质力量是一种显能,文化力量是一种潜能。但是,我们不能将物质力量与文化力量截然分开,在很多时候,二者是相互渗透的。技术、语言、艺术等,经常成为二者联系的桥梁或中介。"在文化发展进程中,社会进化是科技进化的结果。"②文化力量的作用方式是化育,不论是化"人"还是化"物",都表现出上善若水的特征。科学引人发问,哲学

---

① 〔英〕弗雷德·英格利斯:《文化》,韩启群等译,南京大学出版社2008年版,第132页。

② 〔德〕彼德·克斯洛夫斯基:《后现代文化》,毛怡红译,中央编译出版社2011年版,第1—2页。

引人深思,道德引人向善,艺术引人思美,文明引人崇礼,诸多健康文化形式
在社会中起作用时,无一例外体现出塑造人性、开发心智、移风易俗的功能。
我们讲以理服人、以文化人,都是对文化力量的肯定。古代讲"远人不服,
则修文德以来之"①"以德服人,中心悦而诚服也"②"以理服人"等,也是说
要发挥文化的教化和说服作用。从文化层面来说,我们可以把意识形态、价
值观念、科学技术、文学艺术、精神文明看成社会发展的软实力。文化力量
又可以表现为硬实力,可以起到物质力量达不到的作用,当它蕴含到经济中
成为经济发展的现实力量时,当它渗透到社会之中成为社会发展的现实素
材时,当它贯穿到社会各个环节并成为社会进步的必要元素时,它的力量和
影响就会被硬化了。阿尔都塞曾把科学社会主义看成一种现实的力量,他
看到了马克思主义在国际共运史上的现实作用;法兰克福学派把文化产业
看成一种现实的力量,他们看到了文化工业发展给社会带来的影响和变革;
哈贝马斯把资本主义意识形态看成具有侵蚀性的现实力量,看到了西方社
会用意识形态来控制本国民众和别国发展的实质。冷战时期,共产主义和
资本主义都被对方指责为欺骗性的力量,在一些政治家看来,文化力量是靠
军事硬实力来保证的,文化的"伟大功能"是靠经济深厚基础来实现的。冷
战结束后,美国人推出的话语体系,具有一种孤芳自赏的味道,宣称要负世
界责任,其"话语力量容易使人产生一种仁慈的幻觉",这是物质基础支撑
着的话语狂妄和文化霸权。法国殖民主义拥护者的茹尔斯·哈德曼曾经放
言:"征服土著的基本合法性存在于我们对自己优越性的信心,而不仅是我
们在机器、经济与军事方面的优越性,还有我们的道德优越性。我们的尊严
就存在于这种优越性上,而且它加强了我们指挥其余人的权力。物质力量
不过是达到这种目的的手段。"③尽管这种语言表现出一种征服心态,却从
一个方面表达了文化力量与物质力量的共生特征。一些国家把军事入侵或
经济活动冠以文化之名,凸显了文化与意识形态的配合作用,文化帝国主义
经常借助经济军事力量推行文化霸权。

　　文化通常是形神兼具的,文化"形态"表现为文化产品、文化遗产、文化
行为等。文化产品是文化力量的依附形式或载体,使文化内蕴转化为文化
形式;文化遗产作为历史的记忆和情感,它以一种特殊存留形式反映着人们
曾有的精神价值、思维方式和风俗习惯;文化行为是人的文化素养的外显,

①　《论语·季氏》。
②　《孟子·公孙丑》。
③　[美]爱德华·W.萨义德:《文化与帝国主义》,李琨译,生活·读书·新知三联书店2007
　　年版,第20页。

是人的文化素养的积淀状况和表现方式。文化"神态"是通过精神陶冶、思想模铸形成的。音乐的"神态"在于表达心理愿望、抒发思想情感;理想的"神态"在于激发精神、催人奋进;艺术的"神态"在于陶冶性情、提升操行。当代社会中,不同国度的人们无一例外地关注文化内涵的提升,目的在于改善文化之"神态"。文化的"神态"和"形态"是相互统一的,有"神"无"态"不行,有"态"无"神"不行,"神""态"不符也不行。我们提出培育和践行社会主义核心价值观,不仅在于展示外在"形态",更重要的是表现内在的"神态",在这方面"形"与"神"是需要统一的。二者的统一经常体现在语言表达和文化符号中,"文化价值、符号意义已超越了它们所荷载的文化的直接的、物的含义。"[1]但是,符号的传统性与现代性、语言的完整性和分割性,都会影响"形态"与"神态"的结合状况,这就使得探索合适的语言表达和获得真实的文化意义成为必要。生活中,话语是一种力量,它使用具有吸引力和渗透力的语汇将意义表达出来,与形式僵硬的统治力相比较,话语力量比较灵活,其柔性大于刚性。我们强调提升话语力量,强调既不丢掉"老祖宗",又要讲出"新话",就是创造出体现当代主题的形神兼具的话语体系。其神态集中在核心理念上,就是马克思主义基本原理,稳定性的语汇表现出思想的继承性和一贯性;其形态表现在基本结构、基本语汇的使用上,表现在基本精神的阐释方式上。在多种力量的汇合中,文化力量的表达也在动态化,借助高科技媒体和力量博弈在不同载体的承载中向外延伸,它所依托的文化群体大体有:被称为"达沃斯文化"的商业群体,被称为"学院俱乐部文化"的商业群体,麦当劳式的世界文化,大规模的群众运动,这四类载体是文化力量表达的主要形式,也是推动文化由静态影响向动态发展的形式。

　　文化力量不是整齐划一的,其能量大小决定于吸引力、辐射力和传播能力。文化的作用范围大小跟自身的影响力有关,通常情况下,不同文化会形成一个文化圈,其能量由中心向边缘传播,并且呈现逐渐减弱的趋势。不同文化圈之间存在着交叉和重叠,其相互影响的大小分别由各自的濡化能力决定。在文化发展史上,不同类型的宗教文化有不同思想表达,有的温和,有的极端,在相互交往中有的能够和谐相处,有的却互不相让,尽管都有辉煌的历史,尽管都有自己的影响力,它们在社会中的作用却是一种差序格局状态。"范围的大小要依着中心势力厚薄而定"[2],其势能和场

---

①　[德]彼德·克斯洛夫斯基:《后现代文化》,毛怡红译,中央编译出版社2011年版,第10页。

②　费孝通:《乡土中国　生育制度》,北京大学出版社1998年版,第27页。

力会有差别，"与中国和印度相比，西方的新开端似乎惹人注目得多。和东方有时变得很弱的精神持续相并列，西方出现了一系列完全不同的精神世界"。①

　　虚与实是互相映衬的，虚中有实，实中有虚，虚的内容可以用实景衬托，实的内容可以给虚的方面添彩。文化之虚不在于虚妄而在于"软力量"，是文化的想象力；文化之实不在于具象而在于影响，是文化的风景线。虚是文化之魅力，给人以憧憬；实是文化之活力，给人以激励。文化力量的大小并不要求它一定是实实在在的东西，那些虚幻的思想或想象，那些乌托邦式的设想，那些在目前还未成为现实的伟大理想，都可能成为真实的力量。文化想象很遥远，似乎只能"望梅止渴"；文化现实很接近，是眼前的风物。咫尺之物可以有万里之势，天涯之远可以有动人之音。我们可以看到，一些人文精神的内容比较虚幻，"人文精神每每在追随着一个接一个的幻影，并在其中寻找爱，而它所爱的每一个目标却发现自己正在重新向上转型成为一种奴役别人的权力。"②这是说，文化力量可以从幻象转入真实。一定意义上说，人文精神的要义在于体现社会关怀的力量，在于以平实的心志和方式表达和谐的人际关系。但如果这些"施爱者"把自己摆在盛气凌人的地位，而把"受爱者"作为一种悲悯的对象来看待，不仅爱的力量会发生畸变，也可能会转化成"优雅"的思想奴役，甚至成为被绑架的爱。在宗教祈祷中，有类似的影响，"所有的社会对于海市蜃楼都有既定的祷告模式和一系列相关的想法，所有的社会也都是在听从心灵的呼唤，寻求目标和方向。不同的社会建构和地球上不同的文化向我们展示了不同的祈祷者，以及不同的崇拜、祈愿和召唤神灵的方式，这些都是人们发明出来远离邪恶的方法。"③丰富的情感世界里，道德信仰中蕴含着对现实生活的影响力，按照戴维·兰德斯的观点，文化具有的内在价值观能引导观念，它带有种族的和继承的刺鼻气味，具有特殊的免疫力。文化力量之"虚"在网络社会里表现得特别明显。"媒体不断调整，向人们提供新的幻象，扰乱传统习俗，突出反常和奇异行为，使之成为其他人模仿的对象。"④网民的文化行为被注

---

① ［德］卡尔·雅斯贝尔斯：《历史的起源与目标》，魏楚雄等译，华夏出版社1989年版，第66页。

② ［澳］韦恩·克里斯多德：《力、爱与恶——剖析我们如何相互摧毁的哲学》，王曦影译，浙江大学出版社2012年版，第160页。

③ ［澳］韦恩·克里斯多德：《力、爱与恶——剖析我们如何相互摧毁的哲学》，王曦影译，浙江大学出版社2012年版，第170页。

④ ［美］丹尼尔·贝尔：《资本主义文化矛盾》，严蓓雯译，人民出版社2010年版，第17—18页。

入虚拟化和非实体化的特征,其中介系统是符号或数字,这是人的有目的、有意识、超现实的虚拟活动,这种虚实互动的效果给人以"花非花、幻非幻"的感觉。生活中,艺术文化的现实魅力和虚幻存在构成典型的虚实映照方式,高雅艺术和大众艺术的对抗是极其明显的例证,阳春白雪和下里巴人都设置了自己的文化壁垒,也都试图对另一方产生更大的影响。"高雅艺术被商业文化重重包围,商业文化给出了虚假的幸福许诺,这种幸福产生于庸俗花哨的艺术作品、甜得发腻的影视,尤其是广告等使人丧失个性的甜蜜承诺"①,使人们在不知不觉中陷入艺术诱惑的泥沼。其虚假性在于,尽管它通过某种故事或叙事给人以安慰,却仅仅是一种裹着糖衣的道德寓意。身处这种丑陋与沮丧之中,会觉得美的力量弥足珍贵,而在美感被放逐的情况下,审美所具有的现实力量、日常生活的批判力量就会受到影响。

2. 文化力量的表现方式

"由于数不尽的交往,由于政治、经济、环境、教育、技术、社会和艺术的变化,不仅世界正经受改变,而且文化和各种文化形态也迅速成为个人、机构、社团、国家和国际事务中强有力的力量。"②文化曾经被认为是社会变化的结果,而现在越来越多地被认为是引起社会变化的原因。其影响越来越多地从被动发生转化为主动作用。一定意义上说,文化自身也是一个力场,"文化成了一个舞台,各种政治的、意识形态的力量都在这个舞台上较量。文化不但不是一个文雅平静的领地,它甚至可以成为一个战场,各种力量在上面亮相,互相角逐。"③尤其是现代社会中,各种意识形态、政治思想、经济活动、社会交往都把文化作为载体或平台,来展示自身的延展力和影响力,尽管不见硝烟,却充满争夺意识。

文化是一种吸引力和聚合力。文化的聚合力和吸引力与文化认同有关,高度认同的文化往往和者甚众,缺乏认同的文化经常黯然神伤。"认同"和"认异"是相对的,如果一种文化经常旧调重弹,会引起人们对这种文化标准化单一化形式的麻木和无视;如果一种文化在内容和形式上经常变动不居,又会使人们因无所适从而失去信心。这两种状态下的文化都是令人质疑的,"认同"不能走向刻板,"认异"不是否定一切,否则文化的吸引力

---

① 〔英〕弗雷德·英格利斯:《文化》,韩启群等译,南京大学出版社2008年版,第133页。
② 〔加〕D.保罗·谢弗:《文化引导未来》,许春山、朱邦俊译,社会科学文献出版社2008年版,第1页。
③ 〔美〕爱德华·W.萨义德:《文化与帝国主义》,李琨译,生活·读书·新知三联书店2007年版,第4页。

和聚合力就无从说起。文化吸引力和聚合力问题，正如华兹华斯在其《抒情歌谣集》前言中提出的，他悲叹人们在快速传播的讯息和不断加快的生活步伐中产生的对异常事件的渴望和对过分刺激的渴求，以至于莎士比亚和弥尔顿的著作无人问津，被狂暴小说、令人恶心的愚蠢德国悲剧以及洪水般泛滥的无聊夸张的诗体故事挤在一边。艾略特在论及此问题时说，在社会朝着复杂化和差异化方向发展时，人们会希望不同文化层面上的浮现：阶级或群体文化会浮出水面，泛滥的低俗文化在颠覆严肃文化，亚文化不断为社会提供种种以自我为中心的模式，其潜在的危害是文化内聚力的减损、语言表达能力的减低以及意义结构的断裂，人们长期以来精心制造的审美理性以及有关的时空观，在现代性的影响下所造成的文化涣散是难以弥合的。

　　现实生活中，流行文化、大众文化、消费文化都表现出前所未有的吸引力，这种吸引力来自平民化的实践层面，来自人们生活中自发持有的心理审美，也来自直截了当的表达方式，它在一定程度上消弭了地域界限，抹平了意识鸿沟，增强了文化的普及功能。国家层面上的文化，可以成为凝聚民众的重要力量，是体现一个国家亲和能力的黏合剂。它隐含于道德、政治、法律及社会制度的各个方面，其价值、规范和象征性过程在维护社会秩序方面所起的作用超过了强制性的处罚、权力与需求，是一种永久的作用力。尤其是社会的核心价值观，对社会的大部分群体都有一种吸引力、聚合力，当人们把从属一定阶级、一定社会形态的核心价值观视为理所当然时，相应的统治阶级的思想就获得了广泛的社会认同，进而成为人们的生活准则，成为人们是非标准的内在尺度。

　　文化的吸引力和聚合力的表达与经济发展水平不无关系，在经济领域中，信仰者的情感对经济系统有影响，起着体现主客观相统一的伦理规范作用，是道德自觉对经济的影响力。人们在经济活动中表现出来的高尚动机和伦理意识，是一定价值导向作用下的人文意识。在经济活动中体现伦理规范，让经济活动接受伦理规范的导航，形成经济活动与伦理规范相契合的理想结构，达到伦理精神和务实精神的完美结合，是发挥文化吸引力和聚合力的重要方面。当然，除了伦理约束机制外，还要发挥精神创造力的激发机制和引导机制。

　　文化是一种主导力和规制力。"一切文化都倾向于把外国文化表现为易于掌握或以某种方式加以控制。但是，并非一切文化都能表现外国文化并且事实上掌握或者控制它们。我认为，这是现代东西方文化的特点，它要求对西方知识的学习或对非欧洲世界的表现，既是对那些表现的研究，也是对它们所代表的政治力量的研究。"①国际社会的话语权不完全是以武力表达的,文化软实力越来越被看重和被利用,尤其是在波谲云诡的外交舞台上,国际规范、国际标准和国际机制是很重要的软实力,它的形成、发展和变迁与国际文化资源所体现的文化软实力密切相关。文化入侵与经济欲望经常是相互配套的,没有人否认,英国殖民化过程中意识形态所起的巨大作用,也没有人否认美国的扩张中文化价值观发挥的作用。如果一个国家的文化资源拥有较大影响力,就容易把自己的优势转化为现实的力量。"所有这些在不同领域中发挥作用的混合力量、个人和时刻展现了一个群体或文化。它是由无数的反体制迹象和并非建立在强迫或统治基础上的人类集体生存实践(而不是教条或纯粹的理论)组成的。"②在很多情况下,军事硬实力是文化软实力的物质基础和有效载体,而文化软实力则是经济硬实力的精神依赖和制度基础。"如果我们认识到国家的权力不仅来自武力的使用(如警察),也来自它对思想的控制,文化的作用也就显而易见了。"③每一个国家都会面临着深层社会联系和表象式的文化风光,"没有一个能脱离问题本身的普遍定理。在各个文化之间、帝国与非帝国不平等的力量之间、我们和别人之间,关系之外没有任何优势;没有任何人有认识论上的优势,能够不受当前关系所附带的利益与牵扯的羁绊,而对世界作出判断、评价和解释。"④表面上看,文化没有高低之分,实际上它的影响却是有差别的,问题的关键在于如何定位文化力量,把文化看成不受经济、政治等因素影响的独立因素,乃是唯心主义的思想表现。在国际舞台上,意识形态和政治价值观的吸引力是政治文化资源的重要表现方式。"当真正的控制与力量、关于某一地方到底是什么的观念与一个实际的地方同时出现时,对于帝国的争斗就开始了","帝国主义和与之相关联的文化都肯定地理和关于对领地的控制的意识形态的重要性"⑤。

　　文化是一种批判力和创造力。有效的文化认同与文化融合力及文化批判力有关,因为批判与融合取决于人们对文化的审视能力和评价眼光。文

①　[美]爱德华·W.萨义德:《文化与帝国主义》,李琨译,生活·读书·新知三联书店2007年版,第139页。

②　[美]爱德华·W.萨义德:《文化与帝国主义》,李琨译,生活·读书·新知三联书店2007年版,第476页。

③　[英]菲利浦·史密斯:《文化理论——导论》,张鲲译,商务出版社2008年版,第40页。

④　[美]爱德华·W.萨义德:《文化与帝国主义》,李琨译,生活·读书·新知三联书店2007年版,第74页。

⑤　[美]爱德华·W.萨义德:《文化与帝国主义》,李琨译,生活·读书·新知三联书店2007年版,第107—108页。

化的批判力主要是一种批评性的评价,它要求尽可能不偏不倚地评价某种
事物,其目的在于改进它和优化它而不是否定它或削弱它。生活中的很多
形式需要通过文化批判来审视,如环境问题、生存问题、技术问题等,都需要
以文化批判的眼光来考察和认识,可以说,能够不偏不倚地认识社会问题是
文化批判的重要品质。作为理想,文化关系到批判能力的培育,能够弥补文
化特征和文化实践方面的缺陷和缺点;作为现实,文化关系到批判的质量,
当文化实践和特征不符合人类生存和整个世界的共同利益时,也会出于某
些主观原因而被裂解。因此,培育文化的批判能力,有助于克服不良效应。
文化的创造力与批判精神是一体的,这种创造性体现在增强文化的生命力
和文化发展的方向上,当人们不满意现有文化的世界观和价值准则时,当人
们感到不得不采用新的方式来引导文化发展时,就产生了摧毁旧的文化结
构和确立新的文化结构的愿望。不同类型的文化的创造性有着紧密的联
系,不同类型的创造性同样具有改变文化方向和增强文化弹性的功能。文
化创造力的前提在于承认个人或集体在文化创造上的能动性,承认他能够
对社会做出合理的有价值的贡献,承认创造力的差异,这有利于保留创造性
的完整表达。文化的创造力无所不在,既在各种学科门类中,又在各种社会
阶层中,既是不同个体或群体的独立表现,也是社会的共同资源。

　　3. 文化力量的自信品质

　　"在政治上利用一切社会领域来为自己的领域服务,光凭革命精力和
精神上的自信是不够的。"[1]文化自信有赖于主体的自觉精神和物质基础保
障,提升文化自信,需要培养文化自信的社会环境,提升文化自信的主体意
识,积聚文化自信的经济政治基础。葛兰西的话语对我们有很多启示:"必
须从最大限度地提高生产机构的效率出发来组织集体的个人的生活。经济
力量在新的基础上的发展以及新结构的进步设施,将使必然存在的矛盾得
到调和。当建立起一种自上而下的新的'一致'的时候,也就为实现自我纪
律提供了新的可能性,也就是说,可以实现自由,包括个人自由。"[2]文化自
信的生成过程是一个综合协调的总体性过程。

　　文化认同是文化自信的知性基础。文化认同是民族和国家认同的前
提,民族认同实质上是对民族文化的认同,国家认同主要是对国家政治文化
的认同,费孝通把它的发生看作"人己之别"的形成,梁启超把它解释为"自
觉为我"的过程。文化认同是文化自信的基础性要素,很难想象,缺少认同

---

① 《马克思恩格斯文集》第1卷,人民出版社2009年版,第14—15页。

② Antonio Gramsci,*Selection from the Prison Notebooks*,Larwrence and Wishart,1971,p.263.

的文化会有自信。文化认同影响着文化变迁的历程,也影响着文化自信的过程,一般而言,人们对文化的态度可以分为"认同"和"认异",前者有助于文化的巩固和凝聚力,后者会稀释或削弱文化的影响力。这两个方面从不同方向对文化自信发生作用。从理念上看,认同与否取决于对文化边界的不同理解和文化态度,强势文化和弱势文化所蕴含的文化自信是不一样的。如果我们把文化自信分为强自信和弱自信两类,那么思想游移是难有强自信的。文化边界与文化身份、文化个性、文化认同密切相关,共同影响着文化自信的层次与含量,随着时空观、价值观的变化,各种互有悖论的文化原则都在发生作用,各种文化以自己的游戏规则维持着边界。面对旋转多变的文化事实,寻求固定不变的文化标准几乎没有可能,但丢失自家文化也是很危险的。面对思想活跃、观念碰撞、文化交融的时代特点和趋势,首要的任务是建设具有感召力和社会普遍认同的价值体系,用来引领和整合其他思想意识,在主体文化与其他文化的互补互动中实现文化整体的创造和发展。社会主义核心价值体系作为一个有机统一的整体,既突出了我们党和国家的指导思想,又强调了社会主义理想信念的重要作用;既继承吸收了中国文化的优秀传统,又体现了当今社会主义精神文明的本质特征。"人们面临的挑战是创造那种同族的、封闭的、排外的和同一的文化——每种文化都拥有它自己特定的民族特点和认同——那么,今天的挑战便在于创造一种开放的、多元的、包容的民族文化,这样的文化具有多样性的民族特点和认同。"①文化认同强调反映文化内在规律或运动特质,强调遵循事物的内在规律,透过表面现象来把握事物本质,从联系的角度理解文化的互动规律,就是根据文化发展和文化建设规律确立中国特色社会主义文化的运行规范。"在人类社会中,追求合法性的欲望是如此深植于人心之中,因此我们很难发现任何历史上的政府,未获得人民承认其合法性而能长治久安,或其不努力寻求人民承认其为合法。"②培育文化自信,要使广大群众在思想上真正认识到,中国共产党的领导地位是历史选择的,马克思主义指导地位也是在比较中选择的,其合法性是人们长期选择的结果。但是,我们应该看到,历史选择不会一劳永逸,思想内容不会一成不变,中国共产党必须以其先进性的理论和行为,为广大群众提供精神动力和智力支持,在改革开放中不断扩大思想认同,提高中国特色社会主义理论的话语权和感染力。

---

① [加]D.保罗·谢弗:《经济革命还是文化复兴》,高广卿等译,社会科学文献出版社 2006 年版,第 311 页。

② 转引自《中国文化新论·思想篇(一)理想与现实》,生活·读书·新知三联书店 1991 年版,第 98 页。

　　文化自觉是文化自信的理性基础。文化自觉是不同民族在世界文化秩序中的空间定位和思想定位，是文化认同中的状态和水平。我们的文化自觉是通过主体的内在观念如知识水平、道德觉悟、价值取向等因素，在中国特色社会主义文化建设中发生作用的，以文化自觉为前提，借助社会实践的主体系统、目标系统和规范系统解决现实问题，是现代社会的基本思路。中国文化"富于弹性，自古迄今，绵绵相属，虽间有盛衰之判，固未尝有中绝之时"①，它能够通过自我约束、自我调整适应变化了的实际。"奥杰布华人、夏威夷人、爱斯基摩人、亚马逊人、澳洲土著人、毛利人以及塞内加尔人：每一种人都在谈论他们的'文化'或者与文化类似的地方性价值；而他们如此谈论是因为目前状况恰恰是，这些文化的生存正在受国家或国际力量的威胁。这并不意味着是对圆锥形帐篷和石斧或者诸如此类的远古认同的偶像化收藏品的简单怀旧式渴望。"②相比之下，处于弱小地位的文化是难以有强烈的文化自信的，《史记·楚世家》载，楚人初兴，其文化心态与周相抗，自谓"我蛮夷也，不与中国之号谥！"及至为秦所灭，"三户亡秦"之余音中再难找到当初的文化自信，而且对抗性的文化心理也谈不上理性的自信。以文化自觉表现文化自信，是对世界潮流的追逐，是对自家文化的创新，这两者都是在理性思维中实现的。

　　社会生活是文化自信的现实基础。文化自信也是一个实践问题，只以口舌言语说文化自信而不落到实处，最终是徒劳无益的。如果说，文化自信是知、行两个方面的问题，二者是必须合一的。"知行本体原是如此。今若知得宗旨时，即说两个亦不妨，亦只是一个；若不会宗旨，便说一个，亦济得甚事？只是闲说话。"③讲文化自信要重在施行，不是茫茫荡荡地悬空思索，那些投身于现实社会的文化建设者，比口头上讲文化自信的人具有更高的自信心和认同感，因为他们的活动更加接近人的本质和文化自信的要点。从人类活动和人类文化的传承机制来看，实践是获得和体验文化自信的必要环节，"人们用以生产自己的生活资料的方式，首先取决于他们已有的和需要再生产的生活资料本身的特性。这种生产方式不应当只从它是个人肉体存在的再生产这方面加以考察。更确切地说，它是这些个人的一定的活动方式，是他们表现自己生命的一定方式、他们的一定的生活方式。"④具有

---

①　柳诒徵：《中国文化史》（上），吉林出版集团股份有限公司2016年版，第2页。

②　[美]马歇尔·萨林斯：《甜蜜的悲哀》，王铭铭等译，生活·读书·新知三联书店2000年版，第123—124页。

③　王阳明：《传习录》。

④　《马克思恩格斯文集》第1卷，人民出版社2009年版，第519—520页。

文化内涵的主体在具有社会特征的活动中不断追求着提高生产效率的技术原则和提高生活价值的精神品位,将文化的地域特色、感情特色和心理特色融汇于其中,因此,人类社会的技术分工与社会关系整合,既是人类社会发展的内在动力,也是文化样态的决定因素。不同的经济形式和经济活动对应着不同的文化形态,从原始社会到奴隶社会、封建社会再到资本主义社会、社会主义社会,每一种社会形态中的文化自信是明显存在的。民族形成文化,文化融凝民族,文化个性是民族的活的灵魂,民族是文化个性的重要载体。就单个民族而言,民族的文化生态影响着文化自信,因为每一种文化都在自己的范围内迅速发展着。不同的文化方式,造就了不同的文化符号,并在文化信仰、社会生活、政治传统的影响下,熔铸着不同的文化风格,从而为不同的文化自信提供了素材。就文化质态来说,一些文化严格设定了一个区分神圣与邪恶的道德边界,它在发展过程中的文化规制也是按照这一思维来操作的。但随着现代性的增长,这一边界被慢慢侵蚀,原来的内容也被剥落了许多,不得不在世俗化的环境中调整着自己的文化心态。对于强势文化来说,其使命主要不在于维持边界而在于推延边界;对于守势文化来说,其愿望不在于扩大边界而在于捍卫边界;对于失势文化来说,更多是在痛苦中回味边界内移的苦涩而又怀着重新崛起的愿望;对于弱势文化来说,为了不至于湮灭或边缘化,坚守个性成为文化策略关注的要点。在这种复杂的文化语境中,自信者与不自信者都会有所选择,使文化出现"推移""红移""漂移"现象。"推移"是力量强大的表现,是强势的或霸权的文化自信;"红移"是守势文化的姿态,是弱势文化的无奈反映;"漂移"是文化的流动性表现,既是一种常态,也可能身似浮萍、无所寄托。这些方面表现在文化建设和文化交流中,代表着对文化价值理解的深度和广度,是当下文化自信的不同症候。

二、马克思、恩格斯对文化力量的理解和阐释

马克思、恩格斯是从社会生活的深层结构揭示文化动力的,其话语基础、话语内容、话语环境和话语向度都是包含着具有鲜活生命力的思想元素。物质生产、精神生产和人的活动及其价值,是马克思、恩格斯文化动力思想的叙事要点,这个叙事结构中的基本要素相互渗透,体现出理论上的承续和逻辑上的贯通。尽管马克思、恩格斯的文化动力思想是一个不断深化的动态过程,其价值诉求却始终如一,并且随着认识的深化把人的解放和未来社会发展问题推向深入。他们用社会实践和历史生成相结合的分析范式表达了文化动力思想的叙事策略,其话语目标不仅在于解释世界、认识本

质,更在于改造世界、提升主体,它以社会实践论消解意识决定论,以历史生成论消解本体还原论,进而以人的解放和社会发展设定话语格调。马克思、恩格斯的文化动力思想本身就是一种力量,它不以说教形式放纵自己的思维,而是尽可能切中所指涉的问题,深入社会结构探寻文化的现实影响,把最本质的内涵表现在思想和语言层面上。

1.唯物辩证法规定的文化动力叙事

马克思、恩格斯研究文化力量的方法论基础是唯物史观,在他们看来,社会发展的动力是多层次的——社会基本矛盾是一个层次,社会实践是一个层次,阶级斗争是一个层次,社会主体的推动是一个层次,文化的能动作用又是一个层次。在这个动力体系中,既有物质的力量,又有文化的力量。文化的力量在人类社会发展的各个时期都有体现,但是,人们对文化动力的认识在各个时期又是不一样的。马克思认为,以前的文化史就是宗教史和政治史,而且是旧式的宗教史和政治史。这样的"文化史"是唯心史观的一种表述,是靠文化史家的联想,用观念的形式来描述的,因而是片面的、不科学的,文化的力量被异化为宗教的力量。马克思、恩格斯认为,蒲鲁东把历史说成是观念的历史,夸大了意识形态的作用。这种历史观发生在想象的云雾中,脱离时空,远离尘嚣,不是真正的人类历史,而是用虚幻支配现实;梅因把历史融化到"道德因素"中,夸大了个人的先天力量;德国社会学家保尔·巴尔特把历史唯物主义歪曲为"经济唯物主义",完全否认了思想观念或文化的力量。恩格斯说,旧唯物主义"不彻底的地方并不在于承认精神的力量,而在于不从这些动力中进一步追溯它的动因"。从唯物史观出发,马克思、恩格斯揭示了文化对经济基础的依赖关系以及自身的相对独立性,揭示了社会经济结构、社会政治结构和社会文化结构之间的内在关系,揭示了社会的物质生活过程和精神生活过程的内在关系,揭示了生产力、生产关系、上层建筑和社会意识形式之间的内在关系。在此基础上划分出的物质文化、制度文化、精神文化是社会关系的重要表现。马克思、恩格斯依据人类生产力发展水平来判断人类古代世界文化发展阶段,得出了与摩尔根相同的结论——文明是整个社会进步的标志。在马克思、恩格斯的视野里,文化动力不是虚无缥缈的意识之流和观念演绎,而是生产方式决定下的认识演变和思想变迁。文化不只是被动的观念形式,更是物质生产方式影响下的人类思想之花,它对社会运动、社会进程都有极大影响。

马克思、恩格斯研究文化力量的基本方法包括以下要点:

一是运用联系的观点看待文化力量。马克思、恩格斯围绕文化动力建立的联系主要有以下方面:1.劳动和文化力量的联系。劳动促进了文化的产生和发展,而文化尤其是科技文化提升了劳动的质量和技术含量。但是,在资本主义社会里,异化劳动成为常见的文化现象。"随着劳动的社会性的发展,以及由此而来的劳动成为之财富和文化的源泉,劳动者方面的贫穷和愚昧、非劳动者方面的财富和文化也发展起来。"①在这里,马克思、恩格斯没有孤立地谈论文化,也不赞成"劳动是一切财富和一切文化的源泉"的观点。2.资本和文化力量的联系。在资本主义社会里,资本创造了文化,执行着一定的历史的社会职能。就是说,资本主义文化是以价值和剩余价值及资本本身的存在为基础的。资本和利润迫使资本主义文化生产不断提速,并以其强大的科学技术,推出新的文化产品,催生资本主义的文化工业。另一方面,发达资本主义国家的文化工业以其前所未有的文化技术和文化生产力,采用各种手段,对内唤起人们对于"权力""金钱"和"性"的外露的或潜在的欲望,对外向殖民地进行腐蚀和剥削。3.技术进步与文化力量的联系。恩格斯说,社会一旦有技术上的需要,则这种需要就会比十所大学更能把科学推向前进。蒸汽机的发明、电力的发明都印证了这种思想,而社会革命中新思想的产生,则与人们的社会理想有关,是社会变革的现实要求。

二是运用发展的观点看待文化力量。马克思、恩格斯在研究文化动力时,是顺着时间的推延来追寻文化发展的轨迹、探寻文化发展层次的。比如:他们认为,穴居生活是最低的文化层,工具的出现则属于较晚的文化时期。在人类文化初期,劳动实践是人类生存和发展的最根本的活动方式,是人类区别于动物的最根本的文化标志。文字的出现和文化的独立性倾向,都是在劳动实践的基础上发展起来的。这是一个不断积累生产力和积蓄文化力的过程。其间,社会分工对文化发展具有重要意义,文化发展推动社会分工的精细化,文化力量的加速发展趋势也在不断表现出来,而"物质劳动和精神劳动的最大的一次分工,就是城市和乡村的分离。城乡之间的对立是随着野蛮向文明的过渡、部落制度向国家的过渡、地域局限性向民族的过渡而开始的,它贯穿着文明的全部历史直至现在(反谷物法同盟)"②。

三是运用实践的观点考察文化力量。文化动力是在实践中贯彻和表现出来的,尤其是先进文化的力量,是在群众掌握以后,应用于实践之中表现出来的。文化的意蕴是在人类交往中展现出来的,社会交往使人类关系超出了"虚假意识"和"颠倒意识"所蕴含的空间,体现了文化的社会性。如果把视角转移到人类社会的走向上,不难理解,文化是在生活中产生的,它不

①　《马克思恩格斯文集》第3卷,人民出版社2009年版,第430页。
②　《马克思恩格斯文集》第1卷,人民出版社2009年版,第556页。

是从原则出发而是从事实出发。共产主义作为特殊的文化形式,既是无产阶级与资产阶级斗争的理论表现,也是无产阶级解放条件的理论概括。马克思、恩格斯理解文化力量的基本思路,符合文化发展的基本规律。但是,文化作为驱动社会运行的力量之一,其作用具有二重性。

2. 社会实践和现实场景决定的文化力量品质

社会存在和社会意识关系的原理是马克思、恩格斯研究文化动力的重要切入点,正如恩格斯所言:"如果不把唯物主义方法当做研究历史的指南,而把它当做现成的公式,按照它来剪裁各种历史事实,那它就会转变为自己的对立物。"①唯物辩证法设定的色调中,文化内容、文化关系和文化价值都在文化力量的显映中体现出来。如果只关注物质力量而忽视文化力量或者只关注文化力量而忘记物质力量,则可能会形成机械的或颠倒的观念。如果只把文化力量看成想象的造物或观念的东西,这种力量就会失去现实依托而变得飘忽不定、难以捉摸,它赖以存在的根基就被拆除了。当马克思、恩格斯把"历史"归入哲学范畴时,就预示着他们关于文化力量的研究时空和研究视角的革命性变迁,历史活动中的文化事项被赋予科学特质。在马克思、恩格斯的思维中,文化动力不是虚无缥缈的意识之流和观念演绎,而是生产方式所决定的客观存在。人既是文化的载体又是社会的主体及社会历史的创造者,人的任何活动都受到有预期目的的思想或情感的支配,因此人在社会发展和历史进程中的作用成了衡量文化进步性的重要尺度。当"历史的自然"被注入人的意志和创造而成为带有特殊文化寄托的自然时,文化成了"人的本质力量的对象化活动",工业社会、技术元素都不过是这种"对象化"活动的场景和依托,文化动力的作用效能就在工业的历史背景下显映出来。因此,"对象化活动"是人的本质力量的外化和确证,是人的主体精神的真实表现。

马克思、恩格斯的文化动力思想建立在历史分析基础之上,他们不赞成"文化史观",也不完全认同旧唯物主义文化观,因为"文化史观"是靠文化史家的联想并以纯粹观念的形式来描述的,它是唯心史观的曲折表达,这种历史观发生在想象的云雾中;旧唯物主义"不彻底的地方并不在于承认精神的动力,而在于不从这些动力进一步追溯到它的动因"②。以唯物史观探索文化力量的源泉,找出"力量背后的力量"或"动力后面的动力",乃是马克思、恩格斯文化动力思想的思想基调,他们对人的文化创造的肯定是建立

---

① 《马克思恩格斯文集》第 10 卷,人民出版社 2009 年版,第 583 页。
② 《马克思恩格斯文集》第 4 卷,人民出版社 2009 年版,第 303 页。

在历史唯物主义基础上的。文化力量的显映过程就是人的存在价值由被遮蔽到解蔽进而到全面展示的过程,共产主义是人们在社会的物质和精神协调中的价值期待。

现实社会是马克思、恩格斯文化动力思想的另一个话语基础,联系的观点、发展的观点和实践的观点都在其中体现出来,他们把文化放在工人阶级解放的大时代中来理解,放在关乎社会发展前途的高度来看待,放在人的自由全面发展视野中来认识。文化自身的能动性是在实践的基础上积累和发展起来的,劳动促进了文化的产生和社会价值观的优化,而文化又提升了劳动的品质。资本主义文化的力量以价值和剩余价值及资本本身的存在为基础,资本和利润迫使资本主义文化生产不断提速,并以强大的科学技术催生资本主义的文化工业。但是,"随着劳动的社会性的发展,以及由此而来的劳动之成为财富和文化的源泉,劳动者方面的贫穷和愚昧、非劳动者方面的财富和文化也发展起来。"①与资本主义文化力量相伴生的文化悖论,最明显的表现就是人的精神"异化",它在彰显人的创造能力的同时又使人臣服于文化力量。马克思、恩格斯不是从纯粹的理论思辨而是以"具体问题具体分析"的辩证法基础来分析文化动力的。在对文化力量解读上,没有因为事物秩序的流动性而把认识世界的努力看成白费力气,在灵活性和稳定性之间,马克思、恩格斯是以自己独特的话语符号揭示社会进步的文化动力的。

3. 生活世界中的文化力量状况

马克思、恩格斯文化动力思想的叙事结构,不是剔除现实"以冥思式的抚慰"作空幻的语言组装,更不是把生活世界看成一个无主体的过程,而是思考现实并转化现实的表达形式。人的实践活动成了赋予客观世界"文化特征"的活动,成了表达人的意义和价值的活动,因此"生活世界"又是充满创造活力的价值世界。如果撇开社会主体,仅从认识论或方法论的角度去看待文化问题,文化研究就成为无根的浮萍。马克思、恩格斯"把伟大的认识工具给了人类,特别是给了工人阶级"②,使无产阶级的文化创造体现出广泛的辩证因素。这种文化思想与无产阶级的生存状况相遇,就使文化力量获得了坚实的阶级基础,也使马克思主义作为一种文化精神植根于工业无产阶级之中。马克思、恩格斯没有局限于从西方社会审视文化的力量,而是从世界范围的人的交往、人类社会的未来图景和人的全面而自由的发展

---

① 《马克思恩格斯文集》第3卷,人民出版社2009年版,第430页。

② 《列宁专题文集　论马克思主义》,人民出版社2009年版,第68页。

等方面来看待文化力量。在他们看来,不管是正常状态下的人的本质力量的对象化形式还是非正常状态下的人的本质力量的异化形式,不管是文化的正向能量还是负面力量,都离不开无产阶级和资产阶级的行为在场或生活世界。因此,马克思、恩格斯文化动力思想的原初话语环境是无产阶级和资产阶级共存的资本主义社会体系,这个体系也是他们活动于其中的"生活世界"。他们对文化力量表达方式的选择与不同阶级的文化责任相关联,价值取向和行为理性蕴含其中。正是生活世界提供了文化发展的空间和思想活动的场所,其批判特征显示出对文化倾向的矫治功能,它要求文化和思想合理生长。

与生活世界的历程相适应,无产阶级的文化存在和文化发展是一个自然历史过程,是"有法律的和政治的上层建筑竖立其上并有一定的社会意识形式与之相适应"的过程。虽然资本主义文化对于资本主义社会曾经起到巨大的推动作用,但是这种文化愈发展,思想缺场与行为在场之间的悖论愈明显,技术背景下的产品异化、工具依赖中的文化疏离以及经济繁荣中的思想凋落,无不显示出两个极端的力量。"工人比起资产阶级来,说的是另一种方言,有不同的思想和观念,不同的习俗和道德原则,不同的宗教和政治。"①工人阶级的劳动异化、精神异化以及自身的异化相互交织,使文化也成了异己的力量。生活世界的文化秩序发生了颠覆性变化,无产阶级在文化方面的历史挫折,不仅仅是生活的失败,也是无产阶级在文化和科学技术方面作为创造性的劳动者的失败,这和他们的精神失落和思想缺场有关。因此,资本主义社会里的人与资本主义文化并不是有机地融合的,文化被分裂为阶级形式和民族形式,这种人为的区域分隔使文化力量在生活世界中的影响发生了很多变异。

4. 世界历史语境中的文化力量及人的发展

个人的解放与全面发展是马克思、恩格斯阐述民族历史向世界历史转变的核心内容,个人的文化能力和社会养成是衡量这种转变的重要标志。由于联系和交往的加强,文化问题已经不是单一国度内的人与自然的关系问题,共产主义和人的全面发展成为马克思、恩格斯文化动力思想的终极指向。在马克思看来,"各个相互影响的活动范围在这个发展进程中越是扩大,各民族的原始封闭状态由于日益完善的生产方式、交往以及因交往而自然形成的不同民族之间的分工消灭得越是彻底,历史也就越是成为世界历

---

① 《马克思恩格斯文集》第 1 卷,人民出版社 2009 年版,第 437—438 页。

史。"①世界历史性活动中,文化的力量主要表现为人的思想认识的延展能力和人的内能的外显状况。在过程上,人的解放程度与历史完全转变为世界历史的过程是一致的;在内容上,人的精神财富取决于它的现实关系中的物质财富。前者是文化边界的世界性延展,后者是物质与文化关系的客观定位。社会交往使人们超出了特定的文化区域界限,也同样改变着原有的思想形态,其影响力从"地方"扩展到"世界","地域性的个人"逐渐转变成"世界历史性的、经验上普遍的个人",地域性的文化逐渐变成全球性的文化,地域性的文化力量逐渐转变为国际范围的文化力量。"各个人的全面的依存关系、他们的这种自然形成的世界历史性的共同活动的最初形式,由于这种共产主义革命而转化为对下述力量的控制和自觉的驾驭,这些力量本来是由人们的相互作用产生的,但是迄今为止对他们来说都作为完全异己的力量威慑和驾驭着他们。"②这种文化疏离造成社会内能的损耗,也提供了解决问题的线索。未来的共产主义社会是全球性的社会制度表现,其文化意蕴及其影响显露在多个方面。马克思、恩格斯设想的世界文化不是脱离民族文化的独立形态,而是由各民族文化的相互作用、相互影响而引起的新的文化现象,处于世界历史背景中,人们的行为超出了"虚假意识"和"颠倒意识"所蕴含的认识空间,表现出文化的社会性和真实性。新的世界文化是由"许多民族的和地方的文学"组成,每种优秀文化都恰当地发挥自己的价值和影响力,都能在新的世界文化中扮演着特定的角色和发挥着特殊的功能。在普遍的文化认同中,它的力量影响也是世界性的。

不应完全按照一一对应的关系来理解人类社会发展的顺序,社会形态的更替大体上与生产力水平有关,"物质生产力"或"物质生活的生产方式"固然重要,却不能完全表达人类追求的要义。社会主义社会建立在资本主义时代的生产力基础上,表现出比资本主义更高的劳动生产率,它在社会制度和文化形态上与共产主义社会相衔接。《哥达纲领批判》论及的未来共产主义社会就是以物质生产力和精神生产力的协调发展为依据的,"刚刚从资本主义社会中产生出来的,因此它在各方面,在经济、道德和精神方面都还带着它脱胎出来的那个旧社会的痕迹"③,只有在物质上达到极大丰富,在精神上达到充分自由时,才是完全的共产主义形态。因此,共产主义所蕴含的文化动力在于提供科学的文化观念,模塑出合目的性与合规律性

---

① 《马克思恩格斯文集》第1卷,人民出版社2009年版,第540—541页。
② 《马克思恩格斯文集》第1卷,人民出版社2009年版,第542页。
③ 《马克思恩格斯文集》第3卷,人民出版社2009年版,第434页。

的社会心理结构和精神模式;在于提供科学的伦理道德,熔铸成合乎人的全面发展的交往理念和行为模式。马克思、恩格斯文化动力思想的话语向度,既有社会发展形态上的终极关怀,又是社会主体精神境界的人文设定。"每一个单个人的解放的程度是与历史完全转变为世界历史的程度一致的"①,"文化上的每一个进步,都是迈向自由的一步。"②这两个论断可以互为解释和补充,前者表明人的解放与世界历史发展趋势的关系,后者体现了文化素质在人的发展中的影响。从"原始的丰富"所体现的自由形式,到"物的依赖"基础上的片面自由,再到"自由联合"中的全面发展,都离不开文化力量的推动。这种影响也指向个人历史,它在人的心中留下的文化印记创制或规定了正在使用的语码的数量,也影响着如何寻求主体归属以及如何揭示主体存在模式的问题。而个人文化素养的积累能使自己认识到自身"固有的力量"是社会力量的有机成分并同政治力量融为一体,文化就成了实现人的解放的标志和精神动力,成为解决社会问题和自我矛盾的重要线索。马克思、恩格斯所说的从"必然王国"向"自由王国"的转变,不仅是生产方式和制度结构的变迁,也是文化力量的增强和文化位能的扩大,这时的"世界历史"与"共产主义"统一性才在本质上显示出来。马克思、恩格斯文化动力思想是在历史唯物主义基础上建立起来的,其中,唯物论、辩证法和社会存在等被贯通为一体,文化动力的蕴生和启动,都是在这个完整体系中发生的。

第三节　文化治理规律:中国特色社会主义文化的发展层面

国家治理体系和治理能力现代化的文化动力,是指文化力量及其在国家运行中的作用方式和作用效能。推动国家治理体系和治理能力现代化过程的不仅有物质力量,还有社会的精神力量以及人民群众的主体力量。文化动力越来越成为国家治理的重要工具,这不是对马克思主义关于社会意识与社会存在关系的背离,而是文化功能在现代国家中发生作用的具体形式。

一、唯物史观中的文化现代化及其政治诉求

人类思想文化是社会性的,起源、功能、目标、应用的社会性,决定着文

---

① 《马克思恩格斯文集》第 1 卷,人民出版社 2009 年版,第 541 页。
② 《马克思恩格斯文集》第 9 卷,人民出版社 2009 年版,第 120 页。

化力量及其影响的社会性。马克思、恩格斯历来注重物质与思维的辩证统一,主张在基本矛盾和时空变换中揭示文化力量的实质,并在一般性和特殊性结合中阐释文化力量的演进方式和演进通则,以唯物史观为基础阐释文化力量,揭示文化动力与物质力量的递进形式及其对生产方式的影响,以资本主义社会发展的事实揭示文化动力特殊表现方式。

1.思想治理:增强马克思主义意识形态对推动国家运行的推动力

意识形态是人们以理想的形式表述的政治诉求,每一种意识形态都以其特有的方式服务于国家机器,意识形态与国家的存在及发展密切联系,是决定国家形貌的重要力量,而且,“国家一旦成了对社会来说是独立的力量,马上就产生了另外的意识形态”①。意识形态不是“白昼残迹”的纯粹想象和无用结果,而是对社会秩序安排的一种设想,也可能包含着虚构的思想图景。从意识形态的产生看,它经常要到历史与现实中寻找启示和依据,将思想归属到广泛认同和合乎时代需要的理论中。国家是主流意识形态的依托,主流意识形态是国家的思想支撑,由意识形态阐释的国家体系和由国家主导的意识形态,是一种具有强烈权力色彩和政治约束的思想体系,它给执政党的上层建筑大厦提供了根基,它作为统治阶级的代言工具,经常性地积蓄和壮大自己的力量。在不同时期意识形态的力量和作用方式影响着国家运行的轨迹,内在的意识形态力量构成国家政治运行的外部推动力量,那些跻身于政治舞台的阶级或阶级集团总希望把自己的利益借助意识形态力量表达出来。客观地说,处在上升时期的阶级的意识形态对国家的运行经常起着推动力,而处在没落状态的意识形态则经常成为国家发展的阻滞力。拿资产阶级意识形态来说,它在不同时期对国家运转和撬动效果是不一样的,它在资产阶级上升时期曾经是非常革命的力量,代表着社会发展的基本方向,这个时期国家的运转也颇具生机和活力。列宁在《国家与革命》中谈到这个问题时说:“资本主义文化创立了大生产”,“以资本主义和资本主义文化为基础的‘原始民主制度’同原始时代或资本主义以前时代的原始民主制度是不一样的。”②然而,资产阶级意识形态天然地带有很多瑕疵,它在推动国家机器运行的同时也会带来一些难以消除的问题,积重难返的矛盾又成为“炸毁”自身的力量。为了更好地发挥意识形态的力量,统治阶级不仅在阐释意识形态时赋予它一种令人向往的境界,还要把它和国家、社会和个人的命运联系起来,构建一个阶级依托和释放能量的通道,以此体现推动

---

① 《马克思恩格斯文集》第4卷,人民出版社2009年版,第308页。
② 《列宁选集》第3卷,人民出版社2012年版,第148页。

国家机器运行的内动力。在社会思想和社会主体的关系上,任何一次真正的现代革命都无一例外地在自己的旗帜上写上意识形态内容,把它作为引人趋骛的导向力量。但是,意识形态的能动作用从来没有超越经济基础的决定作用,即使是在波澜壮阔影响的革命年代,即使我们谈论精神之花育出物质之果的时候,也未能使意识形态力量摆脱物质力量的支配。这种现象表明,文化不是单纯被决定的,它在一定条件下也发挥着客观的决定作用。意识形态力量是在国家生活中具体地表达出来的,离开了社会实践和人的主体活动,再精致的意识形态理论都不过是思想上的乌托邦。

2.精神治理:增强共产主义理想信念和信仰对国家秩序的规约力

历史唯物主义把理想信念作为支撑国家发展的精神之钙,高尚的精神信仰是体现国家活力和生机的重要方面,精神生产力和物质生产力一样,构成了社会发展中不可或缺的推动力量。马克思在谈到货币的产生和发展及其对社会的影响时曾说:"货币不但决不会使社会形式瓦解,反而是社会形式发展的条件和发展一切生产力即物质生产力和精神生产力的主动轮。"[1]马克思主义唯物主义认为,为了保护和发挥精神生产力,就要把生产关系保持在与生产力相适应的水平上,使"文明的果实"在社会发展中获得持续的影响,同时还要彰显"语言、文学、技术能力"。一个国家、一个民族不能缺少精神动力,而这种力量形态只有当它反映客观规律和国家需要时,才能成为积极的推动力。当广大群众把共产主义作为思想激励时,"他的行动的一切动力,都一定要通过他的头脑,一定要转变为他的意志的动机,才能使他行动起来。"[2]历史唯物主义视野中的物质力量与精神力量,经常性地保持着决定与能动的关系,思想的效度和对社会关怀的温度总是受到"物质的纠缠"。精神动力作为推动社会发展的内在力量,是一个国家重视精神文明建设和培养社会信仰的重要理据。历史进程受到自然规律的影响,也受到社会规律的影响,上善若水的精神信仰,在社会发展中却是超乎想象的力量,当人们在社会注入精神要素并用精神动力来推动国家政治运行时,就有了目标性和方向性的推动力。但是,"我们判断这样一个变革时代也不能以它的意识为根据;相反,这个意识必须从物质生活的矛盾中,从社会生产力和生产关系之间的现存冲突中去解释。"[3]精神力量与物质力量是社会发展和国家治理的重要方面,任何一个方面都不能偏废。李斯特把精神本

---

① 《马克思恩格斯全集》第30卷,人民出版社1995年版,第175—176页。
② 《马克思恩格斯全集》第28卷,人民出版社2018年版,第360页。
③ 《马克思恩格斯文集》第2卷,人民出版社2009年版,第592页。

质看成凌驾于物质之上的"无限的生产力",杜林把"生产和经济的关系"作为"文化史"的附属物的观点,都与马克思主义精神动力观存在很大差别。至于宗教神学宣扬的神秘主义力量及其构设的天国家园,与马克思主义所表达的文化力量更是天壤之别。依靠马克思主义真理和共产主义理想确立的合法性认同和制度化的文化支撑系统,确立社会的思想秩序、政治秩序以及民族自尊和自信,是国家治理的重要任务。

　　3. 文艺治理:增强"已经获得的生产力"对国家文化发展的引导力

　　艺术是带有上层建筑特征的社会文化形式,它的力量也是在意识形态的关照中凝成的,艺术的表现方式和表现内容经常由国家的需要及政治导向来确定,尽管一些艺术本身并不带有政治倾向。文艺源于生活又高于生活,源于社会实践又在社会实践中显示出魅力和创造力;艺术力量不是虚幻的,因为艺术总是建立在社会生活之上,艺术的健康发展与否,乃是国家是否健康运行的风向标。文化力量除了用思想力量、精神信仰表达外,也经常借助艺术力量来体现,文学艺术在反映社会发展状况和国家风貌的同时,也激励人们进行新的文化创造。艺术的独特魅力就在于凝聚和挖掘社会的美学真谛,一切伟大的艺术都是同人民群众实践紧密相连,脱离人民的艺术是没有生命力的和病态的。与此时代相应的艺术形式也按照美的规律来表现自身的魅力。另一方面,资本主义和艺术生产又处在一个对立面上,艺术创造者面对资本主义"坏的方面"经常被迫留下伤感和怀旧的眼泪。在马克思看来,艺术与国家政治生活紧密联系,共产主义制度是艺术生产和发挥艺术力量最理想的社会条件,那时,"完全由分工造成的艺术家屈从于地方局限性的民族局限性的现象无论如何会消失掉,个人局限于某一艺术领域……这一现象,也会消失掉"①。艺术越接近事物,越能反映出事物的本质,其力量也就越大,尤其是当文化与国家的前途命运和人们的生活实践紧密相连时,其影响力将更加显著。艺术的力量、社会的力量、人的本质力量是结合在一起的,但在不同国家制度下,这种结合的方式是不一样的。在不同时期表现出特殊的形态和特殊的功能。马克思提出的"艺术生产力"就是"已经获得的精神方面的生产力",揭示了文化力量在国家生活中的创新特征,艺术的真实性原则是马克思、恩格斯关于艺术力量表达的基本要求。

　　4. 社会治理:增强人民群众在国家发展中的文化创造力

　　文化力量的表达离不开广大群众文化成果及其蕴含的内能是人的本质

---

　　①　《马克思恩格斯全集》第 3 卷,人民出版社 1960 年版,第 460 页。

力量的积淀。马克思主义在这方面有很多表述:"理论一经掌握群众,也会变为物质力量。"①思想的力量通过群众的认同获得的支配地位,思想的能动力是统治阶级驾驭经济社会发展的动力,当一种思想变为人们的心理定式并成为行为指导时,就会转化成社会的创造性力量,思想的力量也就转化成了物质的力量。文化力量被群众掌握并通过广大群众实现能量传递的,它需要行为主体、行为方式和作用媒介等三个要素。现实社会中,人的物质需要为社会发展提供了原生力量,人的精神需要为社会发展提供了继发力量。如果文化力量不能成为人们心中的目标和价值定位,它在社会中的影响力就会大打折扣。文化对国家的影响主要集中在对社会基本矛盾及运行方式的调控上。文化力量不会自动发生作用,人需要以自己的实践改造主观世界。而且,"历史活动的规模愈大、范围愈广,参加这种活动的人数就愈多,反过来说,我们所要实行的改造愈深刻,就愈要使人们关心这种改造并采取自觉的态度,就愈要使成百万成千万的人都确信这种改造的必要性。"②文化力量的大小与群众的参与效能有正向关系,尤其是国家层面上的文化运动,其中包含着人民群众在文化力量发挥中的主体条件。依靠群众建立一个有权威的国家系统,全面体现思想和信仰的有效性,并确立制度化的文化支持系统,并在国家力量的支持下清整文化秩序,达到法治与文治的协同状态,是现代国家治理的重要取向。

二、中国共产党文化管理思想与文化现代化

中国共产党把马克思、恩格斯文化动力思想运用于社会实践,以中国特色的方式表达了对文化力量的理解。不论是新中国成立初期的移风易俗和社会主义教育活动,还是改革开放中的精神文明建设和新时代中国特色社会主义文化建设,其政策制定和实践措施都是站在国家政治立场和健康运行的高度上,是对文化力量的表达做出的现实选择。

1. 发挥马克思主义意识形态的指导作用

毛泽东在《读李达著〈社会学大纲〉一书的批注》(1938)中指出:"社会意识形态是理论上再造出现实社会。"③明确地表达了意识形态力量对国家政治生活的影响。他还说:"代表先进阶级的正确思想,一旦被群众掌握,就会变成改造社会、改造世界的物质力量。"④这是说群众掌握先进思想与

① 《马克思恩格斯选集》第 1 卷,人民出版社 2012 年版,第 9 页。
② 《列宁选集》第 4 卷,人民出版社 2012 年版,第 348 页。
③ 《毛泽东哲学批注集》,中央文献出版社 1988 年版,第 210 页。
④ 《毛泽东文集》第八卷,人民出版社 1999 年版,第 320 页。

创造物质生活的关系,偏离社会主义意识形态,必然会造成社会主义政治价值的松动,甚至会导致文化重心与政治重心分离,给"自由主义文化"留下话语空间。确立主流意识形态的主体地位,是国家政治治理的一项重要任务,其目的不是肉体上的剥夺,而是在思想领域中争取人心。在谈到思想路线的作用时,毛泽东指出:"正确路线的领导之下也会有缺点错误,如黄河之水滚滚而流中间还会有几个小泡,我们多收集各种意见,认清自己工作中的缺点错误,这样就可以减少盲目性。"①社会的思想路线、党的总路线是国家发展的引导力量,但在不同时期引领的效果各不相同。邓小平把马列主义、毛泽东思想看成引导中国社会主义建设和抵制西方霸权主义的根本指导力量,认为"毛泽东思想过去是中国革命的旗帜,今后将永远是中国社会主义事业和反霸权主义事业的旗帜,我们将永远高举毛泽东思想的旗帜前进"②。发挥马克思主义意识形态力量,依据的不是"霸术"或纯粹的"学术",也不是古代统治阶级标榜的"政术"或"权术",而是用广泛认同的思想秩序消弭意见分歧,在集中民心、统一思想基础上达到"又有统一意志,又有个人心情舒畅"。在这项工作中,领导权、话语权、管理权都可以成为引领社会发展的软实力。从中外历史教训看,政权的更迭往往与思想领域的动摇有关,精神长城的巩固与国家的稳定总是呈现出正向关系,一旦思想的力量被消解掉,国家的内聚力也会被消解。在我国,国家政治生活的良性运行以及国家治理的顺利实现,不是靠行政手段和命令方式,而是靠马克思主义真理的力量和指导作用。

2. 发挥精神信仰与理想信念的引领作用

在中国共产党人看来,共产主义始终是一种不可抗拒的力量,马克思主义为中国革命和建设提供了强大的精神动力。在《矛盾论》中,毛泽东强调马克思主义意识形态是我们改造社会的重要力量;在《新民主主义论》中,毛泽东指出:"在现时,毫无疑义,应该扩大共产主义思想的宣传,加紧马克思列宁主义的学习,没有这种宣传和学习,不但不能引导中国革命到将来的社会主义阶段上去,而且也不能指导现时的民主革命达到胜利。"③如果学不懂马克思主义和共产主义,就会出现信仰模糊和思想边界不清的现象,由于思想散光造成的力量不集中的现象会削弱精神信仰的效力。"这个东西没有学通,我们就没有共同的语言,没有共同的方法,扯了许多皮,还扯不清

---

① 《毛泽东文集》第五卷,人民出版社1996年版,第29页。
② 《改革开放三十年重要文献选编》(上),中央文献出版社2008年版,第38页。
③ 《毛泽东选集》第二卷,人民出版社1991年版,第706页。

楚。"①只有当它反映客观存在的事物及其发展规律时,精神动力才能成为正向的力量。邓小平把精神文明和物质文明看成国家必不可少的"两手",从保证社会主义社会发展方向的角度揭示了社会主义精种文明建设的地位和作用,认为"不加强精神文明建设,物质文明建设也要受破坏,走弯路",针对当时社会中存在的资产阶级自由化和精神污染,他要求从全面发展社会主义的高度、从全社会实现道德治理的高度,深入认识和贯彻社会主义精神。中华传统美德与国家治理体系和治理能力现代化也是密切联系的,作为国家治理的重要依据的民族精神,"是中华民族五千多年来生生不息、发展壮大的强大精神动力,也是中国人民在未来岁月里薪火相传、继往开来的强大精神动力。"②没有这种精神力量,就缺少了治理的底气和根基。

3. 发挥文艺力量在日常生活中的陶冶作用

在毛泽东看来,革命文艺工作者要"傍着活事件来讨论",联系群众是显示报刊文艺力量的重要方式,新闻传播要注重"增强干部和群众在政治上的免疫力",文艺和报纸的思想表露要与党和人民利益一致,要通过深入社会生活表现文学创作的巨大作用,凸显思想文化力量在政治教育中的地位。毛泽东提倡改造旧艺术、创造新艺术,因为旧艺术经常"颠倒黑白、混淆是非",这样看来,旧艺术的力量与新艺术的力量就形成了竞争态势,壮大新艺术的力量,不能靠压制和命令来实现,要转化旧艺术、创造新艺术,我们的"双创"也可以从这里找到实现渊源。在今天的国家生活中,文化宣传做什么,艺术创造搞什么,必须把"为了谁、依靠谁、我是谁"放在首位,都要有利于国家的健康发展,其中的文化动力必须充满正能量。"枪杆子里面出政权"是革命年代的政治把握和军事需要,"笔杆子里面出政治"是执政时代政治把握和治理需要。两者并不矛盾,"马上得之"不能"马上治之",文艺的力量也是在党的领导下表现出来的,具有中国气派、中国作风和中国风格的文化力量是由文艺创造力、创新力、吸引力构成的,通过文化发展不断增强的文化整体实力和竞争力,也是在国家治理中显示文化力量的重要方式。在新时代中国共产党的文化建设中,文化软实力是国家治理的重要参数,"文化软实力集中体现了一个国家基于文化而具有的凝聚力和生命力,以及由此产生的吸引力和影响力。"③文化软实力的国家性质决定了国家治理的文化动力不是局部的而是整体的、不是一时的而是长期的、不是片

---

① 《毛泽东文集》第六卷,人民出版社 1999 年版,第 396 页。

② 《江泽民文选》第三卷,人民出版社 2006 年版,第 401 页。

③ 《习近平关于社会主义文化建设论述摘编》,中央文献出版社 2017 年版,第 198 页。

面的而是全面的。现代国家中,价值观念、思想文化等软实力越来越成为社会发展的有机成分,与经济硬实力、军事硬实力一起构成国家安全运行的三个重要支柱。正因为如此,文化软实力既是综合国力的重要标志,又是国家治理的内容和手段,在"形于中""发于外"的结合中,将国家治理的文化力量与文化信心有机地联系起来了,而且综合地全面地在国家生活中体现出来。注重社会价值观、思想道德、精神文明、理想信念、爱国主义等方面培育和践行,中国特色社会主义文化既是国家最深厚的源泉的基础,也是通过治理能力现代化作为走向世界的重要途径,"把当代中国价值观念贯穿于国际交流和传播方方面面"①,是体现"关乎人文,以化成天下"的基本方式。对中华优秀传统文化重整"国故",给文化软实力注入更多的哲理和法理揭示,在思想和信仰世界提供增强文化力量的资源,也是哲学社会科学研究的重要任务。文化软实力是我们抵制西方"文化霸权"的重要工具,"文化霸权"作为西方鼓吹普世价值观的工具,是一种以国际潮流逆动的力量,就这方面看,增强文化软实力又是我们提升国家形象和国际形象的重要工具。文化软实力作为国家治理的重要内容,不是单打一的独角戏,它是社会的经济政治等方面的合奏,是由广大群众用物质和精神编织的交响乐,把文化力量看成高于物质硬实力或者看成自动发生作用的形式,都不符合历史唯物主义世界观。强大的文化动力是以深厚的文化自信和经济实力为基础的,中国共产党把自我革命作为不断注入文化动力的重要机制,是基于历史的教训和现实的要求而对国家治理任务的回应。

4. 发挥人民群众在文化实践中的能动作用

思想文化治理是争取民意的事情,在共产党执政的国家中,依靠人民、服务人民是国家管理的不二法门,"人民的革命力量才是真正的优势"②,"人心就是力量","人心是最大的力量"。国家治理的基础首先是人心向背问题,而文化尤其是政治文化,则是社会治理的重要工具,在一定程度上说,文化水平就是现代水平,国家治理就是文化治理,发挥文化力量首先要解决人心的向背问题。在文化力量的表达中,人民主体性包括两个重要的方面,其一是说文化力量是在人民群众实践中生成的,群众提供文化力量赖以生成的主体环境。没有人民群众的主体作用,文化就失去了最重要的依存基础,"就会变成无根的浮萍、无病的呻吟、无魂的躯壳"③。意识形态力量的

<hr>

① 《习近平谈治国理政》第一卷,外文出版社2018年版,第161页。
② 《毛泽东文集》第五卷,人民出版社1996年版,第69页。
③ 《习近平谈治国理政》第二卷,外文出版社2017年版,第316页。

社会性是通过广大群众的实践表现出来的,精神动力、信仰的力量、艺术的力量也都是群众的实践创造。其二是说文化的表达及其作用方式离不开广大群众,文化力量从来就不是空中楼阁,它经常与社会主体的生活融会贯通并起到"日用而不知"的作用。我们经常说"文以载道""上善若水","文"的软实力能不能载起社会之"道",不仅要看文的影响力,更要能否引起广大群众的思想共鸣。"人民是历史的创造者,是时代雕塑者。"①依靠群众路线和人民主体地位表达文化力量在国家治理中的作用,是通过大众化的方式将文化力量灌注与生活世界之中,给文化力量的发挥找到了社会空间,在制度化常态化的进路中使文化的规整力与群众的主动性在推动国家治理中有了发挥的空间。将思想道德所内涵的生活秩序和意义表现出来,将文化力量通过群众的主体作用表达出来,造成奋发向上的社会风貌,是文化力量发挥作用的重要机理。

三、中国文化产业的现代化发展之路

"文化是民族生存和发展的重要力量。人类社会每一次跃进,人类文明每一次升华,无不伴随着文化的历史性进步。没有文明的继承和发展,没有文化的弘扬和繁荣,就没有中华民族伟大复兴的中国梦的实现。"②今天,发达国家和发展中国家都关注文化产业的发展,这是看到了文化所蕴含的经济效能和潜在力量。我们把以文化为基础获得经济效益的行业称为文化产业,实际上是把经济发展与文化建设融合起来形成共生互进的形式。文化发展是一件复杂的事情,文化产业只是其中的一个表现,倘若仅仅以文化产业良差来衡量文化发展状况,会失去文化发展的社会效能和公益性质。我们毫不怀疑,"中华民族创造了源远流长的中华文化,也一定能够创造出中华文化新的辉煌。"③就一般形式而言,今日文化产业之发展,"凡三事应研究,人口增加,有选举权及能参政之公民加多,能读书写字者加多,一也;交通便捷,人之关系益繁,无复如昔时株守乡里,不相往来,二也;人能同时向无量数人表示意见,三也。"④就特殊形式而言,中国文化产业发展,既有"流金昼永""忽变奇峰",又有"淡烟飘薄""月观风亭",还有"孤角秋吟"

① 《习近平关于社会主义文化建设论述摘编》,中央文献出版社2017年版,第176页。
② 《习近平总书记系列重要讲话读本(2016年版)》,学习出版社、人民出版社2016年版,第186页。
③ 《习近平总书记系列重要讲话读本(2016年版)》,学习出版社、人民出版社2016年版,第186页。
④ [美]林恩·桑戴克:《世界文化史》(下),冯雄译,东方出版社2014年版,第620页。

"病损文园",是一个曲折发展的壮大过程,今天它已经"雨过平芜浮天阔""龙舟噀水飞相逐"。对于这种现状,总结经验可以使我们树立信心,认识教训可以使我们减少失误。认识和研究中国文化产业问题,要多搞"集成"和"总装",要多搞"自主创新"和"综合创新"。

1. 中国文化产业的认识深化

文化产业大体可以看成生产满足人们精神需求和生活需要的文化产品和服务性行业,其市场取向、发展方向和产业化走向与文化消费及其文化服务有关。如果从学术看,文化产业似乎很神秘,有"春风不解禁杨花,蒙蒙乱扑行人面"的感觉;如果从实践看,文化俯拾皆是,"到处皆诗境,随时有物华",它就在我们身边。文化产业的理论维度就像"阳春白雪",看上去很高雅,颇能匠心独运;文化产业的实践维度颇有"巴人"风格,看上去很"草根",也能"巧剪兰心"。但人们对文化产业所包含的内容及范围看法并不一致,由此也引起对如何发展文化产业以及发展方向的关注程度的差别。

文化产业概念的生成以及文化产业理论的发展,是人们在不同历史时期对文化生产的多样化认知。"高雅艺术被商业文化重重包围,商业文化给出了虚假的幸福许诺,这种幸福产生于庸俗花哨的艺术作品、甜得发腻的影视、尤其是广告等使人丧失个性的甜蜜承诺"①,人们在不知不觉中陷入艺术诱惑的泥沼,尽管它通过某种叙事给人以安慰,似乎到处"红杏枝头春意闹",但却是一种裹着糖衣的道德寓意,包含着"浮生长恨欢娱少"的遗憾,也有"空赢得,斜阳暮草,淡烟细雨"的怅恨,身处这种丑陋与沮丧之中,会觉得文化品质弥足珍贵。美国著名社会学家斯科特·拉什认为,文化产业以其强势的符号表征和意识形态特质活跃在上层建筑领域,经济追求占据了主导地位。但是,要把文化产品的品质影响完全归结为虚假方面,是不完全符合实际的,其现实影响绝不是"空里流霜不觉飞,汀上白沙看不见"。

文化工业的迅速崛起,恰如"清江东注,画舸西流"。过去,人们感叹稀少的或高雅的物品为少数人拥有时,有"此曲只应天上有"之叹;今天,面对大量的文化产品,又有"东望少城花满烟"之思。过去的文化生产,"为情而造文","为文而造情",其规模大体是"照野弥弥浅浪,横空暧暧微霄";现在的文化生产,势如"朝来风暴,飞絮乱投帘幕",人们可以通过技术复制各类文化作品,畅销书籍可以复制,流行歌星的唱片可以复制,好莱坞的大片可以复制,达·芬奇的作品可以复制,民间工艺品也可以复制。文化工业是以现代技术发展为基础的,但最根本的动因还是对经济利益的追求。法兰克福

---

① [英]弗雷德·英格利斯:《文化》,韩启群等译,南京大学出版社2008年版,第133页。

学派认为,资本主义社会早期的资本积累为文化工业奠定了坚实的基础,生产文化产品在经典思维基础上添加了文化佐料,在形式上亦是"旧巢更有新燕"。不过,人们对文化工业持有的态度是不一样的,即便是法兰克福派内部,其观点也不是铁板一块。比如:阿多诺对文化工业持有批判立场和悲观色彩,似乎"多情多感,不干风月",而本雅明则对工业持伤感态度,虽然"有意送春归",却"无计留春住",总是"一半悲秋,一半伤春",但他承认文化产业和大众文化的积极意义,认为文化和艺术作品的复制不仅可以迅速实现文化普及,还可以把艺术从宗教仪式束缚中解放出来,文化符号化是文化产业效果的重要表现。

2. 中国文化产业的资源利用规律

文化产业的多样性发展造就了一种复杂现象,使人们对文化资源有了新的审读方式,文化产业的内容支撑发生了很多变化。这些衍生出的文化产业形式,既为流俗所嗜求,也为现代所追捧,它所涉及的人、物、事都可以成为中国文化产业的重要支撑。

第一,用之巧——中国文化产业的技术支撑。

文化产业一开始就是技术与文化联姻的形式。在技术含量还没有到一定水平时,人们既无可能实现文化与技术结合,也难以支撑文化产业发展的愿望。但是,有了技术不一定能形成文化产业,必须实现文化与技术的二者巧妙结合,即要实现"用之巧"。中国文化产业的技术支撑体现在格调、理念和品位上。技术造成的朴素与华美看似简单,实际上却大有讲究,它大体有两种情况,一种是由于技术落后而不得不过着简朴粗糙的生活,一种是技术形态略备情况下而保持的朴素状态。但是,要用这两种状况完全表述现代文化产业,在很多时候是缺乏效力的。科学技术与文化联姻,拉近了生活"背景",扩大了生活"前景",缺少现实物质载体和精神载体的内容,逐渐从人们的视野中消褪。这种影响在技术比较落后的时期是看不到的,在技术被忽视的时期也是难以看到的。中国早期社会的技术经常被视为奇技淫巧,物质生产被称为"奇技淫巧",一面炫耀那些处于世界领先地位的技术,一面将之置于社会价值体系中的卑微地位。现代科技推动下,精神可以产业化,行为可以产业化,语言也可以产业化。但是,文化产业不能"横无际涯",因为技术发展带来的可能性是有限度的,消费能力扩大与消费空间被挤压是并存的,现实活动中存在着很多隐忧和困局,它经常夹杂着不良效应。技术对文化产业造成的状况影响到人的生存状态,醉生梦死成为一种境界,灯影憧憧成为一种常态,轻歌曼舞之中迷失了明确的方位,利益纷扰之际哪管它明日景象。不能否认,一些文化工业也希望拯救社会、再塑精神,追求美好的诗意生存,其积极意义自不待言。按照海德格尔的观点,"诗意生存"不能理解为人的"住宅"的优美,也不单指人在诗的活动中的基本维度,诗意生存是人的生活质量和生存环境的真正表现,还与怀恋和留住乡愁有关。中国文化产业在追求美感的同时,也不能丢掉弥足珍贵的朴素精神,他需要把过去的文化品质与现代的科技情怀良好地结合起来,成为寄托理想与反映现实的良好形式。习近平总书记在马栏山考察时曾讲到,文化产业既有意识形态属性,又有市场属性,中国文化产业的方向归根到底是由意识形态决定的。文化产业的高雅格调与文化朴素品质并不矛盾,精神上崇高与物质上实用是不矛盾的,经济效益和社会效益也应当是协调的。

科学技术日新月异的发展,在给文化产业增添新意、注入活力的同时,也打上了鲜明的时代烙印,文化产业类型纷繁多样,文化符号不断推陈出新,文化术语更加多元,文化价值取向日渐多样。过去和现代之间存在明显的视差,如果舍去地域、民族和技术差别,在原始社会,占主导地位的是表象化、直觉化的文化模式;在农耕社会,占主导地位的是自然主义、经验主义的文化模式;在工业社会,占主导地位的是理性主义的文化模式;在后工业时代和当代科技的影响下,占主导地位的是后工业文明的文化模式。与上述历史文化时期相对应:"手推磨"折射出封建社会的文化产业,"蒸汽磨"折射出大工业革命时代的文化产业,"电力磨"折射出电气化时代的文化产业,"信息磨"则折射出信息全球化时代的文化产业。科学技术每一次突飞猛进的变革都扩大了人们的知识场景和思想界域,使人们对文化的理解递进一层,也使文化从内容到形式再度更新。于是,文化产业的世俗感增强的同时神秘感在降低。当今世界,科技文化产业的崛起,既给文化发展注入了技术动力,也使人们对文化的理解超出已往,甚至成为影响国际关系的重要方面。许多国家以捍卫"文化主权"对抗美国的文化霸权,例如:法国提出"文化例外"捍卫文化产业发展,加拿大用法令限制国外对电影业的投资,而当智利的马特拉写了《如何解读唐老鸭》时,美国人的反应是声色俱厉的。技术进步的影响、大众传媒的广泛渗透、新大众阶层的涌现、艺术传播与审查方式的转变等,都给文化产业注入了新的生命活力,也带来了新问题。在科学技术对文化所施加的诸多影响中,笔者以为,最值得称道的是,随着人们对文化的理解得到拓展、文化曾有的神秘感得到消解、文化原有的限制和禁忌被打破后,文化世俗感的增强,以及由此拓宽的文化产业发展渠道。中国文化产业不能无视这种境况,过去的产业可以作为现代的基础,现代的产业可以成为发展的动力,在过去与现代之间必须寻找合适结合点,既要借助科技充分利用好过去的文化资源,又要借助科学体现文化产业的创新,既要运用科技打造现代文化产业的新形式,又要运用科技体现现代文化产业新意境。

第二,和之贵——中国文化产业的环境因素。

生产力发展水平、传统文化模式、政治文化生态、社会心理习惯等,是文化产业发展的制约因素。中国文化产业发展,必须充分理解并尊重民族差异和地区特点,既注重民族风情,又考虑地域特征;既弘扬传统文化,又发展特色文化;既有宏观规划,又有微观运作;既表达统一意志,又展示文化个性;既凝聚精英文化思想,又推动"草根文化"发展;既关注文化产业的发展现状,又把握文化产业的未来走向。

生产力水平是文化产业发展的决定性要素,影响着文化产业的规模、速度、方式和水平。"物质生活的生产方式制约着整个社会生活、政治生活和精神生活的过程。"①由于人们的生产资料所有制的关系不同,以及人们由此而取得的创造物质财富的方式不同,在阶级社会里形成了阶级利益或阶层利益的对立,而利益从根本上支配着人们精神文化和价值取向,进而影响着文化产业思路和形式。人类社会所经历的狩猎文化、农耕文化、游牧文化以及工业文明,都是不同层次生产力水平的表现形式,不同的生产力水平,影响着人们的文化心态、人们生活的文化氛围以及人们的文化活动方式,继而影响着文化的演变路径。人们对本民族文化的取舍,对异族文化的态度,是由物质生产方式及其变迁决定的,其中间环节是实践。而实践造成的文化积累表现为物化形态的文化、规范形态的文化或观念形态的文化,体现着人们对社会客体的认识关系和价值关系,凝结着社会成员的集体智慧、力量和价值追索,构成人类积累、交换、传递、继承和光大本民族文化产业的发展机制。

中华民族具有特殊的文化气质和特性,是文化产业的基础,也构成了本民族的文化精髓和发展根基,是我们发展文化产业价值判断和价值选择基础。这种价值体系往往表现为习俗、观念、知识、信仰、规范、规则等,规范和调节着人们的文化活动。"似此星辰非昨夜,为谁风露立中宵",人们一旦选择了某种结合形式,就选择了某种文化产业模式,也就基本上确定了文化产业的大致形态。文化模式是特定民族特定人群普遍认同的,由民族精神、价值取向、社会习俗、伦理规范等构成的相对稳定的状态,是行为方式在人们心中的投影。相应的文化生态也经常带有自己的特征,每一个时期的文化产业都与当时的文化存在有关,每一种历史的文化和现实的文化都在它

---

① 《马克思恩格斯选集》第2卷,人民出版社1995年版,第32页。

的逻辑程序上留下自己的印记,影响着文化产业发展机理。这些因素会经常性地对文化产业发展起着作用,尤其是那些与传统文化有直接关系的文化产业。以千百年来形成的生活习惯和经验为准则,影响着文化创意的发生。"在大多数情况下,历来的习俗就把一切调整好了"。① 从积极方面说,这种文化传统强化了中国文化的延续力,使之薪火不熄,代代传承。从消极方面说,"它又造成中华民族惯于向后看的积习和因循守成的倾向,保守知足,厚古薄今,消磨了进取、创新精神。"②这不利于文化产业创造精神的发挥,即便是要变化,那些革故鼎新的改革者,也不得不"托古改制",从故纸堆里寻找依据,表现在文化产业改革上,也是"犹抱琵琶半遮面"。

　　文化产业创意支撑经常受到传统保守心理的阻滞,它影响着创意精神的发挥。农耕文化和游牧文化就是不同生活方式下的文化形态,分别对应着两种不同的经济区——农耕区和游牧区,"早出暮入,强乎耕稼树艺"的文化心态与此有关。《帝王世纪·击壤之歌》所描述的"日出而作,日入而息,凿井而饮,耕田而食,帝力于我何有哉!",是很多农耕者的思维习惯,这与农业民族平实、安娴的文化心理不无关系,它长期投射在民族心理中,经常性地引导人们保持宽容友好的态度,使中国农业文化产业表现出极大的保守性和受容性。但是,中国传统的文化受容性并不意味着对外来文化无所抉择地一味接受,更不意味着可以对自身文化传统任意处置。中国传统文化的突出特征是顺天时、顺地理、求和乐。"欲求顺物性,顺天性,则必求适时"③,人事和天时,则"人文化成";"和乐"的最佳境界是"与天地合其德,与日月合其明,与四时合其序"。上述现象,从积极方面而言,它强化了中国文化的延续力,使之成为不断延续的文化系统;从消极方面看,它又造成中华民族惯于"向后看"的积习和因循守成的倾向,保守知足,一定程度上消磨了进取、创新精神。这样的心理习惯、思维定式、运作模式等都会成为文化产业发展的心理制约。正因为如此,文化创意中解放思想尤为重要。文化产业的发展不能无视传统文化的影响,而应"阔视远想,统新故而视其通,苞中外而计其全",不宜"将古制渐灭殆尽,而后群诧域外之文明"。文化产业发展的设计中,如何协调传统文化与现代文化的关系,如何定位传统文化精神中有恒久价值的深层结构和已经成为历史遗迹的表层结构及其关系,如何把握传统文化与现代人文精神的契合点,如何塑造新的民族精神和

---

① 《马克思恩格斯选集》第4卷,人民出版社1995年版,第95页。
② 冯天瑜等:《中华文化史》(上),上海人民出版社2005年版,第186页。
③ 钱穆:《双溪独语》,台湾学生书局1981年版,第271页。

以人为本的人文模式,如何融入世界文化大潮而不丧失优秀传统文化特征等,都是不能回避的问题。而且,不论它是以对抗的形式或以妥协的形式表现出来,在制度文化上都会有相应的表现,都是文化产业发展的重要制约因素。中国传统文化模式制约着文化产业发展的形成、运行和效果,它在一定程度上具有规范功能,它通过内在机理的外化制约着特定民族的经济和政治活动,成为社会发展的文化推动力或阻滞力。

当代文化产业生态具有以下方面的特征:一是文化产业的时尚性和流行性。在过去,讲到时尚,马上令人想起流行时装,而现在,它已经扩展到文化及其衍生产品中。消费文化就像平地旋风,掀起阵阵消费风潮,那些热点人物、大众明星、各种 TOP 排行榜,背后包含着关于生存方式、情感倾向、审美趣味等的理解。二是文化产业的商业性和娱乐性。文化消费的一切策略都是按照利益取向来规划的,回报率是关注的要点,其营销策略、经营模式、运作方式都要强调边际效益,一些知名品牌已经不只是物质概念,还隐藏着消费趣味和满足感。三是文化产业的攀比性和过度性。在这方面,媒体不遗余力地打造消费偶像,他们以成功人士的代言为噱头吸引消费者投资。由此造成中国文化消费市场迅速扩大,这种全民式的大众消费文化影响和模塑着当代社会民众的精神品质,造成当代中国的广大民众精神素质、人格模式的历史性转型,解构了长期以来形成的单一文化发展模式,影响和改造着其他文化形态,造成了主流文化、精英文化和大众文化"三位一体"的发展格局。中国文化既有一般性,又有特殊性,处在这样的环境而不失其本真,是一个很必要很困难的事情。

第三,思之力——中国文化产业的创意支撑。

(1)创意人才。创意主要是人们在创作过程中表达出来的新型思维建构及成果。文化创意有助于更新文化产业发展模式、拓展文化产品经营模式、赋予文化生活以新的体验模式,它创意人才、创意内容、创意产品、创意协作等,国家"十三五""十四五"规划纲要要求支持数字创意等领域的发展壮大,创意文化产业已经成为我国战略性新兴产业发展的重要支柱之一。文化产业及其重大工程建设的重点、难点和关键性技术问题,都与文化创意人才培养有关。这需要多方面综合推动:一是政府给予创意人才必要的政策支持、资金支持和税收优惠,发挥在培养文化创意人才中的导向作用,引导社会充分认识文化创意人才现实的和潜在的贡献。二是为学校、企业和科研机构对文化创意产品的研发与创意人才的培养提供充分的支持,支持文化创意产业集聚区的环境整治、基础设施和公共服务平台建设等公共设施工程,实施"文化创意人才创新工程"和"文化创意专家建设工程"。三是文化产业的创意产品支撑。动漫作品、动画形象都要有充分关注,在音像、网络、出书出版、电信、游戏、玩具、服装、食品饮料、文具和主题公园等相关产品和产业的综合开发与销售中实现品牌价值最大化。四是文化产业的创意协作支撑,文化产业作为市场经济的重要组成,不仅需要发挥市场在资源配置中的决定性作用,还需要遵守文化艺术创作规律和市场经济价值规律。

(2)创意消费。中国的文化产业是充满生机和活力的。中国在40多年的改革开放中,经济发展使人们有了足够的消费能力和闲暇时间,技术发展和交往增多开阔了人们的文化眼界,多样化的生活也推动了多样化的文化需求。一是大众文学、网络文化消费市场广阔。大众对现代读物的需求量很大,但这只是传统意义上的文化产品消费规模。人们的阅读传播内容经历了手抄本、雕版印刷、活字印刷等形式,这些"冷媒介"在满足阅读人群方面的功效还是有限的。现代印刷技术尤其是激光照排、影印技术等极大地推动了出版发行行业的发展,引起了消费心理和社会方面的巨大变革。网络娱乐消费进一步向移动端转移,手机端网络音乐、视频、文学用户大幅度增长;正版化、精品化、差异化方向明显加快,人们无须走进书店或影院就可以阅读自己喜欢的书和电影。由于我国目前手机网络文学、手机网络游戏等均付费消费,这已经形成一条效益可观的产业链,充分体现了文学、游戏、动漫、影视等娱乐产业的交叉融合,由此带来的广告收入也成为网络文化市场规模不断增长的重要动力。整体上看,中国大众文化消费热情很高,消费空间很大,并且随着文化产业数字化,青少年成为消费主体。为此,国家提出使"新一代信息技术成为国民经济的支柱产业"的思路,意在"加快推进三网融合""提升网络增值服务等信息服务能力""大力发展数字虚拟等技术,促进文化创意产业发展"。二是大众对影视作品、歌曲和音乐的消费全面增长。民间音乐的主题基本上与平静的农业生产环境有关,表达了对宁静安详情感的抒发,再经过现代技术包装之后也成为文化产业重要部分,收到了史无前例的产业效益。流行音乐是伴随都市的形成而发展起来的,在不同地域具有各自不同的风格和特点,其主题与现代都市的社会、经济、文化、生活息息相关,反映了都市的文化趣味,传递的是现代都市人的社会观念和审美意识。为了提高娱乐性,流行音乐经常要关注"买方市场",以"趣味"吸引大众眼光,其"认识功能""审美功能""教育功能"都不那么充分,一般只保留了声音的"诱惑"。国外的影视作品和音像制品一起强势意向影响到国内的文化产业,在抵御这种攻势的同时,中国文化产业还要在未来的竞争中占据一席之地,就不能不认真应对这种局面。三是其他形式的流行文化消费也迅速崛起。主要是时装文化、时髦文化、休闲文化、奢侈文化、都市文化、次文化、亚文化等形式,也可以是上述一些内容的综合体,它在不同的阶层和地区出现,消解了文化人群的差异,将人们对某一现象或做法的狂热追求推向极致。

第四,物之便——中国文化产业的资源选择。

人类社会生活实践中创造的一切成果都可以成为文化资源,当社会的经济发展到一定水平时,提高精神生活水平就是民众追逐的目标,人们的目光会更多地集中到文化资源上面,这是文化产业发展的重要支撑。没有文化资源,文化产业发展就成了"无米之炊"。文化资源具有相对稳定性,体现在民族文化心理中,即使随着社会变迁发生形式和量态的变化,其内核和质态总是以相对稳定的形式保留下来。

文化资源的多样性影响文化产业发展的多样化。文化资源具有独占性和共享性,这一方面提出了保护和传承文化资源的任务,另一方面也面临着共同开发及合理共享问题。由于自然资源的稀缺特质,其产权归属是一个重要问题,又由于不同地域文化积淀不同,各地区的文化形态也是不同的,使得文化资源又有一定的独占性,但这并不排除文化资源的共享性。因为文化资源是一种历史创造,而不仅仅是某一个民族作用的结果;每一种文化资源都是先人的历史遗产,都不应该是民族的独占情景;文化资源是人类的共同资源和共同财富,不能说只是单一区域独占的资源。文化资源具有可转化性,是其形成、发展和演变规律决定的,它作为自然、社会、人的智力的综合成就,体现了不同因素在不同的文化资源形成方面的成果,是特定历史环境中的结果,必然随着社会变迁而发生内容或形式的变化。在文化产业发展中,不同地域的发展者能够不约而同地想到相同的资源,说明他们对文化资源的可转化性的认识大体是相同的。另一方面,各种文化资源都有深深的历史烙印,其中的文化元素是需要在现实环境中转化的。文化资源有不可再生性和可再生性两种形式。一些文化资源在利用以后难以再造,一些文化资源却可以再造。文化资源的可再造性表现为形态选择的多样性,同一种文化资源在历史的演变中也会出现很多演绎形式和诠释形态,民族文化资源却会随着历史的发展不断被演绎和改造,并呈现出不同的地域特征。文化资源的可再造性还表现在功用上的再造方面,可以将同一种资源开发出多样化表现。可以说,任何一种文化资源,都可能会发生转变而形成新的形态,这也是文化资源顽强生命力的一种表现。

文化资源的价值内涵影响文化资源的可用性。文化资源的价值不是单一体系,其价值属性既是文化产业的定位基础,也是寻求文化资源向应用效能转化的重要方面,影响到人与人之间的相互关系、道德习俗、思想禁忌、行为习惯与思维方式等。文化资源反映了民众集体生活状况和创造行为,记载和保留着人类文化行为及其成果,每一个民族文化表达中都深含着该民族传统文化的精髓,代表着该民族自己独特的文化身份和特色,是该民族审美方式、思维方式、发展方式的体现。文化资源的精神和审美价值包含着历史上不同时代、不同民族人们劳动和智慧的结晶,蕴藏着所属民族的文化基因和精神特质,形成了本民族特有的文化传承。由于文化资源是社会长期选择的结果,必然包含着明确的社会和谐意向。

文化资源运行状况影响文化产业发展的效果。一是文化资源运行的综合性支撑。文化资源是资金、技术、信息和人才的综合体系,其运行中的各个环节发挥不同的作用,其运行效果也是综合推动的结果。文化资源运行的各个要素综合推动的结果,离开了文化资本任何一个要素的参与,都会导致文化资本运行的不顺畅。二是文化资源运行对文化产业规律性支撑。文化产业对文化资本的运动是以独特的规律运行的,文化市场本身也有自己独特的发展规律,文化产业要凸显自己的经济和价值属性,就必须遵循市场规律,优化文化资源配置和减少浪费现象。三是文化资源运作的流动性对文化产业的影响。在价值规律和供求关系的影响下,文化资本推动着文化产业的兴起和发展,也会造成某些行业的萎缩和低迷。四是文化资源增值欲望的影响。价值增值是文化资源的内在要求,是各个要素共同作用的结果,从投入和产出的角度来看,文化资源的运行效益必然应该大于或者远远大于各个单一的文化资本要素效益的简单相加。

四、中国文化现代化中的国家治理之路

文化对国家意志的凝聚起着黏合与固化作用,对群众行为起着激励和催生作用,也对社会的价值导向、精神气象、思想方向内在地起着规定和约束作用。以文化动力推进国家治理体系和治理能力现代化,是在精神内能和社会品质上全面提升国家品质的重要路径。

1.把主流意识形态力量贯穿到国家治理体系和治理能力现代化的全过程

如果一个国家缺少体现凝聚作用的主流意识形态,它的文化也会是一盘散沙,就谈不上真正的文化软实力;如果一个国家的主流意识形态没有强大的生命力,它的文化也难有强大的感召力。主流意识形态的引领作用表现为对社会思想行为的引导及有效整合,它和文化软实力一样,表现出软中有硬、虚中有实、强弱不等的特点。通过意识形态力量强化国家的政治保障,"把党建设成为用科学理论和革命精神武装起来的、同人民群众有着血

肉联系的、思想上政治上组织上完全巩固的马克思主义政党"①,是当下国家治理的重要方向;通过意识形态的灌输增强国家在思想领域的规制力,是当下意识形态建设的重要任务,我们讲"不忘初心,牢记使命",是体现和发挥意识形态力量的重要方式。当下的意识形态力量发挥中,还存在一些现实问题,思想上的散光现象、漂移现象、游离现象偶尔在社会生活中表现出来,历史虚无主义以假设演绎历史,以臆断推导历史,以主观编造历史,否定马克思主义、中国特色社会主义道路的正确性,这是国家思想文化治理中的大是大非问题;一些思潮打着民粹主义、自由主义、宪政主义等旗号,否定中国共产党领导地位的合法性,在社会政治生活中演绎着"亲者痛,仇者快"的事情,也是国家文化治理的重要问题;社会的思想道德和精神建设也受到拜金主义、享乐主义等的冲击,在基层和社区,迷信群体、陋俗群体等对精神建设的消解作用不容忽视,"衣冠简朴古风存"的醇厚传统也被颠覆,这是国家在日常生活中的文化治理内容。很多事实一再表明,意识形态力量在国家运行中一刻也不能缺场,因为缺席的意识形态力量往往会变为淡出生活的记忆。同样,如果意识形态不能为国家提供有力的思想支撑,那么,这样的意识形态即使是在场的,也难以有大的作为。意识形态不仅要跟踪国家政治生活的各个方面,还要跟踪国家运行的各个时期,因为思想领域的治理也是需要"时时勤拂拭,莫使惹尘埃"的。巩固马克思主义意识形态在国家治理体系和治理能力现代化中的指导作用,在当下主要表现为用意识形态力量引导和汇聚社会的正能量,在主流意识形态力量的引领下为社会树形象、立标杆、树楷模,用"软实力"体现"硬道理"、用"事业心"增强"服务心"、用"平常事"寄寓"大道理",使"经济强"与"思想强"统一起来、"物质富"与"精神富"统一起来、"社会美"与"心灵美"统一起来。对此,我们的基本思路是:坚定思想,坚持有边有界的阵地;把握方法,选择有经有权的措施;明确策略,运用有规有范的形式;注重效果,打造有声有色的表述。这样做的基本目标是,使意识形态的力量表达成为生活化的事情,不唱高调但不失高义,不讲套话而不落俗套,不仅致良知,更要践良行,切实把主流意识形态的力量灌注到国家治理体系的各个方面,体现在国家治理能力现代化的各个环节,防止出现意义流失和价值散落,不断增强主流意识形态在国家生活中的调控能力和规制能力。

---

① 习近平:《在纪念毛泽东同志诞辰120周年座谈会上的讲话》,《人民日报》2013年12月27日。

2. 把共产主义信仰的力量贯穿到国家治理体系和治理能力现代化的全过程

为什么我们在社会生活中总有上下同欲的合力，为什么我们的社会总有不懈进取的能量，如果从心灵深处寻找其中的原因，我们可以把它归结为共产主义理想信念的力量。但是，我们也可以看到，现实社会中还存在多种多样的思潮和信仰，对当下的共同理想和远大理想构成不可忽视的冲击力和消解力。不信马列信鬼神、不讲科学讲神学、不讲使命讲天命者有之，虚言马列、空谈理想、坐论奉献者有之，标榜西方、肆言普世、颠倒价值者有之，奢谈老庄、虚玄世事、鼓吹出世者亦有之。在这些人的言行中，思想成了装饰品，文字成了游戏物，价值边界已经混乱，甚至造成了支脉对主流、边缘对中心、异端对正统的冲击或对抗。从文化治理的维度看，加强思想道德教育，理想纪律教育，宗旨观、人生观教育，把社会思想规整到社会主义大方向上，将思想的力量化为现实的推动力，是当下的紧迫任务。在中国特色社会主义实践中发挥理想信念、精神信仰、道德规范的力量，要把理论宣传和实践落实结合在一起，既要突出"木铎振响、千里相应"的思想力，又要显示"巧义卓立""语自高岸"的表达力，还要有"惊蓬坐振，砂砾自飞"的冲击力，言情但不矫情，赞美但不虚美，"清辞婉转"而不失高义，"拂拂如风"而不失神韵。要通过切实有效的措施使"虚"的理论转化为"实"的力量，注重面向大中小各级各类学校，面向基层和社区，面向工厂和企事业单位，面向党政机关部门，注重从国家层面、社会层面、个人层面、全球层面讲清坚定社会理想信念的重要作用。理想信念教育和精神力量培育的方式也是丰富多彩的：昭明道理，谈国家之大爱，是最有分量的；吐纳深义，讲社会之大德，是最能打动人心的。追忆历史，当思江山多娇而引人折腰；歌咏当代，宜讲国家昌盛而催人奋发。如果放在国家治理体系和治理能力现代化中，国家盛德、英模伟业、闾里良行，都是精神力量的现实写照。通过"民生而志，歌咏所含"将精神信仰与时代之问、时代之思结合起来，把生动的实践写成故事、编入教材、搬入讲台、纳入荧屏，是发挥精神力量的重要方式。对广大群众来说，中国特色社会主义是我们的共同理想，是修心、修身的现实范本，是重言、重行的实践规范，要以国家大义为轴心，以社会公义为要领，崇明德以显初心，行奉献而践使命，积极推动国家治理的良性运行。

3. 把中华优秀传统文化的力量贯穿到国家治理体系和治理能力现代化的全过程

马克思、恩格斯在《共产党宣言》中讲到的"两个决裂"，表达了无产阶级对待旧传统的态度；列宁谈到清除"奥吉亚斯"牛圈，是要消除传统文化的负面影响。这是讲对旧传统的革命。我们今天讲的传统文化"双创"是国家文化建设的重要举措,站在国家治理体系和治理能力现代化的高度上,它不能割舍传统文化但又要在传统文化的基础上创新发展。很显然,由传统文化谱绘的国家图景已经不适合现实需要,尤其是当我们在"新时代""中国特色社会主义""中国梦"的语境中来谋划国家治理时,治理体系和治理能力现代化的任务要我们必须改易或重新审视传统文化,确立一个明确取舍标准是对传统文化"双创"的基础工作。结合新时代中国特色社会主义理论和实践要求,要关注优秀传统文化的思想取向、精神气象、育人方向、价值考量等方面与国家治理的一致性,"汲取精华与剔除糟粕结合,话语转化与意义阐释结合,传统思想与现代理念结合,继承传统与创新发展结合"①。对优秀传统文化的自信和"双创"是一个问题的两个界面,自信是需要依据的,它是认识方面的事情,"双创"是需要依托的,它是实践方面的事情。一些人把续家谱、修宗庙、建祠堂看成"回溯本原""复兴传统"的方式,一方面显示了对传统礼仪文化的回归欲望,另一方面也是对"双创"的肤浅解读,其层次和意境都有达到国家文化治理的高度,甚至一些人把封建迷信、家族陋俗、沉疴病态也纳入复兴之列,更是对"双创"要求的误读。传统文化是社会生活的惯性力量,任何国家总是在传统与现代的交替中演绎发展,今天的传统是昨日的现实,今天的现实是明日的传统,隔断传统的国家治理是缺少根脉的,无视现代的国家治理是没有活力的。中华优秀传统文化承担着为国家治理增进社会认同的重任,是复兴中华民族的重要承载,唤醒那些沉睡的思想记忆,寻找那些失落的文化记忆,从历史的源头认识"从何处来,到何处去"。

4. 把文化软实力贯穿到国家治理体系和治理能力现代化的全过程

文化事业与文化产业的协调发展、文化的社会效益与经济效益的有机统一,是国家治理体系和治理能力现代化的重要表现。现实的文化发展给我们的总体印象是"远近高低各不同",不平衡态势、非制度化现象、空壳化现象、粗鄙化现象造成的文化软实力问题,是文化治理必须解决的。在文化产业的价值表达上存在的低俗文化的景观错位与恶俗表达、不良文化消费中的符号畸变及娱乐至上、价值寄托中的镂空现象,也会弱化文化软实力。发展名义下的"借鉴"与"抄袭"、创意语境中的"混搭"与"恶搞"、网络直播中的"下作"与"粗口"、无羁想象中的"穿越"和"搞怪",都给文化软实力留

---

① 孟宪平:《马克思主义文化动力思想及其实践研究》,北京师范大学出版社2018年版,第347页。

下硬伤。在文化资源的利用上,名人故里之争对资源的误读、品牌之争中变味的钟情、再造古城带来的经济之殇、IP 热引发的没有硝烟的争夺,也是文化软实力表达中的问题。国家治理不能忽视这些问题,但必须选择有效的措施:一是在质、量并重中以质取胜。文化软实力决定了文化产业形式的灵活性,要把"庙堂之高"与"山林之远"紧密结合起来,把高品位与宽视野结合起来,把深邃的思考和宽阔的眼光结合起来,使那些沉潜入微的文化力量表现出涌动的生命力和敏锐的批评力,并对当下不良文化做出匡补和修正。二是在虚、实并重中化虚为实。探索切合实际、讲求实效的路子,追求"胜于无形"的效果,文化软实力建设中既有"务虚"的内容,更有"务实"的要求,要寻找"着力点",借"实"抓"虚","虚""实"结合,使务虚不空虚,务实有实效。三是在全面审视中突出重点。"从民生看国计""从文化看国家",把经济意识与国家意志统一起来、把面向市场与服务群众统一起来、把阵地意识与守土有责统一起来,使"写字的"深刻细致,"听音的"如临其境,"看影的"如在其中,使文化软实力在国家治理体系和治理能力上体现出来。拿艺术力量来说,其价值取向和表达方式应当与国家和社会关心大事项密切联系,思发为文、智转为诗,语言艺术和生活趣味都应与群众需要联系起来,不仅要提供精神生活的规训,也要提供审美的生活情趣,更要在思想和信仰的世界里搭建出优美的大厦。必须经常性地把这个社会主流价值观保持在充满活力的维度上,并且能够给当下的文化问题做出合理的诊断,以便通过有效的方式挖掉社会的文化病灶并经常性地显示文化发展的生机。

5. 把文化主体的能动力量贯穿到国家治理体系和治理能力现代化的全过程

"人民群众是历史发展和社会进步的主体力量"[①],社会主义事业植根于群众的实践之中,建设社会主义文化必须依靠人民群众的力量,要靠实际行动推进国家治理。一定意义上,以人民为主体的群众路线和群众观点本身就是一种软实力,它在国家治理中与文化力量的发挥是未曾分离过的。二者都没有脱离人民群众这个主体,文化强国、文化软实力、文化生产力都没有离开国家治理这个大环境。人民主体性规定了我国文化软实力的实践道路,群众的文化创造和文化利益应该是一致的,国家治理不能建立在无视人民群众利益的基础上,文化服务均等化是使全国人民享受文化成果的重要方式。世代接力的物质创造中包含着不断丰富的文化动力,物质生产和精神生产的合奏主体就是广大群众。文化软实力的表达过程,就是发挥群

---

① 《十八大以来重要文献选编》(上),中央文献出版社 2014 年版,第 697 页。

众智慧和创造的过程,人民群众的力量就在于它对物质力量和精神力量的把控和发挥,其中的"动能"是通过文化"势能"的积累而增加的。群众力量的大小在于内在品质的养成状况,而方向规定则是由思想引领决定的。文化软实力的革命性和创新性特征与群众力量的矢量性质结合,经常塑造出具有民族特色的发展路径,国家治理体系和治理能力现代化的特色和品质也通过这种方式显现出来,尤其是在国家的文化治理中,人民群众的参与效度往往是决定成败的因素。在国家的文化治理上群众也是最讲务实的,要消除形式主义的宣传方式,不能只在面上做,不往深处走;不能只作蜻蜓点水,不作精雕细琢;不能只顾外场热闹,不讲内心体会。群众精神品格的养成是长期的力量积蓄,走过场走不出巨大力量,讲排场经不出精神实质,反而会造成意义流散和精神流失。把思想文化空壳化和粗俗化,把具有清晰边界的思想搅成"一锅粥"、变成"糊涂账",怎么能发挥群众在文化力量的作用呢? 如果文化建设者处在"我有迷魂招不得"的混沌状态,"有的甚至向往西方社会制度和价值观念,对社会主义前途命运丧失信心;有的在涉及党的领导和中国特色社会主义道路等原则性问题的政治挑衅面前态度暧昧、消极躲避、不敢亮剑,甚至故意模糊立场、耍滑头"①,又怎么能够提高群众的文化软实力呢? 在国家治理中发挥文化力量主体的创造性能动性,需要有科学的方法和耐心细致的工作。

第四节　精神养成规律:中国特色社会主义文化的价值层面

习近平总书记对精神动力的内涵、构成及表达方式的认识和阐释,具有鲜明的时代特色,他在不同场合论述的红船精神、长征精神、延安精神、西柏坡精神、吕梁精神、太行精神、劳动精神、工匠精神、大庆精神、铁人精神、沂蒙精神、抗疫精神、雷锋精神、焦裕禄精神、伟大抗战精神、伟大改革精神、伟大建党精神等,包含着强大的精神力量。学术界对习近平总书记关于精神力量重要论述的研究,主要集中在精神谱系中的某个方面,并且提出了很多有价值的观点和脉络,基本要点是:精神动力是基于思想认同、价值认同而产生的推动力,精神创造力、精神凝聚力、精神约束力;马克思主义信仰为共产党人提供了无限的精神力量;精神动力是社会和人的发展的经常性力量,在特定的情况下精神动力可以起到决定性的作用;思想政治工作是提升精

---

① 《习近平谈治国理政》第一卷,外文出版社 2018 年版,第 414 页。

神力量的重要方式。"精神动力的形成、作用发挥程度以及它的性质和方向等,由于民族国家的生产力发展水平、社会交往方式、历史文化传统、社会发展实践的现实需要等因素的整体性作用,而具有其自身的客观规律性。"①但也有一些需要理顺的方面,如:从概念上讲,有研究者将精神力量、思想力量、文化力量等同起来,论述时把一些概念混在一起,是需要理清的;在内容上,有研究者对理论阐释与实践要求混在一起,缺少明确的界分,是需要理顺的。

一、中国共产党精神力量的存在层面及其生成动因

习近平总书记关于精神力量的重要论述是从不同层面展开的,最核心的层面是共产党人的理想信念,是共产党人孕育初心和使命的精神力量,由此激励的革命精神、创业精神、改革开放精神在不同的时代具有不同的表现形式。时代精神总是具有全新的内容和形式,在社会发展起着激励作用。习近平总书记是站在新时代中国特色社会主义的高度上,站在人类所处的社会全景中阐释精神动力的。

1. 共产主义理想信念的力量

理想信念是"国之大者",理想信念是"人之重者",国无理想信念则缺少魂魄,人无理想信念则缺少支撑。"人无精神则不立,国无精神则不强"②,而"立"与"强"的状况则是以精神力量大小为前提的。习近平总书记多次强调,不论是人与自然的角力,还是国家之间的竞争,信仰的力量都是不能缺场的。"我们党是否坚强有力,既要看全党在理想信念上是否坚定不移,更要看每一位党员在理想信念上是否坚定不移。"③理想信念之光不灭,是共产党人精神力量的源泉,中国共产党因理想而有毅力、因信仰而有定力。"砍头不要紧,只要主义真",是信念力量的表达;"淬火成钢"的长征精神,"是一次理想信念的伟大长征";"宁肯少活二十年,拼命也要拿下大油田",也是理想信念力量的表达。习近平总书记曾引用邓小平的话语说明这个问题:"为什么我们过去能在非常困难的情况下奋斗出来,战胜千难万险使革命胜利呢? 就是因为我们有理想,有马克思主义信念,有共产主义信念。"④中国共产党领导全国人民的每一个重大胜利,都是在崇高理想、坚强信念激励下取得的,都"向世人证明了中国共产党的理想信念是坚不

① 范宝舟:《改革开放精神动力的唯物史观解读》,《马克思主义与现实》2019 年第 5 期。
② 《习近平谈治国理政》第二卷,外文出版社 2017 年版,第 47 页。
③ 《习近平谈治国理政》第二卷,外文出版社 2017 年版,第 34—35 页。
④ 《改革开放三十年重要文献选编》(上),中央文献出版社 2008 年版,第 369 页。

可摧的"。"理想信念之火已经点燃,就永远不会熄灭"①,因为其中包含着永续不断的思想基因,包含着隽永浑厚的思想内容,包含着赓续不绝的精神接力,所谓"去其国者,先去其史",实际上是要去掉人们心中长期以来形成的精神和精神力量。如果没有用精神力量筑成的思想长城,如果没有伟大信仰凝成的精神面貌,就没有激荡人心、穿越时空的强大动力。"精神是一个民族赖以长久生存的灵魂,唯有精神上达到一定的高度,这个民族才能在历史的洪流中屹立不倒、奋勇向前。"②在新时代,理想信念是保持政治定力的基础,那些曾经激励人们为之奋斗的革命精神,曾经给人们引领指路的思想航标,曾经标注人们奋斗历程的界碑,在远大理想和共同理想的实践中仍然是强大的力量。

2. 革命精神的力量

革命是培育精神力量的重要形式,它不仅可以将散在的个体凝聚成具有统一的革命队伍,更重要的是用统一的思想和纪律来保证行动上的一致。任何一次现代意义上的革命,都用自己的理想信念提供必要的精神力量,这是一个基本规律。中国共产党领导下的新民主主义革命中孕育了具有中国特色的精神力量,在谈到延安精神时,习近平总书记指出,"延安作风"和"西安作风"是方向相反的力量,"延安作风"是滋养初心、锤炼意志的信仰力量,"西安作风"是腐败专权、违背民意的力量。在讲到山西的革命传统时,他指出,太行精神、吕梁精神等红色文化资源是山西发展的精神力量;在谈到陕甘宁革命老区时,他指出,"革命老区是党和人民军队的根",其中包含着"我们是从哪里走来的",包含着群众智慧和精神力量;在谈到长征精神时,他指出,"红军长征胜利,充分展现了革命理想的伟大精神力量"③;在谈到中国人民的抗日事迹时,他指出,中国人民不畏强暴的革命精神是刚强勇毅的力量。他还指出,英雄人物、模范榜样的力量是无穷的,他们身上蕴含着无尽的精神动力,"汇聚着实现中华民族伟大复兴的磅礴力量"④。正因为如此,他说:"每到井冈山、延安、西柏坡等革命圣地,都是一次精神上、思想上的洗礼。"⑤这种洗礼是境界的升华、灵魂的净化,每当经过崇高精神洗礼之后,总觉得愈见共产主义理想之伟大、中国特色社会主义之光明;这种洗礼是思想的激荡、信念的加固,每当经历这样的心灵感受时,就会升腾

①　习近平:《论中国共产党历史》,中央文献出版社 2021 年版,第 39 页。
②　《习近平关于社会主义文化建设论述摘编》,中央文献出版社 2017 年版,第 13 页。
③　习近平:《论中国共产党历史》,中央文献出版社 2021 年版,第 37 页。
④　习近平:《论中国共产党历史》,中央文献出版社 2021 年版,第 72 页。
⑤　习近平:《论中国共产党历史》,中央文献出版社 2021 年版,第 24 页。

起努力工作的热情和为广大群众谋幸福、为国家谋富强的干劲。"任何一个民族都需要有这样的精神构成其强大精神力量,这样的精神无论时代发展到哪一步都不会过时。"①这是共产党人的定力和毅力所在。精神力量的历时性表明,它在中国社会中具有强大的延续力和生命力;精神力量的共时性表明,它是全国各族人民共享的思想财富。

3. 艰苦创业精神的力量

艰苦创业是中华民族的美德和传统,在中国共产党人那里被进一步升华为现实的精神动力。习近平总书记站在时代的高度上对毛泽东提出的"两个务必"做出新的阐释,认为其中的精神品质和力量蕴蓄是对几千年治乱规律的深刻借鉴,是对中国共产党艰苦奋斗历程的深入总结,是对全心全意为人民服务宗旨的深刻体会。艰苦奋斗精神是共产党人的底色和品质,这种觉悟看似无形,"关键时就会显现出强大力量"②。它可以防微杜渐,可以抵御"四风",可以安邦定国,可以家境和乐,"我们要把艰苦奋斗精神一代一代传承下去"③。在实际工作中,"劳模精神、劳动精神、工匠精神是以爱国主义为核心的民族精神和以改革创新为核心的时代精神的生动体现,是鼓舞全党全国各族人民风雨无阻、勇敢前进的强大精神动力。"④他们艰苦奋斗、热爱劳动,他们执着专注、追求卓越,他们是真正的"众善之师"。我们经常用艰苦卓绝描述革命的艰辛历程,也经常用艰苦创业描述建设的曲折经历,其实,弥足珍贵的还是其中的精神力量。即使在物质生活取得巨大改变的情况下,"精神动力应成为社会主义条件下劳动者具有的最大特点"⑤。

4. 改革开放精神的力量

"改革开放铸就的伟大改革开放精神,极大丰富了民族精神内涵,成为当代中国人民最鲜明的精神标识!"⑥中国人民赢得改革开放的全面胜利,靠的就是这种精神力量。从包产到户的创举,从"摸着石头过河"的探索,从经济特区的兴办,到今天的全面深化改革及伟大成就,靠的是改革开放精神和创新精神;从拨乱反正到真理标准问题的大讨论,再到中国特色社会主

①　习近平:《做焦裕禄式的县委书记》,中央文献出版社 2015 年版,第 38 页。
②　习近平:《论中国共产党历史》,中央文献出版社 2021 年版,第 31 页。
③　《习近平谈治国理政》第一卷,外文出版社 2018 年版,第 159 页。
④　习近平:《在全国劳动模范和先进工作者表彰大会上的讲话》,人民出版社 2020 年版,第 4 页。
⑤　杨胡列:《论改革开放中精神动力的作用》,《山西高等学校社会科学学报》1997 年第 4 期。
⑥　习近平:《在庆祝改革开放 40 周年大会上的讲话》,人民出版社 2018 年版,第 14 页。

义的确立和全面展开,靠的也是这种力量。这种强大的精神力量源于改革
开放的伟大实践,是中国共产党解放思想、实事求是、与时俱进的力量,是广
大群众勇于开拓、勇敢进取的力量,是各族人民团结合作、共同奋斗的力量。
"中国人民具有伟大梦想精神,中华民族充满变革和开放精神","正是这种
'天行健,君子以自强不息'、'地势坤,君子以厚德载物'的变革和开放精
神"①,一直激励着我们。这一精神是与时代精神的力量密切联系在一起
的,时代在变,精神力量的表现形式也在变,但是中华民族伟大复兴的中国
梦主题没有变。改革开放精神中总是充满创新意识,"率由旧章"使我们吃
了不少亏,因循守旧也使我们失去了不少机会,在"日新又日新"的社会变
迁中,跟不上时代就会落伍,跟不上潮流就会被淘汰。

二、中国共产党精神力量的基本品格及其激励因素

任何真正符合科学精神的思想,总是人们对时代的适应和对实践探索
的总结。习近平总书记关于精神力量的重要论述客观地反映了新时代中国
特色社会主义的客观要求,也是与"时"俱进、与"势"俱进的思想形式,是在
中国特色社会主义实践中总结的超越时代超越历史,因而是具有中国特色、
中国风格、中国气派的表示方式,其基本品格有以下主要方面。

1. 与"时"俱进的时代品格

精神力量是在顺应时代潮流中产生的,追踪时代潮流是习近平总书记
关于精神力量的重要论述的基本特征,这种与"时"俱进的精神力量体现在
不同阶段和不同时期的认识和理解中。尽管习近平总书记对精神力量的理
解是一贯的,但表述形式却依照具体环境和要求而有不同表述。他在讲到
中华民族精神力量表达时指出,雄关漫道中的真理追求、历经沧桑中的正道
直行、破浪前行中的思想坚守,都有精神力量的鼓舞和作用。这是经过艰难
探索和巨大付出后的经验总结,是历经磨难之后的思想跨越。昨天的辉煌、
今天的荣光、明天的梦想,构成精神力量支撑下的奋斗愿望。过去的经验教
训,现在的道路选择,未来的追梦使命,汇成了精神动力的作用场域和空间。
与"时"俱进的精神动力,在品质和内涵上会不断注入新内容,"现在,时代
变了,条件变了,我们共产党人为之奋斗的理想和事业没有变。"②"变"与
"不变"都是由中国社会现实决定的。习近平总书记关于精神力量的重要
论述中,对红船精神的时代之问,对长征精神的时代敬仰,对西柏坡精神的

---

① 习近平:《在庆祝改革开放 40 周年大会上的讲话》,人民出版社 2018 年版,第 40 页。
② 习近平:《论中国共产党历史》,中央文献出版社 2021 年版,第 37 页。

时代思考,对抗战精神的时代追思,所执着的是其中的现实价值,所推崇的是其中的思想品质,所强调的是其中的作用力量,"这些伟大革命精神跨越时空、永不过时,是砥砺我们不忘初心、牢记使命的不竭精神动力。"①

　　2. 与"势"俱进的赶超品格

　　时势激励使命,初心就是信心,精神动力是在顺应国内潮流和国际大势中起作用的。顺应世界大势、追随时代大潮,是中华民族的不懈努力,这在中国共产党领导下具有了全新的形式,对中华民族精神力量的凝聚和壮大具有划时代的影响。习近平总书记对此有深入和全面的论证,总结起来有以下方面:在顺应人类社会潮流和寻找中国社会出路的大势中,中国共产党选择了马克思主义理想信念,把初心使命写在自己的旗帜上,这是最初的精神表达和力量汇聚,河源一开便有奔腾向远之势;在大革命的洪流中顺应中国社会发展变革的大势,中国共产党举起"打倒列强、除军阀"的旗帜,推动了轰轰烈烈的土地革命战争蓬勃展开,是革命精神的力量的拓展和激发,它虽败犹荣、精神长存;在抗日战争时期顺应救亡图存的大势中,精神动力的表达与民族危亡联系在一起,用马克思主义武装起来的中国共产党是挽救中华民族危亡的中流砥柱;在解放战争中顺应建国大势,中国共产党用赶考精神表达了为民执政的决心和信心,努力使精神力量汇聚到一个方向上。社会主义建设、社会主义改革开放、中国特色社会主义新时代,都顺应了世界潮流和中国社会发展的大势,每一次革命和建设的高潮,都把精神力量推向一个新的境界,都有一种比学赶超的劲头。"我们党深刻认识到,实现中华民族伟大复兴,必须合乎时代潮流、顺应人民意愿,勇于改革开放,让党和人民事业始终充满奋勇前进的强大动力"②,把领导力、引领力、组织力、号召力汇聚成强大的精神动力。

　　3. 与"实"俱进的求是品格

　　精神力量是在实事求是中产生的,"求是"就是尊重事物发展的规律,"求实"就是从客观实际出发,求实、求是精神贯穿于习近平总书记关于精神力量的重要论述的各个方面,"空谈误国,实干兴邦"的求实精神是习近平总书记关于精神力量的重要论述的立论基础。中国共产党和中国人民的每一个重大胜利都是在坚持实事求是的基础上取得的,在这个历程中遭受的挫折则是由于脱离实事求是造成的。在谈到如何认识改革开放精神的力量时,习近平总书记要求不能隔断历史,要把改革开放前后两个历史时

---

① 习近平:《论中国共产党历史》,中央文献出版社 2021 年版,第 253—254 页。
② 《习近平谈治国理政》第三卷,外文出版社 2020 年版,第 12 页。

期的精神力量联系起来看,更不能对两个阶段做出自相矛盾的理解,要实事求是地分清主流和支流。在社会发展方面,强调群众路线是党的生命线和根本工作路线,"是我们党永葆青春活力和战斗力的重要传家宝"①,这种力量来自实事求是,它"符合客观规律、符合时代要求、符合人民愿望",它"来源于实践、来源于人民、来源于真理",实事求是、真抓实干,乃是精神动力表达的前提。与"实"俱进的求是品格与中国革命的现实需要是密切联系的,在建党初期,问题与主义关系的解决是为中国社会寻找思想指导的努力;在革命时期,民族关系与阶级斗争关系的处理是解决中国社会矛盾的努力;在社会主义建设时期,正确处理独立自主和依赖外援的关系的解决是中国社会发展道路的努力;在改革开放新时期,改革与开放的关系也是以中国的实际为基础的。其中的精神动力在于自身的信心和能力,这是我们认识中国革命史、中共党史、社会发展史和改革开放史的基点,缺少这一点,精神动力也失去了赖以存在的基础。我们经常讲精神之花育出物质之果,其重要原因在于精神力量在物质活动中产生又给物质活动以巨大的推动。

4. 与"事"俱进的实践品格

追踪现实是习近平总书记关于精神力量的重要论述的实践特征,精神力量是在中国共产党"走自己的路"中走出来的,革命中的牺牲精神、建设中的奋斗精神、改革中的开拓精神,同样具有伟大的力量,这些方面与中国的"事"有内在的关联。有了推翻半殖民地半封建社会的愿望,才有了新民主主义革命及其精神力量;有了改变一穷二白面貌的愿望,才有了社会主义建设中的艰苦创业及其精神力量;有了追赶世界发展潮流的愿望,才有了改革开放中的创新发展愿望及其精神力量。这些"事"都与中国社会的命运结合在一起,还有一些与群众利益密切结合的重大事项,如脱贫攻坚精神、航天精神等,有的涉及广大群众的生命安危,有的涉及国家的前途命运,有的涉及未来的发展,都是牵动民心的大事。尽管内容和形式因时代变迁而出现多姿多彩的变化,精神力量的本质却具有相同的品格,变化的形式与不变的本质是以事实为基础的,构成了精神动力的丰富多彩的表达方式。在精神力量的引领下,"新民主主义革命时期是这样走过来的,社会主义革命和建设时期是这样走过来的,改革开放历史新时期也是这样走过来的。"②不唱高调,不讲空话,实打实做,是发挥精神力量的重要前提;用事实说话,做求实、务实、踏实的实干家,是发挥精神力量的现实路径。

---

① 《十八大以来重要文献选编》(上),中央文献出版社2014年版,第697页。
② 《习近平总书记系列重要讲话读本》,学习出版社、人民出版社2014年版,第22页。

5. 与"史"俱进的人民主体品格

精神动力的主体是人民群众,中国革命和建设的历史就是一部依靠人民进行奋斗的史诗。习近平总书记把"人民就是江山,江山就是人民"作为中国共产党的座右铭,充分表达了历史唯物主义关于人民群众是社会发展主体和重要动力的观点。"群众路线在革命战争年代是胜利之本,在和平年代同样是胜利之本。"①相信人民群众之中有深厚的创造伟力和不竭的创新能力,是中国共产党不断获取和保持强大力量的根基,习近平总书记在纪念毛泽东同志诞辰 120 周年座谈会上的讲话中引用毛泽东同志的话说:"中国的命运一经操在人民自己的手里,中国就将如太阳升起在东方那样,以自己的辉煌的光焰普照大地。"②这是群众精神力量的伟大作用;他在纪念邓小平同志诞辰 110 周年座谈会上的讲话中指出:"邓小平同志坚持从人民创造历史的活动中吸取思想营养和前进力量。"③这也是充满群众精神的伟大力量。中国社会主义革命、建设和改革的历史就是人民的奋斗史,它把人民群众的伟大作用及精神品质,用符合时代需要的形式表达出来,是历史观、群众观的有机统一。

三、中国共产党精神力量的实践方式及其现实形态

实践孕育出思想品质,思想历练出实践能力,精神力量的形成和表达也遵循这样的理路。习近平总书记关于精神力量的重要论述源于新时代中国特色社会主义实践,是对如何在新时代调动全党全国人民精神力量的深入认识,是对中国共产党领导中国特色社会主义建设的经验总结,其实践路向也是在这个基础上提出的。

1. 用红色资源体现精神力量

红色资源是精神动力的重要源头,这些资源可以粗略地分为以下几类:建党、建军、建国中的革命圣地及有关资源;根据地建设中的红色历史资源;中国共产党历史事迹构成的红色资源。其共同特征是:饱含着永不停顿的进取精神、勇于战胜困难的必胜信心、乐观向上的革命态度、为共产主义而努力奋斗的坚定信仰。用好红色资源,就是从红色基因中汲取强大的信仰力量,以丰富多彩的方式发掘红色资源中的精神蕴含。红色资源积淀了深厚的精神追求、精神标识和精神力量,"要把这些红色资源作为坚定理想信

① 习近平:《论中国共产党历史》,中央文献出版社 2021 年版,第 115 页。
② 《习近平谈治国理政》第一卷,外文出版社 2018 年版,第 27 页。
③ 习近平:《在纪念邓小平同志诞辰 110 周年座谈会上的讲话》,人民出版社 2014 年版,第 12 页。

念、加强党性修养的生动教材,组织广大党员、干部深入学习党史、新中国史、改革开放史、社会主义发展史,教育引导广大党员、干部永葆初心、永担使命,自觉在思想上政治上行动上同党中央保持高度一致,矢志不渝为实现中华民族伟大复兴而奋斗。"①红色资源是鲜活的精神"富矿",以红色资源为载体增强感染力,是体现精神动力的思想基础,通过红色资源中的实地、实物、实景来追忆血与火的故事,让红色资源"活"起来,让红色故事"亮"起来,让广大群众睹物思情、触景生情,感悟党和人民的伟大,在精神上享受洗礼、在思想道德上增强启迪、在境界上不断升华。建立红色"基因库",追本溯源,编撰红色资源"活教材",规整红色资源谱系,扩大红色正能量,通过体悟红色精神、承续红色基因、汲取红色力量,把红色资源转化为党的政治资源、社会的经济资源、群众的文化资源,让红色资源绽放出时代光彩,是发挥红色资源功能的有效方式。

2. 用历史故事激发精神力量

精神力量在中国社会不仅不会过时,还会在时光的冲刷和历史的淘洗中益见光彩。习近平总书记多次强调"会讲故事、讲好故事十分重要"②,这是体现精神力量的重要方式。中华民族的优秀故事包含着生生不息、代代传承的精神力量,是牢牢深植于中国大地的"根";中国共产党的故事是引人向上的精神力量,不断革命、不断奋进的力量是精神之"脉";中国人民革命的历史中有说不完的传奇故事,包含着奔腾不息的精神之"流"。中国特色社会主义故事、改革开放和新时代的故事,所蕴含的创造力是不断积累的精神财富。中国历史故事里的精神力量多种多样,狼牙山五壮士、八女投江、上甘岭战役代表一类力量,红船精神、延安精神、长征精神、西柏坡精神代表一类力量,航天精神、抗震精神、抗疫精神也代表一类力量。这些方面的表现形式是不一样的,讲述的方式也不一样,但不论是意味深长,还是高亢悠远,抑或是充满悲壮,都是鼓舞人心和引起共鸣的表达。"我们党的每一段革命历史,都是一部理想信念的生动教材。"③每一个故事都是理想信念的寄托形式,每一个故事都是精神动力的孕育形式。时代变了,思想基础没有变;条件变了,总体目标没有变;环境变了,精神主旨没有变。这些故事是内容上的"支付宝",思想上的"传家宝",精神上的"健力宝"。在新时代,要能讲故事、会讲故事、讲好故事,使崇高理想和道德追求转化为具体行

①　习近平:《论中国共产党历史》,中央文献出版社2021年版,第161页。
②　习近平:《思政课是落实立德树人根本任务的关键课程》,人民出版社2020年版,第22页。
③　习近平:《论中国共产党历史》,中央文献出版社2021年版,第37页。

动。习近平总书记论述精神力量时经常与自信、理想、初心、使命、群众、美好、幸福等联系起来,我们在讲历史故事的时候,要把共产党人滋养初心、淬炼灵魂的故事讲出来,把中华民族厚德载物、自强不息的精神讲出来,把社会主义建设中"敢教日月换新天"的精神讲出来,把改革开放中敢为人先的精神讲出来。讲好故事主要是讲好中国共产党领导人民群众不懈努力的奋斗史,习近平总书记在谈到这个问题时说:"我们要凝聚起全体人民智慧和力量,激发出全社会创造活力和发展动力,让全体中华儿女万众一心、团结奋斗迸发出来的磅礴力量成为实现中华民族伟大复兴的强大动力"①,要把解释世界与改造世界结合起来、把学习英模与争当英模结合起来,让那些有本事、有能力、有信仰的人都成为精神动力的忠实表达者,让那些有理想、有信念、有纪律的人都成为精神动力的忠实践行者。

3. 用优秀素材表达精神力量

要了解中国的历史资源、文化资源和人文资源的精神动力,让广大群众在用好思想素材的基础上,认识中国共产党百年历史逻辑和现实逻辑,用思想素材将党史、新中国史、改革开放史真切地呈现出来,用历史素材将五千多年中华文明史、五百多年社会主义发展史全面地展示出来。唤醒历史资源中沉睡的精神元素,使历史素材中沉寂的精神力量以新的形式焕发出来,通过纵横比较,把"四个自信"的逻辑必然性讲清楚,把中国共产党、马克思主义、中国特色社会主义的"能""行""好"讲清楚,把得之不易、治之更难的道理讲清楚。用历史素材讲清楚红色政权是从哪里来的、新中国是如何建立的、党和人民的鱼水之情是如何确立的。思想素材与时代题材是密切联系的,这是延续精神力量的重要方式,从历史到现实,总有那么一种东西使我们难以忘怀。来时的路与未来的路是由精神纽带维系的,初心与使命也是由精神力量维系的,讲清了身份和地位,也就讲清了目标和使命。"历史是最好的老师"②,其中有最好的精神力量;现实是最热烈的期待,其中有最有力的精神能量。对于精神动力的宣传和表达,我们反对把谜底放在书桌里,也不想让群众去猜想问题的答案,而是用具有说服力的"教科书""必修课""最好的营养剂",达到修有所悟、修有所得、修有所成、修有所用。"精神是一个民族赖以长久生存的灵魂,唯有精神上达到一定的高度,这个民族才能在历史的洪流中屹立不倒、奋勇向前。"③精神动力的一惯性、系统

① 《习近平谈治国理政》第二卷,外文出版社 2017 年版,第 53 页。
② 《习近平谈治国理政》第二卷,外文出版社 2017 年版,第 508 页。
③ 《习近平关于社会主义文化建设论述摘编》,中央文献出版社 2017 年版,第 13 页。

性和传承性就体现在历史素材之中,这些素材也是连贯的、系统的和衔接的,革命精神、创业精神、改革精神,都有其内在衔接上及外部呈现上的连续性,是务实求新、务实求变、务实求进的表现。

4. 用优良传统涵养精神力量

优良传统和作风是中国共产党精神动力的重要源泉。理论联系实际的作风,使共产党人能够经常保持实事求是的工作态度;密切联系群众的作风,使共产党人经常保持鱼水之情而具有坚强的根基;批评和自我批评的作风,使共产党人经常保持自警自励的心态。伟大建党精神、伟大长征精神、伟大抗战精神等,自从产生之日起就从来没有被挫折磨灭掉,即使在国民党的白色恐怖和大革命的低潮中,也保持着"只要主义真"的坚定信念;即使在最艰苦的岁月,也保持着"万水千山只等闲"的乐观;即使在遭受日本帝国主义侵略和中国民族面临危机时刻,也保持着中国必胜的信心。这既有长期以来中华民族精神的延续,也有中国共产党革命精神的养成,它坚信一点,群众是真正的英雄、是真正的铜墙铁壁、是成就大业的元勋。中国共产党的自信精神是以群众为根底的,中国共产党的治理能力是以人民为依托的,中国共产党的三大法宝中每一个方面都立足人民群众的利益以及为人民服务的愿望。对与不对、美与不美、好与不好,在群众心中有杆秤,它能称出共产党人的斤两,它能标出所做事情的分量。我们经常说群众观点是"晴雨表"、群众路线是"定盘星"、群众舆论是"度量衡",不仅因为依靠群众是我们过去的优良传统,更因为群众是新时代的主力军。习近平总书记说,人民群众是历史的剧作者和剧中人,也是历史的编导和演员,他们身上有无限的创造力,也有产生强大精神动力的能源。"不承认物质决定精神、物质可转化为精神,精神是物质的反映,不是唯物主义;不承认在一定条件下精神可以变为物质、意识可以创造世界,不是辩证唯物主义。"①今天讲红色故事、开展党史教育、践行初心使命,就是要表达全心全意为人民服务的精神,就是要表达人民群众在中国共产党的领导下进行伟大创造的精神和历史,就是要表达用党的大业、人民伟业、中国特色社会主义事业凝聚民心和力量的历史。

四、中国共产党精神动力的当代价值和时代风采

习近平总书记关于精神力量的重要论述是对新时代中国特色社会主义普遍关注的重大问题作出的阐释和总结,是在"四个自信"基础上以从容高

①　骆郁廷:《精神动力论》,武汉大学出版社2003年版,第106页。

迈的姿态应对思想建设、理想信念、精神文明、价值选择等做出的新判断,既体现了"人类演进之通则",又表达了"吾民独造之真际",既是对马克思主义有关思想的继承发展,又是对中华民族优秀精神的传承光大。不仅提出了思想建设的重大理论问题,也提出了精神力量表达的重大实践问题,是我们在当下加强理想信念建设、思想道德建设、价值观世界观建设的重要指导和实践方略。

1. 对马克思主义精神动力思想的继承和发展

精神动力是马克思主义关注的重要内容,它不仅是主观能动性的表现形式,也是人在现实世界中自身内能蕴蓄形式,精神力量以其能动性、激励性对社会和个人起着鼓舞作用。精神追求能够引导人向着既定的方向前进,并且成为前进过程中的不竭动力。但是,精神力量的作用不能"信马由缰",唯心主义式的想象提供的是虚幻的力量,精神力量不能因受物质制约而无所作为。毛泽东同志说:"我们的纪律就建筑在这个自觉性上边。这是我们党的领导和教育的结果。人是要有一点精神的,无产阶级的革命精神就是由这里头出来的。"①邓小平、江泽民、胡锦涛等中国共产党领导人在谈到无产阶级革命精神和社会主义建设精神时,也有很多论述。在中国共产党的百年历程中,这是一个从未间断的接力过程,其价值追求在于用不竭的精神力量为人民谋幸福、为国家谋富强,共产党人的初心和使命始终贯穿其中。正如江泽民在毛泽东同志诞辰 100 周年纪念大会上的讲话中指出的:"毛泽东同志的革命精神具有强大的凝聚力","他的名字、他的思想和精神永远鼓舞着中国共产党人和各族人民,继续推动着中国历史的前进"②。在习近平总书记关于精神力量的重要论述中,共产主义理想信念是第一位的力量,"砍头不要紧,只要主义真"的信念,"红军不怕远征难"的乐观,"敌人只能砍下我们的头颅,绝不能动摇我们的信仰!",都是共产主义精神的激励。信仰不倒,理想不灭,磨炼了共产党人的革命精神和意志,马克思主义不能丢,共产主义理想不能丢,这是我们的看家本领。现实生活中,有不少杂音、诱惑、伤感情绪而扰乱我们的思想阵线,以物质诱惑否定精神力量者有之,以学术名义否定历史者有之,以媚外心态贬损自家者有之,思想领域中的种种不良事项,让我们感到理想信念和精神力量何等重要!理想信念是精神之钙,马列主义是行动之魂,革命精神、时代精神、改革开放精神、民族精神、爱国主义精神、创业精神等等,都是在马克思主义照耀中,

---

①　《毛泽东文集》第七卷,人民出版社 1999 年版,第 162 页。
②　《江泽民文选》第一卷,人民出版社 2006 年版,第 346 页。

在中国现实社会中展现其精神力量的。在不同时期,精神的承载力是不一样的,但精神力量的大小是可以塑造的,精神软实力能否载动民族之舟,还要看这个民族养育精神力量和驾驭精神力量的能力。古人云:"吾养吾浩然之气。"养成民族的"浩然之气"是一个久久为功的过程,社会主义核心价值观建设、精神文明建设、思想道德建设都不是一日之功。精神动力受到多种因素的影响,我们讲精神力量的能动作用,不能把精神养成及其作用看成无师自通的事情,要在全社会加强思想政治教育,培育共产主义远大理想,用习近平新时代中国特色社会主义思想铸魂育人,注重价值性和知识性的有机结合、建设性和批判性的有机结合、理论性和实践性的有机结合、灌输性和启发性的有机结合、统一性和多样性的有机结合。习近平总书记提出的政治要强、情怀要深、思维要新、视野要广、自律要严,是传承和光大精神的基本要求。

2. 传承和发掘中华民族精神力量的典范

中华传统文化中朝乾夕惕的向上精神、逝者如斯的惜时精神、及时努力的奋斗精神、上下求索的探索精神、三省吾身的检讨精神,都包含着巨大的动力。习近平总书记提出通过"双创"发挥传统文化中的精神力量,通过时空中的内容转换发挥民族精神的力量,它把中华民族的精神文化看成"根"和"魂",要求把这些寄托乡愁的精神力量在现实发挥出来。"必须加强全社会的思想道德建设,激发人们形成善良的道德意愿、道德情感,培育正确的道德判断和道德责任,提高道德实践能力尤其是自觉践行能力,引导人们向往和追求讲道德、尊道德、守道德的生活,形成向上的力量、向善的力量。只要中华民族一代接着一代追求美好崇高的道德境界,我们的民族就永远充满希望。"①习近平总书记关于精神力量的重要论述,充满国家情怀和民族情结,带着对以往辉煌历史的崇敬,带着现实发展的信心,带着对未来情境的渴望,他把最具有价值追求的精神力量展现出来。这是我们对待中华传统精神的典范,是立足现实而又超越现实的典范。我们当下"四史"教育的全部内容,党史、新中国史、改革开放史、社会主义发展史都包含着巨大的精神动力,其目的就是"学史增信,就是要增强信仰、信念、信心,这是我们战胜一切强敌、克服一切困难、夺取一切胜利的强大精神力量"。正如习近平总书记所说,中华民族的昨天、今天和明天是一个割不断的过程,"雄关漫道"的昨天,充分展示了以爱国主义为核心的伟大民族精神,"正道沧桑"的今天,找到了实现中华民族伟大复兴的正确道路,"长风破浪"的明

---

① 《习近平关于社会主义文化建设论述摘编》,中央文献出版社 2017 年版,第 137 页。

天，比历史上任何时期都更接近中华民族伟大复兴的目标，这一过程中一直有民族精神力量推动者。习近平总书记对中华民族精神力量的阐释还是遵守科学方法论的典范，"坚持马克思主义道德观、坚持社会主义道德观"是根本，是管政治方向的；"去粗取精、去伪存真"是基本原则，是管内容健康的；"古为今用、推陈出新"是方法选择，是管路径的。这三个方面可以有效保证精神力量的科学表达和发挥。这其中还有一个主体依赖的问题，"人民主体性"也是习近平总书记关于精神力量的重要论述的重心，精神力量的内容选择、实践方式和基本目标，都要尊重群众的选择和意愿。中华民族精神是在群众中创造和产生的，那些自强不息的求索精神，那些寄托革命力量的红色精神，那些体现艰苦奋斗的创业精神，那些引领时代潮流的创新精神，都源于人民群众的创造。习近平总书记关于精神力量的重要论述及实践要求，最终的指向就是不断增强为人民服务的精神力量。这也是传承中华民族精神力量的典范。

3. 引领社会主义精神文明建设的重要指南

精神文明建设一直在路上，过去讲"礼义廉耻"之大防，是要把"仓廪实"与"知礼节"协调起来，今天讲社会主义核心价值体系中的各项要求，是把物质文明与精神文明协调起来。尽管层次和品位不能同日而语，其中的道理却很相似。没有内涵、没有品位、没有格调，就会缺少精神力量，"虚胖"的原因是内在意志和凝聚力不够，由此造成力量的外显也不够。习近平总书记曾引用梁启超的话语说："国之见重于人也，亦不视其国土之大小，人口之众寡，而视其国民之品格。"①习近平总书记极力推崇精神力量的原因在于，精神力量是决定发展方向的内容，是"灵魂""核心""主心骨""主导力"。文化软实力和精神动力已经被国际社会公认为是综合国力的标志，习近平总书记把精神力量提升到关乎国家存亡的高度上，他说："一个民族的复兴需要强大的物质力量，也需要强大的精神力量"②，这是讲精神力量的必要性；他说："经济总量无论是世界第二还是世界第一，未必就能够巩固住我们的政权。经济发展了，但精神失落了，那国家能够称为强大吗"③，这是讲精神力量的重要性；他说："中国特色社会主义是物质文明和精神文明全面发展的社会主义。一个没有精神力量的民族难以自立自强，一项没有文化支撑的事业难以持续长久"④，这是讲精神力量的根本性。在

① 见《习近平关于社会主义文化建设论述摘编》，中央文献出版社2017年版，第137页。
② 《习近平关于社会主义文化建设论述摘编》，中央文献出版社2017年版，第7页。
③ 《习近平关于社会主义文化建设论述摘编》，中央文献出版社2017年版，第4页。
④ 《习近平关于社会主义文化建设论述摘编》，中央文献出版社2017年版，第3页。

习近平总书记看来,有没有精神力量,精神力量有多大,精神力量如何养成,精神力量如何发挥,事关国家大体和大局,一定要在新时代多种因素的比较中进行全面的认识。精神力量事关民族的形象和面貌,"一个民族最深沉的精神追求,一定要在其薪火相传的民族精神中来进行基因测序。"①习近平总书记在不同场合讲到的物质硬实力与文化软实力的关系、文化产业的社会效益与经济效益的关系、文化市场的经济适应与意识形态属性的关系、文化事业与文化产业的关系,都把文化内涵作为首要的关注对象,他在十九届五中全会上提出的"满足人民文化需求与自强人民精神力量相统一"的要求,不仅是对文化与精神关系的科学阐释,也是提升人民群众精神力量的政治动员,是新时代精神文明的行动指南。

---

①　《习近平关于总体国家安全观论述摘编》,中央文献出版社 2018 年版,第 263 页。

参 考 文 献

一、经典著作和党的文献

《马克思恩格斯文集》第1—10卷,人民出版社2009年版。

《列宁选集》第1—4卷,人民出版社2012年版。

《毛泽东文集》第一至八卷,人民出版社1993、1996、1999年版。

《邓小平文选》第一至三卷,人民出版社1993、1994年版。

《江泽民文选》第一至三卷,人民出版社2006年版。

《胡锦涛文选》第一至三卷,人民出版社2016年版。

《习近平谈治国理政》第一至四卷,人民出版社2018、2017、2020、2022年版。

《毛泽东早期文稿》,湖南人民出版社1990年版。

《习近平新时代中国特色社会主义思想学习纲要》,学习出版社、人民出版社2019年版。

《习近平关于社会主义文化建设论述摘编》,中央文献出版社2017年版。

习近平:《决胜全面建成小康社会 夺取新时代中国特色社会主义伟大胜利——在中国共产党第十九次全国代表大会上的报告》,人民出版社2017年版。

《中国共产党第十九届中央委员会第六次全体会议文件汇编》,人民出版社2021年版。

习近平:《在庆祝中国共产党成立100周年大会上的讲话》,人民出版社2021年版。

习近平:《在文艺工作座谈会上的讲话》,人民出版社2015年版。

《习近平关于总体国家安全观论述摘编》,中央文献出版社2018年版。

《习近平总书记系列重要讲话读本(2016年版)》,学习出版社、人民出版社2016年版。

中共中央文献研究室:《习近平关于科技创新论述摘编》,中央文献出版社2016年版。

习近平:《论中国共产党历史》,中央文献出版社2021年版。

二、国内研究著作

丁立群:《文化哲学理论基础研究》,社会科学文献出版社2019年版。

邴正:《马克思主义文化哲学》,吉林人民出版社2007年版。

葛兆光:《中国思想史》(上、中、下),复旦大学出版社2009年版。

张亮彩、尚秉和:《中国风俗史》,中国社会科学出版社2012年版。

贺麟:《哲学和哲学史论文集》,商务印书馆 1990 年版。

庞朴:《文化的民族性和时代性》,中国和平出版社 1998 年版。

柳诒徵:《中国文化史》(上、下),中国社会科学出版社 2008 年版。

殷海光:《中国文化的展望》,上海三联书店 2009 年版。

萧一山:《清代通史》(第 1—4 卷),华东师范大学出版社 2006 年版。

钱穆:《中国文化史导论》(修订本),商务印书馆 2007 年版。

司马云杰:《文化悖论》,陕西人民出版社 2003 年版。

王列生:《文化制度创新论稿》,中国电影出版社 2011 年版。

刘泽华:《中国政治思想通史》(综论卷),中国人民大学出版社 2014 年版。

张一兵:《当代国外马克思主义哲学思潮》(上、中、下),江苏人民出版社 2012 年版。

贺来:《边界意识和人的解放》,上海人民出版社 2007 年版。

河清:《全球化与国家意识的衰微》,中国人民大学出版社 2003 年版。

刘同舫:《理想与现实之间的人类解放境界》,人民出版社 2013 年版。

何明升:《网中之我:何明升网络社会论稿》,法律出版社 2017 年版。

刘朝谦:《技术与诗》,中国社会科学出版社、华龄出版社 2004 年版。

张维青、高毅清:《中国文化史》(全四册),山东人民出版社、人民出版社 2001 年版。

陈树林:《文化哲学的当代视野》,人民出版社 2020 年版。

程恩富、吴文新:《马克思主义文化研究》,社会科学文献出版社 2018 年版。

曹泳鑫、赵平之:《先进文化与现代化:中国共产党的文化历程》,上海人民出版社 2005 年版。

曹泳鑫:《中国共产党人文化使命研究》,上海人民出版社 2011 年版。

邓海英:《中国特色社会主义文化认同论》,社会科学文献出版社 2020 年版。

费孝通:《论人类学与文化自觉》,华夏出版社 2004 年版。

费孝通:《文化与文化自觉》,群言出版社 2010 年版。

高晓欣、郑淑芬:《中国传统文化概论》,哈尔滨工程大学出版社 2002 年版。

干成俊:《走向文化强国的精神动力:弘扬民族精神和时代精神》,人民出版社 2017 年版。

耿超:《中国特色社会主义文化自信论》,广西师范大学出版社 2016 年版。

胡海波、郭凤志:《马克思恩格斯文化观研究》,中国书籍出版社 2013 年版。

胡义清:《马克思恩格斯文化的社会功能思想研究》,天津人民出版社 2018 年版。

黄力之:《马克思主义与资本主义文化矛盾》,河南大学出版社 2010 年版。

黄力之:《后革命语境的中国文化矛盾》,上海三联书店 2016 年版。

黄志斌:《新媒体时代中国共产党的文化领导权研究》,中国社会科学出版社 2019 年版。

季羡林:《中国文化与东方文化》,新世界出版社 2017 年版。

李厚羿:《文化的实践与实践的文化:马克思文化理论的现代阐释》,中国社会科学出版社 2019 年版。

李辉等:《坚持与发展:社会主义先进文化研究》,社会科学文献出版社 2020 年版。

李庆霞:《社会转型中的文化冲突》,黑龙江人民出版社 2004 年版。

李毅:《回顾与前瞻:20 世纪中国文化思潮与先进文化的发展》,天津人民出版社 2004 年版。

刘辉:《中国共产党人的文化自觉:新民主主义文化思想再研究》,中共党史出版社 2008 年版。

李国泉:《马克思历史规律理论的当代诠释》,中央编译出版社 2019 年版。

刘新科:《中国传统文化与教育》,东北师范大学出版社 2002 年版。

柳诒徵:《中国文化史》,北京师范大学出版社 2016 年版。

柳诒徵:《国史要义》,江西教育出版社 2018 年版。

凌厚锋、蔡彦士:《中国特色社会主义思想文化建设研究》,福建人民出版社 1999 年版。

罗本琦:《传统文化与马克思主义中国化》,安徽师范大学出版社 2018 年版。

祁述裕:《文化建设前沿问题研究》,社会科学文献出版社 2020 年版。

钱穆:《中国文化史导论》,生活·读书·新知三联书店 1988 年版。

宋正海、郑关龙:《中国传统文化与现代科学技术》,浙江教育出版社 1999 年版。

沈福伟:《中西文化交流史》,上海人民出版社 1985 年版。

孙岳兵:《马克思主义文化建设思想的继承与发展:从列宁到毛泽东》,中国政法大学出版社 2018 年版。

王凤祥:《文化自信视阈下高校社会主义核心价值观培育研究》,中国政法大学出版社 2020 年版。

王先俊:《走向文化强国的理论旗帜:坚持马克思主义指导思想》,人民出版社 2017 年版。

韦定广:《历史与理论:社会主义执政党文化建设问题研究》,上海人民出版社 2011 年版。

颜晓峰:《坚持中国特色社会主义文化》,重庆出版社 2019 年版。

杨怀中:《科技文化及其软实力研究:以文化强国战略为视角》,科学出版社 2018 年版。

杨竞业:《文化现代化:从"自由的文化"到"文化的自由"》,武汉大学出版社 2012 年版。

杨凤城:《中国共产党与当代中国文化发展研究》,中共党史出版社 2013 年版。

殷海光:《中国文化的展望》,上海三联书店 2002 年版。

俞思念:《社会主义文化建设的历史、理论与实践》,中国社会科学出版社 2008 年版。

周昌忠:《中国传统文化的现代性转型》,上海三联书店 2002 年版。

周宪:《文化表征与文化研究》,上海人民出版社 2015 年版。

邹诗鹏:《三十年社会与文化思潮》,复旦大学出版社 2012 年版。

邹广文等:《中国当代语境下的文化矛盾与文化走向》,首都师范大学出版社 2018 年版。

郑东艳:《列宁文化观研究》,人民出版社 2017 年版。

郑崇选:《媒介转型与当代中国文化形态的变迁》,东方出版中心 2018 年版。

季乃礼:《三纲六纪与社会整合》,中国人民大学出版社 2004 年版。

孟慧英:《西方民俗学史》,中国社会科学出版社 2006 年版。

张碧:《社会文化符号学》,四川大学出版社 2014 年版。

李胜清:《意识形态诗学的主体向度——文艺的实践论研究》,中央编译出版社 2009 年版。

汤一介、李中华:《中国儒学史》,北京大学出版社 2011 年版。

曹林:《不与流行为伍——对中国社会流行谬误的批判》,中国发展出版社 2013 年版。

周志强:《这些年我们的精神裂变》,社会科学文献出版社 2013 年版。

赖永海:《中国佛教文化论》,中国人民大学出版社 2007 年版。

周中之:《伦理学》,人民出版社 2004 年版。

李玉体:《西方教育思想史》,九州出版社 2006 年版。

邹昌林:《中国古代国家宗教》,学习出版社 2004 年版。

三、国 外 译 著

[美]恩斯特·布赖萨赫:《西方史学史:古代、中世纪和近代》(第三版),黄艳红等译,北京大学出版社 2019 年版。

[美]丹尼尔·贝尔:《资本主义文化矛盾》,严蓓雯译,江苏人民出版社 2012 年版。

[英]雷蒙·威廉斯:《文化与社会:1780—1950》,高晓玲译,商务印书馆 2018 年版。

[英]特里·伊格尔顿:《论文化》,张舒语译,中信出版社 2018 年版。

[英]J.G.弗雷泽:《金枝》(上、下册),商务印书馆 2012 年版。

[美]斯塔夫里阿诺斯:《全球通史》第七版,北京大学出版社 2005 年版。

[英]伊万·季莫费耶维奇·弗洛洛夫:《人的前景》,王思斌、潘信之译,中国社会科学出版社 2018 年版。

[日]井上圆了:《妖怪学讲义》,蔡元培译,中州古籍出版社 2016 年版。

[俄]叶琳娜·斯克瓦尔佐娃:《文化理论与俄罗斯文化史》,王亚民等译,敦煌文艺出版社 2003 年版。

[日]福泽谕吉:《文明论概略》,商务印书馆 2010 年版。

[美]欧文·拉兹洛:《多种文化的星球——联合国教科文组织国际专家小组的报告》,戴侃等译,社会科学文献出版社 2001 年版。

［英］弗雷德·英格利斯：《文化》，韩启群等译，南京大学出版社 2008 年版。

［美］克利福德·格尔茨：《文化的解释》，韩莉译，译林出版社 2014 年版。

［英］弗雷德·英格利斯：《文化》，韩启群等译，南京大学出版社 2008 年版。

［美］塞缪尔·亨廷顿：《文明的冲突和世界秩序的重建》，周琪译，新华出版社 1998 年版。

［美］林恩·桑戴克：《世界文化史》（上），冯雄译，东方出版社 2012 年版。

［英］摩尔根：《古代社会》（上册），杨东蒪译，商务印书馆 1977 年版。

［美］杰克·普拉诺等：《政治学分词典》，中国社会科学出版社 1986 年版。

［苏］E.A.瓦维林等：《历史唯物主义与文化范畴》，雷永生等译，河北人民出版社 1987 年版。

［德］恩斯特·卡西尔：《人论》，甘阳译，上海译文出版社 1985 年版。

［澳大利亚］马克·吉布森：《文化与权力　文化研究史》，北京大学出版社 2012 年版。

［英］艾瑞克·霍布斯鲍姆：《极端的年代：1914—1991》，中信出版社 2017 年版。

［法］让·鲍德里亚：《物体系》，林志明译，上海人民出版社 2019 年版。

［荷］赫尔曼·普莱：《安乐乡——中世纪人类对完美生活的向往》，刘榜离等译，中国社会科学出版社 2018 年版。

［俄］A.H.富尔索夫：《历史的警钟》，莫斯科出版社 1996 年版。

［美］尼古拉斯·尼葛洛庞帝：《数字化生存》，胡咏、范海燕译，海南出版社 1996 年版。

［英］齐格蒙特·鲍曼：《流动的生活》，徐朝友译，江苏人民出版社 2012 年版。

［法］吕克·博尔坦斯基等：《资本主义的新精神》，高铦译，译林出版社 2012 年版。

［德］鲍德里亚：《象征交换与死亡》，车槿山译，译林出版社 2006 年版。

［美］费利克斯·吉尔伯特：《历史学：政治还是文化》，刘耀春译，北京大学出版社 2012 年版。

［法］雅克·德里达：《马克思的幽灵——债务国家、哀悼活动和新国际》，何一译，中国人民大学出版社 2008 年版。

［德］维克多·伯尔：《伯尔文论》，袁志英等译，生活·读书·新知三联书店 1996 年版。

［英］约翰·伯瑞：《进步的观念》，范祥涛译，上海三联书店 2005 年版。

［以］S.N.艾森斯塔尔：《大革命与现代文明》，刘圣中译，上海人民出版社 2018 年版。

［德］科斯洛夫斯基：《后现代文化：技术发展的社会文化后果》，毛怡红译，中央编译出版社 1999 年版。

［法］维克多·埃尔：《文化概念》，康新文、晓文译，上海人民出版社 1988 年版。

［美］丹尼尔·贝尔：《资本主义文化矛盾》，严蓓雯译，人民出版社 2010 年版。

［美］克莱德·伍兹：《文化变迁》，施惟达、胡华生译，云南教育出版社 1989 年版。

[美]克利福德·格尔兹:《文化的解释》,纳日碧力戈等译,上海人民出版社 1999 年版。

[美]理查德·罗宾斯:《资本主义文化与全球问题》,姚伟译,中国人民大学出版社 2010 年版。

[美]理查德·桑内特:《新资本主义的文化》,李继宏译,上海译文出版社 2017 年版。

[美]理查德·沃林:《文化批评的观念》,张国清译,商务印书馆 2000 年版。

[美]詹明信:《晚期资本主义的文化逻辑:詹明信批评理论文选》,陈清侨等译,生活·读书·新知三联书店 1997 年版。

[苏]A.H.阿尔诺利多夫等:《文化概论——文化的实质及其运动发展的一般规律》,邱守娟译,中国人民大学出版社 1989 年版。

[苏]戈尔布诺夫:《列宁与无产阶级文化协会》,申强、王平译,外国文学出版社 1980 年版。

[苏]瓦维林、福法诺夫:《马克思主义文化范畴论》,奚洁人译,上海人民出版社 1992 年版。

[英]卡瓦拉罗:《文化理论关键词》,张卫东等译,江苏人民出版社 2005 年版。

[英]雷蒙·威廉斯:《文化与社会(1780—1950)》,高晓玲译,商务印书馆 2018 年版。

[英]马林诺夫斯基:《文化论》,费孝通译,中国民间文艺出版社 1987 年版。

[英]泰勒:《人类学:人及其文化研究》,连树声译,广西师范大学出版社 2004 年版。

[英]彼得·伯克:《文化史的风景》,丰华琴等译,北京大学出版社 2013 年版。

[美]菲利克斯·吉尔伯特:《历史学:政治还是文化》,北京大学出版社 2012 年版。

[俄罗斯]瓦季姆·梅茹耶夫:《文化之思——文化哲学概观》,郑永旺译,黑龙江大学出版社 2018 年版。

[美]马克·W.莫菲特:《从部落到国家——人类社会的崛起、繁荣与衰落》,中信出版社 2020 年版。

[美]约翰·R.麦克尼尔等:《人类之网——鸟瞰世界历史》,王晋新等译,北京大学出版社 2011 年版。

[英]理查德·霍加特:《识字的用途》,李冠杰译,上海人民出版社 2018 年版。

[英]维特根斯坦:《哲学研究》,楼巍译,上海人民出版社 2019 年版。

致　　谢

在本课题研究中,参与人孟睿、王铁成、王文兵、李琳、王建振、陆春梅、张文玉、赵佳源等做了一些工作,他们在资料收集整理、阶段性论文的写作、注释及文字的校对,都有贡献。在此,对他们的付出表示感谢。人民出版社赵圣涛编辑,对本书出版提出很多建议和指导,也表示衷心感谢。

后　记①

　　坐冷板凳，找真精神，应该是哲学社会科学工作者的学术情怀。研究马克思主义著作和习近平新时代中国特色社会主义思想，不是空虚无凭的事情，它要为党和人民述学立论。马克思曾说："光是思想力求成为现实是不够的，现实本身应当力求趋向思想。"这两个"力求"要求注重联系实际和解释现实问题。从不同的思想存留中，我们感受到社会的新旧嬗递、无尽的宇宙叩问和永久的人生追思。经典著作蕴含着巨大的能量和力量，它经纬于时空之中，回荡于精神之巅，引领过去以成理论景观，查察现实以解社会沉浮。马列著作是共产党人的经典圭臬，是蕴涵"理论乡愁"的源头，"根"与"魂"都在其中。阅读经典，可以追寻初心使命；检视理论，可以串接思想珠玑。返观历史，20世纪初的中国，不是不想走出国运衰替的窘境，而是没有找到靠什么"走出"以及如何"走出"的路子，仅凭一知半解的西方"世变哲理"，不能救大厦之将倾斜，全赖"实用科学"，亦未能挽狂澜之既倒。马克思主义传入中国，以匡时济世之伟力一扫社会之病容。在今天，光说"两个必然"而不做艰苦细致的工作是没有意义的，资本主义的必然灭亡不是口头上讲出来的，社会主义必然胜利也不是坐等即来的。马列著作是寄托"理论乡愁"的典籍，乡音成为标识，乡情勾人记忆，乡思记载永恒，透过"乡愁的思绪"来体味马克思主义的经典魅力，能够增强我们的理论自信。但是，理论"乡愁"不只是一个"愁"，还有一份"情"，是对马克思主义思想故园的依恋之情；理论"乡愁"也不光是"情"，还有对思想故园的修复之"志"，共产党人不仅是精神家园"看守人"，更应该是这个家园的"园艺师"。

　　学习马列著作应该是我们的生活方式，于国之大端，可以把握社会脉象，于个人追求，可以抚慰人生寂寥，它能够寄托心志、激励精神，能够光大理想、泯灭邪思。对共产党人来说，马列经典如日月之明，思想理论如引路之灯。读马列，当记"基本原理的实际运用，随时随地都要以当时的历史条件为转移"；悟原理，对经典思想当有敬畏崇拜之心。孔子曰：吾欲载之空

---

　　①　这个后记的主体部分是笔者为马列经典句读系列丛书所做的序言，根据本书需要做了增删。

言,不如见之于行事之深切著明也。但在生活中,思想与现实经常错位,理想中的世界如鸟声啭啭、花影灿灿,现实中的社会却骨感明显、有欠丰满,如不能洞彻本原,一味求惊人而不求服人,一味求媚世而不求济世,纵有激情,亦难学而自发,更遑论越绳墨而中绳墨、经尘染而不沾尘染。古人所讥讽之"其柔者戢抱兔园册子,私相授受,夜半无人,一灯如豆,引吭长鸣,悲声四壁",不应是我们理解马列著作的心境。吾人学经典理论,希望循声而得貌、披文而见时,其中的关键是对"读"和"悟"的认识。"读",有精读、泛读、略读等形式,"悟",有体悟、醒悟、觉悟、顿悟等形式,我们要哪一种"读"?我们要哪一种"悟"?在一些人心中,词语如淙淙流水,学习如捕风捉影,认知如痴人说梦,行为如飞鸟在天,似乎一切都飘忽不定,这是不行的。如果把自己局限起来,生活在封闭的区域中,在空间上越不出地域疆界,在认识上越不出思想边界,不知道山那边有什么,不知道海对岸有什么,不知道"世外桃源"的人在干什么,也是难以追赶时代潮流的。用现实的优裕生活消磨思想的激情,不是共产党人的作风,站在马克思主义的基点上,为人类的解放论证,是无可旁贷的使命。

　　读马列著作是人生正行,学马列主义是社会正道,但学习马列需要走心,体悟还要妙悟,阅读还要吃透。马克思主义文化思想的表达离不开语法修辞,浪漫式的表达、悲剧式的表达、喜剧式的表达、讽刺式的表达以及转喻式的表达,所使用的语法和句法各不相同。中国古代有"言语之美,穆穆皇皇""言之无文,行而不远",马列经典著作也有语义、语法、句法上的选择。研究马克思主义文化哲学,意在振叶寻根、观澜索源,陶铸性情以明理论辉光,功在社会以解思想疑惑,语言美和意境美是必需的,但决不苛求一韵之奇和一字之巧。研究马克思主义文化哲学,要把说法、想法、做法统一起来,要把经验、教训和思路统一起来,要把过去、现在和未来统一起来。中国历史上,对经史子集的集注、集解、校释、新注、新解等,很多是床上设床、屋上架屋,与其说是新意,不如说是衍生意义或附加意义,成了压倒文本意义的"世说新语"。对于马列主义,学界有以恩解马、以苏解马、以西解马、以马解马的思维差异,有祖本(经典材料)、母本(历史资料)、别本(借鉴材料)、新本(当代形式)、鉴本(他者关照)的甄别分析,有"照着讲""接着讲"和"创新地讲"等方法方式,这些方面都需要谨慎分析,牵强比附或过度发挥甚至荒诞妄说,都不符合马克思主义方法论。马列经典著作是情义互现的,忠实文本和兼顾义理辞章,是必须坚持的原则。以纤巧弄思,以浅淡炫耀,不是求实的态度;"辞高而理疏""意荣而文悴",不是求真的做法;浮词悦心、谬词诋戏,不符合科学精神。如能形式上有懿采之华,语句上有典言之裁,那将是于斯为盛、于国有益的事情。

马列经典是一个宝山,入宝山空手而返,不是探宝人的愿望,捧着马列金饭碗而到处要饭,不符合世情常理。《鹤林玉露》中有一段尼姑寻春的故事,说她踏遍春山,"归来笑拈梅花嗅,春到枝头已十分"。读马列著作,"适鄢郢而迷途,入邯郸而失步",是仰而不至;悟经典思想,未折"邓林之一枝",未得"崛山之片玉",是窥而不见。现代的一些人,身处经典之中却找不到经典真义,读了多遍却没有领悟精髓何在,有类"吐果弃核,捃拾登荐",至于吃饭砸锅的历史虚无主义,已经没有了马列气象。还有一些人自认为是"马列专家",用耸人听闻的话语晃人耳目,把不合基本原理的怪论命为创新成果,似乎调门高就拥有真理,似乎声音大就占据道理,此等"话语狂人"不应归入真正的研究马列者之群。马列经典是科学体系,要求以科学的态度来对待,我们不期待"用月亮的银光铸造出五法郎的银币",不期待马列经典成为包医百病的妙药。共产党人从来不打算把谜底放在书桌里,而是在实践中以客观辩证的态度理解马列经典,对待马克思主义理论不应做"尼姑寻春"式的蠢事,对马列经典的理解不能是"两头不到岸"的孤立状态,那种只听钟声而不知钟声来自何处的心境是有害的。马列经典卷帙浩繁,一些内容的考证与研究是销人岁月甚至是涯无边际的事情,久久为功才不至于成为"烂尾工程",深解其义才不至于陷入"六经注我,我注六经"之怪圈。研究马克思主义文化哲学之效果,当是"木铎启而千里应,席珍流而万世响",其在理论上的梗楠其质,在形式上的豫章其干,必将有助于深入理解21世纪马克思主义。

文章千古事,人生等闲看。我是把学术研究作为生活的一部分的,研究马克思主义理论是发自内心的学术兴趣。我在大学里学的是化学,也曾在一所农村高中从事十多年的教学工作,转向马克思主义理论研究大约有20年的时间,与科班出身的研究者相比,是真正的基础差、水平低、底子薄。记得有一年春节,我拟了一副对联表达学术情怀,上联是:台阁又新,问苍穹英雄谁是,有补天巨手,回日雕戈;下联是:江山多娇,看家国风景不殊,但宏篇巨制,妆点画图。横批:相看两不厌。人事有变迁,往来成古今,书卷自多情,岁月亦留意。记得我2009年在中国人民大学博士毕业时,还是满头黑发,如今头顶秃了、头发白了、腰弯了、背驼了,回味起来,殊多感慨。但是,在烟云舒卷揽胜书山,在波澜不惊中怡情人生,自有感触。"司马青衫,吾不能学太上之忘情";生活艰难,放不下心里之钟爱。我很赞赏熊十力《先世述要》中的一句话:"穷于财,可以死吾之身,不能挫吾之精神与意志。平生迥然不可乱之神,凛然不可夺之志,是乃孟子所谓上下与天地同流者。"

我给自己定了一个小目标,在近几年力争对马克思主义文化思想谱系做出全面完整的梳理,对当代中国文化建设理论与实践进行深入全面的阐释,目前的中国特色社会主义文化哲学新论,只是一个前序的工作。新时代中国特色社会主义文化哲学不是"东拼西凑的教科书",更不是"白水似的作品",也不是"施给乞丐的鸡汤",它应该是思想的陶铸、心灵的浸润和美的规律的体现,它应该给社会增添鲜明的注脚,给思想增添闪光的内容,给生活增添美好的记忆。人生几回想往事,困难只须等闲看。回思昨天,是时光淘洗中的价值追索;展望明天,是超越局限中的自我表达。我无官位,亦无头衔,是为无冕之人,不解人事风情,屡受社会挫折。"都云作者痴,谁解此中味?"

岁月如歌,流阴若寄;文章千古,此心不改。